KETIKA YESUS DATANG KEMBALI

KETIKA YESUS DATANG KEMBALI

David Pawson

ANCHOR RECORDINGS

Hak cipta © 2024 David Pawson Ministry CIO

Hak cipta David Pawson sebagai penulis karya ini telah ditegaskan olehnya sesuai dengan Copyright, Designs and Patents Act 1988.

Pertama kali diterbitkan dalam versi asli bahasa Inggris di Inggris pada tahun 1995. Versi bahasa Inggris edisi ini diterbitkan di Inggris pada tahun 2024 oleh Anchor, yang merupakan nama dagang David Pawson Publishing Ltd., Synegis House, 21 Crockhamwell Road, Woodley, Reading RG5 3LE.

Bagian mana pun dari materi ini dilarang diproduksi ulang atau disebarkan dalam bentuk apa pun atau dengan cara apa pun, baik secara elektronik atau mekanis, termasuk fotokopi, rekaman, atau penyimpanan informasi dan sistem penyalinan apa saja, tanpa izin sebelumnya secara tertulis dari penerbit.

Kecuali diberi keterangan berbeda, seluruh kutipan ayat diambil dari Alkitab bahasa Indonesia edisi Terjemahan Baru terbitan tahun 1974, dengan hak cipta milik Lembaga Alkitab Indonesia. Digunakan sesuai izin peruntukannya. Seluruh hak milik dipegang oleh penerbit.

**Untuk mendapatkan materi pengajaran David Pawson lainnya, termasuk DVD dan CD, kunjungi:
www.davidpawson.com**

**UNTUK MENGUNDUH MATERI GRATIS:
www.davidpawson.org**

Untuk mendapatkan informasi lebih lanjut, kirimkan *email* ke: info@davidpawsonministry.org

ISBN 978-1-917360-11-1

Versi asli dalam bahasa Inggris dicetak oleh Ingram Spark

Daftar Isi

Kata Pengantar	9
Masa Depan yang Menakjubkan	15

A. KEDATANGAN KRISTUS YANG KIAN MENDEKAT 21
1. Memahami Kedatangan-Nya Kembali — 23
    - Siapa? — 24
    - Di Mana? — 28
    - Bagaimana? — 32
    - Kapan? — 37
        - Tanda 1: Bencana di Dunia — 43
        - Tanda 2: Orang-Orang yang Undur dari Gereja — 44
        - Tanda 3: Diktator di Timur Tengah — 46
        - Tanda 4: Kegelapan di Langit — 50
    - Mengapa? — 60
        - Untuk Melengkapkan Orang-Orang Kudus — 62
        - Untuk Mempertobatkan Bangsa Yahudi — 67
        - Untuk Menaklukkan Iblis — 73
        - Untuk Memerintah atas Dunia — 79
        - Untuk Menghakimi Orang Fasik — 86
2. Memastikan Kesiapan Kita — 95
    - Iman Setiap Orang — 96
    - Pelayanan yang Berkelanjutan — 99
    - Kekudusan Pribadi — 103
    - Persekutuan Bersama — 107
    - Penginjilan Global — 110
    - Aksi Sosial — 113
    - Daya Tahan oleh Kesetiaan — 117

B. TEKA-TEKI DI KITAB WAHYU 123
3. Perbedaan Pendapat — 125
    - Manusia — 125

	Iblis	126
	Tuhan	127
4.	Sifat Penyingkapan	131
5.	Berbagai Aliran Penafsiran	141
	1. Aliran Preteris	142
	2. Aliran Historis	143
	3. Aliran Futuris	144
	4. Aliran Idealis	145
6.	Aspek Tujuan	155
	Pembaca Awam	156
	Alasan Praktis	159
7.	Analisis Struktur	167
8.	Mencerna Isinya	171
	Pasal 1–3: Gereja di Bumi	171
	Pasal 4–5: Tuhan di Surga	182
	Pasal 6–16: Setan di Bumi	186
	Pasal 17–18: Manusia di Bumi	206
	Pasal 19–20: Kristus di Bumi	214
	Pasal 21–22: Surga di Bumi	221
9.	Kristus sebagai Pusat	233
10.	Upah bagi Orang yang Belajar	239
	Penuntasan Alkitab	239
	Pertahanan terhadap Penyesatan	239
	Penafsiran atas Sejarah	240
	Dasar bagi Pengharapan	240
	Motif untuk Penginjilan	240
	Stimulus untuk Menyembah	241
	Obat Penawar bagi Keduniawian	241
	Insentif untuk Kekudusan	242
	Persiapan untuk Penganiayaan	242
	Pemahaman akan Kristus	242

C. PENJELASAN TENTANG PENGANGKATAN — 245
11. Doktrin yang Baru — 247
12. Kasus dari Alkitab — 255
13. Klaim yang Meragukan — 259
   - Kecepatan — 259
   - Kejutan — 261
   - Bahasa — 263
   - Ekspektasi — 265
   - Gereja — 268
   - Murka — 272
   - Penghiburan — 277

D. KEBINGUNGAN TENTANG KERAJAAN SERIBU TAHUN — 281
14. Kekecewaan yang Umum — 283
   - Orang Yahudi — 283
   - Orang Yunani — 285
   - Orang Kristen — 286
15. Perikop Dasar (Wahyu 20) — 291
   - Iblis Disingkirkan (20:1–3) — 302
   - Orang-Orang Kudus Memerintah (20:4–6) — 304
   - Iblis Dilepaskan (20:7–10) — 310
16. Konteks yang Lebih Luas — 317
   - Ketiadaan Konfirmasi — 318
   - Adanya Kontradiksi — 326
17. Masalah Filosofis — 331
18. Pandangan yang Berbeda-beda — 341
   1. A-milenialisme yang "Skeptis" — 341
   2. A-milenialime yang Percaya "Mitos" — 343
   3. Pasca-milenialisme yang "Spiritual" — 346
   4. Pasca-milenialisme yang "Politis" — 350
   5. Pra-milenialisme yang "Klasik" — 354
   6. Pra-milenialisme yang Percaya "Dispensasi" — 359
19. Kesimpulan Pribadi — 367

KATA PENGANTAR

Sambil mengerjakan penulisan buku ini, saya sempat berkhotbah di dua kebaktian pemakaman, yang merupakan pengalaman yang jarang bagi saya sejak memulai pelayanan di berbagai tempat. Yang pertama adalah untuk pemakaman ibu mertua saya, yang meninggal pada usia 98 tahun, sedangkan yang kedua adalah untuk pemakaman putri saya sendiri, yang meninggal beberapa bulan setelah itu pada usia 36 tahun. Keduanya hidup dan meninggal dengan iman pribadi kepada Yesus sebagai Juru Selamat dan Tuhan. Pada kedua kesempatan itu saya berbicara tentang situasi mendiang saat itu. Mereka sepenuhnya sadar, mampu berkomunikasi dengan pihak lain (meskipun bukan dengan kami), dan, yang terpenting, sedang menikmati kehadiran Yesus.

Namun, saya melanjutkannya dengan berbicara tentang prospek masa depan mereka. Suatu hari kelak, mereka akan mendapat tubuh yang baru, yang tidak lagi terpengaruh oleh kelemahan fisik atau kerapuhan tulang atau serangan leukemia ganas yang menyebabkan sepsis. Tubuh baru itu akan mereka dapatkan ketika mereka kembali untuk hidup di bumi lagi, bukan sebelumnya. Itu bukanlah "reinkarnasi" jiwa mereka, karena mereka akan kembali sebagai diri mereka sendiri; itu adalah tubuh "kebangkitan" mereka.

Hal itu akan terjadi ketika "Tuhan sendiri akan turun dari sorga" sekali lagi (1 Tes. 4:16), karena "mereka yang telah meninggal dalam Yesus akan dikumpulkan Allah bersama-sama dengan Dia" (1 Tes. 4:14). Peristiwa itulah yang menjadi inti pengharapan Kristen atas masa depan serta menggeser fokus ekspektasi kita dalam hal ruang dan waktu.

Perjanjian Baru tidak banyak berbicara tentang eksistensi kita seketika setelah kematian jasmani. Memang benar, orang-orang beriman Kristen akan "masuk surga untuk hidup bersama Yesus" (dan ini pula yang dikatakan oleh orang-orang tidak percaya saat menjelaskan kematian kepada anak-anak kecil), tetapi ini bukan pokok penghiburan kita pada akhir zaman. Surga sebenarnya hanyalah semacam ruang tunggu! Momen yang terutama justru adalah berkumpulnya *semua* orang percaya, yang telah mati maupun masih hidup, untuk "selama-lamanya bersama-sama dengan Tuhan" (1 Tes. 4:17).

Namun, hal itu tidak akan terjadi di surga. Terjadinya justru di bumi; atau setidaknya, sedikit di atas permukaan bumi, yaitu di udara, di awan-awan (1 Tes. 4:17) Takdir kita langsung setelah kematian adalah surga, tetapi takdir kita yang akhir adalah bumi, meskipun baik bumi maupun kita sendiri keduanya akan dipulihkan dan diciptakan ulang sepenuhnya ke kondisi asli.

Kekristenan merupakan agama yang sangat "membumi". Kekristenan dimulai ketika Anak Manusia turun ke bumi, lalu berlanjut karena Roh Kudus diutus untuk turun ke bumi pula, kemudian mencapai puncaknya ketika Bapa sendiri mengubah sebutan-Nya ("Bapa kami yang ada di surga") dan tinggal berdiam bersama manusia (Why. 11:3). Pada titik ujungnya kelak, yang juga merupakan awal yang sesungguhnya, kita tidak akan pergi ke surga untuk hidup bersama Tuhan; justru Dialah yang datang ke bumi untuk hidup bersama kita.

Sebelum semuanya itu dapat terjadi, Anak harus datang kembali untuk kedua kalinya. Ada banyak hal lagi yang perlu Dia lakukan di bumi sini sebelum sejarah dapat ditutup. Inilah

Kata Pengantar

tema mendasar dalam buku *Ketika Yesus Datang Kembali*, yang terdiri dari empat bagian.

Yang pertama adalah versi cetakan ulang dari buklet yang mungkin telah dimiliki oleh sebagian pembaca: *Explaining the Second Coming* (Menjelaskan Kedatangan Kristus yang Kedua, Sovereign World, 1993). Saya bersyukur karena kedua penerbit sepakat untuk berbagi materi ini. Isinya mengungkapkan khotbah saya tentang topik ini. Karena alasan ruang dan tujuan, saya harus menghilangkan berbagai kontroversi terkait topik ini dan berfokus pada menyajikan kesimpulan-kesimpulan saya, yang saya yakin seharusnya saya lakukan saat berkhotbah di mimbar. Iman tidak terbangkitkan oleh pendapat yang belum pasti, tetapi oleh deklarasi yang mantap. Di sisi lain, banyak pihak yang telah mempertanyakan bagaimana saya telah tiba pada keyakinan saya. Jilid ini mencoba menjawabnya dengan membagikan pemikiran yang bergulir dalam pembelajaran saya. Maka, terdapat perbedaan kontras yang tegas dalam aspek gaya, isi, dan kosakata di sepanjang sisa buku ini. Ibaratnya, bagian pertama adalah susu kental, sedangkan bagian selanjutnya adalah daging giling!

Bagian yang kedua adalah pendahuluan terhadap kitab Wahyu, yang merupakan satu-satunya kitab dalam Perjanjian Baru yang membahas Kedatangan Kedua Kristus. Tujuannya bukan untuk menuliskan komentar, walaupun ada banyak teka-teki dan masalah, melainkan mudah-mudahan untuk memperjelas semuanya.

Harapan saya adalah agar gambaran keseluruhan yang cukup terperinci akan menolong pembaca lebih terbiasa dengan kitab yang membuat banyak orang merasa terintimidasi. Saya berharap mendapatkan reaksi yang semacam: "Oh, sekarang saya bisa mengerti maksudnya."

Bagian ketiga membahas perbedaan penting dalam hal yang disebut "Pengangkatan". Kebanyakan orang Kristen yang pernah diajar tentang kedatangan Kristus kembali biasanya diajar pula untuk menantikan Dia kapan saja serta bahwa Dia akan datang untuk mengangkat orang-orang percaya keluar dari dunia ini sebelum "Penganiayaan Besar" dimulai. Saya harus memaparkan alasan-alasan mengapa saya yakin pandangan itu merupakan asumsi yang salah dan berbahaya.

Bagian keempat menggali "tambang" harta karun teologi! Masa "Seribu Tahun" telah mengakibatkan begitu banyak pembahasan, bahkan perpecahan, sehingga banyak orang Kristen tidak mau mendengar tentangnya sama sekali. Tragisnya, kini makin banyak orang yang tahu hal-hal yang tidak mereka percayai, lebih banyak daripada orang yang tahu hal-hal yang mereka percayai. Saya yakin alasan utamanya adalah karena pilihan-pilihan yang terjadi di hadapan mereka tidak termasuk pandangan yang secara universal dipegang oleh Gereja selama beberapa abad awal, yang kita sebut "pra-milenialisme klasik". Saya yakin bahwa ini merupakan "gagasan yang sudah tiba waktunya" dan saya sama sekali tidak menyesali nasihat saya yang menggebu-gebu ini.

Saya pun telah "akrab" dengan kontroversi (siapa pun yang menulis buku tentang neraka, baptisan air, dan kepemimpinan pria, tentu harus biasa berhadapan dengan kontroversi); tetapi saya tidak mencari gara-gara untuk mendapatkan kontroversi. Dari seluruh karakter dalam buku karya John Bunyan, *Pilgrim's Progress* (Perjalanan Seorang Musafir), saya paling merasa serupa dengan si "Perkasa dalam Kebenaran". Ini bukan berarti saya merasa berhak memonopoli kebenaran atau telah memperoleh seluruh kebenaran. Sebaliknya, saya mendapati bahwa perdebatan yang tulus akan menajamkan pikiran saya, serta saya yakin menajamkan pikiran mereka yang berbeda pendapat dengan saya.

Saya pun tidak menganggap perpecahan yang muncul di antara orang-orang percaya dapat dibenarkan oleh perbedaan pendapat dalam area-area tertentu. Ada kata-kata bijak dari seorang penulis lain yang muncul di pikiran saya: "Anggaplah, Anda tidak yakin... Haruskah kita yang bersandar pada Penebus yang sama, diambil menjadi milik oleh Tuhan yang sama, didiami oleh Roh yang sama, dimasukkan ke dalam Tubuh yang sama, dipercayakan kabar Injil yang sama, diserang oleh Iblis yang sama, dibenci oleh dunia yang sama, dilepaskan dari neraka yang sama, dan ditentukan untuk memasuki kemuliaan yang sama; haruskah kita dengan segala kesamaan ini mengizinkan diri kita terpecah dalam hati dan pelayanan karena berbeda pemikiran dalam urusan yang sekunder? Oh Tuhan, jangan sampai demikian!" (Norman F. Douty dalam *Has Christ's Return Two Stages?* [Apakah Kedatangan Kristus Kembali Terjadi dalam Dua Tahap?] Pageant, 1956.)

Omong-omong, saya sendiri tidak setuju bahwa janji-janji Tuhan bagi masa depan adalah "urusan sekunder", tetapi penafsiran kita bisa jadi memang urusan sekunder. "Eskatologi", studi tentang akhir zaman (berakar dari kata bahasa Yunani *eschaton,* yang berarti "akhir" atau "terakhir") dianggap sebagai cabang dari teologi dan mengandung aspek spekulatif. Sebenarnya, seluruh Injil pun bersifat "eskatologis". Isinya adalah pernyataan umum bahwa masa depan telah datang ke masa kini. "Hari esok" itu telah menjadi "hari ini". Kerajaan yang akan datang itu telah datang.

Namun, itu bukan semuanya. Kerajaan Tuhan tidak dapat "diwujudkan" sepenuhnya sekarang, meskipun telah "didirikan". Kerajaan itu bisa "dimasuki" sekarang, tetapi hanya dapat "diwarisi" kelak, ketika kemuliaannya "memuncak" saat ditegakkan di seluruh dunia. Ketegangan di antara "yang sudah" dan "yang belum" ini adalah hal mendasar dalam memahami Perjanjian Baru; tepat mencerminkan kedatangan pertama dan kedua Yesus di planet Bumi ini. Untuk menekankan masa kini dengan mengesampingkan masa depan, atau sebaliknya, menekankan masa depan dengan mengesampingkan masa kini, adalah penyelewengan terhadap Kabar Baik.

Saya telah berharap agar dapat memasukkan satu bagian khusus tentang Kerajaan Tuhan dan kerajaan orang Israel, karena kedua topik ini amat sangat relevan dengan tema bahasan saya. Namun, ruangnya tidak cukup. Naskah saya ini pun telah melebihi volume yang ditentukan dalam kontrak dengan penerbit. Di samping itu, setiap topik memang layak menjadi satu buku tersendiri. Jika Tuhan mengizinkan, saya akan menyajikan buku itu pula.

Buku saya yang berikutnya sudah tersusun dan membahas secara lebih terarah hal-hal yang bagi sebagian orang termasuk yang paling provokatif dalam tema ini. Jika saya beri tahukan judulnya: *Sekali Selamat, Tetap Selamat? Sebuah Studi tentang Ketekunan dan Warisan*, tentu pembaca dapat mengerti isu yang saya sedang hadapi. Tidak banyak pertanyaan lain yang lebih penting bagi kehidupan Kristen. Pertanyaan itu pun merupakan bentuk saat ini dari tujuan buku tentang kitab Wahyu yang disajikan ini.

Kini, yang masih perlu dilakukan adalah menambahkan banyak bagian dari isi jilid buku ini agar tersedia untuk *streaming* atau diunduh secara gratis di www.davidpawson.org.

Mereka yang lebih suka mendengarkan sendiri atau mempelajarinya dalam kelompok sangat disarankan untuk menggunakan sarana ini.

Dengan tulus, saya berdoa agar upaya saya untuk menyelesaikan buku ini di tengah-tengah tekanan keluarga yang berat memastikan bahwa orang-orang yang sebelumnya tidak memiliki harapan untuk bersama dengan Tuhan akan "bertemu dengan Tuhan di udara" kelak saat Dia datang kembali.

J. David Pawson
Sherborne St John, 1994.

MASA DEPAN YANG MENAKJUBKAN

Sikap kita terhadap masa depan mendua, gabungan antara ketakutan dan ketakjuban. Kita ingin tahu apa yang akan terjadi pada kita dan pada seluruh umat manusia—dan sekaligus kita tidak ingin tahu! Mungkinkah akhir itu terjadi, dan siapa saja dari kita yang ingin tahu tanggal kematian kita serta tanggal akhir seluruh dunia ini?

Kitalah generasi pertama yang hidup dengan kemungkinan bahwa kedua tanggal itu bertemu. Dalam sebuah survei, separuh dari sejumlah remaja yakin kematian mereka dan kematian planet kita akan terjadi bersamaan. Entah oleh holokaus nuklir (ini merupakan ketakutan yang makin berkurang) atau oleh polusi lingkungan hidup (ini ketakutan yang makin membesar), hari-hari kehidupan di bumi tampaknya tersisa sedikit saja.

Lagi-lagi, reaksi kita tidak konsisten, bahkan saling bertentangan. Di satu sisi, banyak orang berusaha melupakan masa depan dan memenuhi masa kini dengan tujuan dan kesenangan yang sebanyak-banyaknya. "Mari makan dan minum, karena besok kita akan mati," (ucapan ini sungguh-sungguh ada di dalam Alkitab! Yes. 22:13, dikutip di 1 Kor. 15:32). "Eksistensialisme" menjadi sebutan bagi filsafat kehidupan ini, dan pahamnya telah menyebar.

Di sisi lain, makin banyak pula orang yang berminat terhadap masa depan dan berusaha mengubahnya, lebih daripada di masa sebelumnya, dengan semangat yang kuat hampir seperti orang yang panik. Sikap manusia mencakup spektrum yang luas, dari optimisme yang penuh semangat sampai pesimisme bak orang depresi, dan manusia kadang beralih dari satu titik ekstrem ke titik ekstrem lainnya, dari iman yang teguh ke fatalisme.

Secara umum, ada tiga cara yang dapat kita gunakan untuk menembus selubung yang menutupi masa depan.

Pertama, cara *takhayul*. Tenung dan ramalan merupakan praktik kuno yang masih sangat populer pada masa kini. Peramal nasib, dukun perantara alam gaib, bola kristal, papan Ouija, kartu tarot, dan daun teh—bentuknya bermacam-macam. Enam dari sepuluh pria dan tujuh dari sepuluh wanita membaca ramalan horoskop setiap hari; surat kabar, tabloid, dan majalah tidak akan berani melupakan kolom perbintangan.

Padahal, diperkirakan tidak satu pun ramalan yang mengandung akurasi hingga 5%, artinya, setidaknya tingkat kesalahannya 95%. Hanya orang-orang yang ingin dan bersedia disesatkanlah yang melupakan tingkat kesalahan ini, sehingga berfokus pada kebenaran yang amat sedikit itu.

Kedua, cara *ilmiah*. Kesimpulan logis yang diambil dari pengamatan merupakan perangkat dasar sains modern. Lalu, "futurologi", sebutan untuk teknik ini kini, berfokus pada memperhitungkan tren masa kini dan memproyeksikannya. Para profesional yang memimpin di bidangnya diberi posisi terhormat di universitas-universitas, terutama yang mengambil spesialisasi teknologi. Bidang industri, komersial, dan politik, semuanya memiliki dewan pemikir. Lebih dari satu program komputer telah melakukan kalkulasi perkiraan tanggal kiamat dan mendapat hasil tahun 2040 (dengan memperhitungkan pertumbuhan populasi, ketersediaan sumber daya pangan dan energi, kerusakan lingkungan, dan sebagainya).

Akurasi rata-rata hasilnya yang telah terpublikasi sejauh ini berada di sekitar 25%, atau, secara negatif, 75% salah. Perkiraan jangka pendek itu, seperti yang dapat kita duga, jauh lebih bisa diandalkan daripada yang jangka panjang.

Ketiga, cara *kitab suci*. Pernyataan tentang kejadian masa depan merupakan salah satu sifat utama dalam Alkitab. Alkitab dikatakan berisi Firman Tuhan ("Demikianlah Firman Tuhan" muncul 3.808 kali!), satu-satunya Pribadi yang memiliki posisi untuk "memberitahukan dari mulanya hal yang kemudian dan dari zaman purbakala apa yang belum terlaksana" (Yes. 46:10). Lebih dari seperempat dari seluruh ayat dalam Alkitab mengandung prediksi tentang masa depan. Secara keseluruhan, ada 737 prediksi masa depan yang dinyatakan, dari beberapa yang disebutkan satu kali saja sampai yang disebutkan ratusan kali.

Dari semuanya itu, 594 (lebih dari 80%) telah terjadi. Karena yang belum terjadi itu semuanya terkait dengan akhir zaman, dan kiamat memang belum terjadi, Alkitab sebenarnya dapat disimpulkan telah mencapai tingkat akurasi 100%. Semuanya yang terkait waktu yang dapat terjadi kini memang telah terjadi, dan ini seharusnya menjadi dasar yang kokoh bagi keyakinan kita bahwa seluruh sisanya pun akan digenapi. (Statistik ini, dengan analisis terperinci tentang setiap prediksi, dapat ditemukan di buku *the Encyclopaedia of Biblical Prophecy* [Ensiklopedia Nubuatan Alkitab] karya J. Barton Payne, Hodder & Stoughton, 1973.)

Maka, betapa luar biasanya bahwa orang lebih memilih nasihat dari omong kosong dari Setan atau akal manusia, daripada pewahyuan ilahi. Fenomena ini sebagiannya merupakan akibat kesalahan Gereja, yang tidak pernah jelas atau mantap dalam membagikan pengetahuannya, karena membiarkan sikap skeptis yang ilmiah tentang dimensi supernatural menghancurkan otoritas Alkitab.

Alkitab mengungkapkan rahasianya kepada mereka yang membacanya dengan rasa hormat dan ketaatan, dengan roh yang rendah hati dan mau diajar. Pemahamannya lebih dekat dengan kecerdasan yang sederhana, bukan intelektualisme yang rumit. Isinya ditulis untuk orang biasa dengan bahasa yang biasa pula (naskah Perjanjian Baru dalam bahasa Yunani ditulis menggunakan gaya bahasa masyarakat sehari-hari, bukan gaya bahasa klasik). Pesannya dimaksudkan untuk diterima apa adanya dan dengan keseriusan. Jika kita menyikapi Alkitab sebagaimana mestinya, kita akan melihat gambaran yang jelas tentang masa depan dari dalamnya.

Banyak hal telah diprediksi, dari dimensi pribadi, politik, sosial, lingkungan, moral, sampai cuaca/iklim. Namun, ada satu kejadian yang paling menonjol di antara semuanya: kedatangan kembali ke bumi Seseorang yang telah hidup di sini pada 2.000 tahun lalu, seorang tukang kayu dari desa Nazaret. Jika Sosok itu manusia biasa, ini tentu tidak mungkin dipercaya. Jika Dia seperti pengakuan-Nya sendiri, Tuhan sekaligus Manusia, satu-satunya Tuhan yang juga Manusia, kedatangannya kembali pun menjadi layak dipercaya dan tepat. Sebagai Pribadi yang dahulu ditolak oleh dunia yang tidak percaya, tentu pantas bahwa Dia akan ditinggikan di hadapan semua orang.

Kejadian ini bahkan lebih sering diprediksi daripada semua kejadian lainnya, dan mendominasi isi pandangan Alkitab tentang masa depan. Pertanyaan: "Bagaimana rupa akhir dunia nanti?" berubah menjadi: "Siapa yang akan muncul di akhir dunia nanti?", atau bahkan menjadi pertanyaan yang lebih baik lagi: "Siapa yang akan datang kembali ke dunia ini?"

Sejarah akan ditutup. Oleh sesosok Manusia. Bukan oleh seseorang yang menekan tombol peluncuran serangan nuklir di bumi, melainkan dengan dibukanya meterai gulungan kitab di surga, yang di dalamnya telah tercatat kejadian-kejadian pada masa hitung mundur akhir zaman (Why. 5:1; 6:1). Pada puncak krisis itu, Yesus sendiri akan menyatakan diri di panggung dunia, untuk secara pribadi mengambil alih kendali atas bagian final terakhirnya.

Demikianlah inti pengharapan Kristen terhadap masa depan. Yesus adalah pengharapan satu-satunya, karena Dialah satu-

satunya Pribadi yang memiliki kesanggupan dan otoritas yang sebesar itu, karakter dan belas kasihan yang seunggul itu, untuk memulihkan segala yang salah pada dunia yang sakit, sedih, dan berdosa ini. Pada kunjungan pertama-Nya ke bumi, Dia menunjukkan bahwa diri-Nya *sanggup* melakukannya; lalu pada kedatangan-Nya yang kedua nanti Dia telah berjanji diri-Nya *akan* melakukannya.

Secara teori, Gereja Yesus Kristus memberikan titik fokus pada kedatangan-Nya kembali. Pernyataan iman yang paling sering diucapkan kembali, yaitu Pernyataan Iman Rasuli dan Kredo Nikea, pun memasukkan bagian ini sebagai bagian mendasar iman Kristen. Orang beriman secara teratur menerima roti dan anggur sebagai pengingat akan kehadiran Yesus yang sebelumnya dan keberadaan Yesus yang kini tidak di bumi, "sampai kelak Dia datang kembali" (1 Kor. 11:26). Kalender liturgi Gereja pun memasukkan masa Adven pada bulan Desember, sebagai bagian pertama penantian akan kedatangan Yesus kembali.

Namun, secara praktik, kebenaran yang vital ini telah diabaikan oleh makin banyak orang. Di masa Adven saja, pemikiran sedikit pun tentang Kedatangan Yesus Kembali dengan cepat terlupakan oleh semangat perayaan dan kemeriahan Natal. Sebagian orang telah menjadi sangat bingung atau tidak sabar dengan perbedaan doktrin tentang kedua peristiwa itu, sehingga memilih menjadi agnostik saja dalam topik ini. Lalu, lebih banyak lagi orang yang telah mengikuti arus obsesi dunia dengan masa kini, dengan berkonsentrasi pada penerapan kebijaksanaan Kristen dan upaya mengejar tujuan pribadi maupun kebutuhan politik masa kini.

Ada iman, pengharapan, dan kasih, tetapi yang paling lemah di antaranya adalah pengharapan!

Ini merupakan tragedi dalam dunia yang telah masif dirusak oleh depresi dan keputusasaan. Alkitab menggambarkan orang-orang tidak percaya sebagai "tanpa pengharapan dan tanpa Allah di dalam dunia" (Ef. 2:12). Dalam kegelapan, orang-orang Kristen seharusnya bersinar sebagai terang pengharapan. Lagi pula, hanya orang Kristen yang tahu bagaimana akhir dunia ini kelak. Mereka tahu bahwa segalanya akan berakhir dengan bahagia, yang baik akan menang atas yang jahat, Tuhan akan menaklukkan Iblis, dan Kerajaan-Nya akan datang ke bumi seperti di dalam surga.

Pengharapan inilah yang disebut "sauh yang kuat dan aman bagi jiwa kita" (Ibr. 6:19). Amukan badai peristiwa di dunia ini akan makin memburuk, bukan membaik, sampai setiap bagian di seluruh dunia terdampak. Biarlah membaca buku ini menolong Anda untuk menancapkan sauh Anda sekarang!

A.
KEDATANGAN KRISTUS YANG KIAN MENDEKAT

Bab Satu

MEMAHAMI KEDATANGAN-NYA KEMBALI

Dengan lebih dari 300 referensi tentang Kedatangan Yesus yang Kedua dalam Perjanjian Baru, masalah kita bukanlah kekurangan materi, melainkan justru mungkin terlalu banyak materi. Menggabungkan seluruh materi referensi itu terasa seperti menyusun kepingan-kepingan gambar yang posisi masing-masingnya bisa ditukar-tukar.

Mungkin, inilah mengapa ada banyak perbedaan pemahaman, termasuk di antara orang-orang Kristen yang sebenarnya menyimpan keyakinan dalam isi kitab suci. Mereka semua sepakat pada kebenaran sentral tentang Yesus akan datang kembali, tetapi saling berbeda pendapat secara keras tentang hal-hal yang mendahului dan yang mengikuti kejadian kedatangan Yesus itu.

Studi kita ini tidak akan menambahkan tabel atau jadwal perhitungan waktu pada begitu banyak materi semacam itu yang sudah ada, tetapi akan mengambil pendekatan berdasarkan topik. Kita akan mengumpulkan data dengan lima pertanyaan mendasar:

Siapa — apakah Dia akan datang sebagai Anak Tuhan yang ada sejak kekekalan, atau sebagai wujud/inkarnasi Anak Manusia?
Di mana — apakah Dia akan datang ke seluruh dunia pada satu waktu, atau hanya ke salah satu lokasi/tempat di dunia?
Bagaimana — apakah Kedatangan Kedua itu akan menyerupai yang pertama atau sepenuhnya berbeda?
Kapan — apakah Dia akan datang segera dan tiba-tiba, atau hanya setelah didahului tanda-tanda yang jelas?

Mengapa — tujuan apa yang dapat dicapai hanya oleh-Nya dengan datang kembali ke dunia, dan berapa lama waktu yang dibutuhkan untuk pencapaian tujuan itu?

Sebagian dari jawaban-jawabannya mungkin mengejutkan, bahkan menimbulkan syok, bagi mereka yang sebelumnya baru mengenal salah satu pemahaman atau penafsiran saja, atau mereka yang telah terpatok pada gagasan-gagasan tertentu dalam topik ini. Yang akan mendapatkan manfaat paling besar adalah pembaca yang mencernanya dengan pikiran yang terbuka sambil membaca Alkitab.

SIAPA?

Siapa dari kita yang belum pernah memandang terus ke kejauhan setelah kereta atau pesawat berangkat dengan membawa orang terkasih kita sebagai penumpangnya? Apalagi, jika momen itu dianggap sebagai perpisahan yang tetap? Apakah perilaku demikian merupakan bentuk keengganan untuk menerima kepergian orang terkasih, dan upaya untuk menunda kesedihan? Kita tidak akan melakukannya jika kita yakin akan bertemu kembali dengan orang terkasih itu lagi, karena kita tahu dia akan kembali dari perjalanannya.

Itulah tepatnya yang terjadi pada orang-orang Galilea saat Yesus naik ke awan-awan, kurang dari dua bulan setelah Dia mendatangi mereka sebagai Pribadi yang bangkit dari kematian. Jauh setelah Yesus menghilang dari penglihatan, mereka masih memandang ke titik pandangan terakhir, sampai-sampai dua malaikat perlu menguatkan mereka dan mengalihkan perhatian mereka kembali ke bumi.

Kedua malaikat itu meyakinkan para murid bahwa Yesus *akan* datang kembali, yang berarti mereka tidak akan melihat Yesus lagi sampai kedatangan-Nya kembali itu. Menariknya, kedua malaikat itu menggunakan frasa tertentu: "Yesus ini, ... akan datang kembali dengan cara yang sama" (Kis. 1:11).

Ada dua hal yang perlu diperhatikan di sini. Pertama, mereka menggunakan nama manusia Yesus, bukan gelar atau sebutan keilahian-Nya sebagai Tuhan. Kedua, mereka menekankan bahwa Yesus tidak akan berubah sebelum Dia datang kembali kelak.

Salah satu ketakutan umum kita adalah bahwa selama lama berpisah, orang akan berubah jauh sehingga hubungan yang sebelumnya tidak dapat terjalin sama lagi. Dalam hal ini, para murid Yesus tidak perlu takut. Mereka sendiri bisa saja berubah, bahkan memang seharusnya berubah menjadi lebih baik, tetapi Yesus sendiri tidak akan berubah dan tidak perlu berubah. Dia "tetap sama dahulu, sekarang, dan selama-lamanya" (Ibr. 13:8).

Amat sangat jelas dan pasti bahwa Kristus sebagai Tuhan dan Yesus sebagai manusia adalah satu Pribadi yang sama. Kesan bahwa keduanya berbeda timbul akibat upaya-upaya sadar maupun pemahaman tanpa sadar kita. Di kalangan Kristen pun telah lama diasumsikan bahwa Anak Tuhan hanyalah menjadi manusia, "daging", "berinkarnasi", selama 33 tahun, dan kini telah "kembali" ke wujud awalnya.

Kebenarannya, Yesus menjadi manusia dan tetap mempertahankan tubuh kebangkitan-Nya sampai selama-lamanya. Dia tetap memiliki kemanusiaan-Nya. Dialah satu-satunya perantara di antara Tuhan dan manusia tepatnya karena sifat itu, bahwa Dia masih "Manusia" (1 Tim. 2:5). Itulah sebabnya Dia adalah Imam Besar yang sempurna, yang dapat merasakan penderitaan kita sekaligus mewakili kita di hadapan Tuhan (Ibr. 4:15). Ajaibnya, Manusia yang sempurna itu kini memegang kendali atas seluruh semesta (Mat. 28:18)!

Kita tidak boleh lupa bahwa Manusia ini, yang telah "naik" ke surga yang tertinggi, adalah pribadi yang sama dengan yang telah "turun" sampai ke neraka terdalam (Ef. 4:9–10). Bahkan, faktanya, wilayah tempat baptisan-Nya pun merupakan titik terendah di permukaan bumi!

Dia yang ditinggikan itu sebelumnya telah direndahkan, sebagai bayi di Betlehem dan anak laki-laki di Nazaret. Dia bekerja sebagai tukang kayu selama 18 tahun, lalu bekerja membuat mukjizat selama tiga tahun (perbandingan 6:1 ini sama dengan waktu kerja Bapa Surgawi-Nya; Kej. 1). Masa mukjizat Yesus ini membuat-Nya terkenal di antara masyarakat setempat, menjadikan diri-Nya fokus perhatian kawan sekaligus lawan. Kematian-Nya sebagai objek penghinaan pada usia muda pun menjadi tontonan publik.

Semua ini berarti Yesus dikenal orang banyak dan memang terkenal. Tentu saja, ada berbagai tingkat pengenalan dan kedekatan pada masing-masing lingkaran lingkungan-Nya. Ribuan orang mendengarkan Yesus; 70 orang diutus untuk menyebarkan misi-Nya; 12 orang dipilih untuk mengikut Dia; tiga orang mendapatkan pengalaman langsung yang unik bersama-sama Dia (misalnya, Petrus, Yakobus, dan Yohanes mengalami peristiwa transfigurasi); dan satu orang menjadi orang terdekat-Nya (Yohanes, "yang dikasihi", yang kepadanya Yesus memercayakan ibu-Nya yang berduka untuk dirawat).

Pengenalan orang terhadap Manusia Yesus ini dicatat dalam keempat kitab Injil. Dari catatan-catatan itulah menjadi jelas gambaran kepribadian Yesus yang unik: dicintai para pendosa, dibenci orang-orang munafik, dipuja kaum miskin, dan ditakuti para penguasa. Mata-Nya bisa dipenuhi air mata belas kasihan bagi yang tertindas, sekaligus menyala dengan kemarahan terhadap yang menindas. Tangan-Nya bisa mengangkat yang jatuh, sekaligus mencambuk yang serakah. Lidah-Nya bisa berbicara sangat lembut, sekaligus sangat tajam, lebih daripada siapa pun.

Yesus inilah yang akan datang kembali ke planet Bumi suatu hari kelak. Dia tidak akan berubah. Dia tidak akan berkurang dalam kemanusiaan-Nya dari masa ketika Dia berjalan di jalan-jalan berdebu, bersandar di meja makan, tidur di perahu, menunggang keledai, atau membasuh kaki.

Namun, harus diingat pula bahwa ada satu perubahan penting yang telah terjadi pada kemanusiaan Yesus sejak sebelum Dia meninggalkan bumi. Tuhan telah memberi-Nya tubuh yang baru saat Dia dibangkitkan dari dalam kubur (pelajari selengkapnya di materi saya yang berjudul *Explaining the Resurrection* [Menjelaskan Kebangkitan] dalam seri "Menjelaskan" terbitan Anchor Recordings Ltd, tersedia di www.davidpawson.com).

"Tubuh kemuliaan" ini (Flp. 3:21) memiliki tampilan yang sama, termasuk bekas luka-luka penyaliban dan penyiksaan di kepala, punggung, samping, tangan, dan kaki. Namun, tubuh ini tidak lagi terkena dampak "alamiah" dari penuaan, kerusakan, dan kematian. Ketika Yesus datang kembali, usia-Nya akan tetap sama, masih pada usia prima, 33 tahun,–hanya saja, rambut-Nya akan berwarna putih seperti salju (Why. 1:14; lambang kesamaan-Nya dengan Bapa-Nya, sang "Awal segala Zaman"; Dan. 7:13).

Transformasi tubuh ini tidak menjadikan Yesus kurang manusiawi, justru lebih manusiawi, dan inilah yang menjadi maksud Tuhan bagi seluruh manusia. Oleh anugerah-Nya, banyak manusia akan mencapai kondisi yang sama kelak. Dalam hal ini Yesus menjadi "pelopor" kita (Ibr. 2:10), membuka jalan untuk kita ikuti. Namun, Dia tidak akan meninggalkan kita sehingga kita harus mencari-cari jalan sendiri. Dia akan datang kembali dan membawa kita untuk ikut bersama-Nya, karena Dia sendiri itulah "Jalan" (Yoh. 14:3–6).

Saat itulah, kita juga akan mendapatkan "tubuh kemuliaan" sama seperti Yesus, tetapi kita akan berwujud sama seperti diri manusiawi kita selama ini (inilah mengapa dalam kekristenan ada "kebangkitan", bukan "reinkarnasi", karena paham "reinkarnasi" yang populer mengandung makna perubahan identitas/wujud).

Kita harus ingat bahwa Yesus pun tidak selalu menjadi manusia. Justru, Dia pun pernah menjadi "bukan Yesus"; nama "Yesus" diperoleh-Nya saat berinkarnasi, menerima tubuh jasmani, dan menjadi manusia (Mat. 1:21). Berbeda dari kita, Yesus ada sejak sebelum pembuahan-Nya dan Dia satu-satunya Pribadi yang memang memilih untuk dilahirkan. Dia Anak Tuhan yang kekal, Tuhan yang mulia, Sang Firman. Dia Tuhan sejak sebelum menjadi manusia.

Maka, adalah sangat penting dan tepat bahwa para malaikat menggunakan nama manusiawi-Nya saat menjanjikan kedatangan-Nya kembali ke planet Bumi. "Anak Manusia"-lah yang akan datang kembali di awan-awan (Dan. 7:13; Mrk. 14:62). Yesus dengan wujud tubuh itulah yang akan datang kembali ke bumi, bukan wujud Anak Tuhan-Nya yang tak terpahami oleh akal kita (Dan. 3:25).

Sebagian orang merasa kedatangan kembali Yesus dalam wujud tubuh-Nya ini sulit diterima, maka mereka "merohanikan" kedatangan Yesus kembali dan mengidentifikasikannya dengan "datangnya" Roh Kudus kepada Gereja pada hari Pentakosta, atau "kedatangan" Yesus kepada pribadi orang percaya saat bertobat ke dalam iman. Padahal, semua penafsiran itu jauh sekali dari janji bahwa "Yesus yang sama ini ... akan datang kembali" (Kis. 1:11).

Yesus yang mempersilakan para murid untuk menyentuh-Nya, yang makan ikan bersama mereka, yang berjalan ke Emaus dan memecahkan roti, yang menyuruh Thomas untuk memeriksa lubang bekas luka-Nya, yang memasak makanan sarapan di tepi Danau Galilea–Yesus itulah yang akan datang kembali suatu hari kelak.

Di sisi lain, kita harus menghadapi satu implikasi dari memercayai kebenaran ini: Yesus dalam wujud tubuh-Nya hanya dapat berada di satu tempat pada satu waktu. Dengan tubuh kemuliaan pun, Dia hanya bisa berada di Emaus, atau di Yerusalem, atau di Galilea. Dia tidak dapat berada di dua tempat pada waktu yang sama.

Maka, ketika Yesus datang kembali ke bumi, Dia hanya dapat berada di satu lokasi geografis. Di mana lokasi itu?

DI MANA?

Selain kedatangan kembali Yesus bersifat "fisik", peristiwa itu juga akan bersifat lokal. Roh-Nya bisa berada di mana-mana sekaligus, tetapi tubuh-Nya harus berada di satu tempat saja.

Sebelum naik ke surga, Yesus tidak dapat berada di lebih dari satu lokasi pada waktu yang bersamaan.

Itulah sebabnya Dia berkata kepada para murid-Nya bahwa lebih baik bagi mereka jika Dia pergi dari mereka lalu mengutus "pendamping" yang lain untuk menyertai mereka (Yoh. 16:7). Dia telah berjanji kepada mereka untuk menyertai mereka, sampai akhir zaman (Mat. 18:20); tetapi mereka akan *tersebar* ke ujung-ujung bumi (Kis. 1:8). Satu-satunya cara yang dapat dilakukan Yesus untuk menepati janji itu adalah menanggalkan tubuh-Nya dan menggantikan kehadiran fisiknya dengan Roh-Nya, yang senantiasa hadir dan Maha Hadir, tanpa terbatas oleh ruang dan waktu.

Situasi ini tidak akan kembali seperti sebelumnya ketika Yesus datang kembali kelak. Orang percaya tidak akan kehilangan Roh-Nya, tetapi akan menikmati kehadiran fisik Yesus sendiri juga. Ini berarti berkat yang berlipat ganda!

Meski demikian, karena tubuh-Nya seperti tubuh kita dan hanya bisa berada di satu tempat saja di permukaan bumi, kedatangan-Nya kembali berarti murid-murid-Nya harus *berkumpul* bersama dari seluruh dunia. Hanya dengan demikianlah mereka dapat mengalami kehadiran tubuh jasmani Yesus. Inilah tepatnya yang dijanjikan akan terjadi dalam Perjanjian Baru.

Nah, di mana Yesus akan datang menyatakan diri-Nya? Di mana umat-Nya akan berkumpul untuk menyambut Dia?

Kota-kota saling bersaing untuk menjadi tuan rumah penyelenggaraan ajang bergengsi, seperti Olimpiade. Kota mana yang akan mendapat kehormatan menyambut Raja segala raja? Apakah salah satu ibu kota politik dunia: Washington, Beijing, Brussels, atau Delhi? Apakah salah satu poros keuangan dunia: New York, Tokyo, London, atau Hong Kong? Apakah salah satu lokasi pusat gereja: Roma, Jenewa, atau Canterbury?

Tidak satu pun dari semua itu. Semua kota itu memang penting bagi manusia, tetapi tidak berarti apa-apa bagi Tuhan. Tuhan memilih ibu kota-Nya dari kota yang paling tidak disangka-sangka, tersembunyi di perbukitan, jauh dari jalur jalan dan sungai, suatu tempat persembunyian yang samar di pegunungan, yang tidak akan dikenal orang jika Tuhan tidak memilih untuk melekatkan nama-Nya pada kota itu. Saat ini pun, bangsa-bangsa di dunia tidak akan mengenalinya, dan tidak mau membuka kedutaan besar di sana. Kota itu telah akrab dengan begitu banyak konflik dan tragedi, lebih dari kota-kota lain, dan masih akan terbukti mengobarkan api di seluruh kawasan Timur Tengah.

Peristiwa-peristiwa terpenting dalam sejarah umat manusia terjadi di sana, yang terbagi dalam dua bagian: BC ("*Before Christ*", "sebelum Kristus") dan AD ("*Anno Domini*", "tahun Tuhan"). Di kota itulah satu-satunya Anak Tuhan secara tidak adil dieksekusi atas kejahatan yang tidak dilakukan-Nya, hingga menanggung dosa seluruh dunia. Di kota itulah Dia menaklukkan musuh terakhir-Nya, maut, dan menjadi manusia pertama yang memiliki tubuh yang kekal.

Dari kota itulah Dia pergi untuk kembali ke rumah-Nya di surga, dan di kota itulah Dia akan kembali datang dari surga. Dia menyebutnya "kota Raja Besar" (Mat. 5:35). Kota itulah yang ditangisinya dalam duka, sambil memberi tahu penduduknya bahwa Dia tidak akan bertemu mereka lagi sampai mereka berkata, "Diberkatilah Dia yang datang dalam nama Tuhan," (Mat. 23:37–39, mengutip salah satu mazmur "*Halel*" yang dinyanyikan oleh para peziarah Yerusalem untuk menyambut "Mesias" mereka).

Sejarah kota itu sama sekali belum selesai. Kejadian-kejadian masa depan disingkapkan di kitab Wahyu, yang menggambarkannya sebagai "kota besar" (Why. 11:8) dan "kota yang dikasihi" (Why. 20:9). Ke kota itulah bangsa-bangsa kelak akan berpaling untuk mencari penyelesaian atas perselisihan internasional, hingga terjadi pelucutan senjata secara multilateral (Yes. 2:1–4; Mik. 4:1–5). Karena, kota itu adalah Yerusalem, atau "Sion", tempat Tuhan akan memerintah.

Kota itu letaknya strategis untuk pertemuan internasional.

Secara harfiah, letaknya di titik tengah daratan dunia dan merupakan titik temu tiga benua: Eropa, Afrika, dan Asia. Lokasi itu tentu ideal sebagai titik temu para pengikut Yesus yang berkumpul.

Namun, berapa orang yang akan berkumpul di sana, jika kita mempertimbangkan bahwa orang banyak itu termasuk orang-orang Kristen yang telah meninggal lalu dibangkitkan kembali? Sekarang ini saja, angkanya bisa mencapai 1.500 juta! Tidak ada stadion di dunia yang dapat menampung jumlah orang sebanyak itu! Seluruh wilayah kota Yerusalem pun jauh lebih kecil kapasitasnya.

Ada jawaban dua sisi untuk masalah ini dalam Alkitab.

Pertama, peristiwa Yesus datang kembali akan terjadi *di luar* kota. Yesus diangkat naik ke surga dari Bukit Zaitun, puncak tertinggi di sisi timur, dengan pemandangan seluruh kota di satu sisi dan dataran rendah padang gurun sampai ke Laut Mati di sisi lainnya. Di lereng bukit itulah ribuan peziarah pada tiga perayaan tahunan Yahudi biasanya berkemah, dan di situ pulalah orang-orang pernah menyambut Yesus dengan lambaian daun pohon palem ketika Dia memasuki Yerusalem dengan menunggang keledai (Mrk. 11:8–10). Nabi yang sama yang pernah menubuatkan kejadiannya (Zak. 9:9) juga menyampaikan prediksi: "Pada waktu itu kaki-Nya akan berjejak di bukit Zaitun," (Zak. 14:4). Yesus akan datang kembali di titik yang sama dengan Dia pergi. Namun, bukit itu pun tidak mungkin mampu menampung jutaan orang sekaligus dalam peristiwa itu.

Kedua, peristiwa Yesus datang kembali akan terjadi *di atas* gunung! Kita "akan diangkat ... dalam awan menyongsong Tuhan di angkasa" (1 Tes. 4:17). Memang luas langit besar sekali, tetapi bagaimana kita mengatasi hukum gravitasi? Saat itulah, kita akan mendapat tubuh "abadi" (1 Kor. 15:51–53), sama seperti tubuh kemuliaan Yesus (Flp. 3:21), yang sama saja di bumi maupun di surga; bisa memakan ikan, memasak sarapan, sekaligus menembus pintu terkunci dan masuk ruang angkasa tanpa pakaian antariksa!

Bayangkan saja, kumpulan orang yang begitu banyak akan naik ke awan-awan. Ada beberapa unsur ciptaan Tuhan yang dapat memberikan gambaran yang lebih jelas tentang kemuliaan ini. Mereka yang pernah terbang di atas ketinggian awan kumulus yang bermandikan sinar matahari yang cerah akan memahaminya. Pemandangan itu "amat mulia".

Artinya, pada hari itu kelak, angin akan datang dari barat, membawa kelembapan udara dari arah kawasan Mediterania. Angin timur dari padang gurun Arab hanya membawa panas ekstrem yang kering. Demikianlah Tuhan memberkati atau menghukum umat-Nya, Israel (1 Raj. 17:1; 18:44). Kedatangan kembali Sang Mesias akan menjadi berkat terbesar yang mereka terima.

BAGAIMANA?

Aspek "bagaimana" pada kedatangan kembali Yesus paling tepat ditelaah dengan membandingkannya dengan kenaikan-Nya ke surga serta menimbang perbedaan kontrasnya dengan masa adven sebelum kedatangan-Nya yang pertama. Kedatangan Yesus yang kedua akan menyerupai kepergian-Nya yang pertama, tetapi tidak menyerupai kedatangan-Nya yang pertama.

Pihak pertama yang menyoroti kesamaan di antara kenaikan Yesus ke surga dan kedatangan-Nya kembali ialah para malaikat: "Yesus ini, ... akan datang kembali dengan cara yang sama seperti kamu melihat Dia naik ke sorga," (Kis. 1:11).

Dengan kata lain, misalnya salah satu murid Yesus menggunakan kamera video dan merekam kejadian kepergian dan menghilangnya Yesus, rekaman itu dapat digunakan untuk menggambarkan kedatangan-Nya kembali kelak, dengan memutarnya mundur! Kejadian yang pertama itu sama saja dengan kejadian yang kedua, tetapi arah urutannya terbalik. Keduanya saling terkait erat, meskipun yang satu terjadi di masa lalu dan yang kedua akan terjadi di masa depan.

Beberapa pakar kontemporer mengecilkan realitas kenaikan Yesus ke surga sebagai mitos belaka; mereka menganggapnya fiksi alih-alih fakta dan hanya mengandung kebenaran teologis tentang siapa Yesus, tanpa kebenaran sejarah tentang ke mana Dia pergi. Mereka menganggap diri mereka terlalu cerdas untuk menerima gagasan bahwa surga "ada di atas". Tidak heran, hal ini memunculkan masalah yang nyata saat mereka menghadapi topik kedatangan Yesus kembali. Kebanyakan dari pakar-pakar itu tidak mau memikirkannya sama sekali!

Siapa yang patut kita percayai: malaikat atau para pakar? Apakah Yesus sungguh akan turun dari langit penuh awan-awan dengan cara yang sama dengan ketika Dia naik ke surga? Atau, seluruh gambaran ini hanya dongeng isapan jempol? Pilihannya ada di tangan Anda sendiri!

Mereka yang menerima kesaksian para saksi mata yang melihat langsung Yesus pergi sama sekali tidak kesulitan untuk percaya bahwa demikian itulah cara-Nya datang kembali kelak. Kedatangan Yesus kembali pun akan jelas terlihat, terdengar, dan terasa.

Namun, meski bagian ini tetap sama, aspek-aspek lainnya akan berbeda cukup jauh.

Dahulu, hanya ada dua malaikat yang hadir pada peristiwa kenaikan Yesus ke surga, tetapi kelak, ribuan malaikat akan menyertai kedatangan-Nya kembali (Mat. 25:31; Yud. 14). Dahulu, hanya sebelas orang yang menyaksikan Yesus pergi, tetapi kelak, jutaan orang akan menatap-Nya saat datang kembali. Adegannya kelak akan penuh dengan amat sangat banyak orang.

Dan, akan lebih banyak orang yang mendengar sekaligus melihat. Salah satu pernyataan tentang kedatangan Yesus kembali telah digambarkan sebagai "ayat yang paling bising di dalam Alkitab" (1 Tes. 4:16). Tuhan sendiri berbicara, penghulu malaikat berseru, sangkakala berbunyi, dan yang sulit kita bayangkan, jutaan orang menyaksikan seluruh prosesnya sambil tetap diam, ketika untuk pertama kalinya mereka melihat Pribadi yang telah begitu lama mereka kasihi.

Semua ini merupakan perbedaan yang sangat kontras dengan kedatangan Yesus yang pertama. Dulu, selama sembilan bulan pertama Yesus di bumi, Dia sama sekali tidak terlihat, tersembunyi di dalam gelapnya rahim Maria. Hanya beberapa kerabat dekatlah yang mengetahui keberadaan-Nya saat itu. Kelahiran Yesus relatif tidak diperhatikan orang, kecuali oleh beberapa gembala, sampai orang-orang Majus dari Timur (mungkin keturunan dari banyak orang Yahudi yang tinggal di Babilonia setelah pembuangan) membuat Herodes menyadari potensi ancaman sesosok Raja saingan. Tentu, ada juga malaikat-malaikat yang mengumumkan adven menjelang kedatangan Yesus yang pertama seperti kelak untuk kedatangan Yesus yang kedua; dan ada juga bintang khusus yang menjadi titik patokan yang terang di langit, yang makna pentingnya hanya disadari oleh mereka yang mencarinya. "Raja orang Yahudi" hanya lahir di kota istana Daud, Betlehem, karena ada pajak sensus baru yang diinstruksikan oleh seorang kaisar di tempat yang jauh. Namun, buaian Yesus pun hanya tempat makan hewan.

Jelas sekali, dunia sama sekali tidak sadar akan hal yang sedang terjadi atau sosok yang telah datang itu. Sepertinya, Tuhan sendiri ingin agar tidak perlu ada publisitas tentang intervensi Anak-Nya di dalam sejarah. Hal itu dimaksudkan-Nya sebagai kunjungan rahasia ke planet Bumi, yang dapat dilihat hanya dengan mata iman.

Kedatangan Yesus yang kedua pun berbeda jauh; tidak lagi sebagai bayi kecil tak berdaya, tetapi sebagai pria dewasa; tidak lagi dengan satu bintang di langit, tetapi dengan kilat yang menyambar dari timur ke barat (Mat. 24:27); tidak lagi dalam kelemahan, tetapi dengan kuasa; tidak lagi dalam kesederhanaan, tetapi dalam kemuliaan; tidak lagi dalam kelembutan yang tenang, tetapi dalam keagungan yang nyata.

Kelak, akan ada kesadaran yang universal dan pengenalan yang langsung. Semua orang akan tahu Yesus telah datang dan mereka akan tahu siapa Yesus itu. Hal itu akan menjadi peristiwa yang paling publik dan terpublikasi dalam sejarah.

Para penulis Perjanjian Baru menyelidiki bahasa Yunani (atau kata-kata untuk menggambarkan peristiwa unik ini). Mereka akhirnya memilih tiga kata, yang masing-masingnya memiliki keterkaitan khusus, baik dalam terjemahan bahasa Yunani dari naskah kitab suci bahasa Ibrani maupun dalam penggunaan umumnya oleh masyarakat modern.

Kata yang paling mereka sukai adalah *parousia*. Artinya adalah "di sebelah" dan secara umum untuk seseorang yang "telah datang" untuk bergabung dengan orang-orang yang berkumpul untuk menantikan dirinya. Namun, ada dua penerapan tertentu yang membuatnya secara khusus tepat untuk menggambarkan Kedatangan Yesus yang Kedua, karena keduanya terkait dengan sifat kerajaan. Yang pertama adalah jika seorang raja asing "tiba" bersama pasukannya di perbatasan darat negeri yang akan dia invasi, taklukkan, dan duduki. Yang kedua adalah jika seorang raja asli setempat "datang" bersama anggota istana kerajaannya untuk mengunjungi salah satu kotanya; dalam hal ini, para pemimpin warga akan menemuinya di luar tembok kota, agar mereka dapat menghormatinya dengan berjalan dalam prosesi melalui gerbang kota bersamanya. Kedua gambaran ini tepat memadukan kedua aspek kedatangan Yesus kembali. Orang-orang yang tidak percaya akan menganggap-Nya pendatang asing yang menginvasi, sedangkan orang-orang percaya akan menyambut dan menghormati Dia sebagai Raja atas mereka.

Epiphaneia adalah kata yang kedua, yang paling tepat diterjemahkan sebagai "muncul di dalam adegan", dengan makna kemunculan yang tiba-tiba, bukan bertahap, dalam keseluruhan adegan yang disaksikan itu. Lagi-lagi, kata ini digunakan untuk menggambarkan pasukan yang datang menginvasi atau raja yang mengunjungi rakyatnya—sangat mirip dengan keluarga kerajaan Inggris yang "muncul" di balkon Istana Buckingham di hadapan kumpulan orang di bawah. Penggunaannya yang bermakna paling "tinggi" adalah dalam konteks penyembahan, ketika Tuhan menyatakan diri secara kasat mata—seperti ketika kemuliaan *Shekinah* turun atas Tabernakel atau Bait Suci. Penerapan yang terakhir ini sering kali mengandung nuansa makna penghiburan atau penguatan. Tuhan muncul dalam adegan di hadapan manusia, untuk menolong umat-Nya, terutama saat mereka amat sangat membutuhkan. Makna ini dapat digambarkan dalam film-film Barat dengan adegan pasukan kavaleri yang datang melintasi garis cakrawala tepat pada waktunya untuk *menyelamatkan* para penduduk awal dari serangan suku Indian berkulit merah. Itulah "epifani", dan makanya menjelaskan mengapa kata ini digunakan baik untuk kedatangan Yesus yang pertama maupun yang kedua.

Lalu yang ketiga, kata *apokalypsis* mengandung makna "tiba" dan "muncul" yang setingkat lebih dalam lagi. Akar katanya berarti "menyembunyikan", tetapi awalannya menghasilkan perubahan arti menjadi "menyingkapkan yang sebelumnya tersembunyi". Jika digunakan pada konteks manusia, artinya "menyingkapkan". Kiasan dalam bahasa Inggris, yang dapat kita terjemahkan bebas sebagai "muncul dengan jati diri asli", mengandung makna yang sama persis. Jika digunakan pada konteks kerajaan, artinya "mengenakan mahkota, jubah, dan perhiasan kebesaran sebagai raja yang memerintah. Artinya, disingkapkan sepenuhnya sebagai seorang raja, sehingga terlihat oleh semua orang. Karena beberapa alasan yang sudah jelas, kata ini tidak dapat digunakan untuk kedatangan Yesus yang pertama, tetapi amat sangat tepat untuk kedatangan-Nya yang kedua, ketika Dia datang "dengan kuasa dan penuh kemuliaan" (Mat. 24:30).

Ada sebuah cerita anak yang mengisahkan seorang Kaisar atau Raja yang menyamar sebagai pengemis lalu berbaur dengan rakyatnya sebelum hari kunjungannya yang telah dijadwalkan. Tujuannya adalah untuk menguji bagaimana rakyat akan memperlakukan dirinya sebagai orang biasa. Hari berikutnya dari penyamaran itu ialah *apokalypsis*, dengan seluruh kebesaran dan atribut kerajaannya, sehingga seluruh rakyat menjadi amat malu ketika mengenali "pengemis" itu sebagai raja mereka sendiri. Demikian itulah kelak ketika Yesus tampil sebagai Raja atas segala raja dan Tuhan atas segala tuan. Demikian pula, kitab Wahyu, yang membahas kedatangan-Nya lebih dari kitab-kitab lainnya, dibuka dengan kata-kata "Inilah wahyu Yesus Kristus" (Why. 1:1). Wahyu adalah salah satu dari kitab-kitab "apokaliptik" dalam Alkitab, yang "menyingkapkan" masa depan yang tersembunyi (contoh-contoh lainnya ialah Daniel dan Yehezkiel).

Ketiga kata ini bersama-sama memberikan gambaran yang amat jelas tentang peristiwa yang unik ini. Penting untuk dicatat bahwa ketiganya digunakan untuk saling menggantikan dengan makna yang sama, untuk menunjukkan aspek-aspek yang berbeda tentang peristiwa yang sama, bukan tahap-tahap yang berbeda dalam rangkaian yang panjang seperti yang disalahpahami oleh sebagian orang.

Kata kerja yang sama yang mempersatukan ketiga kata ini adalah "datang". Yesus akan datang. Dia akan datang sebagai Raja yang telah menang. Dia akan datang untuk menyelamatkan umat-Nya.

Dia akan datang sebagai diri-Nya yang sesungguhnya. Dahulu, dunia terakhir kali melihatnya sebagai sosok yang tersalib; kelak, dunia akan melihatnya mengenakan mahkota. Pada akhirnya, setiap lutut akan bertelut dan setiap lidah akan mengaku bahwa Yesus Kristus adalah Tuhan, bagi kemuliaan Allah Bapa (Flp. 2:10–11).

Namun, kapan Dia akan datang? Berapa lama lagi kita harus menanti?

KAPAN?

Jika kita tahu jawaban atas pertanyaan ini, kita akan menjadi orang yang menyimpan rahasia terbesar di dunia. Tidak ada yang tahu hal itu kecuali Tuhan sendiri. Yesus sendiri pun, saat berada di bumi, mengakui diri-Nya tidak tahu harinya di kalender waktu Bapa-Nya (Mat. 24:36). Dia juga berkata kepada para murid-

Nya bahwa mereka tidak akan dapat mencari tahu hal itu (Mrk. 13:33–35; bandingkan dengan Kis. 1:7). Tampaknya, penting agar kita *tidak* tahu (inilah paradoksnya, yang akan kita pahami lebih jauh nanti, kita lebih mungkin akan siap jika kita tidak tahu kapan, daripada jika kita tahu).

Nah, apakah semua yang dibuka itulah yang dapat kita ketahui? Atau, dapatkah kita mengajukan pertanyaan-pertanyaan lain?

Apakah Yesus akan datang tiba-tiba, tanpa dapat diduga sama sekali? Atau, apakah akan ada petunjuk-petunjuk menjelang kedatangan-Nya? Dengan kata lain, apakah kejadiannya kelak merupakan interupsi total terhadap proses sejarah atau merupakan puncak dari rangkaian peristiwa yang mendahuluinya? Jika kita tidak dapat mengetahui tanggal pastinya, dapatkah kita menghitung-hitung perkiraannya? Sederhananya, apakah kita akan mendapatkan peringatan jika waktunya makin mendekat?

Untuk pertanyaan yang terakhir ini, Perjanjian Baru tampaknya memberikan dua jawaban yang bertentangan: ya dan tidak!

Di satu sisi, selain perikop-perikop yang menekankan ketidaktahuan, ada pula sejumlah perikop yang menggambarkan kedatangan-Nya sebagai "pencuri di malam hari", tidak diduga dan tidak disadari (Mat. 24:43; 1 Tes. 5:2; Why. 16:15); ada pula sebuah film Kristen yang terkenal dengan judul ini. Karena esensi pencurian yang sukses adalah mengejutkan, implikasinya adalah tidak akan ada peringatan sebelum kedatangan Yesus kelak, atau pun petunjuk apa pun bahwa Dia telah mendekat. Ini berarti Yesus bisa saja datang "kapan saja" (frasa yang kini digunakan sebagai "label" bagi pandangan ini).

Di sisi lain, perikop-perikop lain berbicara tentang peristiwa-peristiwa yang mendahului kedatangan Yesus kelak, hal-hal yang harus terjadi dahulu, yang merupakan *tanda-tanda* (semacam peringatan) bahwa Dia telah "berdiri di depan pintu" (Mat. 24:33), sebelum segera langkah masuk ke panggung sejarah lagi. Banyak pula peringatan lain yang konsisten dengan ini, agar kita *berjaga-jaga* sekaligus *berdoa* dalam menantikan kedatangan-

Nya kembali. Ini bukan berarti kita hidup dengan mata yang terus-menerus menatap ke awan-awan di langit saja! Tanpa mengaitkan dengan bahaya yang menyertainya, Yesus hanya akan datang kembali di langit atas Yerusalem. Konteksnya akan selalu merupakan salah satu peristiwa dunia, yang mengawali akhir zaman. Justru, para murid bertanya kepada Yesus tanda-tanda apa yang akan mendahului kedatangan-Nya (Mat. 14:3); dan Dia menjawab mereka dengan detail-detail spesifik. Implikasi praktisnya adalah Dia tidak mungkin (dan tidak akan) datang kembali sebelum kita "melihat hal-hal ini" (Mat. 24:33). Maka, kita tidak dapat menanti Dia "sewaktu-waktu", atau bahkan dalam waktu yang sangat dekat ini, meski setiap generasi orang percaya dapat memegang pengharapan yang valid bahwa Yesus akan datang dalam masa hidup mereka.

Jelas, ada ketegangan di antara dua sisi arahan Alkitab ini. Para siswa/siswi Alkitab pun menyimpulkannya secara berbeda-beda. Kita akan melihat tiga kesimpulan, dan dua di antaranya patut dipertanyakan.

Beberapa pihak menuntaskan masalah perbedaan ini dengan memilih salah satu kesimpulan dan mengabaikan yang lainnya. Mereka memilih entah posisi "kapan saja sewaktu-waktu" atau "mencari tanda-tanda".

Namun, menegakkan doktrin dari hanya sebagian isi Alkitab tentang salah satu topik akan menghasilkan ketidakseimbangan dan ekstremisme, yang berakibat tidak baik secara praktis.

Solusi yang lebih populer, khususnya di antara kalangan fundamentalis di Amerika Utara, adalah berasumsi bahwa ada *dua* kejadian kedatangan Yesus yang kedua itu, pada dua waktu yang berbeda. Yesus dianggap akan datang dua kali, yang pertama secara diam-diam tanpa disangka-sangka oleh Mempelai Wanita-Nya, Gereja, lalu yang kedua secara publik setelah didahului tanda-tanda, untuk menegakkan Kerajaan-Nya. Teori ini relatif baru (pertama kali populer pada sekitar tahun 1830-an) dan telah diterima secara luas. Pandangan ini mengajarkan bahwa orang percaya akan "diangkat" dari bumi sebelum "menyaksikan" tanda-tanda kedatangan Yesus.

Hal yang demikian adalah sebuah paradoks, tetapi ada cara yang lebih sederhana dan lebih alkitabiah untuk memahaminya. Kedatangan Yesus kembali bukan akan terjadi dalam dua kejadian, tetapi ada dua kelompok orang saat kedatangan-Nya yang satu kali itu. Bagi kelompok yang satu, Yesus datang menjadi kekagetan yang tiba-tiba. Bagi kelompok yang lainnya, Yesus datang tanpa mengejutkan sama sekali.

Yesus sendiri menyamakan hari kedatangan-Nya kembali dengan hari-hari pada zaman Nuh (Mat. 24:37–39). Saat itu, mayoritas manusia makan minum dan berkembang biak, tanpa sadar akan bencana yang akan datang tanpa peringatan. Di sisi lain, Nuh dan tujuh orang lainnya telah siap. Mereka tahu apa yang akan terjadi dan tahu hal itu tidak akan terjadi sebelum bahtera selesai dibuat. Bahteranya sendiri merupakan "tanda" yang bersifat jangka panjang, sedangkan pengumpulan hewan dan penyimpanan bahan makanan merupakan "tanda" jangka pendek. Mereka yang mengabaikan atau tidak memercayai tanda-tanda itu menjadi amat sangat kaget.

Respons yang dua sisi ini terlihat pula di perikop-perikop Perjanjian Baru. Bagi *orang tidak percaya* kedatangan Yesus kembali akan menjadi kekagetan besar, yang amat menakutkan. Bagi merekalah Yesus akan muncul tiba-tiba seperti pencuri, untuk merampas segala sesuatu yang telah mereka usahakan dalam kehidupan mereka. Hal itu akan terjadi begitu tiba-tiba, seperti kram kontraksi yang terasa sakit pada wanita hamil, dan tak dapat dihindari atau dicegah pula (1 Tes. 5:3). Namun, ayat tepat sesudah itu menyatakan bahwa *orang percaya* tidak akan terkejut (1 Tes. 5:4). Mereka akan berjaga-jaga dengan pandangan awas, melihat tanda-tandanya dan menantikan Dia. Mereka bagaikan pengurus rumah yang mendengar bahwa ada pencuri akan memasuki rumah, lalu tidak tidur demi "berjaga malam", mengamati setiap tanda mendekatnya kedatangan-Nya

(Mat. 24:42–43). Meski demikian, orang percaya pun dinasihati untuk menjaga disiplin diri, selalu berjaga-jaga, agar tidak jatuh ke dalam perangkap dunia dan terjerat (1 Tes. 5:6–9).

Lalu, apa saja tanda kedatangan Yesus kembali itu? Apa yang harus kita waspadai? Kejadian-kejadian apa yang harus kita perhatikan secara khusus saat membaca koran dan menonton televisi?

Di sinilah masalahnya. Kita punya begitu banyak data, hampir-hampir terlalu banyak, tetapi tersebar di seluruh Perjanjian Baru: sebagian dalam kitab-kitab Injil (terutama ketiga Injil pertama), tetapi lebih banyak di kitab-kitab surat (khususnya kedua Tesalonika), serta banyak pula di kitab Wahyu.

Dari mana kita mulai? Bagaimana cara kita seharusnya memadukan semua data itu? Ini mirip dengan mengerjakan gambar *puzzle* tanpa ada gambar contohnya yang utuh di penutup kotak. Yang kita perlukan adalah kerangka dasar untuk memasukkan semua kepingan gambar. Adakah garis besar semacam itu dalam Perjanjian Baru?

Banyak orang berpikir garis besar itu ada di kitab Wahyu, yang tampaknya memberikan urutan kejadian masa depan (digambarkan sebagai meterai, sangkakala, dan cawan). Namun, urutannya sangat rumit dan penelitian yang terperinci mengungkapkan bahwa semua kejadian itu tidak selalu terjadi dengan urutan kronologis (rekap catatan kejadian masa lalu dan antisipasi bahwa kejadian masa depan pada interval yang tidak tetap). Sebenarnya, buku ini tidak pernah dimaksudkan untuk menjadi cetak biru masa depan. Jika kita menganggapnya seperti itu, kita akan kehilangan tujuan praktis di setiap bagiannya— menguatkan orang percaya untuk menjadi "penakluk" di masa krisis yang segera tiba (yang kuncinya terdapat di Why. 3:5 dan 21:7).

Ini bukan juga berarti tidak ada urutan atau keteraturan dalam prediksi-prediksi yang ada. Bahkan, urutannya menjadi makin jelas menjelang akhirnya, saat kabar buruk berubah menjadi kabar baik. Namun, bab-bab pertengahan tidak memberikan gambaran yang sederhana atau jelas sama sekali, dan inilah mengapa ada begitu banyak tabel yang melengkapinya di bagian komentar. Jika kita menerima bahwa tujuan utama buku ini adalah untuk menolong orang percaya menanggung penderitaan, bukan mengenali tanda-tanda, kita dapat mencari informasi tentang tanda-tanda itu dari sumber-sumber lain.

Syukurlah, para murid pernah mengajukan pertanyaan kepada Yesus yang sama dengan yang kita tanyakan: "Apa tanda kedatangan-Mu dan tanda akhir zaman?" Jawaban Yesus terdapat di setiap Injil sinoptik (dengan sudut pandang yang serupa) (Mat. 24, Mrk. 13, dan Luk. 21). Sayangnya, mereka juga menanyakan hal lain pada saat yang sama: kapan prediksi Yesus tentang kehancuran Bait Suci akan terjadi (mungkin mereka berpikir kejadiannya adalah pada waktu yang sama, tanpa terpikir bahwa kedua kejadian akan berjarak setidaknya 19 abad!). Yesus menjawab kedua pertanyaan mereka itu, sehingga kejadian-kejadian pada tahun 70 M berpadu dengan tanda-tanda kedatangan-Nya (yang belum tentu sepenuhnya salah, karena kedua kejadian memiliki cukup banyak kesamaan, dengan yang satu membayangi yang lainnya).

Salah satu dari tiga versinya adalah dari Injil Lukas, dengan fokus pada kejadian yang lebih awal, sedangkan Injil Matius berfokus pada kejadian yang kemudian. Dalam kitab Matius kita dapat melihat garis besar yang lebih jelas, kerangka empat sisi kejadian-kejadian masa depan yang menandakan kedatangan kembali Yesus, sehingga seluruh informasi lainnya dapat dimasukkan ke dalam kerangka itu.

Setelah menunjukkan empat "tanda" dasar dalam urutannya, Yesus menambahkan peringatan tentang bencana yang menanti diri-Nya dan memberi nasihat tentang respons para murid yang tepat terhadap hal itu. Maka, untuk setiap tanda ada gambaran, bahaya, dan kewajiban (pembaca dapat membuat tabel sendiri dengan mudah, untuk membantu ingatan). Ada penekanan khusus pada risiko yang menyertai setiap tanda itu—yaitu, penyesatan orang percaya, baik dalam iman percaya maupun dalam perilaku.

Tanda 1: Bencana di Dunia (Mat. 24:4–8)
Ada tiga tanda yang disebut secara spesifik: perang, gempa bumi, dan kelaparan. Daftarnya pendek saja. Banyak bencana lain juga disebutkan dalam kitab Wahyu. Contohnya, sungai-sungai dan lautan tercemar, hujan es dalam ukuran yang besar. "Keempat penunggang kuda yang membawa penyingkapan" mencakup ekspansi kerajaan dan dampaknya dalam bentuk pertumpahan darah, kelaparan, penyakit, dan kematian. Jelas, bencana-bencana ini memiliki penyebab yang alamiah serta yang politis.

Peningkatan berlipat ganda bencana-bencana semacam ini dengan cepat menyebarkan keresahan dan kewaspadaan karena rasa tidak aman. Dalam suasana demikian, orang mencari sosok "juru selamat" untuk menghindari tragedi. Inilah situasi yang tepat untuk para penipu yang mengaku-aku penyelamat, yang akan menipu pemahaman orang banyak dan bahkan menyesatkan mereka hingga menganggap diri mereka "Kristus". Bahayanya adalah kemunculan mesias palsu yang begitu banyak.

Murid-murid Yesus harus menjaga diri dari penyesatan yang demikian, dengan tidak membiarkan diri diombang-ambingkan oleh kepanikan. Caranya, mereka harus memahami semua bencana yang pedih ini dengan pendekatan yang berlawanan dengan reaksi dunia: bukan mengaduh dalam kesakitan karena mendekati kematian, melainkan mengaduh dalam sakit bersalin karena menantikan kelahiran baru; bukan menatap akhir dari segala yang baik, melainkan menyambut awal dari segala yang lebih baik. Respons yang tepat bukanlah kepanikan dan keresahan, melainkan penantian dan antisipasi.

Tanda ini sangat jelas terlihat. Telah ada lebih dari 40 konflik internasional sejak Perang Dunia II, dan ini belum termasuk kejadian-kejadian gangguan publik sipil lainnya. Gempa bumi pun terjadi dalam frekuensi yang berlipat ganda setiap sepuluh tahun. Kelaparan telah menyebar ke negara-negara belum berkembang, dunia "ketiga". Berapa lama lagi kondisi-kondisi ini akan terus berlangsung atau bagaimana lagi semuanya akan makin memburuk, tidak dapat kita tebak. Namun, inilah tanda utama pertama kedatangan Yesus.

Tanda 2: Orang-Orang yang Undur dari Gereja (Mat. 24:9–14)
Perubahan yang akan terjadi adalah pada tingkat kondisinya, bukan jenisnya, tetapi skala kejadiannya adalah universal. Sekali lagi, ada tiga sifat yang disebut, dan ketiganya saling berkaitan.

Pertama, *pertentangan*. Pengikut Yesus akan dibenci segala bangsa, sehingga angka kematian sebagai martir akan meningkat. Diperkirakan, saat ini ada sekitar 250 negara (wilayah politik) di dunia. Orang Kristen hidup dalam tekanan di semua negara itu kecuali 30 negara, dan angka negara yang bebas ini makin mengecil setiap tahunnya. Di mana-mana gereja-gereja harus mempersiapkan jemaat untuk menghadapi penderitaan dan pengorbanan. Tiga pasal awal kitab Wahyu memberikan kurikulum untuk sekolah kehidupan itu. Bahkan, seluruh kitabnya dirancang sebagai buku panduan bagi calon martir dan mencakup setiap krisis yang mungkin akan melanda orang beriman.

Kedua, *pengurangan*. Tekanan-tekanan yang berat itu dengan cepat akan mengungkapkan perbedaan di antara orang Kristen sejati dan "Kristen KTP". Mereka yang asal rutin pergi ke gereja akan menyerah. Kasih mereka akan menjadi dingin sebagai akibat dari kompromi moral yang dilakukan seiring dengan dunia yang makin jahat. Mereka akan berpaling dari iman, mengkhianati Kristus dan mengkhianati orang Kristen.

Ketiga, *perluasan*. Paradoksnya, gereja yang dimurnikan di bawah tekanan menjadi gereja yang memberitakan kebenaran. Hal ini terbukti benar di sepanjang sejarah, dan khususnya sungguh sedang terjadi di Tiongkok saat ini. Perkembangan ketiga ini akan menjadi akhir yang menyelesaikan tugas pemberitaan Injil di dunia. Saat itulah, bukan sebelumnya, sejarah dapat ditutup, karena misi telah tuntas.

Selama masa itu, bahaya beralih dari mesias palsu menjadi nabi palsu, yang jauh lebih berpotensi menyesatkan orang percaya, karena nabi sejati merupakan pelayanan yang berkelanjutan di dalam Gereja. Kita akan membutuhkan kemampuan untuk membedakan. Dari Perjanjian Lama, kita mendapatkan beberapa petunjuk tentang isi nubuat palsu. Mereka menyerukan, "Damai sejahtera! Damai sejahtera!, tetapi tidak ada damai sejahtera..." (Yer. 6:14; 8:11). Mereka meyakinkan orang dengan penghiburan palsu saat masalah membayangi. Pesan nubuat mereka dapat diringkas menjadi "jangan khawatir, itu tidak akan pernah terjadi". Salah satu contoh terbarunya adalah pengajaran bahwa semua orang Kristen akan diangkat keluar dari dunia sebelum "Kesengsaraan Besar" atau "Aniaya Besar" dimulai (lihat Tanda 3 selanjutnya). Hal itu membuat banyak orang Kristen tidak siap menghadapi pencobaan dan ujian yang akan datang, sementara sebagian dari saudara-saudari seiman mereka sudah sedang menderita.

Ciri lain nubuat palsu adalah mengecilkan makna dosa di antara umat Tuhan, seolah-olah orang Kristen adalah "umat terpilih" milik Tuhan yang aman secara kekal tanpa peduli kondisi moral dan rohani mereka, sehingga tidak akan perlu menghadapi penderitaan pribadi. Ucapan klise "sekali selamat, tetap selamat" sebenarnya tidak pernah muncul dalam Alkitab, tetapi digunakan untuk menyuburkan pemikiran semacam ini. Yesus sendiri jelas mengajarkan bahwa kebenarannya tidak demikian. "... orang yang bertahan sampai pada kesudahannya akan selamat," (Mat. 10:22; 24:13). Kemurtadan, penyangkalan publik terhadap Kristus dalam perkataan maupun perbuatan, membatalkan keselamatan masa depan. "Tetapi barangsiapa menyangkal Aku di depan manusia, Aku juga akan menyangkalnya di depan Bapa-Ku yang di sorga," (Mat. 10:33). Kitab Wahyu pun menunjukkan kebenaran yang sejalan. Mereka yang "menang" akan mewarisi langit dan bumi yang baru, tetapi "penakut" akan dibuang ke dalam lautan api (Why. 21:7–8).

Berapa banyak orang yang akan gagal bertahan tetap teguh sampai akhir? Tantangan yang menyadarkan kita semua adalah mencerna prediksi Yesus bahwa *banyak orang* akan berpaling dari iman dan kasih sebagian besar orang akan menjadi dingin. Kondisi yang rusak ini tidak akan mungkin dapat diabaikan.

Namun, masih ada krisis yang lebih hebat yang akan terjadi, yang dapat memusnahkan sisa-sisa orang beriman, jika bukan karena Tuhan dengan ke-Maha Kuasa-an-Nya membatasi durasi krisis itu.

Tanda 3: Diktator di Timur Tengah (Mat. 24:15–28)
Kesulitan-kesulitan yang sejak lama selalu mendera umat Tuhan akan mencapai puncaknya dalam bentuk krisis yang singkat tetapi amat keras, yang dikenal dengan sebutan "Aniaya Besar" (Why. 7:14) atau "Kesengsaraan Besar".

Yesus berbicara lebih banyak tentang tanda puncak ini daripada tentang ketiga lainnya, tetapi dengan komunikasi yang tidak langsung. Perkataan-Nya membutuhkan penyelidikan yang hati-hati.

Yesus mendasarkan peringatan-Nya pada frasa yang digunakan tiga kali oleh Nabi Daniel pada abad ke-6 SM: "kekejian akan datang yang membinasakan" (Dan. 9:27; 11:31; 12:11). Sebuah studi yang teliti telah mengungkap bahwa Daniel mengatakannya untuk merujuk pada seorang manusia penakluk yang, tepat di kota tempat Tuhan sebelumnya ditinggikan, akan mengucapkan perkataan hujat dan melakukan perbuatan najis yang mengakibatkan tekanan mental dan fisik di antara umat Tuhan.

Sebagian dari nubuat ini telah digenapi oleh Antiokhus IV Epifanes, raja Seleukia dari Suriah (nama "Epifanes" sebenarnya berarti "mulia", tetapi diam-diam banyak orang menyebutnya "Epimanes", yang berarti "gila"). Dalam masa pemerintahannya yang penuh teror atas Yerusalem selama 3,5 tahun pada abad kedua SM, raja itu memerintahkan agar kaum Yahudi meninggalkan hukum Tuhan, mendirikan altar Yunani untuk Dewa Zeus di Bait Suci, mengorbankan babi di altar itu, dan memenuhi kamar-kamar para imam dengan pelacur. Tiraninya berakhir dengan pemberontakan yang dipimpin oleh keluarga Makabe, lalu dia sendiri meninggal dalam kondisi gila.

Daniel pun menyadari bahwa akan ada sosok yang serupa dengan Antiokhus IV Epifanes, bahkan yang lebih parah lagi, "di akhir zaman" (Dan. 11:35, 40; 12:4, 9,12,13). Jelaslah, Yesus, yang berbicara setelah Antiokhus IV Epifanes, meneguhkan nubuat itu bahwa penggenapan keduanya masih akan terjadi di masa depan. Selain itu, ada pula beberapa kesamaan yang terlihat.

Masanya akan mencakup *periode waktu yang sama*. Yesus berkata bahwa masa penderitaan itu akan *dipersingkat*, tetapi kitab Wahyu memberikan informasi yang lebih spesifik: 1.260 hari, 42 bulan, atau 3,5 tahun ("satu masa dan dua masa dan setengah masa", Why. 12:14).

Kejadiannya akan muncul *di tempat yang sama*. Yesus menasihatkan agar seluruh penduduk Yudea saat itu pergi secepat mungkin, tanpa perlu berkemas. Mereka tidak boleh tetap berada di dekat manusia itu. Nasihat itu benar, seperti yang nyata dari fakta bahwa tidak ada orang Kristen tewas saat Yerusalem dihancurkan pada tahun 70 M, meskipun sejuta orang Yahudi binasa. Orang-orang Kristen telah lari menyeberangi Sungai Yordan ke Pella pada saat Kaisar Titus dan pasukannya tiba. Padahal, Titus bukan Antiokhus. Semoga saja orang-orang percaya yang di dalam dan di sekitar Yerusalem pada akhir zaman siap untuk bertindak cepat. Mereka perlu berdoa agar hari itu tidak jatuh pada hari Sabat, karena pada hari Sabat tidak ada sarana transportasi yang beroperasi, dan tidak di musim dingin, karena perjalanan melarikan diri itu berarti mereka akan bermalam di alam bebas. Para wanita hamil dan menyusui akan kesulitan mengikuti perjalanan yang bergegas itu.

Perikop-perikop lain di dalam Perjanjian Baru juga berbicara tentang diktator terakhir ini. Yohanes sendiri menyebutnya "Antikristus" (1 Yoh. 2:18; perhatikan bahwa dalam bahasa Yunani "anti" berarti "pengganti" alih-alih "lawan"), dan inilah sebutan yang digunakan oleh kebanyakan orang Kristen untuk sosok itu. Paulus berbicara tentang "manusia durhaka", "yang harus binasa" (2 Tes. 2:3–4). Sungguh hujat yang paling buruk.

Lagi-lagi, kitab Wahyu memberi kita informasi yang paling lengkap, khususnya dalam pasal 13. Di situ, dia digambarkan sebagai "binatang", seperti juga rekan keagamaan dan mitra konspiratornya, "nabi palsu". Bersama-sama, mereka mendirikan sebuah rezim totaliter, dan di bawah rezim itu yang dapat melakukan jual-beli makanan dan barang hanyalah orang-orang yang menerima otoritas mereka, dengan memberikan diri untuk menerima tanda mereka. Tanda itu berupa deretan angka (666); yang makna utuhnya akan menjadi jelas saat waktunya tiba, tetapi 6 merupakan angka manusia, yang selalu kurang dari kesempurnaan Tuhan pada angka 7.

Karena otoritas tirani itu akan berlaku secara universal, bukan lokal (Why. 13:7), "tekanan" yang diakibatkannya akan melebihi yang pernah ada sebelumnya. Tidak ada pengalaman lain yang pernah atau akan melebihi tekanan hebat itu, menurut Yesus. Pengikut-Nya pun akan mengalaminya sebagai tekanan terberat yang pernah dialami, amat sangat keras tetapi oleh anugerah berlangsung singkat saja.

Namun, bahaya yang lebih besarnya sama saja, penyesatan. Situasi yang demikian akan memunculkan begitu banyak nabi palsu *dan* mesias palsu, yang begitu lapar dan rakus untuk melahap mangsa seperti burung bangkai yang berputar mengelilingi bangkai hewan yang mati diserang musuh. Dengan mempertontonkan kuasa sihir dan keajaiban supernatural, mereka berusaha "menyesatkan, jika mungkin, bahkan umat pilihan", mencontoh sang Antikristus dan si nabi palsu (Why. 13:3, 14–15).

Ada banyak desas-desus bahwa Kristus telah datang kembali dan orang-orang percaya mendapat informasi tentang di mana tempatnya. Namun, kita tidak boleh mendengarkan desas-desus itu. Mereka akan melihat tanda bahwa Yesus telah datang, di mana pun mereka berada pada saat itu (lihat Tanda 4 selanjutnya). Yang harus pergi hanyalah mereka yang berada di Yudea, dan bukan untuk bertemu Kristus, melainkan untuk lari dari Antikristus. Semua orang lain harus tetap berada di tempat mereka berada, dengan menutup mata tetapi membuka telinga. Kita harus berjaga-jaga dan berdoa.

Seluruh skenario yang luar biasa hebat itu mungkin sulit dibayangkan dan dipercaya sekarang. Namun, kita dapat berpegang pada perkataan Yesus: "Camkanlah, Aku sudah mengatakannya terlebih dahulu kepadamu," (Mat. 24:25). Pertanyaannya, apakah kita percaya akan pengetahuan-Nya akan masa depan dan akan karakter-Nya yang bisa dipercaya? Betapa baiknya dan penuh perhatiannya Dia, dengan mempersiapkan kita dengan informasi yang sedemikian mendetail! Mereka yang menerimanya dan bertindak sesuai arahan-Nya akan terjaga aman ketika badai melanda dengan hebat.

Sebelum membahas tanda yang terakhir, ada dua hal amat penting yang perlu kita catat pada akhir masa "Bencana" atau "Aniaya Besar". Pertama, *Yesus Kristus belum datang kembali*. Ada banyak desas-desus bahwa Dia telah datang kembali, tetapi sebenarnya belum. Kedua, *orang Kristen pun belum pergi* juga. Mereka masih ada di dunia ini, sedang menderita kesengsaraan yang terjadi di mana-mana (perhatikan kata-kata yang berarti "kamu" dan "milikmu" di seluruh ayat-ayat ini). Yang telah pergi meninggalkan dunia hanyalah mereka yang meninggal sebagai martir, meski jumlah ini akan menjadi "amat sangat banyak" (Why. 6:9–11; 7:9–17; 11:7; 13:15; 20:4). Yang lain akan aman tersembunyi di lokasi-lokasi yang sunyi (Why. 12:6, 14). Peringatan bahwa semua orang yang menyembah binatang itu dan menerima tandanya akan "disiksa dengan api dan belerang ... sampai selama-lamanya" perlu dipandang sebagai panggilan "ketekunan orang-orang kudus, yang menuruti perintah Allah dan iman kepada Yesus" (Why. 14:9–12) agar tidak tertimpa nasib yang sama.

Namun, krisis itu akan berlangsung selama beberapa saat saja dan akan segera berakhir. Lalu, ada satu tanda lagi sebelum Tuhan datang kembali.

Tanda 4: Kegelapan di Langit (Mat. 24:29–31)

Tanda yang ini akan langsung mengikuti masa kesengsaraan pada akhir zaman. Tidak akan ada penundaan. Ini berarti orang-orang yang masih hidup hingga menyaksikan tanda ketiga akan tahu jelas kapan Yesus akan datang kembali. Pengetahuan ini akan menguatkan mereka untuk bertahan selama bulan-bulan yang berat itu.

Tanda terakhir ini tidak mungkin disalahpahami. Semua sumber cahaya yang alami akan padam, sehingga seluruh langit menjadi gelap gulita. Pukul berapa pun itu, sepanjang hari akan menjadi malam tergelap. Matahari, bulan, dan bintang-bintang akan terguncang keluar dari lintasan, dan tidak lagi bisa bercahaya atas planet Bumi. Nabi-nabi Ibrani telah menubuatkan hal itu (Yes. 13:10; 34:4; Yoel 2:31, dikutip di Kis. 2:20).

Langit telah menampilkan peristiwa-peristiwa terpenting dalam kehidupan Kristus. Bintang terang yang muncul pada kelahiran-Nya, matahari yang mengalami gerhana pada kematian-Nya, semua itu menjadi bayangan penyambutan semesta terhadap kedatangan-Nya kembali.

Hilangnya cahaya dari sumber-sumber alami akan membuat "kilat" yang supernatural menjadi jauh lebih jelas terlihat. Langit yang gelap gulita itu akan menjadi penuh dengan cahaya terang, dari kemuliaan Sang Anak Tuhan yang tunggal, yang telah digambarkan sekilas oleh tiga murid di Gunung Hermon (Mrk. 9:3; Yoh. 1:14; 2 Ptr. 1:16–17), dan menyala di sekeliling bumi sehingga terlihat oleh semua orang.

Di ruang teater, saat lampu dimatikan, itulah tanda bahwa pertunjukan akan segera dimulai. Para penonton yang penuh semangat tahu bahwa mereka tidak perlu menunggu lama lagi sebelum tirai terbuka dan panggung yang bercahaya terang terlihat, menampilkan adegan yang biasanya berupa kerumunan orang dengan pemeran utama sebagai fokusnya di tengah-tengah. Demikian pulalah "hari itu" kelak.

Bangsa-bangsa akan melihat kilat yang datang dari timur dan menyambar ke arah barat, dan melihat Yesus datang menunggang awan-awan (tetapi yang tidak dijelaskan, apakah adegan ini akan direkam oleh para kameramen televisi?). Saat orang-orang tidak percaya mulai dilanda kesadaran penuh akan makna penting peristiwa yang sedang terjadi itu, mereka pun diliputi duka. Betapa salahnya mereka selama ini! Mereka telah melewatkan kesempatan-kesempatan yang begitu berharga! Saat itu, mereka akan menjadi orang-orang yang mengalami kesengsaraan tiada tara, berbeda dengan orang-orang percaya, yang telah lama menantikan hari itu tiba. Mereka juga akan menyaksikan kilat menyambar, tetapi mereka juga akan mendengar suara sangkakala, yang begitu keras hingga membangkitkan orang-orang mati! Sangkakala dari tanduk domba jantan kekal itu (dalam bahasa Ibrani, "*shofar*") menjadi panggilan bagi umat Tuhan untuk berkumpul; sama persis. Para malaikat akan mengantar orang-orang percaya dari keempat penjuru bumi; bagi banyak orang, itulah perjalanan pertama mereka ke Tanah Suci, dan bagi semuanya, itulah penerbangan langsung gratis pertama mereka! Mereka akan sudah mendapat tubuh yang baru, sama seperti orang-orang percaya yang sudah mati mendahului mereka tiba di pertemuan terpenting dari segalanya itu.

Peristiwa itu secara umum dikenal sebagai "Pengangkatan". Dalam bahasa Inggris modern, kata ini memiliki nuansa emosional yang kuat, yang cukup tepat. Namun, sebenarnya kata ini bersumber dari bahasa Latin, *rapto, raptere* (yang berarti "disambar dan diangkat naik" dan digunakan dalam terjemahan bahasa Latin ayat 1 Tes. 4:17: "diangkat bersama-sama dengan mereka dalam awan menyongsong Tuhan di angkasa"). Makna ganda yang sama ini dapat kita temukan juga dalam sinonimnya, "dipindahkan".

Tentu saja, ketika orang-orang percaya dipindahkan ke Israel, orang-orang tidak percaya akan ditinggalkan. Ini seperti yang Yesus katakan, bahwa jika ada dua orang bekerja bersama di ladang yang sama, salah satunya akan diambil sedangkan yang lainnya ditinggalkan; seperti juga jika ada dua wanita bekerja bersama di dapur yang sama (Mat. 24:40–41). Bahkan, keluarga-keluarga pun akan terpisah untuk selama-lamanya (Luk. 12:51–53).

Namun, para pengikut Yesus yang setia akan dikumpulkan untuk dipersatukan selamanya, baik dengan satu sama lain maupun dengan Tuhan (1 Tes. 4:17). Di mana pun Yesus berada atau akan berada, saat itu, Dia telah datang dan orang percaya dapat berkumpul bersama Dia dan memandang kemuliaan-Nya (Yoh. 14:3; 17:24).

Demikianlah tanda-tanda kedatangan Yesus, yang telah diberikan-Nya kepada para murid-Nya, dan melalui para murid itu, kepada kita. Isi pesannya dan urutan kejadiannya cukup jelas, seperti juga kecepatannya yang bertambah dan durasi berlangsungnya yang berkurang.

Yesus mendorong kita untuk melihat tanda-tanda ini dalam sejarah dan memahaminya dengan benar, sama seperti orang-orang menafsirkan tanda-tanda alam. Saat pohon ara mengeluarkan getah dan tunas berubah menjadi daun, itulah tanda masa adven menuju musim panas (Yesus mengambil analogi yang sederhana dari alam; dalam hal ini tidak ada petunjuk bahwa Dia sedang berbicara dengan kiasan tentang pemulihan bangsa Israel ke tanah air mereka sendiri dan kemerdekaan politik negara mereka, meskipun Perjanjian Lama kadang mengibaratkan bangsa Israel dengan pohon ara, atau yang lebih sering, dengan pohon anggur). Analoginya adalah tunas-tunas yang berubah menjadi daun sebagai gambaran keempat tanda yang telah disampaikan-Nya. "Demikian juga, jika kamu melihat semuanya ini [tanda-

Memahami Kedatangan-Nya Kembali

tanda yang sudah dijelaskan sebelumnya, termasuk langit yang menjadi gelap gulita], ketahuilah, bahwa waktunya [kedatangan Yesus kembali] sudah dekat, sudah di ambang pintu," (Mat. 24:33).

Penting sekali untuk kita sadari bahwa tujuan Yesus memberikan prediksi yang sedemikian mendetail bukanlah untuk memperdebatkan tanggal, melainkan untuk menghindari bahaya. Maksud-Nya adalah penerapan praktisnya, bukan spekulasi intelektual. Malangnya, sejarah penuh dengan contoh-contoh orang yang telah menebak-nebak dan membuat "perkiraan" tanggal pastinya. Martin Luther menghitungnya dan mendapat tahun 1636, John Wesley berpikir kejadiannya tahun 1874; sedangkan keduanya cukup bijak untuk memilih tahun yang jauh sebelum masa hidup mereka berakhir, maka mereka tidak perlu merasakan hidup dengan kesalahan kalkulasi itu! Tokoh lain, William Miller, pendiri aliran Adven Hari Ketujuh, memilih tahun 1844, dan Charles Russell, pendiri aliran Saksi Yehuwa, memilih tahun 1914; lalu keduanya meninggal tak lama setelah tahun yang mereka prediksikan masing-masing itu. Belum lama ini, ada banyak gagasan bermunculan, dan banyak yang menyoroti tahun 1988 (40 tahun setelah "pohon ara" Negara Israel bertunas).

Dari segala hal yang telah dibahas sejauh ini, jelas sekali bahwa kita tidak tahu tahunnya dan saat ini tidak mungkin mengetahuinya, karena hanya tanda-tanda umumlah yang dapat terlihat. Jelas pula bahwa kedatangan Yesus kembali tidak mungkin terjadi tahun ini, tahun depan, atau bahkan dalam beberapa tahun ke depan. Harapan untuk mengalaminya dalam masa hidup kita tergantung pada percepatan yang luar biasa pesat pada peristiwa-peristiwa dunia. Titik akhir itu mungkin akan tiba lebih cepat daripada dugaan kita.

Namun, ada satu hal lain yang dapat kita simpulkan tentang waktu kedatangan Yesus. Kita memang tidak tahu tahun kejadiannya, tetapi kita tahu musim atau bagiannya dalam tahun itu nanti! Tuhan menaruh gambaran-gambaran tentang karya penebusan akhirnya melalui Kristus pada ritual Yahudi, terutama pada kalender perayaan tahunan. Tiga perayaan utama, saat orang-orang berkumpul di Yerusalem, merupakan tanda Mesias. Yang pertama, hari raya *Paskah* (Maret/April dalam kalender kita), ketika anak domba dikorbankan pada pukul 3 petang, diikuti dengan beberapa hari persembahan "buah sulung" dari hasil panen; yang jelas digenapi dengan kematian dan kebangkitan Yesus. Yang kedua, hari raya *Pentakosta* (Mei/Juni), yaitu momen pengucapan syukur atas hukum yang diberikan di Gunung Sinai pada hari ke-50 setelah Paskah pertama, meski pada hari itu 3.000 orang pemberontak tewas (Kel. 32:28); yang jelas digenapi dengan pencurahan Roh Kudus tujuh pekan setelah peristiwa di Golgota, yang memberikan hidup kepada 3.000 petobat baru (Kis. 2:41; bandingkan dengan 2 Kor. 3:6).

Yang ketiga, hari raya *Pondok Daun* (September/Oktober), yang merupakan perayaan besar ketika bangsa Yahudi mengingat kembali penyediaan Tuhan dalam bentuk manna saat di padang gurun dengan cara tinggal di pondok-pondok sementara, lalu berpesta saat pengumpulan hasil panen terakhir. Orang Kristen merayakan Paskah dan Pentakosta, meskipun pada tanggal-tanggal dari perhitungan yang berbeda. Namun, secara sadar maupun tidak, kita mengabaikan hari raya Pondok Daun, karena tidak melihat kaitannya dengan Kristus. Padahal, kaitannya jauh lebih erat dari yang mereka sadari.

Mungkin sekali, Yesus dilahirkan pada hari raya ini. Bisa jadi pembuahan Yesus sebagai janin terjadi pada tanggal 25 Desember, tetapi kebanyakan orang tahu bahwa Dia tidak dilahirkan pada hari raya Natal, yang sebenarnya perayaan kaum penyembah berhala pada pertengahan musim dingin dengan kembalinya posisi matahari ke belahan bumi utara. Pembelajaran yang sekilas saja pada kitab suci akan mengungkap bahwa Yesus dilahirkan 15 bulan setelah Zakharia bertugas di Bait Suci pada bulan keempat (1 Taw. 24:10; Luk. 1:5, 26, 36). Hari raya Pondok Daun jatuh pada bulan ketujuh. Itulah sebabnya Yohanes berkata, "Firman itu menjadi daging dan diam [kata bahasa Yunaninya berarti "bertabernakel"] bersama kita," (Yoh. 1:14).

Jelaslah, Yesus datang pada hari raya itu. Saudara-saudara-Nya yang skeptis mendesak-Nya untuk memanfaatkan kesempatan itu, karena tahu bahwa itulah waktunya dalam setahun, ketika bangsa Yahudi menantikan Sang Mesias untuk muncul menyatakan diri.

Jawaban Yesus menjadi penyingkapan penting: "Waktu-Ku belum tiba, tetapi bagi kamu selalu ada waktu," (Yoh. 7:6) Lalu Dia pergi dan menyendiri. Dan, memang Yesus menyatakan diri di hadapan publik pada hari terakhir dan terpenting; pada hari itu, air dari kolam Siloam dibawa untuk dicurahkan di atas mezbah dengan diiringi doa bahwa hujan awal dan hujan akhir akan turun lagi (karena selama enam bulan musim panas hanya ada embun, tanpa hujan), sehingga memastikan masa panen berikutnya. Dalam konteks inilah, pesan yang Yesus serukan memunculkan makna yang amat tajam: "Barangsiapa haus, baiklah ia datang kepada-Ku dan minum! Barangsiapa percaya kepada-Ku, seperti yang dikatakan oleh Kitab Suci: Dari dalam hatinya akan mengalir aliran-aliran air hidup," (Yoh. 7:37–38). Ini menyebabkan perdebatan panas tentang identitas-Nya. Ironisnya, kemungkinan bahwa Dialah Sang Mesias itu disingkirkan karena Dia berasal dari Nazaret, bukan Betlehem! Yesus tetap diam, dalam pengendalian diri yang mengagumkan.

Namun, penggenapan sejati dari perayaan pribadi Kristus itu sebenarnya adalah adven-Nya yang kedua, bukan yang pertama. Sama seperti Dia mati pada hari raya Paskah dan mencurahkan Roh Kudus-Nya pada hari raya Pentakosta, Dia pun akan datang kembali pada hari raya Pondok Daun. Tepat waktu. Waktu Tuhan.

Setiap orang Yahudi tahu itu. Bahkan nabi-nabi mereka sendiri pun telah menubuatkannya. Zakharia menubuatkan bahwa bangsa-bangsa akan "datang tahun demi tahun untuk sujud menyembah kepada Raja, Tuhan semesta alam, dan untuk merayakan hari raya Pondok Daun," (Zak. 14:16). Setiap tahun pada saat itu, bangsa Yahudi berdoa bahwa orang kafir pun akan datang untuk ikut menyambut dan merayakan Sang Mesias. Jika masih dibutuhkan konfirmasi lainnya, seharusnya perdebatan tuntas dengan fakta bahwa hari raya Pondok Daun jatuh tepat sebelum hari raya Sangkakala (Im. 23:23–25; bandingkan dengan Mat. 24:31; 1 Kor. 15:52; 1 Tes. 4:16; Why. 11:15).

Pada hari kedelapan perayaan itu, orang Yahudi mengadakan upacara pernikahan dan "menikahkan" diri kepada Hukum Taurat (gulungan kitab dipegang oleh seorang rabi di bawah naungan atap). Pada hari itu, mereka memulai kembali pembacaan tahunan Pentateukh, yaitu lima kitab tulisan Musa. Suatu hari kelak, peristiwa aslinya adalah "perkawinan Anak Domba" (Why. 19:7). Dan, itu barulah salah satu alasan mengapa Yesus akan datang kembali: demi bertemu Mempelai Wanita-Nya.

Kita memulai bagian ini dengan membahas maksud kitab suci dengan gambaran Kedatangan Yesus yang Kedua sebagai "tiba-tiba". Kita harus mengakhiri pembahasan ini dengan melihat kata "segera", yang ditaruh pada peristiwa yang sama itu. "Ya, Aku datang segera," (Why. 22:20). Pertanyaan sederhananya, seberapa cepat "segera" itu?

Sekilas, kata ini menimbulkan kesan bahwa terjadinya "kapan saja pada masa sekarang ini". Namun, kata-kata perlu ditelaah dalam konteks seluruh pengajaran tentang topik apa pun dalam Perjanjian Baru.

Sebagian penulisnya jelas menganggapnya tidak dapat dipahami bahwa Yesus akan datang kembali dalam masa hidup mereka. "... kita yang hidup, yang masih tinggal, akan diangkat," (1 Tes. 4:17; perhatikan penggunaan kata "kita", bukan "mereka"). Paulus jelas berharap mengalaminya langsung (2 Kor. 5:2–3). Dia tidak menikmati kondisi tanpa tubuh di antara kematian dan kebangkitan, meski Dia lebih suka berada dalam tubuh-Nya saat ini.

Di sisi lain, ada petunjuk-petunjuk yang jelas bahwa mereka tidak menyangka Yesus akan datang kembali kapan saja, bahwa akan ada jarak waktu yang panjang. Para murid pun harus membawa kesaksian mereka "sampai ke ujung bumi" (Kis. 1:8). Yesus menubuatkan penyaliban Petrus pada usia tuanya (Yoh. 21:18), meski dalam konteks yang sama Dia memberi alasan atas desas-desus bahwa Yohanes akan hidup sampai Dia datang kembali; kemudian Yohanes sendiri mengoreksi kesalahpahaman itu (Yoh. 21:23).

Generasi itu, dan generasi berikutnya, kecewa. Mereka telah percaya dan memberitakan bahwa Yesus akan "segera" datang kembali sebagai Raja. Kenyataannya tidak demikian. Topik itu pun menjadi olok-olok, bahkan sebelum halaman terakhir Perjanjian Baru ditulis. Para pencemooh mengejek para pengajar, "Di manakah janji tentang kedatangan-Nya itu? Sebab sejak bapa-bapa leluhur kita meninggal, segala sesuatu tetap seperti semula, pada waktu dunia diciptakan," (2 Ptr. 3:4).

Masalahnya pun menjadi lebih genting bagi kita, setelah sekitar 50 generasi lahir dan pergi. Mungkin kita kini jauh *lebih dekat* dengan peristiwa kedatangan Yesus kembali, tetapi penundaan panjang ini membuat kita bertanya-tanya apakah memang kita telah *dekat* dengan hari itu. Apakah "segera" itu dapat kita pahami pada masa kini? Beranikah kita menggunakan kata itu dalam khotbah-khotbah kita? Bagaimana kita menghadapi "kesegeraan" ini?

Sebagian pakar asal saja mengabaikan kata "segera" itu sebagai "kesalahan". Mereka menganggap Paulus, dan bahkan Yesus sendiri, salah menggunakan kata itu, meski keduanya sungguh meyakininya. Meski penjelasan ini diterima secara luas di kalangan liberal, tentu kesimpulannya tak dapat diterima oleh kita yang percaya Alkitab sebagai inspirasi Firman Tuhan, yang tidak mungkin mengandung kesalahan yang menyesatkan bagi kita yang membacanya.

Alkitab adalah buku yang menjelaskan dirinya sendiri, dengan setiap bagian dijelaskan oleh bagian lainnya. Bahkan, pasal yang sama yang menyebutkan olok-olok tentang penundaan kedatangan Yesus mengandung jawaban dua sisi atas topik itu.

Pertama, *waktu bersifat relatif.* Bagi orang Yunani, Tuhan di luar waktu. Bagi orang Ibrani, waktu di dalam Tuhan. Waktu nyata bagi Dia (Dia pun tidak dapat mengubah masa lalu); tetapi waktu juga relatif bagi Dia. Waktu pun relatif bagi kita. (Saat Einstein ditantang untuk memberikan presentasi sederhana tentang teori relativitas waktu, dia menjawab, "Satu menit duduk di kompor yang panas terasa lebih lama daripada satu jam mengobrol dengan gadis cantik!") Waktu bahkan lebih relatif lagi bagi Tuhan. "Akan tetapi, saudara-saudaraku yang kekasih, yang satu ini tidak boleh kamu lupakan, yaitu, bahwa di hadapan Tuhan satu hari sama seperti seribu tahun dan seribu tahun sama seperti satu hari," (2 Ptr. 3:8; mengutip Mzm. 90:4). Hari ketika Tuhan meninggalkan Anak-Nya sendirian di salib tentu terasa bagai seribu tahun, tetapi sebenarnya hanya dua hari saja sebelum Tuhan memeluk-Nya kembali di sisi-Nya.

Maka, kita pun perlu memahami "segera" dengan pemahaman Tuhan atas waktu, bukan dengan pemahaman kita sendiri. Kedatangan Yesus yang Kedua adalah peristiwa penting berikutnya dalam kalender-Nya, meskipun tidak demikian dalam kalender kita. Kejadiannya akan berlangsung selama sehari atau dua hari saja, atau mungkin bahkan beberapa "jam" saja, dari sudut pandang surga. Perhatikan penggunaan kata "hari" dan "jam" yang konsisten dalam kaitannya dengan peristiwa ini (Mat. 24:36; Yoh. 5:28; Why. 14:7); ini juga dapat menjelaskan "sunyi senyaplah di sorga, kira-kira setengah jam lamanya" (Why. 8:1).

Maka, "Tuhan tidak lalai menepati janji-Nya, sekalipun ada orang yang menganggapnya sebagai kelalaian," (2 Ptr. 3:9). Dia terkesan lambat bagi kita, yang beroperasi dengan skala waktu yang berbeda dan pada zaman instan yang mencari solusi langsung atas segala kebutuhan dan ketegangan. Kita telah kehilangan seni menunggu segala sesuatu, apalagi menantikan Tuhan. Orang-orang kudus pun letih menunggu. Salah satunya terlihat di ayat yang berkata: "Sebab sedikit, bahkan sangat sedikit waktu lagi, dan Ia yang akan datang, sudah akan ada, tanpa menangguhkan kedatangan-Nya," (Ibr. 10:37), yang bisa jadi dikomentari: "Oh Tuhan, tetapi sedikit waktu itu ternyata sangat lama sekali!"

Lalu mengapa Tuhan meninggalkan kata *segera* dalam kitab suci, padahal Dia tahu bahwa artinya dapat disalahpahami (dengan pemahaman manusia alih-alih pemahaman Tuhan), sehingga menghasilkan kekecewaan dan ketidaksabaran? Sebenarnya, itu lebih berdampak baik daripada berakibat buruk. Dengan cara tertentu, kata itu memicu ingatan yang sering tentang krisis masa depan ini. Memang, itulah perspektif kita seharusnya terhadap kehidupan. Dalam makna yang sangat nyata, kedatangan Yesus kembali adalah peristiwa besar berikutnya dalam kalender kita, seperti dalam kalender Tuhan sendiri. *Segera* mengingatkan kita untuk mulai bersiap diri sekarang juga. Seperti dapat kita lihat dalam bagian kedua segmen ini, Yesus tidak terlalu memusingkan apa yang sedang kita lakukan ketika Dia datang kembali, tetapi Dia mementingkan apa saja yang telah kita lakukan sejak sebelumnya ketika Dia tidak berada di bumi. Kita perlu selalu mengingat bahwa kita harus mempertanggungjawabkan hidup kepada Dia pada Hari itu. Kata yang pendek itu, *segera*, secara sangat efektif menolong kita untuk itu.

Kedua, *penundaan itu berguna*. Alih-alih menggerutu atas penundaan itu, kita seharusnya justru bahagia. Artinya, penghakiman juga ditunda. Penundaan itu merupakan ekspresi keengganan Tuhan untuk cepat-cepat menutup pintu keselamatan. "Ia sabar terhadap kamu, karena Ia menghendaki supaya jangan ada yang binasa, melainkan supaya semua orang berbalik dan bertobat," (2 Ptr. 3:9). Tuhan yang sama ini telah menanti selama lebih dari satu abad sebelum akhirnya mengirimkan air bah (Kej. 6:3; ini bukan pengurangan masa hidup, karena tidak menghasilkan perubahan rata-rata usia manusia setelahnya). Justru, sebenarnya Dia telah menanti selama hampir seribu tahun, yaitu selama masa hidup Metuselah, sejak pengumuman pertama-Nya tentang penghakiman itu kepada Henokh (Yud. 14–15). Saat ini pun, Tuhan yang sama masih sabar memperpanjang waktu bagi kita, demi kesempatan kita untuk berubah dari jalan-jalan hidup kita sebelum terlambat. Perhatikan betapa seringnya Yesus merujuk pada kesamaan antara zaman Nuh dengan zaman akhir menjelang hari kedatangan-Nya kembali (Mat. 24:37). Demikian pula, murid-murid setelah Yesus pun melakukannya (2 Ptr. 3:5–6).

Dengan kata lain, jika penundaan membuat orang Kristen kecewa dengan diri sendiri, seharusnya mereka gembira atas sesama mereka! Lagi pula, mereka perlu merenungkan bahwa jika tidak ada penundaan yang demikian lama, mereka sendiri pun tidak akan pernah mengenal kasih Tuhan serta segala sesuatu yang "telah Dia persiapkan bagi mereka yang mengasihi Dia" (1 Kor. 2:9).

Namun, kita manusia. Setelah "mengecap firman yang baik dari Allah dan karunia-karunia dunia yang akan datang" (Ibr. 6:5), secara alamiah kita ingin memperoleh seluruh sisanya secepat mungkin. Kepada janji Yesus: "Ya, Aku datang segera," reaksi naluriah kita yang dapat dipahami adalah berseru, "Amin. Datanglah, Tuhan Yesus," (Why. 22:20).

MENGAPA?

Sejauh ini, inilah pertanyaan terpenting tentang Kedatangan Yesus yang Kedua. Anehnya, pertanyaan ini pulalah yang paling tidak diperhatikan orang!

Banyak orang Kristen yang bersukacita atas kebenaran akan kedatangan Yesus kembali jarang memikirkan tujuannya. Bagi mereka, yang jelas paling penting hanyalah menantikan untuk bisa bersama-sama dengan Yesus lagi.

Namun, mengapa hal ini membawa rasa antisipasi yang menggembirakan hati jika setiap orang percaya pun dapat menantikan waktu bersama dengan Yesus di surga langsung setelah mereka meninggal, "beralih dari tubuh ini untuk menetap pada Tuhan" (2 Kor. 5:8)? Bukankah kebersamaan dengan Dia akan lebih indah di luar konteks dunia yang penuh kepedihan, penyakit, dan dosa ini?

Apakah ini karena mereka mengharapkan kedatangan-Nya kembali tiba sebelum kematian mereka, sehingga mereka sekaligus dapat menghindari kematian (dan dikubur atau dikremasi)? Tentu tidak ada orang yang ingin diukur untuk dimasukkan ke peti mati! Atau, apakah mereka entah bagaimana merasa bahwa kebersamaan dengan Yesus dalam wujud fisik-Nya itu lebih nyata dan dirindukan daripada kebersamaan dengan wujud "roh"-Nya di surga?

Anggaplah Dia tidak akan datang kembali ke bumi, dan Dia akan tetap tinggal di surga sampai seluruh umat-Nya bergabung dengan-Nya di surga untuk tinggal bersama Dia selama-lamanya (ini kepercayaan yang cukup umum, baik di dalam maupun di luar kalangan Gereja). Tanyakan kepada diri Anda sendiri, apakah hal ini berpengaruh pada kepercayaan Anda, atau bahkan yang lebih relevan lagi, pada perilaku Anda. Apa jawaban jujur Anda?

Sejauh ini, kita telah berpikir secara subjektif tentang dampaknya kepada diri kita sendiri. Mari kita amati dengan lebih objektif, serta kita amati dampaknya pada dunia.

Mengapa Yesus perlu datang kembali? Mengapa dunia perlu Yesus datang kembali? Apa yang tidak Yesus lakukan pada kedatangan-Nya yang pertama, sehingga Dia perlu datang lagi untuk kedua kalinya? Apakah Dia belum menyelesaikan misi-Nya? Apa yang akan Yesus lakukan di bumi sini, yang tidak dapat dilakukan-Nya dari posisi dan otoritas tertinggi-Nya di surga?

Bagi sebagian orang, pertanyaan-pertanyaan ini tidak pantas, bahkan kurang ajar. Mereka menganggap upaya untuk menyelami misteri kedaulatan Tuhan dengan pertanyaan-pertanyaan ini sebagai spekulasi belaka. Mereka puas dengan kebenaran yang disingkapkan itu saja, bahwa Yesus akan datang kembali, dan "menunggu sambil berjaga-jaga" saja apa yang akan Yesus lakukan saat datang kembali kelak. Namun, mendalami masalah ini sebenarnya didasari oleh dua alasan.

Pertama, kitab suci sendiri memberikan sejumlah alasan

jelas untuk kedatangan-Nya kembali, serta petunjuk-petunjuk tentang alasan-alasan lainnya. Kita bebas untuk menelusuri petunjuk-petunjuk itu. Kedua, makin kita memahami tujuan kedatangan Yesus kembali, kita akan makin menghargai pula makna pentingnya yang sentral bagi pengharapan kita untuk masa depan serta kita akan makin mengalami dampaknya pada cara hidup kita di masa sekarang ini (aspek yang terakhir ini akan kita pelajari lebih lanjut dalam bab selanjutnya).

Untuk menggugah pikiran Anda, saya akan memberikan dua pertanyaan lebih lanjut, yang tampaknya orang Kristen jarang pertanyakan.

Berapa lama Yesus akan tinggal di dunia ini kelak? Kunjungan Yesus yang pertama berlangsung selama sepertiga abad. Bagaimana dengan kunjungan kedua-Nya, akan lebih singkat atau lebih lama? Dapatkah Dia melakukan yang harus dilakukan-Nya itu lebih cepat, atau apakah hal itu membutuhkan waktu yang panjang? Apakah ada "kenaikan" kedua, atau justru Dia akan tetap tinggal secara permanen di sini?

Mengapa Dia harus datang kembali? Bukan hanya Kristus akan datang kembali ke planet Bumi, melainkan semua orang percaya yang sekarang berada di surga pun akan datang kembali. "... kita percaya juga bahwa mereka yang telah meninggal dalam Yesus akan dikumpulkan Allah bersama-sama dengan Dia," (1 Tes. 4:14). Orang Kristen dapat berekspektasi untuk hidup untuk kedua kalinya di bumi ini! Kapan terakhir kali Anda mendengar hal ini dikhotbahkan di upacara pemakaman?

Kini kita siap untuk bertanya mengapa Kristus, sekaligus orang Kristen, perlu datang kembali ke dunia sini. Tujuan-tujuan apa yang Tuhan miliki dengan semua ini? Setidaknya, ada lima tujuan.

Untuk Melengkapkan Orang-Orang Kudus

Hal pertama yang perlu kita pahami adalah keselamatan merupakan proses yang terus berjalan, bukan perubahan instan pada titik pertobatan. Proses ini belum selesai pada setiap orang

Kristen, meskipun sebagian orang telah bertumbuh lebih matang daripada yang lain.

Inilah sebabnya Perjanjian Baru menggunakan kata kerja "menyelamatkan" dalam tiga kala waktu yang berbeda: kita telah (dan masih sedang) diselamatkan (sejak sebelumnya), kita sedang diselamatkan (sekarang), dan kita akan diselamatkan (kelak). Hal ini berkaitan dengan tiga fase yang kita sebut pembenaran, pengudusan, dan pemuliaan, yang kesemuanya berpadu sebagai aspek-aspek keselamatan.

Proses ini akan mencapai tujuan akhirnya ketika setiap bagian diri kita dipulihkan ke kondisi aslinya, ketika Tuhan menciptakan kita menurut gambar dan rupa-Nya. Kita tahu kondisi itu, karena Anak Tuhan itu adalah "gambar wujud Allah" (Ibr. 1:3).

Perubahan ini akan selesai ketika Dia datang kembali. "... kita tahu, bahwa apabila Kristus menyatakan diri-Nya, kita akan menjadi sama seperti Dia, sebab kita akan melihat Dia dalam keadaan-Nya yang sebenarnya," (1 Yoh. 3:2). Sebagaimana Yesus merupakan cerminan Bapa yang sempurna, kita pun akan menjadi cerminan Yesus yang sempurna.

Itulah sebabnya kitab suci dapat berkata, "Ia akan menyatakan diri-Nya sekali lagi tanpa menanggung dosa untuk menganugerahkan keselamatan kepada mereka, yang menantikan Dia," (Ibr. 9:28). Pada akhirnya, orang Kristen akan sepenuhnya "diselamatkan" (dan hanya saat itulah kita dapat berkata dengan yakin, "sekali selamat, tetap selamat"!). Sang Juru Selamat mereka itu yang akan menyelesaikan pekerjaan-Nya *di dalam* diri mereka, karena pada kedatangan-Nya yang pertama Dia menyelesaikan pekerjaan-Nya *bagi* mereka, di salib ("Sudah selesai", Yoh. 19:30). Dia akan melihat hasil dari seluruh penderitaan-Nya dan menjadi puas (Yes. 53:11).

Kita harus berhati-hati agar tidak bersikap "terlalu rohani" terhadap "keselamatan yang penuh". Orang Kristen Barat cenderung terjebak dalam penyimpangan pandangan ini di dalam budaya yang sangat dipengaruhi pemikiran Yunani alih-

alih pemikiran Yahudi, yang menganut pemisahan tegas antara dimensi jasmani/fisik dan rohani/spiritual serta moral dan mental. Kesempurnaan didefinisikan dengan istilah-istilah jiwa yang di surga, bukan tubuh yang di dunia. Mistisisme Timur memiliki pandangan yang juga merendahkan dimensi material.

Padahal, ciptaan ini pada dasarnya baik, karena bersumber dari tangan Sang Pencipta yang baik. Dia menginginkan semesta secara jasmani dan memaksudkan bahwa manusia memiliki tubuh jasmani. Meski pemberontakan oleh dosa (baik malaikat maupun manusia) telah merusak ciptaan ini, Tuhan berniat menebusnya kembali, dengan memulihkannya ke kondisi aslinya.

Maka, keselamatan berarti transformasi setiap bagian diri kita, baik yang jasmani maupun yang rohani. Diselamatkan setengah-setengah saja adalah sebuah keputusasaan, karena kita jadi berusaha menghidupi kerohanian kita di dalam tubuh (dan otak) jasmani yang telah terprogram selama bertahun-tahun dengan segala kebiasaan yang salah. Paulus menjelaskan perselisihan ini dengan baik: "Sebab di dalam batinku aku suka akan hukum Allah, tetapi di dalam anggota-anggota tubuhku aku melihat hukum lain yang berjuang melawan hukum akal budiku dan membuat aku menjadi tawanan hukum dosa yang ada di dalam anggota-anggota tubuhku,"(Roma 7:22–23).

Tentu saja, kematian tubuh memang menjadi suatu kelepasan. Namun, itu pun hanyalah solusi parsial terhadap masalah yang ada, karena manusia milik Tuhan itu masih belum selesai, "mau [belum] mengenakan pakaian yang baru", "ingin beralih dari tubuh" (2 Kor. 5:4, 8).

Mungkin itu cukup bagi para filsuf Yunani dan pakar mistisisme Timur, tetapi tidak akan pernah memuaskan mereka yang mengenal siapa Tuhan sesungguhnya serta apa yang Dia inginkan dari diri mereka. "Dan bukan hanya mereka saja, tetapi kita yang telah menerima karunia sulung Roh, kita juga mengeluh dalam hati kita sambil menantikan pengangkatan sebagai anak, yaitu pembebasan tubuh kita," (Roma 8:23).

Sungguh sebuah paradoks! Karena kita memiliki Roh Tuhan, kita merindukan tubuh yang baru! Sama seperti keselamatan, "pengangkatan" (adopsi) kita sebagai anak-anak Tuhan terletak di masa depan maupun di masa lalu sekaligus (bandingkan dengan Roma 8:15). Titik puncak dan mahkota pemulihan kita kelak adalah pemberian tubuh yang sama sekali baru, yang sama sekali tidak tercemar oleh masa lalu kita yang berdosa, tidak terbatas sama sekali dalam ekspresinya dari roh yang di dalam batin, dan tidak terpengaruh sama sekali oleh penyakit, kerusakan, atau kematian. Berbeda dari tubuh yang lama, tubuh yang baru itu akan bertumbuh dewasa secara instan, "dalam sekejap mata" (1 Kor. 15:52). Apa komentar para penganut paham evolusi nantinya terhadap hal itu?!

Perubahan itu akan terjadi pada momen ketika suara sangkakala terakhir menyambut kedatangan Kristus kembali. Kedatangan-Nya kembali dan kebangkitan kita akan terjadi bersamaan. Janji bahwa "kita akan menjadi sama seperti Dia, sebab kita akan melihat Dia dalam keadaan-Nya yang sebenarnya" (1 Yoh. 3:2) meliputi seluruh diri kita: tubuh, jiwa, dan roh. Tubuh baru kita akan menjadi "serupa dengan tubuh-Nya yang mulia" (Flp. 3:21). Bukankah itu berarti kita tidak akan berusia terlalu muda atau tua, tetapi sama seperti Yesus, berada pada usia prima dalam kehidupan?

Lalu, mengapa kita harus datang kembali ke bumi untuk mengalami metamorfosis daging ini? Mengapa kita tidak dapat menerima tubuh baru itu di surga saja? Masih tentang kebingungan ini, mengapa pula kita harus menunggu untuk menerima tubuh baru itu bersama-sama sekaligus? Mengapa kita tidak diberi tubuh baru itu pada saat kita masing-masing meninggal saja?

Jawabannya sebenarnya cukup mudah: di surga kita tidak butuh tubuh, sedangkan di bumi kita butuh tubuh. Surga adalah tempat untuk makhluk roh. "Allah itu Roh" (Yoh. 4:24). Malaikat-malaikat yang mengelilingi takhta-Nya adalah "roh-roh yang melayani" (Ibr. 1:14). "Yerusalem sorgawi" itu akan penuh dengan "roh-roh orang-orang benar yang telah menjadi sempurna" (Ibr. 12:22–23).

Namun, saat makhluk-makhluk surga datang ke bumi, mereka membutuhkan tubuh. Anak Tuhan pun perlu berinkarnasi—"... Engkau telah menyediakan tubuh bagiku" (Ibr. 10:5). Malaikat pun perlu mengambil wujud tubuh manusia (Kej. 18:2; 19:1; bandingkan dengan Ibr. 13:2). Malaikat-malaikat yang telah jatuh, yang kita sebut roh jahat, mengambil tubuh makhluk lain, yaitu tubuh manusia atau hewan (Mrk. 5:12–13). Untuk bergerak di dunia jasmani ini, dibutuhkan tubuh jasmani.

Implikasinya sangat nyata. Jika "orang-orang kudus" dari segala zaman mendapat tubuh baru di bumi sini, artinya, mereka "disesuaikan" untuk kehidupan selanjutnya di bumi, bukan di surga. Maka, kita menangkap bahwa Kristus sekaligus orang Kristen datang kembali untuk menetap, tinggal di planet Bumi ini. Ini berarti orang percaya yang masih hidup di bumi saat Yesus datang kembali tidak akan pergi ke surga sama sekali! Bahkan, mereka yang telah masuk surga saat meninggal pun hanya meninggal sementara di surga!

Alkitab jelas menggambarkan "bumi" sebagai tujuan akhir bagi semua orang yang telah diselamatkan. Namun, itu bukan bumi yang lama ini, melainkan bumi yang baru. Kuasa Tuhan yang sama yang telah menebus tubuh kita akan menebus lingkungan kita menjadi baru. Akan ada bumi yang baru untuk menjadi tempat tinggal bagi kehidupan tubuh baru kita (kita akan kembali ke topik ini nanti, juga ke pertanyaan tentang berapa cepat hal ini akan terjadi setelah Yesus datang kembali).

Kita tahu bahwa keselamatan kita akan tuntas ketika Yesus datang kembali, tetapi maksud penyelamatan Tuhan tidak akan terpenuhi sampai seluruh semesta selesai dipulihkan ke kondisi aslinya.

Demikian pula, selain aspek pribadi dan universal pada rencana Tuhan bagi dunia kita, ada pula aspek pemulihan nasional sebuah bangsa.

Untuk Mempertobatkan Bangsa Yahudi

Yesus dahulu hidup sebagai manusia ras Yahudi, dan memang Yesus orang Yahudi. Dia lahir dan wafat sebagai "Raja orang Yahudi" (Mat. 2:2; 27:37). Dia "diutus hanya kepada domba-domba yang hilang dari umat Israel" (Mat. 15:24). Hampir seluruh pelayanan Yesus terjadi di negeri-Nya sendiri dan di tengah-tengah kaum-Nya sendiri. Memang benar bahwa kebanyakan dari mereka tidak menerima Dia (Yoh. 1:11), tetapi dari mereka yang menerima-Nyalah kita menerima Alkitab (kecuali satu orang, semua penulis Alkitab, 40 orang, adalah orang Yahudi) dan kita menerima Gereja (seluruh 12 rasul dan kebanyakan dari jemaat mula-mula adalah orang Yahudi).

Banyak orang Kristen tampaknya sudah lupa bahwa Juru Selamat mereka adalah orang Yahudi, dan "keselamatan datang dari bangsa Yahudi" (Yoh. 4:22). Gereja pun tampaknya telah mencabut akar Yahudi-nya (misalnya, menggeser Paskah, Pentakosta, dan Natal dari tanggal-tanggal aslinya dalam kalender perayaan Yahudi). Yang lebih buruk lagi, orang Kristen kini telah menetapkan sikap antisemitisme (menentang Yahudi) di sepanjang sejarah Gereja, dengan masa yang tercatat paling mengerikan saat Perang Salib. Bangsa Yahudi telah menderita sengsara di lebih banyak negara "Kristen" daripada negara-negara lain, pada peringkat yang hanya sedikit di bawah tragedi holokaus di Jerman. Ada dua kesalahan yang tragis di balik sikap semacam ini.

Pertama, perspektif bahwa *orang Yahudilah yang membunuh Yesus*. Seluruh bangsa Yahudi, dari masa lalu dan yang masa sekarang, dianggap bersalah karena telah membunuh Tuhan. Bagaimana mungkin orang Yahudi di masa kini dianggap harus bertanggung jawab, padahal mereka pun masih menolak mengakui bahwa Yesus adalah Sang Anak Tuhan? Justru pelakunya lebih banyak dari kalangan orang Yunani. Apakah orang Kristen masa kini pun siap dianggap bersalah atas Perang Salib? Pada zaman Yesus pun, bukan seluruh bangsa Yahudi yang terlibat dengan peristiwa penyaliban. Bangsa Yahudi dalam Injil Yohanes merupakan penduduk Yudea, yaitu wilayah selatan, bukan orang Galilea. Yesus sendiri pun jelas menyatakan bahwa orang Yunanilah yang akan menjadi algojo yang menewaskan diri-Nya (Mat. 20:19; Mrk. 10:33; Luk. 18:32). Lagi pula, sebenarnya kita semua pun bersalah atas kematian Yesus, karena Dia menderita karena dosa seluruh umat manusia.

Kedua, perspektif bahwa *Gereja merupakan pengganti Israel* (Israel rohani/baru). Karena orang Yahudi menolak Mesias mereka, orang Yunani yang menerima Dia mengklaim diri sebagai penggantinya, yaitu "Israel baru". Tujuan perjanjian Tuhan dianggap telah sepenuhnya dialihkan dari satu kaum ke kaum yang lain. Bangsa Yahudi secara virtual telah menjadi bangsa Yunani, yaitu sekadar salah satu bangsa yang ada di dunia, yang berada di luar Kerajaan Tuhan. Rencana Tuhan untuk masa depan dianggap tidak melibatkan bangsa Yahudi lagi. Itulah anggapan sebagian orang.

Tentu saja, anggapan ini tersirat dari beberapa pernyataan Yesus sendiri (Mat. 21:43) dan Paulus (Kis. 13:46; 15:17; 28:28; Roma 9:24–26). Banyak penggambaran Israel dalam Perjanjian Lama diterapkan pada Gereja dalam Perjanjian Baru (1 Ptr. 2:9–10); dan demikian pula sebagian janji-janji milik Israel diberikan kepada Gereja (Ibr. 13:5–6). Padahal, itu bukanlah kebenarannya yang utuh.

Perjanjian Tuhan dengan Abraham dan keturunannya bersifat "kekal" dan dengan demikian tidak bersyarat (Kej. 17:7). Untuk menghilangkan segala keraguan, Tuhan pun kemudian menyatakan maksudnya: "Aku tidak akan menolak mereka dan tidak akan muak melihat mereka, sehingga Aku membinasakan mereka dan membatalkan perjanjian-Ku dengan mereka. sebab Akulah Tuhan, Allah mereka," (Im. 26:44; bandingkan dengan Ul. 4:31; 9:5–6; 2 Sam. 7:15; Mzm. 89:34; 94:14; 105:8–9; 106:45; 111:5; Amos 9:8; Yer. 30:11; 14:21; Yeh. 16:60; 20:44; Mal. 3:6). Meski Tuhan akan mencerai-beraikan mereka ke antara bangsa-bangsa lain saat mereka melanggar bagian mereka dalam perjanjian itu, Tuhan tidak akan melanggar bagian-Nya sendiri, dan Dia akan membawa mereka kembali "dari keempat penjuru bumi" (Ul. 32:26; Yes. 11:12). Penyebaran ke seluruh dunia itu dan pemulangan itu tidak terjadi di masa pembuangan ke Babel, tetapi sedang terjadi saat ini. Kepada bangsa yang dikembalikan ke negeri mereka itulah Tuhan menjanjikan sesosok Pembebas dari Sion, ikatan perjanjian yang baru, dan pencurahan Roh-Nya (Yes. 59:20–21; Yer. 31:1–40; Yoel 2:28–32). Meski ada segala upaya untuk memusnahkan mereka, bangsa itu berhasil bertahan hidup dan "sisa" mereka telah bertahan dalam iman kepada Tuhan mereka (1 Raj. 19:18).

Perjanjian Baru meneguhkan semua ini. Tuhan masih "Tuhan atas Abraham, Ishak, dan Yakub", karena mereka masih hidup (Luk. 20:37–38). Nama "Israel" pun disebut lebih dari 70 kali. Nama itu selalu dilekatkan pada keturunan jasmani Abraham, dengan satu perkecualian yang meragukan (Gal. 6:16, jika kata *kai* dalam bahasa Yunani diterjemahkan sebagai "bahkan" alih-alih arti umumnya, "dan", seperti di dalam Alkitab versi New English Bible).

Yesus sudah tahu akan ada penolakan langsung dari sesama sebangsa-Nya dan akan ada pemulihan akhir pada mereka. Bahkan sambil menangisi penolakan Yerusalem kepada perlindungan yang dibawa-Nya pun, Dia bernubuat, "Mulai sekarang kamu tidak akan melihat Aku lagi, *hingga* kamu berkata: Diberkatilah Dia yang datang dalam nama Tuhan!" (Mat. 23:39; yang secara signifikan, merupakan salah satu dari *"Halel"* atau "pujian" dalam Mazmur 113–118, yang dinyanyikan pada saat hari raya Pondok Daun). Dia telah mengantisipasi kejatuhan Yerusalem pada tahun 76 MASEHI, sekaligus tahu bahwa kota itu akan "diinjak-injak oleh bangsa-bangsa yang tidak mengenal Allah *sampai* genaplah zaman bangsa-bangsa itu" (Luk. 21:24). Pertanyaan terakhir para murid kepada Yesus sebelum kenaikan-Nya ke surga adalah tentang waktu pemulihan kerajaan Israel. Yesus tidak menegur atau memarahi salah pikir mereka (seperti yang akan dilakukan oleh banyak orang Kristen pada masa kini), tetapi Dia memberi tahu mereka bahwa tanggal atau harinya telah ditetapkan oleh Bapa dan tidak perlu mereka pusingkan; misi mereka adalah menjadi saksi Kristus sampai ke ujung-ujung bumi, yaitu kepada bangsa-bangsa Yunani (Kis. 1:6–8). Sebelumnya, Yesus pun telah memberi tahu mereka bahwa suatu hari kelak mereka akan memerintah atas kedua belas suku (Mat. 19:28; Luk. 22:30), tetapi hal itu pun tidak akan terjadi sebelum waktunya tiba. Satu hal yang pasti adalah bahwa "Sesungguhnya angkatan ini tidak akan berlalu, sebelum semuanya ini terjadi." (Mat. 24:34; yang diberi catatan samping dalam Alkitab versi NIV: "hal-hal ini" adalah tanda-tanda kedatangan Yesus).

Dalam perikop yang secara spesifik membahas masa depan ras Yahudi (Roma 9–11), Paulus tegas mengajarkan bahasa Tuhan tidak pernah menolak mereka, meskipun mereka sendiri telah menolak Tuhan (Roma 11:1). Dia mengakui bahwa tidak semua orang dari keturunan jasmani Abraham merupakan keturunan rohani dalam iman (Roma 9:6–7; bandingkan dengan Roma 2:28–29). Banyak orang Yahudi "tidak selamat" dan masih perlu percaya kepada Yesus (Roma 10:1). Paulus, dengan duka karena bangsanya sendiri yang serupa dengan duka Musa, bersedia masuk neraka jika hal itu membuat bangsanya masuk surga (Roma 9:3; bandingkan dengan Kel. 32:32).

Meski demikian, Israel tidak mungkin telanjur "tersandung dan harus jatuh" (Roma 11:11), karena "Allah tidak menyesali kasih karunia dan panggilan-Nya [kepada bapa-bapa bangsa mereka]" (Roma 11:29). Selalu ada dan tetap akan ada sekumpulan "sisa" dari mereka (Roma 11:5). Hanya "sebagian" dari cabang "pohon zaitun" Israel yang telah dipatahkan dan digantikan dengan cabang "cangkokan" zaitun liar, yaitu bangsa Yunani (kafir) (Roma 11:17–24). Orang-orang percaya "campuran" ini (Kristen) harus ingat bahwa mereka pun berisiko dipotong dari pokok zaitun itu jika tidak tetap teguh beriman pada kebaikan Tuhan

(Roma 11:22). Selain itu, mereka (Yahudi) dapat dilekatkan kembali menggantikan kita, jika dan saat mereka percaya kepada Yesus sebagai Mesias mereka, dan mereka akan memiliki posisi yang tepat pada akar mereka secara alamiah (Roma 11:23–24). Memang, sebenarnya selama 2.000 tahun ini ada kaum minoritas Yahudi dalam Gereja Kristus dan jumlahnya sampai saat ini terus bertambah.

Dan, ada lagi hal lainnya. Paulus menyatakan nubuat yang mengejutkan, yang disebutnya "misteri" (Roma 11:25). Artinya dalam kitab suci adalah: rahasia yang sebelumnya ditutupi oleh Tuhan, kini telah disingkapkan. Kekerasan hati bangsa Yahudi terhadap Injil, yang merupakan hukuman Tuhan karena mereka menolak inisiatif penebusan awal-Nya (sama seperti hukuman Tuhan atas Firaun, Roma 9:17–18), hanyalah parsial dan sementara, *sampai* (kata ini muncul lagi!) jumlah bangsa Yunani yang penuh telah "masuk" (terpenuhi). Lalu, penutup itu akan dibuka, selubung itu akan diangkat dari pikiran mereka (2 Kor. 3:15–16), dan "maka *seluruh Israel* akan diselamatkan'. Kata-kata ini tidak termasuk semua orang Yahudi yang pernah hidup atau semua orang Yahudi yang masih hidup pada titik akhir itu. "Seluruh Israel" sering disebut dalam Perjanjian Lama untuk mewakili kumpulan bangsa itu dari seluruh suku Israel, biasanya di Yerusalem (1 Taw. 11:1; bandingkan dengan Ul. 1:1); yang mungkin paling tepat diterjemahkan sebagai "Israel sebagai suatu keseluruhan".

Karena "diselamatkan" pasti memiliki arti yang sama di sini seperti di bagian-bagian lainnya (bandingkan dengan 10:1), nubuat ini jelas berarti pertobatan massal bangsa yang paling menentang di dunia kepada iman di dalam Yesus! Bagaimana mungkin hal semacam itu dapat terjadi? Jawabannya jelas: sama seperti peristiwa yang terjadi pada Saulus di jalan menuju Damsyik, sebagai penganiaya orang Kristen, sehingga dia menjadi Paulus, sang pemberita Injil. Penyataan diri Yesus dari Nazaret setelah kematian-Nya itu merupakan bukti yang cukup kuat bagi orang Yahudi mana pun bahwa Dia adalah Mesias.

Itulah tepatnya yang akan terjadi saat Yesus datang kembali ke Yerusalem. Nabi yang sama yang menubuatkan kedatangan Yesus yang pertama dengan menunggang keledai, dan kedatangan-Nya yang kedua pada hari raya Pondok Daun, menyatakan hal ini tentang Tuhan: "Aku akan mencurahkan roh pengasihan dan roh permohonan atas keluarga Daud dan atas penduduk Yerusalem, dan mereka akan memandang kepada dia yang *telah mereka tikam*, dan akan meratapi dia seperti orang meratapi anak tunggal, dan akan menangisi dia dengan pedih seperti orang menangisi anak sulung," (Zak. 12:10; bandingkan dengan Mzm. 22:16: "mereka *menusuk* tangan dan kakiku"). Kata-kata yang sama pun muncul dalam kitab Wahyu: "Lihatlah, Ia datang dengan awan-awan dan setiap mata akan melihat Dia, juga mereka yang telah *menikam* Dia," (Why. 1:7). Siapa pun akan sulit membayangkan penderitaan mereka karena kesengsaraan yang tidak perlu itu dan kesempatan yang mereka sia-siakan itu selama 2.000 tahun — tetapi hal itu tidak akan menjadikan mereka berputus asa tanpa pengharapan. Seperti bapa-bapa mereka memandang pada ular tembaga di atas tongkat dan mendapat kesembuhan, kini mereka memandang pada Sang Anak Manusia dan mendapatkan keselamatan (Bil. 21:8; Yoh. 3:14–15). Betapa meriahnya sambutan mereka kepada Yesus ketika Dia datang memasuki kita itu lagi (Mat. 23:39).

Ada dua implikasi yang muncul dari dampak luar biasa kedatangan Yesus kembali ini.

Yang pertama, orang Yahudi akan dilindungi kelangsungannya sebagai sebuah bangsa dan dipulihkan ke negeri dan ibu kota mereka. Ini telah terjadi. Banyak orang Kristen benar dalam memandang hal ini sebagai pendahuluan yang perlu sebelum kedatangan Tuhan, tetapi salah dalam menganggapnya sebagai petunjuk bahwa Dia akan datang langsung setelahnya. Seperti telah kita lihat sebelumnya, imigrasi ini tidak spesifik disebut dalam "tanda-tanda zaman" yang Yesus jelaskan.

Lebih jauh lagi, ini berarti Yerusalem akan tetap menjadi milik Israel meski terjadi banyak serangan internasional terhadap mereka (misalnya, Zak. 12:1–3) dan suatu bagian yang mewakili bangsa Israel akan mendapat perlindungan ajaib di tengah-tengah segala penderitaan mereka, termasuk melewati "Aniaya Besar". Tentu, inilah artinya "meterai" 144.000 orang dari semua suku Israel (Why. 7:1–8).

Yang kedua, takdir masa depan bangsa Yahudi dan bangsa Yunani yang percaya Yesus adalah sama persis. Keduanya memperoleh keselamatan yang sama melalui Juru Selamat yang sama. Saat membahas bangsa Yunani kepada bangsa Yahudi, Yesus berkata, "Ada lagi pada-Ku domba-domba lain, yang bukan dari kandang ini; domba-domba itu harus Kutuntun juga dan mereka akan mendengarkan suara-Ku dan mereka akan menjadi satu kawanan dengan satu gembala," (Yoh. 10:16)   .

Banyak orang memiliki pemahaman yang salah bahwa bangsa Yahudi memiliki takdir akhir di bumi sedangkan orang Kristen memiliki takdir akhir di surga. Alkitab jelas mengajarkan bahwa keduanya akan hidup berdampingan di langit dan bumi yang baru, di Yerusalem baru yang memiliki nama kedua belas suku Israel pada gerbang-gerbangnya serta nama kedua belas rasul Yesus pada dasar tembok-temboknya. Keduanya akan menjadi satu bangsa di bawah satu perjanjian (yang baru).

Untuk Menaklukkan Iblis
Kejahatan bukanlah suatu hal yang abstrak dengan eksistensi yang terlepas dari hal lainnya. Artinya, pertanyaan "mengapa Tuhan menciptakan kejahatan?" sebenarnya tidak bermakna. Tuhan tidak menciptakan kejahatan.

Kejahatan adalah suatu pribadi, bukan benda, dan sifat, bukan materi. Kata "jahat" menggambarkan ciptaan yang memberontak terhadap Sang Pencipta dan melakukan segala sesuatu dengan caranya sendiri, bukan cara Sang Pencipta. Tuhan memang menciptakan segala makhluk, di bumi maupun di surga, tetapi lalu setiap makhluk itu memiliki kemampuan untuk menjadi "jahat" dari kehendak bebasnya. Dari situlah muncul malaikat jahat dan manusia jahat, dan urutannya memang demikian (Kej. 3:1). Malaikat jahat dan manusia jahat, keduanyalah yang bertanggung jawab atas segala "kejahatan" di seluruh semesta dan sepanjang sejarah. Itulah diagnosis yang alkitabiah.

Pemimpin pemberontakan di surga itu adalah malaikat yang jatuh, yang kita sebut Iblis, dikenal dengan banyak nama dan sebutan lainnya: Setan, Beelzebub, ular, naga, singa, pembunuh, pendusta, pembinasa. Dia menghasut banyak malaikat lain untuk bergabung dengan upayanya untuk mendirikan kerajaan tandingan terhadap Kerajaan Tuhan (Why. 12:4 menyebut jumlahnya, sepertiga dari seluruh malaikat). Kita mengenal mereka sebagai roh-roh jahat.

Baik Iblis maupun roh-roh jahatnya diberi titel untuk otoritas dan pengaruh mereka dalam kitab suci. Dialah sang penguasa, pangeran, bahkan "ilah" atas dunia ini. Merekalah orang-orang kuat dan kuasa-kuasa. Dengan kekuatan, kecerdasan, dan kemampuan malaikat yang mereka miliki, mereka sanggup memorak-porandakan segala urusan manusia. Mereka dapat memanipulasi kita melalui penyakit jasmani dan penyesatan pikiran. Senjata mereka yang paling ampuh adalah maut dan ketakutan karena maut (Ibr. 2:15). Mereka dapat memisahkan kita dari Tuhan dan memisahkan kita dengan sesama—dan mereka memang telah melakukannya sejak di taman Eden. Upaya perebutan kekuasaan yang mereka lakukan menjadi makin hebat lagi di bumi, melebihi ketika di surga: "Kita tahu, tahu bahwa ... seluruh dunia berada di bawah kuasa si jahat," (1 Yoh. 5:19).

Namun, Iblis tetaplah bukan Tuhan, walaupun dia ingin menjadi Tuhan dan bahkan menganggap dirinya Tuhan. Dia tidak maha tahu (dia tidak tahu segala sesuatu dan dapat melakukan kesalahan, salah satunya dengan menghasut Yudas untuk mengkhianati Yesus; Yoh. 13:27). Dia tidak maha hadir (dia hanya bisa berada di satu tempat saja pada suatu waktu, meski hal ini sering dilupakan oleh banyak orang Kristen; Ayub 1:7; Luk. 4:13). Dia tidak maha sanggup; kuasanya memiliki batasan yang tegas, dalam dua hal.

Pertama, dia sama sekali bukan lawan sebanding Tuhan. Sejak permulaan sampai sekarang, dia hanya dapat bertindak atas seizin Tuhan (Ayub 1:12). Tuhan tetap memegang kendali yang sepenuhnya. Iblis bukanlah masalah bagi Tuhan, meskipun Iblis memang masalah bagi kita. Tentu saja, ini berarti Tuhan mengizinkan dia untuk menguasai dunia kita ini. Kita dapat melihat baik keadilan maupun belas kasihan Tuhan di dalamnya: keadilan karena mereka yang menolak hidup di bawah pimpinan raja yang baik berhak dipimpin oleh raja yang jahat, belas kasihan karena dengan demikian orang akan menginginkan insentif dari kehidupan di bawah raja yang asli.

Kedua, dia sama sekali bukan lawan sebanding Kristus. Yesus memulai dan mengakhiri misi publiknya dengan mengonfrontasi Iblis di wilayah kekuasaannya sendiri, dan sukses melawan godaannya yang samar dan menggiurkan. Untuk pertama kalinya dalam sejarah, seluruh kehidupan manusia dapat dijalani dalam kemerdekaan dari belenggu Iblis, karena kekuasaannya atas ras manusia dihancurkan (Yoh. 12:31; 14:30). Salib merupakan pukulan maut telak pada kuasa Iblis, yang menghasilkan kemenangan atas segala orang kuat dan segala kuasa (Kol 2:15). Melalui kematian Yesus yang menebus hukuman dosa dan kehidupan-Nya di antara manusia, setiap laki-laki dan perempuan menjadi mungkin untuk hidup dalam kemerdekaan dari kuasa jahat dan dari ketakutan terhadap kematian (Luk. 22:31; Ibr. 2:14–15).

Namun, kemenangan akhir itu belum tuntas. Sekarang, ada dua kerajaan di bumi: Kerajaan Tuhan dan kerajaan Iblis, yang baik dan yang jahat, terang dan gelap. Keduanya berkembang, dalam kuantitas maupun kualitas, secara berdampingan (Mat. 13:30).

Mengapa ada ruang dan waktu untuk keduanya berdampingan? Mengapa kerajaan Iblis tidak hancur ketika Kerajaan Tuhan ditegakkan kembali? Penjelasannya dapat muncul jika kita berpikir sejenak. Jika Kristus telah menghancurkan Iblis dan para pengikutnya, mengalahkan mereka, tentu seluruh bumi ini akan kehilangan penduduk! Tuhan begitu mengasihi mereka yang telah menjadi korban kejahatan Iblis, hingga Dia ingin memberi mereka segala kesempatan dan peluang untuk berpindah kembali ke bawah pemerintahan-Nya, menerima pembebasan yang hanya mungkin melalui Anak-Nya (Kol 1:13). Jutaan manusia kini telah mengambil kesempatan itu. Malangnya, banyak manusia lain tidak menyadari bahwa pintu masih terbuka, atau bahkan telah menolak masuk melalui pintu itu.

Suatu hari kelak, pintu itu akan ditutup. Kedua kerajaan tidak akan berdampingan selamanya. Gandum dan ilalang akan dipisahkan pada saat panen (ingat hari raya Pondok Daun?). Rumput-rumput yang beracun akan dibakar habis. Tuhan yang baik tidak dapat mengizinkan kejahatan terus-menerus merusak segala sesuatu selamanya. Ada suatu titik ketika Dia akan menghentikan semua itu.

Masa pemerintahan Iblis tersisa sedikit saja. Kebinasaannya telah diputuskan dan hari eksekusinya telah ditetapkan. Ketika Yesus datang kembali kelak, Iblis harus menyingkir. Dunia pada akhirnya akan membuang Iblis, setelah menderita di bawah tiraninya yang jahat sejak manusia-manusia pertama hidup di bumi. Sejarah manusia merupakan bukti eksistensinya dan kesaksian atas sifatnya.

Karena dia tahu takdirnya telah ditetapkan dengan pasti, kita dapat menduga bahwa dia frustrasi, karena ingin tampil lebih berjaya lagi menjelang titik akhir ini (Why. 12:12). Dia akan menggunakan segala daya upayanya untuk perjuangan finalnya merebut kembali dominasinya. Syukurlah, "kita tahu apa maksudnya" (2 Kor 2:11). Dengan janji "damai dan aman" (1 Tes. 5:3), dia akan mendirikan satu pemerintahan dunia, dengan satu agama global. Akan ada dua pemimpin yang mengendalikan keduanya ini, setelah menerima tawaran status dan kekuasaan darinya (godaan yang pernah ditolak oleh Yesus! Luk. 4:6–8).

Memahami Kedatangan-Nya Kembali

Kedua pemimpin itu akan menjadi wayang di bawah otoritas Iblis sebagai dalangnya.

Kita telah menyebut adanya "tritunggal najis" (Iblis, Antikristus, dan nabi palsu, yang merupakan saingan jahat Tuhan, Kristus, dan Roh Kudus). Mereka akan bersama-sama memerintah atas dunia, dengan cara yang belum pernah terjadi sebelumnya, selama beberapa tahun terakhir sebelum kedatangan Yesus kembali. Tak heran, masa itu disebut "Kesengsaraan Besar" atau "Aniaya Besar".

Namun, serangan terakhir Iblis ini masih akan berada di bawah kendali Tuhan, yang berlaku atas segala sesuatu, dan akan dijaga-Nya agar berlangsung singkat saja oleh belas kasihan-Nya.

Aksi pemberontakan final tritunggal najis itu kelak adalah mengumpulkan pasukan militer internasional dengan tujuan membantai umat Tuhan yang jelas tidak berdaya untuk bertahan, yang kini telah berkumpul di Yerusalem bersama Tuhan mereka, Yesus. Peristiwa itu akan menjadi pertempuran terahir dalam sejarah perang yang telah lama berlangsung. Kitab suci mencatat lokasinya, di Dataran Esdraelon, Lembah Yizreel, dekat kota benteng kuno Salomo di bukit Megido yang kecil (dalam bahasa Ibrani, sebutannya *"Harmageddon"*). Winston Churchill pun pernah menyebut lokasi ini, yang menjadi tempat begitu banyak aksi pertempuran hebat: "ruang kendali kawasan Timur Tengah". Jalur dari Eropa ke Arab dan dari Asia ke Afrika melewati lokasi ini.

Inilah kesalahan terbesar Iblis nantinya. Kesalahan taktis yang paling mendasar adalah menyepelekan kekuatan lawan. Yesus sepenuhnya siap untuk pertempuran itu. Dia tidak lagi memasuki Yerusalem dengan menunggang keledai sebagai lambang damai, tetapi Dia akan menunggang kuda, lambang perang (Zak. 9:9–19; Why. 19:11).

Yesus akan menggunakan satu senjata saja, dan Dia memang hanya perlu menggunakan satu senjata: pedang di mulut-Nya (Why. 19:15–21). Suara perkataan Yesus yang sama itulah yang pernah memerintah angin dan gelombang untuk diam dan tenang (Mrk. 4:39; kata kerja *"reda"* berasal dari akar makna "tersipu-sipu", "dihentikan"). Seluruh pasukan jahat akan mati dibantai oleh satu kata saja! Mayat-mayat musuh itu akan berserakan tanpa terkubur, menjadi menu pesta pora bagi burung-burung nasar (Why. 19:1, 7, 21), sehingga pihak pemberontak akan tertimpa nasib final yang hina dan memalukan.

Namun, dua manusia "binatang" di balik pasukan pemberontakan itu belum akan ditewaskan. Keduanya akan ditawan dan segera "dilemparkan ke dalam lautan api yang menyala-nyala dan belerang yang menghanguskan" (Why. 19:20). Mereka akan menjadi dua manusia pertama yang dibuang ke neraka, bahkan sebelum Hari Penghakiman tiba, karena terlalu busuk sehingga tak mungkin lagi diizinkan berdiri di hadapan takhta pengadilan.

Yang mengejutkan, Iblis sendiri tidak berada bersama mereka—belum. Iblis? Nanti. Tuhan mempunyai rencana untuk memanfaatkan Iblis satu kali lagi sebelum membuangnya ke kumpulan antek-anteknya dalam siksaan kekal (Why. 20:10). Sementara itu, Iblis dibuang keluar dari bumi selama seribu tahun, dimasukkan dalam penjara isolasi di lembah bawah bumi yang terbawah, sehingga tak dapat lagi berkomunikasi dengan manusia dan tak mampu menyesatkan manusia di bumi (Why. 20:3).

Pada akhirnya, saat itu dunia akan terbebas dari Iblis dan kuasa jahatnya yang membelenggu. Sulit dibayangkan bagaimana situasinya kelak bagi kita, karena kita belum pernah mengalaminya selama ini. Kita perlu menunggu dahulu untuk mengalaminya.

Apakah kita juga akan menyaksikan dunia saat itu? Apakah dunia tetap akan berputar sementara atau berhenti di situ dan saat itu juga? Jika dunia masih akan berputar, siapa yang akan mengisi posisi kosong sebagai pemimpin politik yang tertinggal setelah keruntuhan pemerintahan dunia?

Alkitab punya jawaban kejutan berikutnya bagi kita.

Untuk Memerintah atas Dunia

Yesus menyuruh para pengikut-Nya untuk berdoa setiap hari agar Kerajaan Tuhan, yaitu pemerintahan-Nya, "datang ... di bumi, seperti di surga" (Mat. 6:10).

Bagaimana dan kapan doa ini akan terjawab?

Tragisnya, orang-orang Kristen terbelah dalam hal ini. Banyaknya pendapat yang berbeda-beda dapat kita golongkan ke dalam tiga kategori.

Pertama, yang *pesimistis*. Mereka yakin dunia ini telanjur terlalu terhilang dan tidak dapat ditebus lagi. Kita dapat membawa orang-orang, secara individual, ke dalam Kerajaan Tuhan (yaitu, ke dalam kehidupan di bawah pemerintahan Tuhan). Kita dapat menegakkan wilayah kekuasaan Kerajaan Tuhan (yaitu, gereja-gereja). Namun, dunia ini akan tetap berada di bawah kendali Iblis dan seluruhnya akan dibinasakan kelak. Hanya di bumi yang "baru"-lah kelak Kerajaan Tuhan dapat ditegakkan secara universal. Maka, bumi yang "lama" ini akan "berlalu" segera setelah Tuhan datang kembali. Dunia ini tidak akan pernah mengenal berkat kehidupan di bawah pemerintahan Tuhan.

Kedua, yang *optimistis*. Di ujung yang berseberangan pada spektrum yang sama, sebagian lain orang yakin bahwa dunia akan "dikristenkan" sebelum Kristus datang kembali. Ini bukan berarti semua orang akan menjadi orang Kristen, melainkan Gereja akan berkembang dan menyebar sehingga menjadi cukup besar dan kuat untuk mengambil alih pemerintahan atas dunia. Golongan optimistis ini juga yakin bahwa bumi ini akan berakhir saat Yesus datang kembali, karena Kerajaan-Nya pada saat itu kelak sudah ditegakkan. Sementara itu, perlu kita ingat bahwa kondisi dan statistik dunia saat ini mengisyaratkan bahwa Kedatangan Yesus yang Kedua sudah amat sangat terlambat!

Ketiga, yang *realistis*. Golongan ini menerima ekspektasi Yesus bahwa Kerajaan Tuhan dan kerajaan Iblis akan "tumbuh bersama" (Mat. 13:30), hingga berantisipasi terhadap meningkatnya konflik di antara kedua kerajaan sampai konfrontasi finalnya antara Kristus yang datang kembali dengan Antikristus yang memerintah. Mereka sama sekali tidak ragu pula akan hasilnya. Kemenangan Kristus atas kekuatan jahat akan melenyapkan segala siasat Iblis untuk terus meluaskan dan memperpanjang kekuasaannya atas bangsa-bangsa di dunia. Dalam pandangan ini, bumi yang "lama" akan masih ada sampai setelah kedatangan Kristus kembali, setidaknya sampai pemerintahan-Nya dinyatakan dan menerima penghormatan.

Perdebatan di antara semua pandangan dapat mengerucut pada kesepakatan akan satu hal yang pokok: kita semua percaya bahwa Yesus tak lama lagi akan datang kembali ke bumi ini untuk memerintah atasnya. Dia tidak datang hanya untuk melengkapkan orang-orang kudus, mempertobatkan bangsa Yahudi, dan menaklukkan Iblis, tetapi juga untuk memerintah atas dunia selama suatu masa yang panjang.

Bagian mana dalam Perjanjian Baru yang menyatakan hal ini? Kitab Wahyu mengandung lebih banyak informasi tentang Kedatangan Yesus yang Kedua daripada kitab-kitab lainnya. Maka, tak heran bahwa petunjuk-petunjuk terjelas tentang pemerintahan Kristus setelah kedatangan-Nya kembali di bumi ini terdapat dalam kitab Wahyu. Sejak bagian awalnya pun ada nubuat bahwa saat sangkakala terakhir dibunyikan, para malaikat di surga akan bernyanyi dan berseru merayakan pergantian pemerintahan: "Pemerintahan atas dunia [perhatikan, bentuk katanya tunggal] dipegang oleh Tuhan kita dan Dia yang diurapi-Nya," (Why. 11:15).

Lalu, di bagian akhir kitab, yang jauh memperjelas waktu kronologis dan urutan kejadian semua peristiwanya, kita dapat menemukan pernyataan yang paling utuh dan jelas tentang pemerintahan Kristus (Why. 20:1–10). Kita harus memahami perikop ini berdasarkan konteksnya (pasal 19 dan 21); pembagian pasal, serta penomoran ayat, dibuat oleh manusia kemudian, sehingga sering kali menimbulkan kesalahpahaman akan susunan hal-hal yang telah diberikan Tuhan sebagai kesatuan.

Dalam susunan yang tepat, pemerintahan Kristus terjadi setelah kedatangan-Nya kembali, tetapi sebelum Hari Penghakiman dan penciptaan langit dan bumi yang baru. Titik waktunya cukup jelas, dan demikian pula lokasinya di angkasa. Aksi ini akan terjadi di bumi, bukan di surga (Why. 20:1–9).

Durasi pemerintahan Kristus di bumi bahkan lebih jelas lagi. Frasa "seribu tahun" diulang dengan konotasi empati sebanyak enam kali dalam perikop yang pendek ini, dengan kata depan yang merujuk secara spesifik: "seribu tahun *itu*". Kata aslinya dalam bahasa Yunani adalah *chilioi* (dari kata inilah muncul sebutan: *"chiliast"*, yang merujuk pada mereka yang percaya pemerintahan Kristus di bumi ini); kata yang sama dalam bahasa Latin adalah *millennium* (asal sebutan yang lebih kita kenal: *"millennialist"* - "kaum milenial"). Mereka yang sebelumnya saya sebut "pesimistis", yang yakin Kristus *tidak akan* mengambil alih pemerintahan atas dunia ini, biasanya dikenal dengan sebutan *"a-millennialist"* (bentuk lainnya yang lebih mudah dipahami, "non-milenial"). Golongan "optimistis" dikenal dengan sebutan *"post-millennialist"* ("pasca-milenial"), karena mereka yakin Kristus akan datang kembali *sesudah* orang Kristen telah menegakkan pemerintahan seribu tahun mewakili Kristus. Lalu, golongan "realistis" dikenal dengan sebutan *"pre-millennialist"* ("pra-milenial"), karena mereka berekspektasi bahwa Kristus akan datang kembali *sebelum* pemerintahan-Nya di seluruh dunia diwujudkan.

Entah "seribu tahun" itu dimaknai secara harfiah atau simbolis, durasinya tentu cukup lama. Banyak peristiwa dapat terjadi dalam kurun waktu sepanjang itu. Bagaimanakah kondisi dunia kelak ketika Iblis tidak ada lagi dan Yesus memegang kendali penuh atas peristiwa politik dan alam? Imajinasi kita terbatasi oleh ketiadaan pengalaman serupa sebelumnya; hanya Adam yang dapat menceritakan kondisi itu kepada kita, dan pengetahuannya pun amat terbatas oleh ruang dan waktu! Kitab Wahyu pun terbatas. Kitab suci memberikan banyak petunjuk yang terlihat menarik di sana-sini, tetapi kita dapat menyimpulkan bahwa Tuhan tahu akan terlalu meresahkan bagi kita jika kita diberi tahu lebih banyak.

Misalnya, nabi-nabi Ibrani menantikan waktunya ketika "seluruh bumi penuh dengan pengenalan akan TUHAN, seperti air laut yang menutupi dasarnya" (Yes. 11:9; Hab 2:14); saat setiap lutut akan bertelut di hadapan Tuhan dan setiap lidah mengakui nama-Nya (Yes. 45:23, nubuat yang berlaku pada Yesus di Flp. 1:10–11), saat "TUHAN akan menjadi Raja atas seluruh bumi" (Zak. 14:9).

Mereka juga telah mengetahui sebagian hasil dari pemerintahan yang adil dan bijak ini; masa damai dan sejahtera yang belum pernah ada sebelumnya, yang muncul dari penyelesaian perselisihan internasional oleh arbitrase ilahi dan pelucutan senjata multilateral; dalam konteks inilah kita dapat membaca ayat yang tak terlupakan ini: "mereka akan menempa pedang-pedangnya menjadi mata bajak dan tombak-tombaknya menjadi pisau pemangkas" (Yes. 2:4; Mik. 4:3), termasuk yang dipahat di batu granit di sisi luar markas besar PBB di New York, AS, yang sama sekali tidak menyebut kaitannya dengan Firman Tuhan yang keluar dari Sion!

Melimpahnya pangan akan berbuah kesehatan, dan pada akhirnya berdampak pada meningkatkan masa hidup. Kematian pada usia seratus tahun pun akan menjadi tragedi yang terlalu dini (Yes. 65:20). Ada pandangan Yahudi kuno yang menganggap masa hidup ideal planet Bumi adalah seribu tahun, yang sebagian muncul dari usia nenek moyang manusia pada zaman sebelum peristiwa air bah (tidak seorang pun yang masih hidup, termasuk Metuselah), serta sebagian lagi dari pernyataan bahwa "seribu tahun seperti satu hari" bagi Tuhan (Mzm. 90:4; 2 Ptr. 3:8).

Bahkan, alam pun akan menjadi cerminan perubahan pemerintahan ini, karena tanaman-tanaman akan tumbuh subur dan hewan-hewan akan hidup rukun satu sama lain. "Serigala akan tinggal bersama domba dan macan tutul akan berbaring di samping kambing. Anak lembu dan anak singa akan makan rumput bersama-sama, dan seorang anak kecil akan menggiringnya. Lembu dan beruang akan sama-sama makan rumput dan anaknya akan sama-sama berbaring, sedang singa akan makan jerami seperti lembu." (Yes. 11:6–7). Hewan karnivora akan menjadi herbivora, seperti yang dimaksudkan Tuhan sejak awal mulanya (Kej. 1:30). Alam yang bersimbah darah akibat terkaman gigi dan cabikan cakar bukan merupakan perbuatan tangan Tuhan. Hewan tidak pernah dimaksudkan-Nya untuk menjadi makhluk buas. Suatu hari kelak, anak-anak kecil pun akan bermain-main dengan aman bersama hewan-hewan (Yes. 11:8).

Mudah saja untuk kita mengabaikan semua ini sebagai "mitos", dongeng hewan-hewan dari dunia fantasi, alih-alih fakta yang bersifat material. Namun, pengabaian itu biasanya merupakan penutup yang menyembunyikan ketidakmampuan kita untuk berimajinasi serta untuk percaya akan transformasi yang demikian hebat. Keraguan kita berarti kita mempertanyakan antara kemampuan atau maksud Sang Pencipta. Jika Dia pernah menciptakan semesta yang "baik" dalam segala hal, Dia pasti *sanggup* untuk melakukannya lagi. Dan, jika tujuan penebusan adalah untuk memulihkan seluruh ciptaan, Dia pasti *akan* melakukannya lagi.

Mari kita kembali ke Perjanjian Baru. Dua aspek pada "seribu tahun" secara spesifik disebutkan—yang satu kabar baik, yang lain kabar buruk.

Kabar baiknya, orang-orang percaya, baik dari golongan Yahudi maupun Yunani, akan "memerintah di bumi" bersama Kristus (Why. 5:10). Manusia "dari tiap-tiap suku dan bahasa dan kaum dan bangsa" (Why. 5:9) akan menjalankan pemerintahan di tengah-tengah sesama warga kerajaan itu. Mereka yang telah berhasil melawan tekanan rezim pemerintah totaliter akhir zaman yang terakhir dan terburuk, bahkan sampai gugur sebagai martir, akan diberikan penghormatan khusus (Why. 20:4; perhatikan bahwa kelompok ini hanyalah satu bagian dari orang-orang yang akan duduk di "takhta"). Kondisi yang benar-benar dibalikkan!

"Barang siapa yang lemah lembut akan mewarisi bumi," (Mat. 5:5).

Pemerintahan orang kudus ini sering disebut dalam Alkitab—bukan hanya dalam kitab Wahyu (contoh lain: Why. 2:26), melainkan juga dalam kitab Daniel (Dan. 7:18), kitab-kitab Injil (Mat. 19:28; 20:21–23; Luk. 19:15–19), dan surat-surat (1 Kor. 6:2; 2 Tim. 2:12). Kualifikasi utama untuk tanggung jawab itu kelak adalah kesetiaan pada masa sekarang, karakter dapat dipercaya alih-alih tidak jujur (terutama dalam hal-hal praktis seperti uang dan kepemilikan, Luk. 16:10–12). Yesus akan membutuhkan banyak wakil yang dapat dipercayai-Nya dengan posisi-posisi terpenting dalam pemerintahan-Nya.

Kabar buruknya, meskipun dunia mendapatkan pemerintah terbaik yang pernah dialaminya dan menikmati kondisi yang amat sangat ideal, tetap ada banyak orang yang memilih untuk keluar dari Kerajaan Kristus. Bohong jika dikatakan situasi yang sempurna akan menghasilkan masyarakat yang sempurna, kesejahteraan akan menghasilkan kepuasan, atau jauh di dalam diri mereka semua orang lebih menyukai damai daripada perang. Sifat dasar manusia hanya dapat diubah dari dalam, bukan di luarnya.

Fakta yang menyedihkan ini akan terbukti dengan amat nyata pada ujung akhir masa seribu tahun itu, dalam suatu perkembangan yang luar biasa. Iblis akan dilepaskan dari tahanan untuk satu kesempatan terakhir menyesatkan bangsa-bangsa. Dia akan mencari orang-orang yang ingin "bebas" dari Tuhan dan "lepas" dari umat-Nya di setiap belahan bumi. Dia akan menghasut mereka hingga berpikir bahwa serangan militer terhadap takhta pemerintahan di Yerusalem akan menghasilkan otonomi politik bagi mereka. Padahal, apakah Iblis lupa pelajaran Harmagedon yang lalu, dan apakah aksi bunuh diri karena pemberontakan semacam itu memang dimaksudkan untuk menyeret sebanyak mungkin orang untuk mati bersamanya? Iblis akan mengumpulkan suatu pasukan perang yang besar, mungkin yang terbesar yang pernah ada, untuk berbaris berderap di bawah panji-panji "Gog dan Magog" (Why. 20:8). Ada nubuat yang sangat terperinci tentang peristiwa ini dalam Yehezkiel pasal 38–39, yang meletakkan peristiwa itu *sesudah* pemulihan kerajaan Daud di Israel (nama-nama yang ada akan menunjukkan maknanya dalam peristiwa itu).

Upaya Iblis itu akan sia-sia belaka. Api dari surga akan menumpasnya dan menghabisi semua manusia di pihaknya. Lalu, mengapa pula hal itu dibiarkan terjadi?

Masa seribu tahun itu dapat ditelaah dari dua perspektif, sebagai babak final sejarah dunia dan sebagai pendahuluan menuju Hari Penghakiman. Masa itu akan mendemonstrasikan kesimpulan tentang kedaulatan Tuhan dan dosa manusia; kebaikan-Nya dan keburukan kita—dua sisi kenyataan sejarah yang pada akhirnya harus dipertemukan untuk kemudian dipisahkan untuk selamanya.

Di satu sisi, dunia pada akhirnya akan menyaksikan kehidupan yang berada di bawah aturan Tuhan, ketika Tuhan bertindak sebagaimana yang manusia inginkan terhadap-Nya dan mengritik Dia karena tidak memegang kendali, dengan cara menyingkirkan paksa segala kuasa jahat dari bumi. Namun, apa yang akan terjadi ketika seruan manusia yang menginginkan pembebasan dari penderitaan itu didengar?

Di sisi lain, dunia akan ditelanjangi, sehingga jelas tampak bahwa dunia tidak ingin dibebaskan dari dosa, yang merupakan penyebab penderitaan. Masih ada rasa manusia yang memberontak, masih ada hasrat untuk kehidupan moral yang independen, masih ada ambisi untuk menjadi seperti tuhan (Kej. 3:5) serta untuk menjadi tuan-tuan di bumi alih-alih pengelola.

Umat manusia memang sungguh keterlaluan. Dengan adanya segala kesempatan terbaik dan semua insentif yang disediakan, manusia masih memilih eksistensi tanpa tuhan, yang tidak mungkin terus-menerus tetap netral di hadapan Tuhan atau umat-Nya, sehingga akhirnya akan melawan keduanya. Menjadi makin jelas terlihat bahwa Hari Penghakiman sungguh dibutuhkan.

Putusan telah disahkan jauh sebelum diumumkan. Panggungnya pun telah siap.

Untuk Menghakimi Orang Fasik

Orang-orang yang sebagian besar dari keyakinannya terbentuk dari praktik mengucapkan pernyataan kredo di gereja tentu sangat akrab dengan alasan kedatangan Kristus kembali yang satu ini. Pernyataan Iman Rasuli dan Kredo Nikea keduanya mengingatkan kita bahwa Yesus akan datang kembali untuk menghakimi yang masih hidup dan yang sudah wafat. Sayangnya, keduanya pun memberi kesan bahwa itulah inti utama, bahkan satu-satunya, dalam adven menuju kedatangan Yesus yang kedua. Padahal, kita telah tahu bahwa itu hanyalah satu dari sejumlah alasannya. Meski demikian, alasan yang satu ini sifatnya mendasar dalam aksi Yesus mengakhiri "zaman akhir yang jahat" ini, menurut sebutan orang Yahudi.

Sejarah memang perlu diakhiri dengan sebuah Hari Penghakiman. Mari kita berpikir sejenak untuk mengamati alasannya.

Itulah tuntutan ketidakadilan dalam kehidupan ini. Tentu tidak adil bahwa orang jahat sejahtera dan orang yang tak bersalah justru menderita. Kebanyakan kejahatan lolos tanpa diketahui atau dihukum. Tampaknya, hanya ada sedikit korelasi antara kualitas karakter pribadi dengan kondisi, integritas dan kesejahteraan, kekudusan dan kebahagiaan. Semesta ini seolah berjalan berdasarkan kebetulan semata-mata—kecuali jika ada hal lain di balik eksistensi kita yang terikat dengan kelahiran dan kematian. Secara naluriah, kita memiliki tuntutan akan waktu penghakiman, ketika kebaikan diberi upah dan kejahatan diganjar hukuman.

Itulah tuntutan keadilan Tuhan. Jika Tuhan tidak pernah memulihkan kembali segala kesalahan yang pernah Dia izinkan kepada kebenaran, kebaikan-Nya patut dipertanyakan. Jika Tuhan sungguh "Raja atas sekalian semesta", posisi tersebut disertai dengan tanggung jawab-Nya sebagai Hakim. Benarlah yang dikatakan di Galatia 6:7, "Allah tidak membiarkan diri-Nya dipermainkan. Karena apa yang ditabur orang, itu juga yang akan dituainya." (Gal. 6:7), *harus* ada suatu hari penginsafan, ketika seluruh masalah dituntaskan dan seluruh utang dilunaskan.

Namun, mengapa disebut "hari" penghakiman? Karena kematian menutup pintu kesempatan dan menutup jurang pemisah antara yang baik dan yang jahat (Luk. 16:26), mengapa setiap orang tidak dihakimi saat kematiannya, tetapi justru disuruh menunggu sampai seluruh umat manusia berdiri di sidang pengadilan?

Karena Tuhan pun harus menerima ganjaran-Nya di hadapan semua orang. Dia harus ditampilkan hingga terlihat sebagai Pribadi yang adil dalam segala keputusannya atas takdir manusia. Sering kali, Tuhan dituduh tidak adil. Kelak, kritik dan tuduhan itu akan dibungkam, dan semua orang akan berkata, bersama Abraham, "Masakan Hakim segenap bumi tidak menghukum dengan adil?" (Kej. 18:25).

Karena Yesus pun harus menerima ganjaran-Nya di hadapan semua orang. Eksekusi atas Yesus merupakan ketidakadilan terbesar yang pernah ada, hari terkelam (termasuk dalam arti harfiahnya) dalam sejarah umat manusia. Terakhir kali dunia melihat Yesus adalah sebagai penjahat yang menanggung hukuman yang hina. Kelak, semua orang harus menyaksikan putusan itu dibalikkan.

Ini karena umat Tuhan pun harus menerima ganjaran mereka di hadapan semua orang. Mereka telah menentukan pilihan yang benar, memilih berpihak pada Tuhan dan kebenaran, sambil menanggung konsekuensi yang berat karena pilihan itu di tengah-tengah dunia yang jahat, bahkan sering kali sampai kehilangan nyawa. Semua orang ini, yang Yesus tanpa malu atau ragu sebut dengan "saudara-saudara-Ku" (Ibr. 2:11; bandingkan dengan Mat. 25:40), harus menerima penghormatan di hadapan orang-orang yang telah memperlakukan mereka dengan hina dan penuh kebencian.

Maka, sungguh harus ada suatu "hari" ketika keadilan dijalankan. Setiap manusia memiliki dua jadwal pasti di masa depan, yang sama sekali tidak dapat dicatat atau ditandai di dalam buku agenda atau kalender. Ada tertulis, "... manusia ditetapkan untuk mati hanya satu kali saja, dan sesudah itu dihakimi," (Ibr. 9:27). Jadwal yang pertama adalah kematian, yang berbeda-beda tanggalnya bagi setiap orang; jadwal yang kedua adalah penghakiman, pada tanggal yang sama bagi semua orang.

Di manakah sidang akbar itu akan diselenggarakan? Ada anggapan luas bahwa lokasinya akan berada di surga, mungkin karena pemahaman salah yang umum bahwa semua orang akan "masuk surga" saat meninggal. Di kalangan orang Kristen, ada kerancuan pemahaman antara "takhta" (dalam Why. 4–5) dan "suatu takhta putih yang besar" (di Why. 20:11; perhatikan kata "suatu"). Ada dua takhta yang berbeda, di dua lokasi yang berbeda, yang diduduki oleh dua pribadi yang berbeda. Takhta yang pertama adalah takhta Tuhan di dalam surga, sedangkan takhta yang kedua adalah takhta Kristus di bumi.

Manusia akan berada di bumi. Bumilah tempat mereka hidup dan melakukan dosa. Bumilah tempat mereka akan menerima putusan atas takdir mereka. Bagaimana mungkin Tuhan yang kudus itu mengizinkan orang berdosa untuk masuk surga, meskipun hanya untuk satu hari? Bahkan sebenarnya, bumi pun kelak akan sudah "lenyap" (Why. 20:11).

Tentu saja, banyak orang sudah mati saat itu, dan harus dibangkitkan agar hidup kembali dan bisa berdiri dalam sidang pengadilannya. Alkitab menantikan kebangkitan orang fasik, seperti juga kebangkitan orang benar (Dan. 12:2; Yoh. 5:29; Kis. 24:15). Hades, tempat kediaman roh-roh orang mati, akan menyerahkan seluruh penghuninya untuk kembali mendapatkan tubuh. Semua orang, entah yang dikubur, dikremasi, atau tenggelam di lautan akan berdiri di hadapan Sang Hakim Agung (Why. 20:12–13).

Para pembaca yang mencermati hal ini tentu kini dapat

menyimpulkan bahwa pastilah ada *dua* hari kebangkitan, yang berselang seribu tahun di antaranya. Inilah tepatnya yang diajarkan dalam Perjanjian Baru (Why. 20:4–6). Sebenarnya, ada *tiga* hari kebangkitan, jika kita memasukkan pula hari Minggu Paskah dalam perhitungan ini (1 Kor. 15:23–24; perhatikan kata "kemudian", yang menunjukkan urutan kejadian).

Manusia akan dihakimi, oleh manusia pula! Ini mungkin menjadi kejutan besar bagi orang-orang yang berekspektasi bahwa Tuhan Bapa sendirilah yang akan menjadi Hakim itu. Namun, Dia telah mendelegasikan tugas itu kepada sosok yang sama seperti kita: "Karena Ia telah menetapkan suatu hari, pada waktu mana Ia dengan adil akan menghakimi dunia oleh seorang yang telah ditentukan-Nya," (Kis. 17:31). Yesuslah yang akan duduk di "takhta putih yang besar" itu (Why. 20:11; perhatikan kata "Dia", yang namanya tidak disebut). "Sebab kita semua harus menghadap takhta pengadilan Kristus," (2 Kor. 5:10).

Selama masa hidup-Nya di bumi, Yesus sering menyatakan bahwa Dia mempunyai otoritas untuk menentukan nasib akhir bangsa-bangsa dan orang-orang (Mat. 7:21–23; 13:41–43; 25:30–33). Pengakuan semacam itu hanya dapat dijelaskan dengan tiga alasan: Dia gila (menderita gangguan pikiran), Dia jahat (pendusta), atau Dia memang Tuhan. Dia hanya layak memenuhi syarat untuk menjadi Hakim atas semua orang jika Dia memang Tuhan sekaligus manusia. Dan, Dia telah melakukan segala hal yang mungkin untuk menyelamatkan kita dari pengadilan itu.

Jati dirinya yang ganda itu memungkinkan diri-Nya untuk menerapkan keadilan yang sempurna. Kemanusiaan-Nya membuat-Nya mengerti. Dia telah hidup dalam situasi kita, kondisi dan tekanan kita, dengan segala godaan seperti kita, tanpa kelebihan apa pun, tetapi Dia tidak berdosa. Ketuhanan-Nya membuat-Nya tahu. Dia tahu secara jelas dan lengkap, segala dosa kita yang tersembunyi, kata-kata sia-sia kita, niat-niat terpendam kita, dan perasaan terdalam kita. Penghakiman-Nya akan berlangsung dengan keadilan yang mutlak.

Di satu sisi, Dia akan mempertimbangkan pengetahuan atau ketidaktahuan kita tentang yang benar dan yang salah dalam pandangan Tuhan. Alkitab menyatakan dengan jelas bahwa manusia akan dihakimi menurut terang yang telah diterimanya— apakah itu terang yang utuh dari Injil, terang yang "separuh" dari Sepuluh Perintah Tuhan (Taurat), atau pun terang yang "kecil" dari karya ciptaan di sekitarnya serta hati nurani di dalam dirinya (Roma 1:20; 2:12–16).

Di sisi lain, seluruh kehidupan kita akan dipertontonkan, setiap pemikiran, kata-kata, dan perbuatan (Roma 2:6), yaitu segala sesuatu yang telah kita lakukan selama berada "di dalam tubuh" (2 Kor 5:10). Semuanya telah dicatat di dalam "kitab-kitab", seperti acara televisi Inggris yang berjudul *This is Your Life* (Inilah Kehidupan Anda), tetapi catatan Tuhan ini jauh lebih lengkap, bukan hanya cuplikan dari beberapa bagian yang bagus dan terpuji! Kitab-kitab ini akan dibuka pada hari itu kelak (Why. 20:12).

Apakah mungkin kita menerima putusan lain selain "bersalah"? Siapa yang, ketika diperhadapkan dengan bukti nyata yang begitu jelas, dapat mengajukan dalih dalam upaya menghindari putusan bersalah? Apakah ada orang yang selama kehidupannya selalu melakukan apa yang dipahaminya sebagai yang benar, meskipun satu-satunya panduannya adalah hati nuraninya sendiri? Apakah ada orang yang berhasil menghindari segala sesuatu yang dikritiknya dan dituduhkannya atas orang lain (Mat. 7:1)? Sungguh, "... tidak ada yang [senantiasa] berbuat baik, seorang pun tidak" (Roma 3:12); "semua orang telah berbuat dosa dan telah kehilangan kemuliaan Allah" (Roma 3:23). Tak seorang pun dari kita telah hidup menurut maksud Tuhan atas kita, atau bahkan telah hidup menurut pemahaman terbaik kita tentang yang harus dan dapat kita lakukan.

Vonisnya adalah binasa kekal di tempat yang disebut neraka, terpisah dari Tuhan, yang adalah sumber segala sesuatu yang baik, terbuang dari langit dan bumi yang baru, terbuang bersama-sama Iblis, roh-roh jahat, dan semua orang lain yang memberontak kepada Sang Pencipta, tersiksa tubuh dan jiwanya, siang dan malam, selama-lamanya di dalam "lautan api" (Why. 14:11; 20:10), dengan keputusasaan dan frustrasi karena sadar telah menyia-nyiakan kesempatan yang tak mungkin terulang kembali ... Tak heran bahwa Yesus membahas takdir hukuman itu dengan nuansa kengerian saat memperingatkan para murid-Nya akan bahayanya dan mengungkapkan bahwa Dia rela mengorbankan diri-Nya demi menyelamatkan mereka darinya. (Karena topik luar biasa ini sebenarnya berada di luar lingkup pembahasan buku ini, penulis menyarankan untuk para pembaca menyimak buku yang berjudul: *The Road to Hell* [Jalan Menuju Neraka], Anchor).

Lalu, adakah harapan bagi manusia? Apakah seluruh umat manusia akan dihukum di sidang pengadilan itu? Mari lihat kembali kejadiannya. Selain jutaan jilid biografi yang ada, "dibuka juga sebuah kitab lain, yaitu kitab kehidupan" (Why. 20:12). Semua orang yang namanya telah tercatat di dalam kitab itu akan dipisahkan, diselamatkan dari putusan dan vonis hukuman itu. Nama siapa saja yang tercatat di dalamnya, dan bagaimana nama mereka bisa sampai tercatat?

Kitab itu adalah catatan yang telah ada sejak awal permulaan zaman. Kitab itu disebut dalam Perjanjian Lama dan Perjanjian Baru (Kel. 32:32–33; Flp. 4:3), tetapi paling sering dalam kitab Wahyu (Why. 3:5; 13:8; 17:8; 20:12,15; 21:27; 22:19). Tuhan sendirilah yang menuliskan nama-nama manusia di dalamnya. Kitab itu adalah daftar orang-orang yang telah diserahkan kepada Sang Anak Tuhan (Yoh. 17:6), sehingga disebut "kitab kehidupan Anak Domba" (Why. 21:27).

Bagaimana bisa orang-orang itu memenuhi syarat untuk dicatat di dalam kitab itu? Mereka percaya Kristus sebagai Juru Selamat mereka. Mereka hidup oleh iman. Mereka percaya dan menaati Firman Tuhan. Perbuatan mereka merupakan bukti iman mereka. Sebagian nama yang ada dalam daftar itu berasal dari zaman jauh sebelum Kristus. Contoh klasiknya, Abraham; imannya terbukti dalam perbuatannya dan "diperhitungkan sebagai kebenaran"

(Kej. 15:6; Mzm. 106:31; Roma 4:3; Ibr. 11:8–12; Yak. 2:21–24). Kebanyakan nama berasal dari zaman sesudah Kristus, karena pada masa inilah makin banyak orang yang percaya dan taat kepada "Firman" yang Tuhan utus.

Perlu diingat pula bahwa iman yang sejati bukanlah satu langkah saja, melainkan sebuah perjalanan yang panjang. Inti dari memercayai seseorang adalah tetap percaya kepadanya terlepas dari apa pun yang terjadi. "Iman" dan "kesetiaan" bersumber dari satu kata yang persis sama dalam bahasa Ibrani maupun bahasa Yunani. "Orang benar akan hidup oleh iman (Hab. 2:4) berarti orang-orang yang Tuhan pandang sebagai orang benar akan selamat oleh kesetiaan mereka (perhatikan bahwa keberlanjutan iman ini dikemukakan pula di Roma 1:17 dan Ibr. 10:38–39). Para pahlawan iman dalam Perjanjian Lama hidup dalam iman sampai mati; "dalam iman mereka semua ini telah mati" (Ibr. 11:13).

Adalah mungkin bahwa kita undur dari iman, sehingga binasa oleh keputusan itu (1 Tim. 1:19–20). Adalah mungkin bahwa nama-nama di dalam kitab kehidupan "dihapuskan", seperti yang Tuhan nyatakan dengan jelas kepada Musa (Kel. 32:33). Hanya mereka yang tetap setialah, yang "mengalahkan" segala tekanan ketidakpercayaan dan ketidaktaatan, yang akan mengalami nama mereka tetap tercatat sampai hari ketika kitab itu dibuka (Why. 3:5).

Mereka inilah yang akan dikecualikan, dalam istilah persidangan Romawi, "dijustifikasi" (dianggap benar)—bukan karena tidak berdosa, melainkan karena mereka telah *konsisten* percaya kepada Yesus, yang telah membayar lunas hukuman atas dosa-dosa mereka. Hanya karena saliblah Tuhan dapat "benar dan juga membenarkan orang yang percaya" (Roma 3:25–26). Baik keadilan-Nya maupun belas kasihan-Nya, keduanya terwujud sepenuhnya di Golgota.

Nah, setelah Hari Penghakiman selesai, panggung akhirnya siap untuk penebusan seluruh ciptaan. Dengan kembali ke planet Bumi, Tuhan Yesus Kristus pun telah menyelesaikan segala yang perlu dilakukan-Nya untuk memungkinkan hal ini. Saat itu, Yesus telah selesai melengkapkan orang-orang kudus, mempertobatkan bangsa Yahudi, menaklukkan Iblis, memerintah atas dunia, dan menghakimi orang fasik.

Saat itu, suatu umat manusia yang baru telah terciptakan, terpisah dari umat manusia yang lama. *"Homo Sapiens"* telah diganti dengan *"Homo Novus"*. Mereka adalah makhluk yang baru, bagian dari karya ciptaan baru. Mereka tidak berevolusi sendiri menjadi spesies yang baru itu, tetapi diubahkan secara ajaib oleh kuasa Injil Tuhan. "Yang lama sudah berlalu, yang baru sudah datang," (2 Kor. 5:17).

Hal yang sama juga akan terjadi saat itu pada seluruh semesta. Makhluk-makhluk baru membutuhkan lingkungan hidup yang baru. Langit dan bumi yang "pertama", yang membawa segala dampak kerusakan dari dosa malaikat dan manusia, akan berlalu dan lenyap (Why. 21:1). Semuanya itu akan "dihanguskan oleh api" (2 Ptr. 3:10). Sains telah menemukan bahwa setiap atom mengandung energi yang dapat dilepaskan dalam nyala api, maka skenario ini sepenuhnya mungkin terjadi. Dari abu, seperti makhluk mitos, burung feniks, akan muncul langit dan bumi yang baru, yang keindahannya melampaui imajinasi.

Tentu, sang tukang kayu dari Nazaret itu akan menjadi pembuat karya itu. Dia pun terlibat dalam karya penciptaan yang pertama. Sebelum Dia membuat meja dan kursi, pintu dan kusen jendela, Dia telah membuat pohon, yang pada zaman kemudian digunakannya untuk dijadikan kayu material. Sebelum Dia menyampaikan Khotbah di Bukit, Dia telah menciptakan gunung yang kelak menjadi mimbar-Nya. Angin dan gelombang pun mematuhi Dia, karena mereka adalah ciptaan tangan-Nya, "Segala sesuatu dijadikan oleh Dia dan tanpa Dia tidak ada suatu pun yang telah jadi dari segala yang telah dijadikan." (Yoh. 1:3).

Namun, kita tidak diberi tahu di mana Dia (dan umat-Nya) akan berada kelak selama proses transformasi semesta itu. Kita hanya dapat berspekulasi. Mungkin, lokasinya di kota metropolitan

Yerusalem yang baru, yang Tuhan telah rancang dan bangun jauh di angkasa, yang telah diketahui keberadaannya sejak zaman Abraham (Ibr. 11:10).

Hanya satu hal yang pasti. Pembangunan kota yang besar-besaran itu, meski didirikan di surga, dasarnya akan ditanamkan di bumi yang baru (Why. 21:2, 10). Bumi akan menjadi tempat tinggal tetap bagi seluruh umat Tuhan, yang Yahudi maupun yang Yunani.

Bumi juga akan menjadi tempat tinggal tetap bagi Tuhan kita! Bapa, Anak, dan Roh akan tinggal *di sini* bersama manusia (Why. 21:3, 23). Kita biasanya berpikir bahwa Anak dan Roh ada bersama kita, tetapi kita juga selalu berdoa: "Bapa kami yang ada di surga..." (Mat. 6:9). Maka, kita biasa membayangkan kita akan masuk ke dalam surga dan hidup bersama Bapa di sana selama-lamanya. Padahal, justru Bapa akan datang ke bumi ini untuk hidup bersama kita! Sama seperti pada awal mulanya, langkah kaki-Nya akan terdengar di bumi ini (Kej. 3:8). Bahkan wajah-Nya pun akan terlihat (Why. 22:4).

Semua ini terkesan tidak relevan dalam pembahasan akan Kedatangan Kristus yang Kedua, tetapi sebenarnya amat relevan. Terlalu banyak orang Kristen telanjur memusatkan perhatian ke surga saja. Padahal, bumilah yang menjadi pusat maksud Tuhan dalam karya penciptaan dan penciptaan ulang-Nya. Bumi yang baru itu akan menjadi rumah, tempat tinggal kekal, bagi-Nya dan bagi kita.

Bumi ini merupakan fokus penantian kita akan masa depan. Inilah alasan yang mendasar mengapa Yesus akan datang kembali ke bumi untuk menutup gulungan sejarah yang kita kenal ini. Kedatangan-Nya kembali ke bumi merupakan pokok pengharapan kita, dan darinyalah segala sesuatu bergulir.

Mungkin, orang Kristen seharusnya lebih "membumi", lebih daripada kaum lain mana pun. Dalam bab selanjutnya kita akan mengamati bagaimana pandangan akan masa depan ini berpengaruh pada perilaku kita di masa sekarang.

Bab Dua

MEMASTIKAN KESIAPAN KITA

Mengapa kita diberi tahu begitu banyak hal tentang Kedatangan Kristus yang Kedua? Kita tahu lebih banyak tentang ini daripada tentang peristiwa masa depan lain mana pun yang dinubuatkan di dalam Alkitab. Tentu ada alasannya.

Di sisi lain, mengapa kita tidak diberi tahu lebih banyak lagi? Petunjuk-petunjuk "icip-icip" membuat hati kita dipenuhi banyak pertanyaan tak terjawab. Ada banyak hal lain yang kita ingin ketahui, tetapi tetap tidak kita ketahui.

Pasti ada suatu penjelasan untuk hal-hal yang kita tahu maupun yang kita tidak tahu, ada suatu tujuan bahwa sekarang kita hanya mengetahui hal-hal yang perlu kita tahu, tidak lebih dan tidak kurang.

Tujuannya bersifat praktis. Singkatnya, supaya kita *siap* menghadapi kedatangan-Nya kembali.

Pewahyuan tentang masa depan diberikan untuk menghasilkan dampak pada masa sekarang; bukan untuk memuaskan rasa penasaran pikiran, melainkan untuk memicu konsistensi moral; bukan sebagai informasi belaka, melainkan demi insentif.

Kita hidup oleh pengharapan ini. Itulah sebabnya hal ini menjadi "mata air abadi di dalam jiwa manusia" (mengutip kata-kata Paus Alexander). Masa depan memengaruhi masa sekarang di dalam diri kita. Yang kita percaya akan terjadi di masa depan secara nyata memengaruhi cara kita berperilaku di masa sekarang.

Hal ini secara khusus berlaku bagi orang Kristen, yang memiliki pengharapan pasti alih-alih kerinduan yang bersifat "semoga" (kata *elpis* dalam bahasa Yunani mengandung makna ini, kepastian yang sangat jelas). Orang berdosa lebih dipengaruhi oleh masa lalu, dengan kebiasaan dalam pikiran dan tubuh mereka. Orang kudus lebih dipengaruhi oleh masa depan, dengan pengharapan yang dimeteraikan oleh Roh Tuhan (Roma 8:23–25). Inilah faktor yang menjamin keamanan kita di dalam dunia yang guncang dengan perubahan, sebuah "sauh yang kuat dan aman bagi jiwa kita" (Ibr. 6:19).

Orang Kristen adalah orang-orang masa depan. Merekalah anak-anak zaman baru, yang telah terbit bagi mereka dan suatu hari kelak akan datang kepada seluruh dunia. Mereka mencari, merindukan, dan hidup untuk penyelamatan kosmik ini. Mereka dapat digambarkan telah "berbalik dari berhala-berhala kepada Allah untuk melayani Allah yang hidup dan yang benar, dan untuk menantikan kedatangan Anak-Nya dari sorga, yang telah dibangkitkan-Nya dari antara orang mati, yaitu Yesus, yang menyelamatkan kita dari murka yang akan datang" (1 Tes. 1:9–10).

Tuhan telah sering kali berjanji untuk mengirimkan Anak-Nya kembali untuk menuntaskan pembebasan itu. Namun, janji-janji-Nya itu selalu disertai kondisi-kondisi tertentu. Umat-Nya harus siap untuk kedatangan kembali Penyelamat mereka.

Dalam Perjanjian Baru, pengharapan akan kedatangan Kristus merupakan motif utama untuk hidup benar di jalan Tuhan pada "zaman akhir yang jahat" ini. Bahkan, kitab Wahyu pun berisi lebih banyak nubuat daripada materi lainnya, dan ini mengandung tujuan praktis: bukan supaya pembaca tahu bahwa Kristus akan datang kembali, tetapi supaya mereka siap saat peristiwa itu tiba.

Satu-satunya waktu yang kita miliki untuk mempersiapkan diri untuk masa depan adalah masa sekarang. Menunda bersiap-siap membawa risiko terlambat.

Lalu, bagaimana caranya kita menjadi siap untuk kedatangan Yesus kembali? Ada tujuh cara.

IMAN SETIAP ORANG

"... pada waktu Tuhan Yesus dari dalam sorga menyatakan diri-Nya bersama-sama dengan malaikat-malaikat-Nya, dalam kuasa-Nya, di dalam api yang bernyala-nyala, ... mengadakan pembalasan terhadap mereka yang tidak mau mengenal Allah dan tidak mentaati Injil Yesus, Tuhan kita," (2 Tes. 1:7–8). Kita prihatin melihat ada dua kelompok yang bersalah di sini: mereka yang tidak berespons benar terhadap Tuhan dan mereka yang tidak berespons benar terhadap Injil.

Tuhan menaruh manusia di bumi "supaya mereka mencari Dia dan mudah-mudahan menjamah dan menemukan Dia, walaupun Ia tidak jauh dari kita masing-masing," (Kis. 17:27) "Mencari" di situ, berarti "melakukan penelusuran, berusaha, ingin menemukan dan mendapatkan, menanyakan, menuju sasaran, memburu sebagai tujuan, berjuang untuk melakukan, atau menetapkan tujuan pada" (diterjemahkan bebas dari definisi menurut *Oxford English Dictionary*). Yesus sendiri pun menasihati orang untuk "Carilah, maka engkau akan mendapat... Karena barang siapa mencari akan mendapatkan" (Luk. 11:9–10; dengan kata kerja yang diterjemahkan secara harfiah dalam kala waktunya).

Seperti yang telah kita saksikan, Tuhan telah menaruh bukti yang cukup kuat tentang kuasa dan ketuhanan-Nya dalam karya ciptaan-Nya, pekerjaan tangan-Nya, sehingga kaum ateis dan agnostik "tidak dapat berdalih" (Roma 1:20). Meski bukti keberadaan Tuhan amat kuat, ada dua syarat lain yang diperlukan untuk menemukan kehadiran Tuhan.

Satu, iman, "Tetapi tanpa iman tidak mungkin orang berkenan kepada Allah. Sebab barangsiapa berpaling kepada Allah, ia harus percaya bahwa Allah ada, dan bahwa Allah memberi upah kepada orang yang sungguh-sungguh mencari Dia," (Ibr. 11:6).

Dua, pertobatan. "Carilah Tuhan selama Ia berkenan ditemui; berserulah kepada-Nya selama Ia dekat! Baiklah orang fasik meninggalkan jalannya, dan orang jahat meninggalkan rancangannya; baiklah ia kembali kepada Tuhan, maka Dia akan mengasihaninya, dan kepada Allah kita, sebab Ia memberi pengampunan dengan limpahnya," (Yes. 55:6–7).

Entah akan ada banyak orang, bahkan apakah ada satu orang

saja, yang sungguh-sungguh mencari Tuhan seperti ini, tanpa pengetahuan akan Injil sama sekali, kita tidak tahu sama sekali. Tuhan sendirilah yang akan menjadi hakimnya.

Dari pengamatan, pola umumnya adalah manusia berambisi mengejar kenikmatan, harta, ketenaran, kekuasaan; pendeknya segala sesuatu yang lain selain Tuhan. Kehausan manusia terhadap pengetahuan mencakup ilmu masak sampai ilmu komputer, DNA sampai dinosaurus, psikologi sampai sosiologi; segala sesuatu yang lain selain Tuhan.

Sedikit sekali kemungkinannya bahwa buku ini akan tiba di tangan orang yang belum pernah mendengar tentang Yesus, tetapi jika demikian, orang itu perlu segera mencari Tuhan. Jika dia tidak berhasil menemukan Tuhan sebelum Dia menemukan dirinya, lebih baik baginya jika dia tidak dilahirkan sama sekali.

Lalu, bagaimana dengan orang yang belum pernah mendengar Injil? Ini merupakan keuntungan istimewa sekaligus tanggung jawab khusus, karena kita dihakimi menurut terang yang telah kita terima. Namun, pernah mendengar Injil saja atau pernah percaya Injil saja tidaklah cukup. Ayat yang membuka bagian ini berbicara tentang *menaati* Injil. Kita harus *melakukan* sesuatu tentang Injil itu.

Awalnya, kita perlu bertobat dan percaya, mengungkapkan keduanya secara aktif dengan dibaptis dalam air dan menerima Roh Kudus (lihat materi saya *Explaining Water Baptism* [Menjelaskan Baptisan Air] dalam seri "Menjelaskan" terbitan Sovereign World, atau buku saya *The Normal Christian Birth* [Kelahiran Kristen yang Normal] terbitan Hodder & Stoughton, 1989). Namun, itu barulah awalnya, bukan akhirnya. Malangnya, banyak orang menganggap bahwa setelah memulai kehidupan Kristen, mereka pasti siap untuk kedatangan Yesus kembali. Itu hanya berlaku jika kedatangan-Nya langsung terjadi setelah pertobatan kita (yang jelas tidak demikian bagi siapa pun yang pernah hidup sejauh ini!).

Sebutan pertama untuk agama Kristen adalah "Jalan" (Kis.

18:25–26; 19:9, 23). Injil adalah jalan menuju kehidupan sekaligus jalan kehidupan. Jalan itu tidak bisa diusahakan, tetapi harus dikerjakan (Ef. 2:9–10; Flp. 2:12–13). Setelah memasuki jalan yang "sempit" itu (Mat. 7:14), kita perlu terus berjalan di dalamnya (Yes. 30:21; 35:8–10; Ef. 4:1; 5:2, 8). Mereka yang berjalan bersama Tuhanlah yang akan siap untuk bertemu dengan-Nya. Contoh klasiknya adalah Henokh (Kej. 5:24).

Maka, tidaklah cukup jika kita hanya pernah menjadi "orang percaya" Tuhan, yaitu Bapa dan Kristus, Anak-Nya. Memang itu adalah syarat dasarnya, tetapi Yesus sendiri pun menegaskan bahwa sebagian orang percaya akan siap untuk kedatangan-Nya kembali sedangkan sebagian lainnya tidak siap.

Syarat apa lagi yang juga diperlukan?

PELAYANAN YANG BERKELANJUTAN

Setelah memberitahukan tanda-tanda kedatangan-Nya kepada para murid (dalam Mat. 24, yang sebelumnya telah kita perinci), Yesus secara signifikan beralih ke topik kesiapan untuk peristiwa itu (dalam Mat. 25). Dia menceritakan beberapa perumpamaan, yang semuanya merupakan variasi dari satu tema yang sama: "hendaklah kamu juga siap sedia" (Mat. 24:44). Perintah yang mendesak ini digambarkan dengan berbagai suasana: rumah tangga, pesta perkawinan, dan kegiatan jual-beli.

Kisah-kisahnya memiliki alur yang sama serta inti pesan yang sama. Dalam setiap kisah, ada seseorang yang pergi tetapi diketahui akan kembali, meskipun waktu kedatangannya kembali tidak diketahui. Jelas bahwa dengan karakter tuan rumah, mempelai laki-laki, dan pengusaha dalam kisah-kisah itu, Yesus menggambarkan diri-Nya sendiri. Demikian pula, karakter-karakter yang ditinggal pergi itu menggambarkan para pengikut-Nya.

Ada pemisahan di antara para pengikut Yesus menjadi dua golongan atau kelompok: yang bijak, yaitu yang siap menyambut kedatangan-Nya kembali; dan yang bodoh, yaitu yang tidak siap.

Perhatikan bahwa "bijak" berarti berpikir dengan akal sehat, bukan semata-mata cerdas secara intelektual, dan "bodoh" berarti konyol, bukan kurang cerdas secara intelektual.

Kesiapan mereka semua diuji dengan ujian yang sama. Dalam setiap perumpamaan, ada petunjuk bahwa kedatangan kembali sang tokoh utama itu terjadi *setelah* waktu yang mereka sangka— sang mempelai laki-laki sempat "belum datang juga" dan sang tuan rumah pulang "setelah waktu yang lama". Inilah kunci utama untuk memahami dan menerapkan inti pesan kisah-kisah ini. Ujian yang sesungguhnya bukanlah apakah orang berpikir kedatangan Yesus kembali itu tiba segera, melainkan apa yang mereka lakukan jika mereka berpikir Yesus belum akan datang segera (Mat. 24:48). Yang lahir dari ketekunan jauh lebih berharga daripada yang muncul dari kepanikan. Kesiapan sejati lahir dari motivasi oleh fakta akan kedatangan Yesus kembali, bukan kapan waktunya.

Kualitas "bijak" pun, kesetiaan, bernilai yang sama berharganya. Kita perlu berperilaku sama entah sang tokoh utama sedang pergi atau pun berada bersama kita. Meski dia belum datang kembali dari kepergiannya, tidak ada bedanya; kita harus tetap siap untuk itu. Mereka yang siap membuktikan diri mereka dapat dipercaya. Maka, mereka membuat tuan mereka, yang kepadanya mereka menyampaikan pertanggungjawaban, bersukacita. Upah mereka pun diberikan: ikut menikmati kebahagiaan sang tuan sekaligus menerima kepercayaan yang lebih besar. Mereka akhirnya "hidup bahagia selama-lamanya".

Sebaliknya, kualitas "bodoh" pun, ketidakpedulian, bernilai yang sama rendahnya. Hanya satu kasus yang menunjukkan ada perbuatan buruk yang dilakukan (tuan rumah menindas pelayan-pelayan dan menyenangkan diri sendiri). Dalam kasus-kasus lain, mereka hanya melalaikan perbuatan baik yang seharusnya dilakukan; dosa "tidak melakukan" alih-alih dosa "melakukan", karena mereka telah melalaikan kewajiban mereka. Alkitab banyak berbicara tentang dosa kemalasan, terutama dalam kitab Amsal (Ams. 6:6; 10:26; 12:24; 15:19; 19:24; 21:25; 26:15; dll.).

Kemalasan merupakan pelanggaran yang serius.

Yesus pun menggunakan bahasa yang amat kuat untuk menggambarkan hukuman yang dijatuhkan atas para pemalas. "[Tuan hamba itu] akan membunuh dia dan membuat dia senasib dengan orang-orang munafik. Di sanalah akan terdapat ratapan dan kertakan gigi," (Mat. 24:51). "Dan campakkanlah hamba yang tidak berguna itu ke dalam kegelapan yang paling gelap. Di sanalah akan terdapat ratap dan kertak gigi," (Mat. 25:30). Itulah kata-kata yang menggambarkan neraka dan berbicara tentang penyesalan serta duka mendalam yang kekal di tempat mengerikan itu.

Siapa para pemalas yang telah menyia-nyiakan kesempatan itu? Orang-orang Kristen yang enggan menggali lebih dalam terlalu cepat menyimpulkan bahwa yang dimaksud adalah orang tidak percaya; padahal, para pemalas itu adalah pelayan di dalam rumah tangga, sahabat mempelai wanita yang diundang ke perjamuan kawin, dan pegawai yang dipercaya dengan aset milik sang pengusaha. Gambaran-gambaran itu tentu jauh lebih cocok untuk orang percaya. Kita juga perlu ingat bahwa perumpamaan-perumpamaan itu tidak ditujukan kepada pendengar umum, tetapi kepada kedua belas murid—salah satunya (Yudas) kemudian terbukti tidak dapat dipercaya, meski dia telah berkhotbah dan menyembuhkan orang sakit dalam nama Yesus.

Namun, ada petunjuk yang terlalu jelas pula bahwa di balik sikap yang sangat tidak dapat diandalkan itu ada kerusakan hubungan dan lemahnya pengenalan akan sosok yang akan datang kembali. Hamba yang jahat berkata, "... aku tahu bahwa tuan adalah manusia yang kejam..." (Mat. 25:24) lalu dijawab dengan keras, "Nah, kamu berpikir kamu mengenalku; padahal kalau kamu sungguh mengenalku, kamu tentu tahu apa yang kukehendaki untuk kamu lakukan dan tahu apa yang kulakukan jika aku berada di posisimu ... tetapi ternyata kamu tidak tahu." Kepada sahabat-sahabat mempelai wanita yang tidak siap untuk penundaan kedatangan sang mempelai pria, sang mempelai pria berkata, "Aku berkata kepadamu, sesungguhnya aku tidak mengenal kamu," (Mat. 25:12; bukan "kamu tidak mengenalku" karena jelas mereka mengenal dia; bahkan juga bukan "aku tidak pernah mengenal kamu" seperti di Matius 7:23; tetapi yang dikatakannya hanya berarti "aku tidak mengenal kamu sebagai orang yang memiliki urusan denganku").

Maka, pelayanan yang setia merupakan unsur esensial dalam kesiapan untuk kedatangan Tuhan kembali. Nah, sering dikatakan bahwa Tuhan akan memuji mereka yang *setia*, bukan yang sukses. Ini merupakan pemisahan yang salah, yang telah sering digunakan untuk merasionalisasikan ketekunan dalam aktivitas yang tidak berguna. Tuhan menginginkan hamba yang setia sekaligus berbuah, yang memberikan kepada-Nya buah dari investasi yang dipercayakan-Nya—meskipun usaha terbaik kita pun "tidak berguna" (Luk. 17:10).

Kualitas pelayanan kita juga penting, bukan hanya kuantitasnya yang penting. "Entahkah orang membangun di atas dasar ini [Yesus Kristus] dengan emas, perak, batu permata, kayu, rumput kering atau jerami, sekali kelak pekerjaan masing-masing orang akan nampak. Karena hari Tuhan akan menyatakannya, sebab ia akan nampak dengan api dan bagaimana pekerjaan masing-masing orang akan diuji oleh api itu," (1 Kor. 3:12–13). Hasil terbaik tidak selalu keluar dari orang yang paling sibuk.

Lalu, ada kesalahpahaman berikutnya yang perlu diluruskan. Kesetiaan dalam pelayanan kepada Tuhan tidak terbatas pada aktivitas "rohani" di waktu luang kita untuk kepentingan gereja atau Injil. Pekerjaan kita sehari-hari pun dapat dan harus dilakukan untuk Tuhan. Adam adalah seorang tukang kebun. Alkitab menilai pekerjaan tangan jauh lebih tinggi daripada penilaian dunia. Pengurus ternak, nelayan, pembuat tenda, dan tukang kayu digambarkan sebagai sosok-sosok penting. Manusia diciptakan untuk bekerja dengan tangannya (Mzm. 90:17; 1 Tes. 4:11).

Tuhan lebih tertarik dengan *cara* kita melakukan pekerjaan kita

Memastikan Kesiapan Kita

daripada dengan *bidang* pekerjaan kita. Dia lebih suka sopir taksi yang berhati lurus daripada misionaris yang asal-asalan. Dia lebih mementingkan karakter daripada karier. Tentu Dia akan frustrasi jika hanya dimintai arahan ketika orang mempertimbangkan untuk berganti pekerjaan.

Semua pekerjaan bernilai sama di hadapan Tuhan, seperti yang Martin Luther katakan. Setiap orang Kristen adalah pelayanan Tuhan sepenuh waktu. Segala jenis dan bentuk pekerjaan, sejauh tidak melanggar hukum dan moralitas, merupakan panggilan yang kudus. Dalam cara kita melakukan pekerjaan kita sehari-hari, kita sedang menulis daftar referensi masa depan kita (CV, "*curriculum vitae*", yaitu bahasa Latin yang berarti "riwayat singkat pengalaman karier seseorang"). Daftar itu akan menentukan peran dan tanggung jawab kita di dalam kerajaan yang didirikan oleh Kristus saat kedatangan-Nya kelak.

Dia mencari karakter yang dapat diandalkan, bukan hanya keahlian. Dia akan mempekerjakan orang yang kepadanya Dia dapat berkata, "Baik sekali pekerjaanmu, hai hamba yang baik dan setia! Kamu telah setia dalam perkara yang kecil; Aku akan menaruh kamu dalam tanggung jawab dalam perkara-perkara yang lebih besar. Masuklah dan ikutlah dalam kebahagiaan tuanmu!" (Mat. 25:21–23).

KEKUDUSAN PRIBADI

Injil adalah kabar baik tentang kekudusan, selain tentang pengampunan. Injil bukan saja menawarkan pengampunan dan menuntut kekudusan—seperti pemahaman yang meluas oleh kesan yang disuarakan oleh banyak pengkhotbah. Kedua sisi itu merupakan tawaran. Selain dihapuskan, dosa pun mungkin untuk dikalahkan sekarang. Kita dapat memiliki kemampuan sekaligus hasrat untuk hidup benar, menjadi orang benar.

Pemberian itu harus diterima. Baik pengampunan maupun kekudusan, keduanya tersedia, tetapi keduanya pun perlu diterima dan dijalani. Terlalu banyak orang mengambil salah satunya saja dan mengabaikan yang lainnya. Mereka ingin dibenarkan sekarang juga dan dikuduskan nanti-nanti saja!

Tentu saja, mereka akan dikuduskan nanti. "... kita tahu, bahwa apabila Kristus menyatakan diri-Nya, kita akan menjadi sama seperti Dia, sebab kita akan melihat Dia dalam keadaan-Nya yang sebenarnya," (1 Yoh. 3:2). Ketika kita bertemu Tuhan kelak dalam tubuh kemuliaan yang baru, kita akan menjadi sempurna, utuh, sepenuhnya diubahkan dalam setiap bagian diri kita. Pada akhirnya kelak, kita akan hidup sesuai dengan sebutan yang diberikan-Nya ketika kita mulai mengikut Dia: "orang kudus" (Roma 1:7; 2 Kor. 1:1; Ef 1:1; dsb.). Sebutan itu berarti sesuai kata-katanya: "orang-orang yang kudus".

Namun, Yohanes menjelaskan implikasi yang amat praktis dari sesuatu yang kita nantikan di masa depan itu. "Setiap orang yang menaruh pengharapan itu kepada-Nya, menyucikan diri sama seperti Dia yang adalah suci," (1 Yoh. 3:3). Dengan kata lain, jika kita sungguh yakin akan takdir masa depan kita sebagai orang kudus, keyakinan ini akan tercermin secara nyata dalam perilaku kita di masa sekarang.

Tentu tidak mungkin seseorang mengharapkan warisan harta yang besar tanpa menginginkannya seluruhnya dan secepat-cepatnya. Jika sebagian harta warisan itu dapat diambil lebih cepat, orang itu tentu akan mengurusnya, apalagi jika dia benar-benar membutuhkannya.

Dengan kata lain, penentunya adalah keinginan yang sesungguhnya. Jika kita sungguh ingin dan berharap menjadi sepenuhnya serupa dengan Kristus suatu hari kelak, saat ini pun kita akan mengejar tujuan itu. Kita tidak akan ingin "menikmati kesenangan dari dosa" (Ibr. 11:25).

Kita pasti ingin menjadi kudus sejak sekarang dan di titik ini juga, jika memang hal itu mungkin. Dan, memang hal itu mungkin, meskipun pemenuhannya tidak akan mudah atau cepat. Dibutuhkan "usaha", yaitu gabungan dari kekuatan, antusiasme, dan daya tahan.

Kita dapat memandang pada insentifnya dengan sering-sering memikirkan "hari itu", yaitu ketika kita memandang wajah-Nya dan mata kita bertemu dengan mata-Nya. Mereka yang tidak berusaha untuk menjadi kudus, berarti sesungguhnya tidak memiliki keinginan untuk menjadi kudus, akan merasa malu dan tidak mampu menatap mata Tuhan yang tajam itu. Betapa tragisnya jika Tuhan berkata kepada kita, "Aku sebenarnya bisa melakukan banyak hal atasmu, tetapi kamu tidak menginkannya."

Sekali lagi, perlu ditekankan bahwa hanya mereka yang bertekunlah yang akan diterima. "Maka sekarang, anak-anakku, tinggallah di dalam Kristus, supaya apabila Ia menyatakan diri-Nya, kita beroleh keberanian percaya dan tidak usah malu terhadap Dia pada hari kedatangan-Nya," (1 Yoh. 2:28).

Di dalam Perjanjian Baru, dasar bagi pentingnya banyak kualitas kekudusan adalah fakta bahwa Yesus akan datang kembali. Kewaspadaan, kesetiaan, kesederhanaan, kesabaran, ketulusan, ketaatan, kerajinan, kemurnian, kehidupan beribadah, kasih persaudaraan—semuanya ini, dan banyak lagi lainnya, muncul dari pemikiran tentang akan bertemu Yesus kembali. Tuntutan kekudusan secara khusus menjadi efektif karena orang percaya secara keseluruhan direpresentasikan sebagai mempelai wanita yang kelak akan didatangi oleh mempelai laki-lakinya.

Yesus tidak menikah saat pertama kali datang ke bumi, tetapi Dia akan menikah saat kedatangan keduanya kelak! Dalam makna yang sangat nyata, orang percaya kini telah "dipertunangkan", terikat di masa kini untuk menikah dengan Kristus kelak. Ketika Yesus datang kembali, hubungan nikah ini akan menyatu dan dirayakan dalam "perjamuan kawin Anak Domba" (Why. 19:9; bandingkan dengan Mat. 22:2).

Kiasan ini muncul di seluruh Alkitab. Yang disebut mempelai wanita adalah juga Israel dalam Perjanjian Lama, selain Gereja dalam Perjanjian Baru. Perjanjian Tuhan dengan umat-Nya dipandang sebagai ikrar atau perjanjian pernikahan. Kiasan mempelai wanita dan mempelai laki-laki diterapkan dalam dua aspek yang berbeda.

Secara negatif, ketidaksetiaan dipandang sebagai perzinahan, bahkan pelacuran. Jika ketidaksetiaan terjadi dalam masa pertunangan, itu merupakan alasan yang sah untuk perceraian, yang hampir saja terjadi pada ibunda Yesus (Mat. 1:19). Bersiap untuk perjamuan kawin berarti menjaga kemurnian dan kesucian diri. Seorang calon mempelai wanita tentu akan menjaga dirinya untuk hanya calon mempelai laki-lakinya. "Karena aku telah mempertunangkan kamu kepada satu laki-laki untuk membawa kamu sebagai perawan suci kepada Kristus," (2 Kor 11:2).

Secara positif, mempelai wanita pasti akan mementingkan penampilannya di perjamuan kawin itu serta kemurniannya sebelum hari itu kelak. Gereja tentu ingin menjadi sesuai dengan kehendak Kristus atasnya pada hari itu: "supaya dengan demikian Ia menempatkan jemaat di hadapan diri-Nya dengan cemerlang tanpa cacat atau kerut atau yang serupa itu, tetapi supaya jemaat kudus dan tidak bercela" (Ef. 5:27).

Ini tentu termasuk pakaiannya serta kulitnya. Dalam berbagai bagian yang menyatakan tentang Kedatangan Kristus yang Kedua, ada gambaran tentang pakaian. "Lihatlah, Aku datang seperti pencuri. Berbahagialah dia, yang berjaga-jaga dan yang memperhatikan pakaiannya, supaya ia jangan berjalan dengan telanjang dan jangan kelihatan kemaluannya," (Why. 16:15). Keinginan untuk menikah dalam pakaian berwarna putih, lambang kemurnian dan kesucian, pun mengandung nilai makna moral: "Marilah kita bersukacita dan bersorak-sorai, dan memuliakan Dia! Karena hari perkawinan Anak Domba telah tiba, dan pengantin-Nya telah siap sedia. Dan kepadanya dikaruniakan supaya memakai kain lenan halus yang berkilau-kilauan dan yang putih bersih!" [Lenan halus itu adalah perbuatan-perbuatan yang benar dari orang-orang kudus.]" (Why. 19:7–8). Perhatikan keseimbangan antara "kepadanya dikaruniakan" dan "siap sedia". Pakaian itu memang pemberian, tetapi si mempelai wanita harus mengenakannya pada hari pernikahan. Yesus menceritakan sebuah perumpamaan tentang orang-orang yang diundang untuk hadir di dalam perjamuan kawin, sebagai peringatan kepada mereka yang tidak mau repot-repot berganti pakaian bahwa kemalasan mereka itu akan diganjar dengan neraka (Mat. 22:11–13).

Maka, "Berusahalah hidup damai dengan semua orang dan kejarlah kekudusan, sebab tanpa kekudusan tidak seorang pun akan melihat Tuhan," (Ibr. 12:14) adalah hal yang esensial. Hanya dengan cara itulah "roh, jiwa dan tubuhmu terpelihara sempurna dengan tak bercacat pada kedatangan Yesus Kristus, Tuhan kita" (1 Tes. 5:23).

PERSEKUTUAN BERSAMA

Kekudusan, atau kepenuhan, perlu diterapkan secara korporat selain secara pribadi. "Mempelai wanita" itu satu pribadi, sekaligus banyak. "... Kristus telah mengasihi jemaat dan telah menyerahkan diri-Nya baginya untuk menguduskannya," (Ef. 5:25–26).

Orang percaya dipanggil untuk menjadi "bangsa yang terpilih, imamat yang rajani, bangsa yang kudus, umat kepunyaan Allah sendiri" (1 Ptr. 2:9). Kita harus menunjukkan identitas korporat ini di dunia yang telah rusak ini, sebagai kesatuan yang kuat di tengah-tengah dunia yang terpecah-pecah. Umat yang demikian itulah yang Yesus ingin temukan pada saat kedatangan-Nya kembali. Apa implikasinya?

Setidak-tidaknya, ini berarti orang Kristen tidak boleh mengasingkan diri dari sesama orang percaya. "Janganlah kita menjauhkan diri dari pertemuan-pertemuan ibadah kita, seperti dibiasakan oleh beberapa orang, tetapi marilah kita saling menasihati, dan semakin giat melakukannya menjelang hari Tuhan yang mendekat," (Ibr. 10:25). Jumlah yang banyak memberi keamanan, dan tekanan terhadap umat Tuhan akan meningkat menjelang akhir zaman, maka berkumpul bersama sangatlah penting untuk bertahan hidup.

Di dalam kumpulan, ada tanggung jawab untuk saling

melayani, sekaligus ada dukungan moral satu sama lain. Para hamba wajib melayani satu sama lain, selain wajib melayani tuan mereka. Yesus berbicara tentang seorang hamba yang diberi tugas memberi makan rekan-rekannya sesama hamba selagi tuannya pergi. Lalu, dia melalaikan tugas itu, bahkan melakukan tindakan lalim saat mabuk kepada rekan-rekannya. Saat tuannya datang kembali, dia dilemparkan ke neraka karena menyalahgunakan posisinya sedemikian rupa (Mat. 24:45–51).

Pada kesempatan yang sama, Yesus menceritakan "perumpamaan" tentang domba dan kambing (sebenarnya, yang satu ini bukan perumpamaan, melainkan nubuat yang memprediksi dengan sebuah analogi). "Apabila Anak Manusia datang dalam kemuliaan-Nya dan semua malaikat bersama-sama dengan Dia, maka Ia akan bersemayam di atas takhta kemuliaan-Nya. Lalu semua bangsa akan dikumpulkan di hadapan-Nya dan Ia akan memisahkan mereka seorang dari pada seorang, *sama seperti* gembala memisahkan domba dari kambing," (Mat. 25:31–32).

Prinsip penghakiman adalah berdasarkan apakah "yang terkecil dari saudara-saudara-Ku" telah dilayani secara praktis, apakah kebutuhan mereka dipenuhi, dan apakah beban cobaan mereka ditolong untuk ditanggung bersama. Tentu saja, penerapannya tergantung pada penafsiran siapa itu "saudara-saudara-Ku". Siapa mereka? Terlalu sempit jika kita menafsirkannya sebagai sesama kaum Yesus, yaitu orang Yahudi. Terlalu luas pula jika kita menafsirkannya sebagai sesama manusia, yaitu seluruh umat manusia. Sebutan ini secara konsisten diterapkan pada murid-murid Yesus, dari segala bangsa (Mat. 12:49; 28:10; bandingkan dengan Ibr. 2:11). Jika murid-murid Yesus terabaikan, itulah yang membuat orang digolongkan sebagai "kambing" di sisi kiri.

Golongan ini bisa juga berisi sebagian murid-murid Yesus sendiri, yang disebut memanggil Yesus "Tuhan" (Mat. 25:44; bandingkan dengan 7:21), dan "perumpamaan" ini tidak disampaikan kepada khalayak umum tetapi kepada lingkaran kecil Yesus, 12 murid-Nya. Tema pengabaian di antara para pengikut Yesus ini jelas terlihat di semua perumpamaan lain dalam pasal yang sama, dan demikian pula hukuman mengerikan yang dijatuhkan karenanya.

Secara positif, "domba" adalah mereka yang telah melayani saudara-saudara mereka, bahkan "yang terkecil" di antara mereka, dalam kebutuhan mereka. Mereka termotivasi oleh kasih kepada saudara-saudara, tanpa berpikir apakah hal itu sama dengan melayani Yesus sendiri (Mat. 25:37–38). Perbuatan mereka merupakan tindakan belas kasihan yang spontan, bukan hasil dari perhitungan demi keuntungan pribadi.

Kesiapan diperlukan oleh seluruh Gereja selain oleh setiap anggota jemaat secara pribadi. Mereka yang sungguh mengharapkan kedatangan Yesus kembali pasti menginginkan kekudusan yang sebaik-baiknya bagi seluruh umat Tuhan, selain bagi diri mereka sendiri.

Mereka akan memedulikan *kesatuan* Gereja. Saat semuanya kelak dikumpulkan untuk berkumpul dengan Tuhan di udara, segala perbedaan akan lenyap dan sama sekali tidak penting lagi. Label denominasi, gaya liturgi, struktur organisasi gereja, perdebatan teologi; semuanya akan hilang lenyap saat kita memandang wajah-Nya. Akan ada suasana harmonis yang sempurna pada hari itu, yang tercermin dalam wujud penyembahan yang satu.

Siapa pun yang mengharapkan hal ini pasti ingin dan mengusahakan penantiannya pada masa sekarang dan di titik ini. Mereka akan memandang serius doa Yesus pada malam terakhir sebelum kematian-Nya, yang tepat mendoakan demonstrasi peristiwa yang akan terjadi kelak itu (Yoh. 17:20–24).

Tentu saja, kesatuan harus didefinisikan sesuai maksud Tuhan. Kesatuan itu bukan sekadar perkumpulan atau keseragaman, melainkan kesatu-[aduan hati, pikiran, dan kehendak, seperti yang Yesus miliki dengan Bapa-Nya. Kesatuan ini didasarkan pada kebenaran, bukan toleransi. Mereka yang mengusahakannya tidak akan abai terhadap hal-hal yang salah.

Mereka akan memedulikan *kemurnian* Gereja. Dalam hal kepercayaan dan perilaku, mereka akan berusaha membersihkan gereja-gereja yang tercemar dan menjaga gereja-gereja agar tetap konsisten dengan Injil yang mereka beritakan. Usaha itu akan melibatkan konfrontasi dan konflik (1 Kor 11:19).

Betapa signifikannya bahwa kitab Wahyu, yang seluruh pesannya berpusat pada Kedatangan Kedua Kristus, dibuka dengan perintah kepada gereja-gereja untuk menangani penyesatan dan amoralitas di kalangan mereka sendiri. Ancaman hukumannya pun bersanding dengan janji upahnya pada kedatangan Kristus kembali (Why. 2:7, 10, 17, 26; 3:5, 12, 21). Namun, sementara gereja-gereja "dipangkas" karena memelihara ketidakbenaran, upah pun tersedia bagi individu anggota jemaat yang berusaha menangani ketidakbenaran itu. Siapa pun dapat membuka pintu gereja untuk mengizinkan Yesus masuk lagi (Why. 3:20, ayat yang tidak ada kaitannya dengan regenerasi pribadi tetapi berkaitan erat dengan restorasi komunitas).

Perhatian yang sama terhadap kesatuan dan kemurnian/ kesucian umat Tuhan sebagai suatu kesatuan ini merupakan unsur esensial dalam kesiapan menyambut kedatangan Yesus kembali. Mempelai wanita, yaitu Gereja-Nya, harus "mempersiapkan diri" (Why. 19:7).

PENGINJILAN GLOBAL

Tepatlah jika telah dikatakan bahwa Gereja merupakan satu-satunya kelompok masyarakat di bumi yang hanya ada untuk kepentingan orang-orang yang bukan anggotanya! Gereja memiliki tugas yang harus dituntaskan sebelum Yesus datang kembali; bahkan, sebelum Dia *dapat* datang kembali. "Dan Injil Kerajaan ini akan diberitakan di seluruh dunia menjadi kesaksian bagi semua bangsa, sesudah itu barulah tiba kesudahannya," (Mat. 24:14). Bahkan, ada kemungkinan bahwa melakukan tugas ini dengan kesadaran mendesak dan antusiasme tinggi dapat "mempercepat kedatangan-Nya" (2 Ptr. 3:12; meskipun kata kerja "mempercepat" itu dapat diterjemahkan sebagai "menantikan sambil tak sabar" juga, dan konteksnya bukan tentang misi).

Keempat kitab Injil ditutup dengan "Amanat Agung" ini kepada para rasul (Mat. 28:18–20; Mrk. 16:15–18; Luk. 24:47–48; Yoh. 20:21–23), dan melalui mereka kepada Gereja melintasi ruang dan waktu, karena kedua belas rasul tentu tidak dapat menuntaskannya sendiri. Injil harus diberitakan kepada segala makhluk dan segala "bangsa" (ini berarti kelompok etnis, bukan negara dalam pemahaman politis) harus dijadikan murid.

Adalah maksud dan kehendak Tuhan bagi keluarga-Nya bahwa ada umat manusia baru yang hidup di bumi, yaitu pria dan wanita "dari tiap-tiap suku dan bahasa dan kaum dan bangsa" (Why. 5:9; 7:9). Dia menjadikan mereka semua "dari satu orang saja" (Kis.17:26) dan akan menggabungkan segala jenis mereka menjadi satu kesatuan kembali, dengan mengumpulkan mereka "mempersatukan di dalam Kristus sebagai Kepala" (Ef. 1:10). Kita tidak disuruh percaya bahwa segala bangsa berarti seluruh bangsa itu masing-masing akan diselamatkan; tujuannya adalah "menyelamatkan" sebagian dari setiap bangsa.

Maka, misi itu bersifat seluruh dunia, "sampai ke ujung bumi (Kis. 1:8; bandingkan dengan Yes. 45:22; 49:6; 52:10). Sampai setiap ujung planet bumi ini mendengar kabar baik dalam bahasa mereka masing-masing, barulah tugas ini selesai.

Pendekatan di abad 21, milenium ketiga sejak Yesus hadir di bumi untuk pertama kalinya, telah memicu minat baru dalam pemberitaan Injil dengan mengingatkan kita berapa lama waktu yang kita perlukan untuk menuntaskan tugas yang diberikan-Nya kepada kita dan berapa singkat waktu yang tersisa untuk kita melakukannya.

Namun, berjalannya waktu seharusnya tidak menjadi motivasi utama kita. Seharusnya, bahwa tugas itu diperintahkan oleh Tuhan kita saja cukup bagi kita. Kewajiban untuk taat saja selalu menjadi alasan yang relevan. Namun, ucapan syukur kepada Tuhan atas keselamatan kita akan melahirkan lebih dari memicu kesediaan untuk melakukan hal yang Dia perintahkan. Ucapan syukur itu akan menyalakan pula di dalam kita api yang berkobar untuk membagikan keindahan yang telah kita temukan ini dengan mereka yang masih "terhilang", entah mereka menyadari situasi mereka atau tidak. "Sebab kasih Kristus yang menguasai kami," (2 Kor 5:14). Inilah yang dikatakan oleh orang yang merasa dirinya terkutuk jika menyimpan kabar baik sebesar itu bagi dirinya sendiri saja. "Celakalah aku, jika aku tidak memberitakan Injil," (1 Kor 9:16).

Sederhananya, orang yang sungguh-sungguh menantikan untuk bertemu langsung secara pribadi dengan Yesus ketika Dia datang kembali tidak akan puas jika dia bertemu Yesus sendirian saja. Dia akan ingin mengajak sebanyak mungkin orang.

Orang yang paling siap akan melakukan paling banyak usaha untuk mengajak orang lain bersiap-siap juga! Dia akan terinspirasi oleh pikiran tentang membuka kesempatan bagi lebih banyak orang untuk ikut menikmati sukacita hidup bersama Tuhan di bumi yang benar-benar baru. Dia juga akan dipengaruhi oleh kengerian tentang takdir orang lain jika tidak mendengar Injil dan tidak berespons terhadap Injil. Kesadaran mendesak itu tidak akan membuatnya memaksa orang lain, yang justru kontraproduktif terhadap penyampaian pesan Injil; tetapi akan membuatnya waspada akan setiap peluang untuk membagikan Injil dengan kasih yang bijak dan penuh kepekaan.

Sukacita memperkenalkan orang lain kepada Kristus sekarang ini hanyalah "icip-icip" tentang apa yang akan kita rasakan saat melihat orang lain itu bertemu muka dengan-Nya. Dan, jika para malaikat sekarang ini merayakannya setiap satu orang berdosa bertobat (Luk. 15:7,10), bagaimana kemeriahannya kelak ketika "orang-orang kudus datang berduyun-duyun"?

AKSI SOSIAL

Saat ini, secara umum telah diterima bahwa penginjilan dan aksi sosial harus berjalan berdampingan dalam misi Gereja, meski banyak orang lebih suka mengutamakan aksi sosial.

Sebenarnya, ada dasar alkitabiah yang jelas untuk pelayanan kepada dunia yang tidak percaya. Yesus menekankan amanat "agung" yang kedua, mengasihi sesama seperti mengasihi diri sendiri (Mrk. 12:31); dan Dia menafsirkan "sesama" sebagai siapa saja yang berada dalam kebutuhan yang dapat kita tolong (Luk. 10:29–37). Paulus menasihati kita juga, "... marilah kita berbuat baik kepada semua orang," (Gal. 6:10), dan dia menambahkan, "... tetapi terutama kepada kawan-kawan kita seiman." Meski inilah ayat yang paling sering dikutip dalam kaitan ini, kita telah mencatat bahwa yang disebut "perumpamaan" domba dan kambing sebenarnya tidak sepenuhnya relevan, karena "saudara-saudara" dan "sesama" bukan dua istilah yang berarti sama. Namun, urusan ini tidak boleh berhenti di perikop itu saja.

Harus dinyatakan dengan jelas bahwa kita tidak diselamatkan *oleh karena* melakukan perbuatan baik (anggapan yang meluas tetapi salah), tetapi kita diselamatkan *untuk* melakukan perbuatan baik (Ef. 2:9–10). Kita diselamatkan untuk melayani—dan untuk melayani tanpa membeda-bedakan siapa pun yang membutuhkan pertolongan kita, apa pun hubungan atau respons mereka terhadap kita. Kasih yang tak bersyarat semacam itu disebut dengan sebuah kata yang khusus dalam bahasa Yunani: *agape* (bunyi pengucapannya sesuai ejaannya, "agape"). Kata ini jarang digunakan di dunia kuno, dan muncul sendiri dalam penggambaran tentang kasih Tuhan bagi dunia, yang diekspresikan dalam Kristus dan diteruskan dalam wujud kasih orang Kristen, yang keduanya termasuk ditujukan kepada musuh.

Kasih kepada sesama dapat diterapkan pada tiga tingkat aktivitas sosial.

Pertama, dalam *pekerjaan*. Sejauh menjawab kebutuhan yang nyata di dalam masyarakat, pekerjaan sehari-hari kita dapat dan seharusnya dipandang sebagai ekspresi praktis dari kasih kepada sesama. Begitu sering pekerjaan dianggap sebagai alat pemenuhan kebutuhan kita saja: untuk mendapatkan uang, status, atau kepuasan diri. Sebenarnya, pekerjaan akan jauh lebih berpeluang memberi kepuasan sejati, sesuai maksud Tuhan atasnya, jika kita memandangnya terutama sebagai cara untuk menolong sesama. Jelas, cara pandang seperti ini lebih mudah untuk pekerjaan-pekerjaan tertentu (perawat, misalnya) dan lebih sulit untuk pekerjaan-pekerjaan lainnya (buruh pabrik yang tugasnya berulang sama terus-menerus), tetapi semua pekerjaan dapat dilakukan untuk menjawab kebutuhan dan memberi manfaat kepada orang lain.

Kedua, dalam *kesejahteraan*. Orang Kristen memiliki reputasi yang baik dalam pelayanan sukarela kepada kaum yang membutuhkan. Mereka telah memelopori pelayanan perawatan bagi orang sakit, kaum lansia, kaum disabilitas, dan mereka yang dibuang untuk mengurus nasib mereka sendiri oleh masyarakat yang egois. Yakobus, saudara Yesus, telah memicu sebagian besar dari kepedulian yang demikian dengan definisinya: "Ibadah yang murni dan yang tak bercacat di hadapan Allah, Bapa kita, ialah *mengunjungi yatim piatu dan janda-janda dalam kesusahan mereka, dan menjaga supaya dirinya sendiri tidak dicemarkan oleh dunia*," (Yak. 1:27; perhatikan bahwa aktivitas filantropi tidak dapat menggantikan integritas moral).

Ketiga, dalam *reformasi*. Dalam hal inilah orang Kristen memiliki berbagai perbedaan yang tegas. Orang Kristen bersepakat tentang menolong yang menderita, tetapi tidak tentang mereformasi sistem, karena hal ini melibatkan aktivitas politik, pada tingkat lokal maupun nasional. Sering kali, hal ini terkait dengan kompromi, terutama di bawah demokrasi, yang secara konstan berusaha menemukan titik tengah di antara kemutlakan moral dan kebutuhan material, di antara yang ideal yang dapat diterapkan dan yang dapat diterima secara sosial (salah satu contoh klasiknya adalah mengurangi periode kehamilan untuk

Memastikan Kesiapan Kita

aborsi masih dapat dilakukan).

Sambil mengakui bahwa hukum tidak dapat memaksakan kebaikan, kita perlu menyadari bahwa hukum dapat membatasi kejahatan; sehingga mengurangi penderitaan. Menolong korban eksploitasi atau penindasan oleh sistem yang jahat adalah satu hal, tetapi berusaha mengubah sistem itu adalah hal yang berbeda. Mengubah sistem adalah cara yang kurang langsung dan kurang bersentuhan pribadi untuk menangani masalah. Namun, jika hal itu mencapai tujuan yang sama, mengurangi penderitaan, dan mungkin pada skala yang lebih besar, bukankah ini juga dapat mengekspresikan kasih kepada sesama kita?

Paulus menasihati kita untuk berbuat baik kepada *semua* orang, "selama masih ada kesempatan bagi kita" (Gal. 6:10). Orang-orang Kristen yang berada di posisi memegang tanggung jawab atas orang lain, dalam perdagangan dan industri, dalam pelayanan publik dan politik, memiliki "kesempatan" itu untuk mengubah sistem menjadi lebih baik.

Mereka akan menyadari bahaya dari memaksakan perilaku yang "kudus" dengan penerapan sanksi hukum (misalnya, menetapkan hari Minggu menjadi hari yang sakral dan hari libur). Namun, mereka akan mengusahakan aturan hukum yang adil yang menentang kesemena-menaan. Karena hal-hal semacam itulah para nabi Ibrani menolak bangsa-bangsa di luar Israel, bukan karena pelanggaran atas hukum yang telah diberikan kepada umat tebusan Tuhan (contohnya, Amos 1:3–2:3).

Mereka yang percaya pada pemerintahan seribu tahun Kristus di bumi setelah kedatangan-Nya kembali pasti sangat termotivasi untuk reformasi sosial. Sama seperti pengharapan akan pribadi-pribadi manusia yang disempurnakan dan Gereja yang disempurnakan, ekspektasi akan masyarakat yang disempurnakan melahirkan kerinduan untuk mewujudkannya semaksimal mungkin sekarang ini dan di dunia ini. Kepastian bahwa suatu hari kelak akan ada tatanan dunia yang sempurna mendorong mereka untuk melakukan upaya-upaya yang lebih keras demi mengusahakan kedamaian dan keadilan saat ini.

Ini bukan berarti mereka berharap tujuan ini tercapai, entah secara universal maupun nasional, sebelum Sang Raja datang kembali untuk menegakkan kerajaan-Nya, tetapi setidaknya mereka dapat mendemonstrasikan sifat kerajaan itu dengan menerapkan prinsip-prinsipnya pada situasi masa sekarang. Hal ini sendiri menyatakan "Injil Kerajaan" (Mat. 24:14), bahkan lebih pribadi dan praktis daripada itu. Jika dunia akan dipimpin oleh pemerintahan orang Kristen yang "memerintah bersama Kristus" dan posisi-posisi pejabat publik akan berada di tangan mereka (misalnya, hakim di persidangan hukum, 1 Kor. 6:2), tentu makin banyak pengalaman yang mereka kumpulkan di bidang itu makin baik pula hasilnya kelak.

Mari kita akhiri bagian ini dengan sebuah contoh tentang satu orang percaya yang seperti itu pada abad 19.

Di London pinggiran sisi barat, tepatnya daerah Piccadilly Circus, berdiri sebuah patung aluminium. Patung itu mirip dengan sosok Cupid, si agen cinta, sehingga populer dikenal dengan nama "Eros" (kata bahasa Yunani yang berarti "daya tarik seksual", yang merupakan akar kata "erotis"). Padahal, nama itu amat sangat menyesatkan. Seharusnya, namanya "Agape". Sebenarnya, itu adalah patung malaikat belas kasihan dan didirikan untuk mengenang Anthony Ashley Cooper, yang lebih dikenal dengan gelarnya, Lord Shaftesbury.

Dia telah melakukan mungkin lebih daripada yang dilakukan siapa pun pada zamannya untuk meringankan penderitaan yang timbul akibat Revolusi Industri, yang memindahkan banyak sekali penduduk dari daerah pedesaan ke perkotaan lalu mempekerjakan mereka di pabrik-pabrik dan tambang-tambang dengan kondisi kerja yang tidak sehat, bahkan tidak manusiawi. Para penduduk itu dijadikan "tangan" yang dieksploitasi oleh para pemilik usaha yang lalim. Taktik Lord Shaftesbury adalah membangkitkan rasa bersalah yang cukup besar di antara pendapat publik sehingga memungkinkan pengesahan undang-undang yang membatasi potensi penyiksaan.

Hanya sedikit orang yang tahu bahwa di balik upaya publik itu tersimpan segumpal penantian yang konstan dan penuh kesadaran akan kedatangan Kristus kembali untuk memerintah, dan untuk itulah dia berusaha agar siap. Di bagian atas setiap lembar surat yang ditulisnya, Lord Shaftesbury menulis, "Amin, datanglah, Tuhan Yesus," yaitu doa yang dapat kita temukan pada halaman terakhir Alkitab (Why. 22:20).

DAYA TAHAN OLEH KESETIAAN

Apakah dunia akan menjadi lebih buruk atau lebih baik? Pada awal abad 20, opini publik secara umum bersifat optimistis, dengan kata kunci "kemajuan". Sekarang setelah kita begitu jauh memasuki abad 21, pandangan umumnya menjadi pesimistis, dengan kata kunci "bertahan hidup".

Orang Kristen dan Komunis sekarang memiliki pandangan sejarah yang sama pula "apokaliptik"-nya. Keduanya mendapat kepercayaan itu dari sumber-sumber Yahudi, yang memang merupakan asalnya: yang pertama dari Yesus Kristus dan yang kedua dari Karl Marx.

Sederhananya, ada dua masa depan dalam sejarah yang diantisipasi. Pertama, segala hal akan menjadi jauh lebih buruk sebelum akhirnya menjadi lebih baik. Kedua, segala hal akan menjadi jauh lebih baik setelah akhirnya menjadi lebih baik. Inilah struktur dasar kitab Wahyu (dalam pasal 4–17 situasinya memburuk; dalam pasal 18–22 situasinya membaik).

Selama segala hal di dunia memburuk, bagi umat Tuhan situasinya akan menjadi bahkan lebih buruk. Secara tidak langsung, mereka akan menderita segala pencobaan yang umum, tetapi setelah "Aniaya Besar" pada akhirnya mereka akan menderita oleh serangan-serangan spesifik yang ditujukan kepada mereka, terutama karena penolakan mereka untuk tunduk kepada rezim totaliter yang berlaku sebagai tuhan.

Banyak orang Kristen akan membayar harganya dengan darah

dan nyawa. Jumlah martir akan meningkat pesat menjelang titik puncak penderitaan itu. Sungguh, berulang kali dalam kitab Wahyu, tampaknya dapat diasumsikan bahwa hampir semua orang percaya akan mati karena iman, dengan kata "yang menang" dan "martir" menjadi seolah-olah sinonim. Penting pula kita perhatikan bahwa kata *martus* atau *martur* dalam bahasa Yunani awalnya berarti "saksi", tetapi kini berarti orang yang mempertahankan kesaksian iman sehingga kehilangan nyawanya.

Namun, ada pula pasukan martir yang mulia selama 2.000 tahun, bahkan sejak peristiwa Stefanus dirajam batu (Kis. 7:54–60). Tidak ada dekade yang berlalu tanpa ada orang yang mati karena iman kepada Yesus. Tibanya "Kesengsaraan Besar" atau "Aniaya Besar" mungkin menjadi penderitaan pada skala yang lebih luas daripada sebelumnya, tetapi penderitaan itu telah dialami pada skala lokal maupun nasional.

Di dunia yang fasik, penderitaan merupakan salah satu tanda pasti yang dialami murid Kristus sejati. "Memang setiap orang yang mau hidup beribadah di dalam Kristus Yesus akan menderita aniaya," (2 Tim. 3:12). Jemaat mula-mula pun mengajar para petobat baru untuk bersiap menghadapi penderitaan (Kis. 14:22). Mereka bahkan menganggapnya sebagai kehormatan (Kis. 5:31). Lagi pula, Yesus saja telah menjanjikannya: "Dalam dunia kamu menderita penganiayaan," (Yoh. 16:33).

Lalu, apa yang memampukan orang percaya untuk bertahan melewati penderitaan yang demikian berat, bahkan mengalahkan tekanan itu dan menjadi "lebih dari pemenang" (Roma 8:37)? Yang memampukan mereka adalah penghadapan akan kedatangan Yesus kembali, yaitu saat ketika mereka akan menerima upah dan memerintah bersama-Nya. Karena itulah mereka sanggup menanggung hinaan dan cercaan publik di hadapan dunia yang menolak mereka.

Perjanjian Baru penuh dengan perkataan yang menguatkan mereka. Salah satu ucapan yang paling disukai di antara jemaat mula-mula adalah: "Jika kita mati dengan Dia, kita pun akan hidup dengan Dia; jika kita bertekun, kita pun akan ikut memerintah dengan Dia," (2 Tim. 2:11–12). Para martir akan duduk di takhta (Why. 20:4). Mereka akan mengenakan mahkota, yang diberikan kepada orang-orang yang "setia, bahkan setia sampai mati" (Why. 2:10). Paulus pun, saat menunggu eksekusi matinya, tahu bahwa dirinya juga layak mendapatkan mahkota itu: "Aku telah mengakhiri pertandingan yang baik, aku telah mencapai garis akhir dan aku telah memelihara iman. Sekarang telah tersedia bagiku mahkota kebenaran yang akan dikaruniakan kepadaku oleh Tuhan, Hakim yang adil, pada hari-Nya," (2 Tim. 4:7–8).

Para penakluk ini akan dihujani dengan upah: hak untuk makan dari pohon kehidupan, manna yang tersembunyi, loh batu putih, nama yang baru, otoritas atas bangsa-bangsa, bintang fajar, jubah putih, posisi tetap di bait suci Tuhan, dan banyak lagi lainnya (Why. 2:7, 17, 26; 3:5, 12).

Semua ini akan menjadi milik mereka ketika Yesus datang kembali. Dengan perspektif itu, penderitaan berkurang skalanya dan kehilangan kuasa untuk mengintimidasi. "Sebab penderitaan ringan yang sekarang ini, mengerjakan bagi kami kemuliaan kekal yang melebihi segala-galanya, jauh lebih besar dari pada penderitaan kami," (2 Kor. 4:17). Demikian pula seperti semua insentif yang positif ini, ada sisi negatif terkait kedatangan Kristus. Ucapan orang-orang yang setia itu berlanjut: "... jika kita menyangkal Dia, Dia pun akan menyangkal kita," (2 Tim. 2:12). Peringatan ini pun berdasarkan perkataan Yesus sendiri: "Tetapi barangsiapa menyangkal Aku di depan manusia, Aku juga akan menyangkalnya di depan Bapa-Ku yang di sorga," (Mat. 10:33).

Inilah tepatnya bahaya yang dibahas dalam surat kepada orang-orang Ibrani. Orang percaya Yahudi tergoda untuk meninggalkan gereja dan kembali ke sinagoge demi menghindari penganiayaan yang bertambah berat atas orang-orang Kristen. Agar diterima kembali, mereka diwajibkan menolak kepercayaan bahwa Yesus adalah Mesias mereka. Mereka diperingatkan bahwa untuk dosa murtad semacam itu tidak ada pertobatan (Ibr. 6:4–6; bandingkan dengan 2:1; 3:12–14; 10:26). Ketika Dia datang kembali, Yesus tidak akan senang melihat orang-orang yang undur (secara harfiah, berarti "menggulung layar") dan binasa (Ibr. 10:37–38).

Kitab Wahyu pun penuh dengan peringatan serupa. Nama-nama para "pengecut" akan dihapuskan dari kitab kehidupan Anak Domba dan mereka akan dilemparkan ke dalam lautan api (Why. 3:5; 21:8). Siksaan kekal yang menanti mereka yang menyerah dalam tekanan otoritas yang jahat itu menuntut daya tahan dalam kesabaran dari pihak orang-orang kudus yang menaati perintah Tuhan dan tetap setia kepada Yesus (Why. 14:12). Seluruh kitab ditujukan kepada orang-orang percaya yang akan menghadapi ujian berat atas iman mereka, dan dimaksudkan untuk memampukan mereka melewatinya dengan kemenangan. Mungkin, itulah sebabnya pembaca yang tidak sedang menghadapi krisis yang berat semacam itu kesulitan memahami isinya!

Saat penganiayaan mulai terjadi, tidak ada hal yang dapat memampukan orang percaya untuk bertahan selain keyakinan bahwa Yesus akan datang untuk melenyapkan sang penindas dan menyelamatkan yang tertindas. Mereka tahu bahwa "orang yang bertahan sampai pada kesudahannya akan selamat" (Mat. 24:13).

Maka, inilah cara-cara untuk mempersiapkan diri menyambut kedatangan Kristus kembali: iman setiap orang, pelayanan yang berkelanjutan, kekudusan pribadi, persekutuan bersama, penginjilan global, aksi sosial, dan daya tahan oleh kesetiaan.

Banyak orang yang merasa terlalu terbebani, bahkan putus asa, dengan "agenda" yang berat itu. Mari kita ingat bahwa yang penting bukanlah apakah kita berhasil mencapai tujuan-tujuan itu pada saat kedatangan Tuhan kembali, tetapi apakah kita masih bertekun mengejarnya (Flp. 3:14).

Dapatkah kita mencapai tingkat ketenangan karena tahu bahwa kita sungguh telah siap? Ada satu ukuran yang sederhana untuk mengujinya, yaitu: seberapa cepat kita ingin Dia datang!

Orang-orang percaya sejati tidak hanya "menantikan

kedatangan Anak-Nya dari sorga" (1 Tes. 1:10), mereka juga "merindukan kedatangan-Nya" (2 Tim. 4:8; yang terjemahan harfiahnya berarti "telah mengasihi penyataan diri-Nya"). Mereka tidak hanya memiliki pemikiran tentang kedatangan Yesus kembali, tetapi juga memiliki perasaan untuk itu. Mereka rindu, berhasrat, untuk hari itu. Mereka berharap bahwa hari itu adalah besok, jangan lebih lambat lagi, bahkan jika mungkin hari ini juga.

Sama seperti mempelai wanita yang sedang bersiap untuk menikah, yang menanti-nantikan dengan rindu hari pesta pernikahannya, berharap bahwa hari itu dapat dipercepat, demikianlah Gereja seharusnya menantikan kedatangan kembali Sang Mempelai Pria. "Roh dan pengantin perempuan itu berkata: 'Marilah!'" (Why. 22:17). Berapa banyak novel roman yang ditutup dengan kata-kata "lalu mereka menikah dan keduanya hidup bahagia selama-lamanya"? Alkitab pun sama!

Doa terpendek di gereja mula-mula hanya terdiri dari dua kata dalam bahasa Aram: *marana tha*. Artinya hanyalah: "Tuhan, datanglah!" Mungkin, petunjuk terbaik tentang kesiapan kita untuk bertemu Dia adalah frekuensi kata-kata ini (dalam bahasa apa pun) muncul secara spontan dari pikiran kita dan keluar dari mulut kita.

Tampaknya tepat jika kita menutup bab ini dengan kata-kata bijak dari Agustinus, berabad-abad lalu" "Dia yang mengasihi kedatangan Tuhan bukanlah dia yang berkata hari itu masih jauh atau sudah dekat; melainkan dia yang, entah hari itu masih jauh atau sudah dekat, menantikannya dengan iman yang tulus, pengharapan yang teguh, dan kasih yang berkobar."

B.
TEKA-TEKI
DI KITAB WAHYU

Bab Tiga

PERBEDAAN PENDAPAT

Berbagai pendapat tentang kitab Wahyu berada pada rentang variasi yang amat luas. Jika dikumpulkan, kelihatannya tidak mungkin semua pendapat itu berkomentar dengan mengacu pada satu literatur yang sama.

MANUSIA

Pendapat manusia sangat berbeda-beda. Reaksi orang tidak percaya dapat dipahami, karena kitab Wahyu tidak dimaksudkan untuk mereka. Mungkin, justru itulah kitab terburuk untuk memperkenalkan ayat-ayat Kristen. Dunia menganggapnya sebagai "kemungkinan terbaik merupakan hasil kesalahan, kemungkinan terburuk merupakan buah kegilaan"; dan ini adalah komentar yang umum.

Namun, di antara orang Kristen pun ada sikap yang amat berbeda-beda, dari yang begitu takut sehingga tidak dapat membaca kitab Wahyu, sampai yang begitu fanatik sampai tidak dapat membaca apa pun selain kitab Wahyu! Para pakar Alkitab pun telah menyuarakan banyak komentar negatif: "teka-tekinya sama banyaknya dengan kata-katanya"; "kumpulan simbol aneh yang berbahaya"; "untuk orang gila atau membuat orang jadi gila".

Yang mengejutkan, kebanyakan tokoh Reformasi Protestan (golongan "magisterial", yang disebut demikian karena menggunakan otoritas sipil untuk mencapai tujuan mereka) juga memiliki pandangan yang amat sangat rendah:

Luther: "tidak apostolik dan tidak profetis ... setiap orang menganggapnya sesuai perasaan rohnya sendiri

	... ada banyak kitab lain yang lebih bermartabat untuk dipegang ... roh saya tidak dapat menerima dengan tenteram kitab ini".
Calvin:	menghapusnya dari karyanya yang berjudul Komentar atas Perjanjian Baru!
Zwingli:	berkata bahwa kesaksiannya dapat ditolak karena "bukan termasuk kitab-kitab dalam Alkitab".

Pandangan yang merendahkan semacam ini telah memengaruhi banyak denominasi yang lahir dari Reformasi.

Seperti kita ketahui, terjadi perdebatan di gereja mula-mula tentang teks mana yang dimasukkan ke dalam "kanon" (aturan atau standar) Alkitab; tetapi pada abad 5 kitab Wahyu akhirnya dengan tegas dan universal dimasukkan.

Sebagian komentator memberikan penilaian yang amat positif: "satu-satunya mahakarya seni yang murni dalam Perjanjian Baru"; "keindahannya tak terlukiskan". Bahkan William Barclay pun, yang mengumpulkan komentar-komentar yang berbeda-beda ini tetapi dia sendiri cenderung menganut pandangan "liberal" terhadap kitab suci, berkata kepada para pembacanya bahwa kitab Wahyu "amat sangat layak untuk bergumul dengannya sampai kitab itu memberkati kita dan membuka kekayaannya".

IBLIS

Dari pihak Iblis, pandangan terhadap kitab Wahyu selalu negatif. Iblis membenci halaman-halaman pertama Alkitab (yang mengungkapkan riwayatnya hingga memegang kendali atas planet kita) dan halaman-halaman terakhirnya (yang mengungkapkan takdirnya hingga kehilangan kendali atas planet kita). Jika Iblis dapat meyakinkan manusia bahwa kitab Kejadian hanya berisi dongeng yang mustahil dan kitab Wahyu hanya berisi misteri yang tak terpahami, dia akan puas.

Penulis memiliki bukti yang tak terbantahkan bahwa Iblis secara khusus membenci Wahyu pasal 20. Banyak kaset rekaman pelajaran tentang pasal tersebut telah dirusak saat dalam proses pengiriman. Dalam beberapa kasus, bagian yang membahas kebinasaan Iblis bahkan terhapus hingga tidak mengeluarkan suara sama sekali sebelum kaset itu tiba di tangan penerimanya; dan dalam kasus-kasus lain, ada suara teriakan dalam bahasa asing yang menimpa, sehingga kata-kata asli dalam rekaman tidak dapat dipahami lagi!

Kitab Wahyu menelanjangi siasat Iblis. Iblis hanyalah penguasa dan pangeran atas dunia ini atas seizin Tuhan. Dan, izin itu hanya diberikan-Nya untuk sementara waktu.

TUHAN

Pandangan Tuhan selalu positif atas kitab Wahyu. Wahyu adalah satu-satunya kitab di dalam Alkitab yang secara langsung terkait dengan penerapan ganjaran Tuhan berupa upah dan hukuman. Di satu sisi, ada berkat istimewa yang akan turun atas mereka yang membacanya keras-keras, baik untuk diri sendiri maupun untuk orang lain (Why. 1:3) dan yang "menuruti perkataan-perkataan nubuat kitab ini" (Why. 22:7). Di sisi lain, ada kutuk luar biasa yang akan turun atas mereka yang mengubah isinya. Jika perubahan itu berupa penambahan sesuatu yang baru, segala tulah yang tertulis dalam kitab ini akan ditambahkan kepada pelakunya. Jika perubahan itu berupa pengurangan atau penghapusan sesuatu darinya, bagian kehidupan kekal di Yerusalem baru milik pelakunya akan diambil darinya.

Berkat dan kutuk itu menunjukkan kepada kita betapa seriusnya Tuhan memandang fakta dan kebenaran yang disingkapkan di dalam kitab Wahyu. Dengannya, Tuhan menegaskan nilai penting kitab Wahyu dengan amat sangat jelas.

Dari berbagai pendapat tentang kitab Wahyu, kita beralih ke pengamatan terhadapnya.

Pikirkan dahulu posisinya dalam Alkitab. Sama seperti kitab Kejadian tidak mungkin ditempatkan di posisi lain selain di awal, kitab Wahyu pun tidak mungkin ditempatkan di posisi selain di akhir. Dengan begitu banyak cara, kitab Wahyu menyelesaikan seluruh "kisah".

Jika Alkitab hanya dianggap sejarah dunia, kitab Wahyu diperlukan untuk menyimpulkan akhirnya. Tentu saja, sejarah Alkitab berbeda dari segala macam bentuk publikasi lainnya. Alkitab dimulai lebih awal, sebelum ada pengamat sama sekali untuk mencatat setiap kejadian. Alkitab selesai lebih akhir dengan memprediksi kejadian-kejadian yang sampai sekarang tidak mungkin diamati dan dicatat.

Tentu saja, ini menimbulkan pertanyaan tentang apakah yang ada di hadapan kita ini buah karya imajinasi manusia atau sungguh inspirasi ilahi. Jawabannya terletak pada iman. Pilihannya sederhana: percaya atau tidak percaya. Iman melampaui akal, bukan bertentangan dengan akal. Catatan Alkitab tentang asal mula dan takdir akhir semesta kita ini dapat menjadi bukti adanya penjelasan terbaik atas kondisi sekarang ini. Mengetahui bagaimana akhirnya kelak sangatlah penting untuk cara hidup kita sekarang ini.

Namun, tujuan Alkitab sebenarnya adalah umat manusia, bukan lingkungannya, dan secara khusus umat pilihan Tuhan. Dengan merekalah Tuhan memiliki hubungan "perjanjian", yang dianalogi dengan pernikahan. Dari satu sudut pandang, Alkitab adalah kisah cinta, dengan Bapa Surgawi yang mencari mempelai wanita di bumi bagi Anak Laki-Laki-Nya. Sama seperti semua kisah cinta yang indah, keduanya lalu "menikah dan hidup bahagia selama-lamanya". Namun, puncak ini hanya tercapai dalam kitab Wahyu, yang tanpanya kita tidak akan mungkin tahu tentang apakah pertunangan (2 Kor. 11:2) itu akhirnya akan tersahkan menjadi pernikahan atau justru putus!

Memang, cukup sulit membayangkan bagaimana jadinya Alkitab tanpa kitab Wahyu, meskipun kita tidak terlalu sering membahas kitab Wahyu. Bayangkan Perjanjian Baru yang ditutup dengan surat singkat Yudas, yang ditujukan kepada jemaat generasi kedua, yang tercemar dalam ajaran, perilaku, karakter, dan kata-kata mereka. Seperti itukah ujungnya? Sungguh sebuah antiklimaks yang kelam!

Itulah sebabnya, kebanyakan orang Kristen gembira bahwa ada kitab Wahyu, meskipun mereka tidak begitu mengenal isinya. Mereka biasanya bisa puas dengan beberapa pasal awal dan beberapa pasal akhir, tetapi merasa tak mampu memahami bagian tengah-tengahnya yang padat (pasal 6–18). Ini terutama karena bagian tengah itu memang tidak sama dengan bagian-bagian lain mana pun. Sulit dipahami, karena berbeda. Apa yang membuatnya berbeda?

Bab Empat

SIFAT PENYINGKAPAN

Kitab Wahyu bukan hanya berbeda isinya dari kitab-kitab lainnya dalam Perjanjian Baru, melainkan juga unik dalam hal sumbernya. Semua kitab lain memang dimaksudkan untuk ditulis. Setiap penulis memutuskan untuk menulis dengan pena di atas kertas, entah melakukannya sendiri atau melalui seorang "*amanuensis*" (yaitu, "sekretaris"; Roma 16:22). Setiap penulis memikirkan apa yang dia ingin sampaikan sebelum menuliskannya. Hasil tulisannya menunjukkan ciri-ciri kepribadian, karakter, pandangan, dan pengalaman si penulis meskipun "diinspirasi" oleh Roh Kudus dengan menggerakkan pikiran dan perasaannya.

Para pakar telah mencatat begitu banyak perbedaan antara kitab Wahyu dan tulisan-tulisan lain Yohanes lainnya (satu kitab Injil dan tiga kitab Surat) dalam Alkitab. Gaya penyampaian, tata bahasa, dan kosakatanya begitu tak biasa untuknya, sehingga mereka menyimpulkan kitab Wahyu pastilah ditulis oleh seorang "Yohanes" yang lain. Mereka pun menemukan referensi samar tentang seorang penatua yang tidak terkenal di Efesus, dengan nama yang sama. Namun, penulis kitab Wahyu hanya mengidentifikasi dirinya sebagai "aku, Yohanes" (Why. 1:9), yang menunjukkan bahwa dia telah amat dikenal secara luas.

Ada penjelasan yang lebih sederhana tentang kontras ini, bahkan selain perbedaan tema bahasan yang jauh berbeda. Dia tidak pernah bermaksud menulis kitab Wahyu. Dia bahkan tidak pernah berpikir untuk menuliskannya. Wahyu itu datang atasnya sebagai suatu "pewahyuan" dalam bentuk verbal dan visual. Sambil "mendengar" dan "melihat" rangkaian suara dan penglihatan yang menakjubkan itu, dia berulang kali diperintahkan untuk menuliskan semuanya itu (Why. 1:11,19; 2:1, 8,12, 18; 3:1; 7:14; 14:13; 19:9; 21:5). Perintah yang diulang-ulang itu menunjukkan bahwa dia begitu tenggelam di dalam pengalaman yang sedang terjadi atasnya, sehingga kadang dia lupa mencatatnya.

Ini menjelaskan "bahasa Yunani kelas bawah" yang digunakan, dibandingkan dengan proses penulisan normal yang mengalir lancar. Kitab Wahyu dituliskan cepat-cepat dalam situasi yang sangat penuh distraksi. Bayangkan jika Anda menonton film dan disuruh "mencatat semua itu di atas kertas" sambil film itu masih berjalan. Mahasiswa/i tentu memahami gaya tulisan yang berantakan, seperti catatan kuliah mereka sendiri. Lalu, mengapa Yohanes tidak menuliskannya segera setelah mencatatnya dengan gaya berantakan itu, agar versi permanennya lebih rapi? Tentu kemungkinannya kecil sekali, karena kata-kata terakhir yang didiktekan kepadanya berisi kutuk atas siapa pun yang mengubah catatan yang telah ditulisnya!

Semua ini berarti Yohanes bukanlah penulis kitab Wahyu. Dia hanyalah si *"amanuensis"* (sekretaris) yang mencatatnya. Lalu, siapa penulisnya yang sebenarnya? Pesannya sering disampaikan oleh para malaikat. Namun, pesan itu juga merupakan perkataan Roh Tuhan kepada jemaat-jemaat; dan itu pewahyuan tentang Yesus Kristus. Diberikan kepada Yesus oleh Tuhan. Maka, ada rantai komunikasi yang rumit: Tuhan, Yesus, Roh, malaikat, dan Yohanes. Berulang kali, Yohanes yang malang itu kebingungan tentang siapa yang harus mendapat kemuliaan untuk pengalaman yang terjadi atasnya (Why. 19:10; 22:8–9). Hanya dua mata rantai pertama dalam rantai itu yang disembah dalam kitab ini.

Dengan penyembahan yang lebih langsung daripada di kitab-kitab lain mana pun dalam Perjanjian Baru, kitab ini pun layak menyandang nama "Wahyu". Kata dalam bahasa Yunani yang diterjemahkan menjadi "wahyu" dalam kalimat pertamanya adalah *apokalypsis*, yang merupakan akar kata benda "apokalips" dan kata sifat "apokaliptik", yang kini lebih luas digunakan dalam literatur lain dengan gaya dan isi yang serupa. Akar katanya berarti "penyingkapan".

Definisinya, penyingkapan tirai atau selubung untuk memperlihatkan apa yang tersembunyi (seperti pembukaan tirai lukisan atau plakat).

Dalam konteks kitab suci, maknanya penyingkapan apa yang tersembunyi bagi manusia, yang diketahui oleh Tuhan. Ada hal-hal yang manusia tidak dapat ketahui kecuali Tuhan memilih untuk memberitahukannya kepada manusia. Secara khusus, manusia tidak mungkin tahu apa yang sedang terjadi di surga dan tidak mungkin tahu apa yang akan terjadi di masa depan. Dengan demikian, pencatatannya dan penafsirannya atas kejadian-kejadian yang ada terbatas oleh ruang dan waktu. Kemungkinan terbaiknya hanyalah berupa catatan parsial tentang sebagian dari sejarah yang berjalan.

Ketika Tuhan menuliskan sejarah, Dia memberikan gambaran utuhnya, bukan hanya sebagian, karena Dialah yang memerintah sekaligus mengamati seluruh sejarah. Sejarah adalah kisah-Nya. Dia "memberitahukan dari mulanya hal yang kemudian dan dari zaman purbakala apa yang belum terlaksana" (Yes. 46:10). Masa lalu, masa sekarang, dan masa depan, semuanya saling terkait di dalam Dia.

Demikian pula langit/surga dan bumi. Ada interaksi antara apa yang terjadi di atas sana dan apa yang terjadi di bawah sini. Salah satu sifat kitab Wahyu yang mengusik orang adalah peralihan latar yang terus-menerus dari bumi ke surga dan sebaliknya. Hal ini timbul karena koneksi antara kejadian-kejadian di atas dengan yang di bawah (misalnya, perang di surga berakibat perang di bumi; Why. 12:7; 13:7).

"Penyingkapan" itu adalah tentang sejarah yang ditulis dari sudut pandang Tuhan. Pewahyuan itu memberikan gambaran utuhnya. Jika kita memandang peristiwa-peristiwa di dunia dengan persepsi kaitannya dengan yang di atas, melampaui persepsi kita yang terbatas, pemahaman kita pun akan makin luas. Hal ini memberikan hikmat sekaligus pengertian akan masa depan, memperbesar kapasitas pemahaman kita akan apa yang sedang terjadi di sekitar kita, jauh melebihi pemahaman sejarawan pada umumnya.

Pola dan maksud muncul, menjadi terlihat padahal sebelumnya kita tak melihatnya. Sejarah bukanlah sekadar kumpulan kejadian yang kebetulan. Kebetulan itu sebenarnya jalan untuk rancangan Tuhan digelar. Sejarah sedang menuju ke suatu titik akhir.

Waktu punya makna yang signifikan dalam kekekalan. Waktu dan kekekalan saling terkait. Tuhan tidak berada di luar kerangka waktu, seperti yang dibayangkan dalam ilmu filsafat Yunani. Dia ada di dalam waktu; atau yang lebih tepat, waktu ada di dalam Dia. Dia Tuhan yang dahulu, sekarang, dan akan datang. Bahkan Tuhan sendiri pun tidak dapat mengubah masa lalu, jika sudah terjadi! Kematian dan kebangkitan Yesus tidak akan mungkin diubah atau dibatalkan.

Tuhan sedang mengerjakan rencana dan maksud-Nya di dalam kerangka waktu (ada buku klasik tentang topik ini, judulnya *Christ and Time* [Kristus dan Waktu] karya Oscar Cullmann, SCM Press, 1950). Dia adalah Tuhan atas sejarah. Sejarah berjalan menurut pola-Nya, dan kita hanya dapat memahaminya saat Dia menyingkapkan kepingan-kepingan yang tersembunyi dari gambar utuhnya. Hal-hal yang tak terdeteksi dari pengamatan manusia, yang Tuhan singkapkan, disebut "misteri" dalam Perjanjian Baru.

Aarah alur peristiwa dalam masa lalu dan masa sekarang menjadi jelas jika dipandang dari masa depan. Bentuk sejarah pun tidak dapat dilihat secara jangka pendek, kita harus melihatnya secara jangka panjang, karena bagi Tuhan, waktu bersifat relatif sekaligus nyata. "Sebab di mata-Mu seribu tahun sama seperti satu hari ..." (Mzm. 90:4, dikutip di 2 Ptr. 3:8). Kesabaran Tuhan yang luar biasa itulah yang menjadikan diri-Nya terkesan "lambat" bagi kita (2 Ptr. 3:9).

Alkitab mengandung "filsafat sejarah" dalam versi yang cukup berbeda dari versi yang dianut oleh akal manusia tanpa pewahyuan. Perbedaan yang kontras ini nyata jika kita membandingkannya dengan empat gagasan yang dianut secara umum:

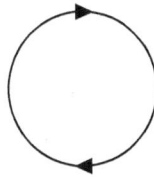

i. Bersiklus. Sejarah berulang. Siklusnya selalu berputar tanpa henti. Kadang dunia membaik, lalu memburuk, lalu membaik, lalu memburuk lagi... dan seterusnya. Ini adalah gagasan filsafat Yunani.

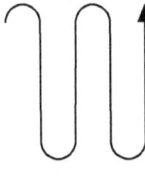

ii. Berirama. Gagasan ini merupakan variasi dari siklus. Dunia berubah-ubah antara membaik dan memburuk, tetapi tidak pernah berulang secara sama persis. Sejarah selalu bergerak maju, tetapi entah menuju ke titik akhir "di atas" atau "di bawah", itu hanya dapat ditebak!

iii. Optimistis. Dunia sedang membaik dan akan terus membaik. Salah satu Perdana Menteri Inggris pernah berkata pada awal abad 20, "Naik, naik, naik, dan maju, maju, maju." Maka, kata kunci favoritnya yang diucapkan banyak orang adalah *"progress"* ("kemajuan"). Sejarah diibaratkan sebuah tangga berjalan yang bergerak naik.

iv. Pesimistis. Kata kunci yang diucapkan semua orang saat kita mendekati akhir seperempat pertama pada abad 21 adalah "bertahan hidup". Para pakar penganut paham "bencana dan kesusahan" yakin kita sedang berada di tangga berjalan yang bergerak turun. Mungkin jalannya dapat diperlambat, tetapi tidak mungkin dihentikan. Dunia akan terus memburuk sampai kita tidak mungkin lagi bertahan hidup (perkiraan terkini menyatakan titik akhir ini adalah tahun 2040!).

Pola Alkitab sendiri cukup berbeda dari semua gagasan ini, karena mengandung pandangan pesimisme sekaligus optimisme dalam realisme yang berdasarkan seluruh faktanya:

v. Menyingkapkan. Dunia akan terus memburuk secara konstan, lalu mendadak membaik melampaui kondisinya sepanjang segala zaman, dan akan tetap sebaik itu selamanya.

Keyakinan yang terakhir ini dianut oleh kaum Yahudi, Kristen, serta Komunis. Mereka semua mendapatkannya dari sumber yang sama: nabi-nabi Ibrani (Karl Marx lahir dari ibu berdarah Yahudi dan ayah penganut aliran Lutheran). Perbedaan mendasarnya di antara mereka adalah apa yang mereka masing-masing yakini akan mendatangkan perubahan arah yang tajam itu. Kaum komunis yakin itu adalah revolusi manusia. Kaum Yahudi yakin itu adalah intervensi Tuhan. Orang Kristen yakin itu adalah kedatangan kembali Sang Tuhan-Manusia, Yesus, ke planet Bumi.

Mereka yang telah selesai membaca kitab Wahyu kini tentu menyadari bahwa isi kitab itu disusun dengan dasar ini. Setelah membahas masa sekarang dalam pasal-pasal awalnya, kitab Wahyu lalu beralih ke masa depan dalam sejarah, yang terus memburuk secara konstan (pasal 6–18), lalu tiba-tiba membaik (pasal 20–22), dengan perubahan itu bertepatan dengan Kedatangan Kristus yang Kedua (pasal 19).

Ada dua ciri lagi dari sejarah "yang disingkapkan", yang perlu kita bahas sebelum melanjutkan ke hal lainnya.

Ciri yang pertama adalah polanya pada dasarnya bersifat *moral*. Karena sejarah diatur oleh Tuhan dan Dia sempurna dalam sifat-Nya yang Maha Baik dan Maha Kuasa, kita dapat berharap untuk menyaksikan keadilan-Nya ditegakkan, dengan kebaikan diberi upah sekaligus kejahatan diganjar hukuman.

Namun, ini tidak terjadi, baik secara kejadian internasional maupun pengalaman individual. Kehidupan ini terkesan benar-benar tidak adil. Sejarah tampaknya tidak terkait sama sekali dengan moralitas. Orang benar sengsara, sedangkan orang jahat sejahtera. Seruan orang yang terus-menerus disuarakan adalah: "Mengapa Tuhan yang baik mengizinkan hal-hal seburuk ini terus terjadi?" Alkitab cukup jujur dalam mencatat bahwa Ayub, Daud (Mzm. 73:1–4), Yesus sendiri (Mrk. 15:34, kata-kata di Mzm. 22:1), serta orang-orang Kristen yang menjadi martir karena Dia (Why. 6:10) heran sampai frustrasi karena hal ini.

Semua keraguan ini lahir dari pandangan jangka pendek yang terutama berfokus pada masa sekarang dan sebagian pada masa lalu. Pandangan jangka panjang ini memperhitungkan masa depan sebagai hasil utamanya. Ini dapat benar-benar mengubah pemahaman kita (Ayub 42; Mzm. 73:15–28; Ibr. 12:2; Why. 20:4; Paulus meringkasnya di Roma 8:18).

Seluruh bagian Alkitab yang berisi "penyingkapan" pandangan jangka panjang yang demikian, yang menyingkapkan bahwa sejarah menopang moralitas (contohnya yang sangat bagus adalah Dan. 7–12, yang memiliki banyak kemiripan dengan kitab Wahyu). Kita memang hidup di semesta moral. Tuhan yang baik itu masih bertakhta. Dia akan membawa segala sesuatu ke akhir yang benar. Dia akan menghukum orang jahat dan memberi upah kepada orang benar. Dia akan mengembalikan dunia ke kondisi yang benar kembali dan memberikannya kepada orang-orang yang telah merelakan diri untuk dikembalikan ke kondisi yang benar pula. Kisahnya ini akan ditutup dengan akhir yang bahagia selamanya.

Maka, literatur "penyingkapan akhir zaman", termasuk kitab Wahyu, berkonsentrasi pada tema-tema upah, ganjaran, dan pemulihan. Di atas segalanya, kitab Wahyu menggambarkan Tuhan yang memerintah sambil duduk di takhta, memegang kendali sempurna atas segala hal di dunia. Perhatikan kata "gambar", yang menunjukkan kualitas berikutnya.

Ciri yang kedua adalah presentasinya sering kali bersifat

simbolis. Tentu sifatnya simbolis, karena pesan yang sedang dikomunikasikan adalah hal-hal yang belum diketahui. Seperti yang diketahui oleh semua guru, hal-hal yang belum diketahui itu entah bagaimana terkait dengan hal yang sudah diketahui, biasanya dengan analogi ("ibaratnya begini..."). Kebanyakan perumpamaan Yesus tentang Kerajaan Surga menggunakan situasi-situasi dunia untuk membantu pemahaman pendengarnya ("Kerajaan Surga" adalah seperti...).

Membantu orang untuk memahami sesuatu melibatkan imajinasi, bukan hanya informasi. Jika orang dapat membayangkan "gambarannya" di dalam imajinasi, pesannya akan jauh lebih mudah untuk dipahami. Hampir selalu, respons orang itu pun berkata, "Sekarang saya melihatnya..."

Kitab Wahyu penuh dengan bahasa gambar. Melalui penggunaan "simbol" yang konstan, kita dapat melihat visualisasi hal-hal yang tanpa simbol tidak mungkin terpahami. Perlu amat sangat ditekankan bahwa penggunaan simbol dimaksudkan untuk membantu pemahaman kita, bukan menghalangi pemahaman kita. Terlalu banyak orang beralasan bahwa kitab Wahyu tidak usah dipelajari atau bahkan diabaikan saja karena sifatnya yang "penuh simbol-simbol", seolah simbol-simbol itu terlalu rumit dan tak mungkin menyampaikan pesan yang jelas. Itu salah, karena jelas simbol-simbol itu dapat dikelompokkan dalam empat kategori:

Sebagian maknanya *sangat jelas*. "Naga" atau "ular" jelas adalah Iblis. "Lautan api" jelas adalah neraka. "Takhta putih yang besar" jelas adalah takhta pengadilan Tuhan.

Sebagian lain maknanya *dijelaskan* oleh konteksnya. "Bintang-bintang" bermakna para malaikat. "Kaki dian" bermakna gereja-gereja. "Meterai", "sangkakala", dan "cawan" bermakna bencana. "Dupa" bermakna doa-doa yang dinaikkan. "Sepuluh tanduk" bermakna raja-raja.

Sebagian lainnya lagi maknanya *sejalan* dengan bagian lain dalam Alkitab. Dalam Perjanjian Lama, ada disebutkan tentang pohon kehidupan, pelangi, bintang fajar, tongkat besi, penunggang kuda, dan rezim tiran yang digambarkan sebagai "binatang buas". Mungkin dapat diasumsikan bahwa simbol-simbol ini tetap bermakna sama dalam Alkitab.

Kemudian, sebagian lainnya lagi bermakna *samar*, tetapi hanya sedikit yang seperti ini. Salah satu contohnya adalah "batu putih", yang telah ditafsirkan secara amat berbeda-beda oleh para pakar. Deklarasi tidak bersalah? Lambang perkenan? Plakat tanda kualitas yang unggul? Mungkin, kita tidak akan tahu maknanya sampai kita menerimanya kelak!

Selain itu, angka-angka juga merupakan simbol. Ada banyak angka "tujuh" dalam kitab Wahyu: bintang, kaki dian, pelita, meterai, sangkakala, dan cawan. Tujuh adalah angka "bulat" dalam Alkitab; maknanya penuh, utuh, sempurna. "Dua belas" terkait dengan umat Tuhan yang awal (12 suku) dan yang baru (12 rasul); total seluruhnya jika dikumpulkan adalah "dua puluh empat". "Seribu" adalah angka terbesar. "Dua belas ribu" dari setiap suku Israel menghasilkan total "seratus empat puluh empat ribu".

"666" adalah angka yang menarik perhatian orang. Angka ini terdiri dari deretan angka enam, yaitu angka yang selalu merujuk pada kegagalan manusia untuk mencapai angka tujuh, "kesempurnaan penuh". Angka 666 digunakan di sini sebagai petunjuk akan identitas diktator dunia terakhir sebelum Yesus memerintah selama seribu tahun (dalam bahasa Latin, *"millennium"*). Tahukah Anda bahwa "666" merupakan total semua angka Romawi jika dijumlahkan (I=1 + V=5 + X=10 + L=50 + C=100 + D = 500), kecuali satu angka yaitu angka seribu (M=1000)? Namun, segala upaya orang untuk mengidentifikasi nama sang diktator dari angka ini akan salah, sampai kemunculannya membuat perhitungan ini menjadi benar-benar jelas.

Ada begitu banyak simbol dalam kitab Wahyu yang cukup jelas sehingga beberapa sisi samarnya dapat kita terima saja untuk saat ini, dengan keyakinan bahwa sisi-sisi itu akan menjadi jelas oleh peristiwa-peristiwa masa depan ketika informasinya sungguh-sungguh kita perlukan. Sementara itu, kita dapat bersyukur kepada Tuhan karena Dia telah memberitahukan begitu banyak hal kepada kita.

Tentu saja, Dia berbicara melalui suara manusia, yaitu melalui mulut para nabi-Nya. Yohanes saja menyadari bahwa pesan yang disampaikannya bukan pesan dari dirinya sendiri. Dia menyebut tulisannya "nubuat ini" (Why. 1:3; 22:7, 10, 18–19). Karena itu, dia adalah nabi sekaligus rasul. Hanya ada satu kitab "nubuatan" dalam Perjanjian Baru.

Nubuat adalah perkataan yang "mengungkapkan sesuatu yang sesungguhnya" (perkataan Tuhan tentang masa sekarang) sekaligus "mengungkapkan sesuatu sebelum terjadi" (perkataan Tuhan tentang masa depan). Kitab Wahyu adalah keduanya, dengan sebagian besarnya berupa prediksi tentang kejadian-kejadian yang belum terjadi.

Kapan semua prediksi itu akan tergenapi? Apakah semuanya itu sudah terjadi? Apakah semuanya itu sedang terjadi? Atau, apakah semuanya itu masih belum terjadi? Sekarang, kita perlu mempertimbangkan berbagai jawaban untuk pertanyaan-pertanyaan ini.

Bab Lima

BERBAGAI ALIRAN PENAFSIRAN

Hampir sepertiga dari seluruh ayat dalam kitab Wahyu berisi prediksi. Dari semua prediksi itu, kira-kira ada 56 peristiwa yang masing-masingnya dinubuatkan. Tepat separuh dari semuanya menggunakan bahasa yang apa adanya, sedangkan separuh lainnya menggunakan bentuk gambar dan simbol.

Kebanyakan dari semuanya terdapat di pasal-pasal setelah pasal 4, yang dibuka dengan perubahan perspektif yang nyata— dari bumi ke surga dan dari masa sekarang ke masa depan ("Naiklah ke mari dan Aku akan menunjukkan kepadamu apa yang harus terjadi sesudah ini"; Why. 4:1).

Jelas sekali, ini merujuk pada peristiwa-peristiwa yang berada di masa depan dari sudut pandang penulis dan pembaca asli naskahnya pada abad pertama Masehi. Namun, seberapa jauh di masa depan letaknya? Apakah peristiwa-peristiwa itu terletak di masa lalu, masa sekarang, atau masa depan bagi kita yang hidup 20 abad sesudahnya? Ke arah mana kita harus memandang, ke belakang, ke sekeliling, atau ke depan, untuk menyaksikan penggenapannya?

Di sinilah perbedaan bermula. Selama tahun-tahun di antara masa penulisan kitab Wahyu sampai sekarang, ada empat pendapat utama yang muncul, yang menghasilkan empat "aliran penafsiran". Kebanyakan komentar penelaahan ditulis dari salah satu aliran penafsiran saja. Padahal, penting agar kita memandang semuanya sebelum berasumsi bahwa hanya salah satunya yang benar. Terlalu mudah sekaligus berisiko jika kita langsung meyakini aliran penafsiran yang pertama kali kita dengar atau baca.

Keempatnya kini dianut orang dengan begitu teguh dan disebut dengan istilah-istilah yang dikenal luas: aliran preteris, historis (dengan dua variasinya), futuris, dan idealis. Jangan takut dengan istilah-istilah yang terkesan terlalu teknis ini. Penting bagi kita untuk belajar agar mampu mengenali pendekatan-pendekatan yang jauh berbeda yang kita temukan.

1. ALIRAN PRETERIS

Aliran ini menganggap prediksi tergenapi selama masa keruntuhan dan kejatuhan Kekaisaran Romawi, ketika Gereja berada di bawah tekanan penganiayaan kekaisaran. Kitab Wahyu ditulis untuk orang-orang Kristen pada abad pertama, untuk mempersiapkan mereka menghadapi apa yang akan terjadi pada abad kedua dan ketiga. Babel, "kota besar", "perempuan" yang "duduk di atas tujuh gunung" (Why. 17:9) diidentifikasi sebagai Roma (Petrus tampaknya menganut analogi yang sama; 1 Ptr. 5:13).

Maka, meski sebagian besar isi kitab Wahyu adalah "masa lalu" bagi kita, nilainya tidak kecil bagi kita. Kita dapat menggali pelajaran dari semua narasi sejarah dalam kitab suci. Bahkan, sebenarnya narasi sejarah ini merupakan bagian besar dalam Alkitab. Kita dapat memperoleh inspirasi dan instruksi dari apa yang telah terjadi sebelumnya.

Kekuatan pandangan ini adalah pembelajaran Alkitab harus dimulai dengan konteks penulis dan pembaca aslinya. Apa arti tulisan ini bagi mereka? Yang dimaksud oleh sang penulis dan yang dipahami oleh pembacanya dalam situasi mereka merupakan langkat amat penting menuju penafsiran dan penerapan yang sebenarnya.

Namun, ada beberapa kelemahan pula dalam pandangan ini. Salah satunya, hanya sangat sedikit, bahkan mungkin tidak ada, prediksi spesifik di dalam kitab Wahyu yang tergenapi dalam Kekaisaran Romawi. Hanya beberapa tren umum yang dapat kita temukan terjadi, tetapi tidak ada keterkaitan khusus (sebagian orang telah berusaha menghitung angka *666* dari huruf-huruf nama

Kaisar Nero, "Nero Caesar", padahal kitab Wahyu ditulis 30 tahun setelah kematian kaisar itu!). Selain itu, jika aliran penafsiran ini sepenuhnya benar, setelah Kekaisaran Romawi tumbang, tentu sebagian besar isi kitab Wahyu tidak lagi relevan dan nyaris tak berguna bagi Gereja di zaman setelahnya. Karena hampir semua pakar menerima bahwa pasal-pasal terakhirnya berbicara tentang masa akhir zaman, yang masih merupakan masa depan bagi kita, ada kesenjangan besar di antara awal dan akhir sejarah Gereja, tanpa ada arahan langsung tentang abad-abad di antara keduanya. Kelemahan ini dijawab oleh pendekatan yang kedua.

2. ALIRAN HISTORIS

Aliran penafsiran ini yakin bahwa prediksi dalam kitab Wahyu mencakup seluruh "zaman Gereja" di antara kedatangan Kristus yang pertama dan yang kedua. Isinya adalah kode-kode sejarah *anno Domini* (tahun Masehi) dalam bentuk simbol-simbol, yang meliputi tahap-tahap dan krisis-krisis utama dalam seluruh masa itu. Maka, penggenapannya terjadi di masa lalu, masa kini, sekaligus masa depan bagi kita. Kita ada di dalam masa ini, dan dari segala peristiwa yang pernah terjadi, kita bisa tahu hal apa yang akan terjadi selanjutnya dalam jadwal ini.

Salah satu pakar menerbitkan indeks referensi silang di antara setiap bagian kitab Wahyu dan seluruh jilid buku *Cambridge Ancient and Modern History* (Sejarah Kuno dan Modern, Cambridge). Secara umum, diyakini bahwa kita sedang hidup di dalam pasal 16 atau 17!

Setidaknya, teori ini menjadikan kitab Wahyu relevan bagi setiap generasi orang Kristen. Demikian pula, minat orang terpicu. Namun, banyak pula kekurangan yang melemahkan pandangan ini.

Salah satunya adalah banyak detail yang agak dipaksakan agar cocok dengan peristiwa-peristiwa yang diketahui, yang seolah-olah dibuat-buat. Lalu, masalah utamanya adalah bahwa tampaknya tidak ada dua "sejarawan" pun yang bersepakat tentang keterkaitan Alkitab dan sejarah! Jika mereka semua menggunakan metode yang benar, tentu tingkat kesepakatan dalam kesimpulan-kesimpulan mereka. Padahal, mereka masih memiliki banyak rincian yang belum tergenapi.

Sejauh ini, kita baru mempertimbangkan satu jenis pandangan "historis". Kita akan menyebutnya pandangan historis yang *linear*, karena penganutnya yakin bahwa bagian inti kitab Wahyu berjalan dalam satu garis lurus rangkaian peristiwa dari adven kedatangan Kristus pertama menuju yang kedua.

Jenis berikutnya akan kita sebut pandangan historis yang *bersiklus*. Penganutnya yakin bahwa kitab Wahyu mencakup seluruh sejarah Gereja secara berulang kali, dengan secara konstan kembali ke titik awal dan "merekapitulasi" peristiwa-peristiwa yang sama dari arah yang berbeda. Salah satu buku yang populer *(More than Conquerors* [Lebih dari Pemenang], karya William Hendiksen, Baker, 1960) menyatakan bahwa telah ditemukan tujuh siklus, yang masing-masing mencakup seluruh zaman Gereja (dalam pasal 1–3, 4–7, 8–11, 12–14, 15–16, 17–19, dan 20–22)! Hal ini membuatnya meletakkan "seribu tahun" (pasal 20) sebelum Kedatangan Kedua Kristus (pasal 19), sehingga berpegang pada pandangan "pasca-milenialisme" (lihat Bab 18, bagian 2–4). Namun, "paralelisme progresif" ini, demikian sebutannya, tampaknya dipaksakan kepada teks kitab Wahyu, bukan ditemukan di dalam kitab itu. Secara khusus, pemisahan tegas pasal 19 dan pasal 20 sama sekali tidak didahului dengan peringatan apa pun.

Aliran penafsiran historis ini mungkin merupakan yang paling kurang memuaskan dan paling tidak meyakinkan, baik yang jenis linear maupun bersiklus.

3. ALIRAN FUTURIS

Aliran penafsiran ini meyakini bahwa bagian pusat dari seluruh prediksi berlaku pada masa beberapa tahun terakhir menjelang Kedatangan Kedua Kristus. Maka, bagi kita sekarang pun penggenapannya masih ada di masa depan, sesuai sebutan "futuris" itu. Pandangannya berfokus pada titik puncak kekuasaan jahat di dunia, yang merupakan "Aniaya Besar" bagi umat Tuhan (Why. 7:14; yang juga disebut oleh Yesus di Mat. 24:12–22).

Semua peristiwa akan terjadi susul-menyusul dalam periode waktu yang singkat, tepatnya tiga setengah tahun (secara eksplisit disebut "empat puluh dua bulan lamanya", atau "seribu dua ratus enam puluh hari lamanya", atau "selama satu masa dan dua masa dan setengah masa"; Why. 11:2–3; 12:6; 12:14, mengutip Dan. 12:7).

Karena peristiwa-peristiwanya masih di masa depan, prediksinya cenderung dimaknai secara lebih harfiah, yaitu sebagai deskripsi akurat atas hal-hal yang akan terjadi. Dalam aliran penafsiran ini, tidak dibutuhkan lagi penyesuaian dengan sejarah di masa lalu. Tentu saja, rangkaian bencana tampaknya bergerak menuju titik kiamat bagi dunia ini.

Lalu, apa pesannya bagi Gereja di segala zaman? Jika penafsiran ini benar, sebagian besar isi kitab Wahyu hanya akan relevan bagi generasi akhir orang percaya. Yang mengejutkan, rupanya banyak penganut aliran futuris juga yakin bahwa Gereja akan "diangkat" ke surga sebelum aniaya itu dimulai (lihat Bab 12, bagian 7), sehingga orang-orang Kristen generasi akhir itu pun tidak akan mengalaminya sama sekali!

Kelemahan berikutnya dalam penafsiran ini adalah bahwa kaum futuris rentan menganggap kitab Wahyu sebagai "kalender", dasar perhitungan waktu, sehingga berakibat pada minat berlebihan terhadap tabel dan jadwal masa depan. Fakta bahwa perhitungan-perhitungan itu kadang tidak saling sesuai pun menunjukkan bahwa kitab Wahyu tidak ditulis dengan maksud untuk menjadi spekulasi.

4. ALIRAN IDEALIS

Pendekatan ini menghilangkan seluruh referensi waktu yang spesifik dan mengabaikan keterkaitan dengan peristiwa-peristiwa khusus. Kitab Wahyu dianggap menggambarkan peperangan "abadi" antara kebaikan dan kejahatan, dan "kebenaran" dalam narasinya dianggap dapat diterapkan di segala abad. Peperangan antara Tuhan dan Iblis memang terus berlangsung, tetapi kemenangan pihak Tuhan dapat dialami oleh Gereja "yang menang" kapan pun. "Pesan intinya" dapat berlaku secara universal melintasi ruang dan waktu.

Satu-satunya manfaat utama dari pandangan ini adalah bahwa pesan kitab Wahyu pun menjadi relevan secara langsung bagi siapa pun yang membacanya. Semua pembaca berada dalam peperangan yang dideskripsikan dan mendapat peneguhan bahwa "Roh yang ada di dalam kamu, lebih besar dari pada roh yang ada di dalam dunia" (1 Yoh. 4:4). Menjadi "lebih dari pemenang" (Roma 8:37) adalah mungkin.

Namun, pandangan ini memperlakukan kitab Wahyu sebagai "dongeng". Secara rohani, pesannya benar; tetapi secara historis, salah. Isinya adalah kisah peristiwa-peristiwa fiktif, tetapi kisah-kisah itu mengandung nilai-nilai kebenaran—seperti dongeng-dongeng Aesop tentang hewan atau *Perjalanan Seorang Musafir*. Nilai-nilai kebenaran itu harus digali dari kedalaman narasinya sebelum dapat diterapkan. Bahaya proses "demitologisasi" semacam ini adalah membuang sebagian besar materinya, mengabaikannya karena menganggapnya sebagai teks yang indah belaka, yang sebenarnya berurusan dengan kemasannya saja, bukan isinya.

Yang mendasari di balik semuanya ini adalah filsafat Yunani, yang memisahkan rohani dengan jasmani, sakral dengan sekuler, dan kekekalan dengan waktu. Menurut penganut aliran ini, Tuhan tidak terikat waktu. Maka, kebenaran pun tidak terikat waktu, meski dengan demikian berarti kebenaran selalu tepat waktu. Namun, intinya bukan terletak pada waktunya. Pandangan mereka terhadap sejarah sebagai bersiklus melanggar konsep "akhir zaman", yaitu gagasan bahwa waktu akan mencapai suatu titik puncak atau titik akhir sebagai penutupnya.

Maka, pandangan ini menimbulkan konsekuensi serius terhadap "eskatologi" (studi tentang "hal-hal terakhir", atau akhir zaman, yang berasal dari kata bahawa Yunani *eschatos*, yang berarti "terakhir"). Peristiwa-peristiwa seperti Kedatangan Kristus yang Kedua dan Hari Penghakiman dipindahkan dari masa depan ke masa sekarang, dari sana ke sini. Eskatologi menjadi "eksistensial" (yaitu, berfokus pada eksistensi/keberadaan pada saat sekarang), atau disebut "terealisasi" (seperti "merealisasikan", "mencairkan", investasi, sehingga tersedia uang untuk dikeluarkan sekarang).

Tentu saja, perlu dilakukan perubahan yang radikal pada semua "prediksi" itu agar menjadi cocok dengan masa sekarang; biasanya dengan "spiritualisasi" atau merohanikan prediksi itu (pola pikir "Platonik"). Contohnya, "Yerusalem baru" (dalam Wahyu pasal 21) menjadi gambaran sebuah umat alih-alih suatu tempat, gambaran Gereja yang "ideal" (kata "ideal" ini penting), dengan melupakan semua rincian arsitekturalnya begitu saja!

Sekarang kita dapat meringkas survei kita. Ada empat jawaban yang berbeda terhadap pertanyaan: kitab Wahyu mencakup periode waktu yang mana?

Jawaban kaum preteris: beberapa abad pertama MASEHI.

Jawaban kaum historis: segala abad MASEHI sejak adven pertama sampai adven kedua.

Jawaban kaum futuris: beberapa tahun terakhir abad terakhir MASEHI.

Jawaban kaum idealis: abad MASEHI yang mana saja, bukan abad tertentu secara khusus.

Nah, mana yang benar? Ada pro dan kontra pada masing-masing aliran. Apakah kita harus memilih salah satunya? Mungkinkah semuanya benar? Mungkinkah semuanya salah?

Beberapa pengamatan berikut dapat membantu pembaca untuk menyimpulkan jawabannya.

Pertama, tampaknya jelas bahwa tidak seorang pun pernah memahami rahasia seluruh kitab Wahyu. Setiap "aliran" menangkap sebagian kebenaran di dalamnya, tetapi tidak ada pandangan yang menjelaskan seluruh kebenaran itu. Jika kita menggunakan satu pendekatan saja, selalu akan ada manipulasi terhadap teks yang ditelaah.

Kedua, tidak ada alasan mengapa tidak boleh ada lebih dari satu pendekatan. Setiap teks memiliki makna dan penerapan yang berbeda-beda. Namun, perlu ada suatu pengendalian untuk menghindari perdebatan tentang mana pendekatan yang tepat dalam rangka mengesahkan pendapat yang sebelumnya telah ditetapkan sebelum penelaahan Alkitab dilakukan. Pengendalian semacam ini dapat diterapkan oleh karena konteks teks yang ada dan dengan terus-menerus mengajukan pertanyaan: apakah ini makna asli yang dimaksudkan oleh Tuhan sebagai penulis ilahi dan oleh si penulis manusianya?

Ketiga, ada bagian-bagian dalam keempat pendekatan yang memang membantu pemahaman kita. Sebagian unsur dari keempat pendekatan sebenarnya tepat dan dapat digunakan bersamaan, meski ada pula unsur-unsur yang tidak tepat dan tidak dapat digabungkan.

Keempat, penekanan bisa saja berubah pada bagian-bagian yang berbeda dalam kitab Wahyu. Pada setiap langkah, kita harus memilih dan menggunakan metode penafsiran yang paling tepat. Dalam kelanjutan bab ini, kita akan menyusun gambarannya secara praktis dengan mempertimbangkan tiga bagian utama kitab Wahyu.

A. Awalnya (pasal 1–3)

Bagian ini tidak terlalu kontroversial, maka lebih sering dan lebih tegas dijelaskan secara terperinci daripada bagian-bagian lainnya (contohnya, lihat *What Christ thinks of the Church* [Pendapat Kristus tentang Gereja] karya John Stott, Lutterworth Press, 1958). Kebanyakan orang telanjur nyaman dengan penafsiran yang tradisional (meskipun tidak nyaman dengan penerapannya!). Masalahnya dengan bagian ini adalah kita *sungguh* memahaminya, bahkan terlalu memahaminya. Ada beberapa masalah dengan rinciannya (malaikat) dan simbol-simbol (batu putih dan manna yang tersembunyi). Namun, surat untuk ketujuh jemaat di Asia Kecil sama seperti surat-surat lain dalam Perjanjian Baru. Lalu, "aliran" mana yang tepat?

Aliran preteris pasti benar dalam mengarahkan perhatian kita ke abad pertama. Semua penafsiran eksegesis yang benar harus dimulai dengan apa maknanya bagi kita, tetapi apakah semua ini berakhir di titik ini?

Aliran historis yakin bahwa ketujuh jemaat mewakili keseluruhan Gereja dalam sepanjang zaman, tujuh masa berturut-turut dalam zaman Gereja. Efesus adalah Gereja mula-mula, Smirna adalah penganiayaan Romawi, Pergamum adalah Gereja era Konstatinopel, Tiatira adalah Gereja Abad Pertengahan, Sardis adalah Gereja era Reformasi, Filadelfia adalah gerakan misionaris di seluruh dunia, dan Laodikia adalah Gereja abad 20. Namun, paralelisme ini dipaksakan (gereja-gereja Barat bisa saja terlihat seperti jemaat Laodikia, tetapi gereja-gereja "dunia ketiga" sama sekali tidak seperti itu!). Gambaran ini tidak cocok.

Aliran futuris bahkan lebih aneh lagi. Penganutnya yakin bahwa ketujuh gereja akan didirikan kembali di kota-kota yang sama di Asia Kecil tepat sebelum Yesus datang kembali, berdasarkan asumsi bahwa "Aku akan datang" (Why. 2:5, 16; 3:4), yang mengacu pada adven kedua. Sebenarnya, gereja-gereja itu telah lama hilang lenyap, "kaki dian" mereka telah "diambil".

Lalu, aliran idealis biasanya memiliki pandangan yang sama dengan aliran preteris terhadap bagian ini, tetapi menambahkan keyakinan bahwa ketujuh jemaat dalam sejarah itu mewakili keseluruhan Gereja dalam hal *kategorinya*. Efesus mewakili gereja Ortodoks yang tidak mengalami kasih persekutuan, Smirna mewakili gereja yang menderita, Pergamum mewakili gereja yang bertahan dalam penganiayaan, Tiatira mewakili gereja yang korup, Sardis mewakili gereja yang mati, Filadelfia mewakili gereja yang lemah tetapi tetap memberitakan Injil, dan Laodikia mewakili gereja yang suam-suam kuku.

Kita tidak tahu apakah semua ini telah mencakup seluruh ragam sifat dan kategori gereja, tetapi penghiburan dan tantangan dari contoh jemaat-jemaat itu dapat diterapkan di mana saja dan kapan saja.

Maka, aliran preteris dengan perpaduan unsur idealis tampaknya merupakan campuran yang tepat untuk menelaah bagian awal kitab Wahyu.

B. Pertengahannya (pasal 4–18)

Di sinilah perbedaan menjadi paling tajam. Visi pembukaan tentang takhta Tuhan menyodorkan beberapa masalah dan menjadi inspirasi bagi penyembahan di sepanjang zaman. Perdebatannya adalah tentang waktu, yaitu kapan Yesus Sang Singa/Anak Domba ini melepaskan bencana ke atas dunia dan Gereja menderita sengsara. Kapan itu terjadi? Waktunya tentulah di antara abad kedua (yaitu "sesudah ini" kepada ketujuh jemaat; Why. 4:1) dan Kedatangan Kedua Kristus (dalam pasal 19).

Aliran preteris membatasi bagian ini sebagai bermakna "keruntuhan dan kejatuhan Kekaisaran Romawi". Namun, faktanya tetap sama, bahwa kebanyakan peristiwa yang diprediksi, khususnya bencana "alam", tidak terjadi pada masa itu. Banyak bagian dalam teks itu harus diposisikan sebagai "karya pujangga", yang gaya bahasanya berlebih-lebihan dari fakta/realitasnya, sehingga hanya memberikan petunjuk yang samar tentang apa yang akan terjadi.

Aliran historis mengalami banyak masalah serupa saat mencoba mencocokkan seluruh sejarah Gereja ke dalam pasal-pasal yang ada, entah sebagai satu narasi yang mengalir berkelanjutan atau sebagai "rekapitulasi" yang berulang. Rinciannya tidak cocok.

Kaum futuris tentu saja bebas untuk meyakini penggenapan yang harfiah dari prediksi yang terperinci itu, karena tidak satu pun di antaranya yang sudah terjadi. Dua aspek tampaknya meneguhkan bahwa inilah penerapannya yang tepat. Pertama, "sengsara" itu jelas lebih buruk daripada apa pun yang pernah dialami dunia sebelumnya (seperti dinubuatkan oleh Yesus di Mat. 24:21). Kedua, "sengsara" itu tampaknya secara langsung diikuti dengan peristiwa-peristiwa di ujung sejarah. Apakah sampai situ saja? Apakah bagian ini tidak relevan sama sekali sebelum titik itu?

Kaum idealis salah karena melakukan demitologisasi atas bagian ini, memisahkannya sama sekali dari waktu. Namun, tepat jika kita mencari pesan yang dapat berlaku pada setiap tahap sejarah Gereja. Petunjuknya ada di dalam ayat-ayat itu sendiri, yang jelas mengajarkan bahwa peristiwa masa depan sudah ada bayangannya sebelumnya. Yesus pun muncul dalam berbagai bayang-bayang dalam Perjanjian Lama (seperti yang dijelaskan dalam surat kepada orang Ibrani). Kedatangan Antikristus didahului dengan "banyak antikristus" (1 Yoh. 2:18); kedatangan sang Nabi Palsu didahului dengan banyak nabi palsu (Mat. 24:11). Penganiayaan universal yang akan terjadi pun telah dialami di banyak wilayah secara lokal. "Aniaya Besar" hanyalah berbeda dalam skalanya dari "banyak penderitaan" yang memang normal di sepanjang zaman (Yoh. 16:33; Kis. 14:24). Maka, pasal-pasal ini dapat membantu kita memahami tren-tren terkini sekaligus titik puncak yang utama.

Maka, penafsiran futuris dan sedikit unsur idealis merupakan kunci terbaik untuk memahami bagian ini.

C. Akhirnya (pasal 19–22)

Kitab Wahyu tampaknya menjadi lebih jelas menjelang akhirnya, tetapi masih ada pula beberapa area kontroversi. Kebanyakan orang memandang pasal-pasal ini sebagai mengacu pada masa depan di titik ujung, "hal-hal terakhir" yang akan terjadi, yang dimulai dengan kedatangan Kristus kembali (pasal 19).

Kaum preteris keluar dari bagian ini. Sedikit sekali dari mereka yang berusaha mencocokkan pasal-pasal ini dengan zaman Gereja mula-mula.

Aliran historis terbelah tajam menjadi dua. Jenis yang linear sepakat memandang bagian ini sebagai "akhir zaman", yang datang setelah "zaman Gereja". Namun, jenis yang bersiklus pun menemukan rekapitulasinya di masa sekarang. Sebagian memandang "seribu tahun" di pasal 20 sebagai gambaran Gereja sebelum Kedatangan Kedua Kristus dalam pasal 19! Sebagian lain memandang "Yerusalem baru" di pasal 21 sebagai gambaran masa seribu tahun sebelum penghakiman terakhir dalam pasal 20! Peletakan peristiwa-peristiwa dalam kerangka zaman secara radikal ini tidak dapat dibenarkan oleh teks itu sendiri dan menunjukkan ada manipulasi dalam hal sistem dan dogma teologis.

Aliran futuris jarang ditentang untuk bagian ini. Kedatangan Kedua Kristus, Hari Penghakiman, langit dan bumi yang baru; semuanya ini belum tiba.

Aliran idealis jarang didukung untuk bagian ini. Penganutnya cenderung mengabaikan bumi yang baru sama sekali dan berbicara tentang "langit" sebagai ruang atau lapisan yang tak terikat waktu, yang orang percaya akan dipindahkan ke sana setelah meninggal. "Yerusalem baru" menggambarkan alam kekekalan ini ("Sion sorgawi" di Ibr. 12:22), yang tidak pernah disangka-sangka akan "turun dari sorga" (meski ada ayat Why. 21:2,10!).

Maka, kaum futuris memonopoli penafsiran atas bagian ini.

Dalam bab selanjutnya kita akan membahas "pendahuluan" terhadap kitab Wahyu itu sendiri, menggunakan perangkat yang telah kita anggap tepat (yang tidak termasuk aliran penafsiran historis). Meski demikian, sebelum itu, masih ada satu hal lain yang perlu kita pertimbangkan.

Keempat aliran penafsiran memiliki satu asumsi yang sama: pertanyaan yang terpenting tentangnya adalah KAPAN? Yaitu, kapan semua prediksi itu digenapi dalam kerangka waktu?

Pertanyaan ini berarti kita mulai dari dugaan bahwa kitab Wahyu terutama berurusan dengan memprediksi atau menubuatkan masa

Berbagai Aliran Penafsiran

depan, untuk memuaskan keingintahuan kita atau meredakan keresahan kita dengan mengungkapkan apa yang akan terjadi, baik dalam masa depan yang segera maupun yang masih jauh.

Namun, dugaan ini amat meragukan. Perjanjian Baru tidak pernah memberi makan spekulasi yang sia-sia, bahkan memberikan peringatan menentang hal itu. Setiap "penyingkapan" akan apa yang ada di masa depan itu memiliki maksud praktis dan sebenarnya tujuan moral. Masa depan hanya disingkapkan agar ada pengaruhnya bagi masa sekarang.

Maka, pertanyaan mendasarnya bukanlah KAPAN, tetapi MENGAPA. Mengapa kitab Wahyu ditulis? Mengapa pewahyuan itu disingkapkan kepada Yohanes? Mengapa dia diperintahkan untuk meneruskan informasi itu? Mengapa kita perlu membacanya dan mempertahankan pesannya?

Kitab Wahyu tidak bermaksud untuk sekadar memberi tahu kita apa yang akan terjadi, tetapi membuat kita *bersiap* untuk menghadapi apa yang akan terjadi. Bagaimana kita bisa tiba pada jawabannya?

Bab Enam

ASPEK TUJUAN

Mengapa kitab Wahyu ditulis? Jawabannya dapat kita peroleh dengan mengajukan pertanyaan lain: untuk siapa kitab Wahyu ditulis?

Kitab ini tidak pernah dimaksudkan sebagai buku teks kuliah untuk staf atau mahasiswa/i teologi. Sering kali, mereka itulah yang menjadikan kitab ini terkesan terlalu rumit, sehingga orang-orang biasa terintimidasi. Mari simak pengakuan salah satu dari mereka:

> Kami dengan berani menegaskan bahwa studi atas kitab Wahyu akan terbukti mutlak tidak mengandung kemungkinan kesalahan, jika tidak diperkeruh oleh prasangka yang tak terpahami dan kerap kali konyol dari para teolog di segala zaman. Prasangka-prasangka itu mengaburkan pandangan dan menyulitkan pemahaman, sehingga kebanyakan pembaca jadi berkecil hati dan menjauh dari kitab Wahyu. Di luar segala prasangka itu, kitab Wahyu bisa menjadi kitab yang paling mudah dan transparan yang pernah ditulis oleh seorang nabi (*Reuss*, tahun 1884, dikutip dalam buku *The Prophecy Handbook* [Buku Pedoman Nubuat], World Bible Publishers, 1991).

Situasi ini masih kurang lebih sama saja sejak komentar itu diucapkan, seperti yang terlihat dari sebuah komentar lain pada masa sekarang:

> Salah satu kemalangan dalam budaya kita yag berorientasi pada keahlian adalah saat ada hal yang terlihat sulit, studi akan hal itu diserahkan untuk menjadi ranah perkuliahan untuk dipahami (Eugene Peterson menulis tentang kitab Wahyu dalam buku *Reversed Thunder* [Guntur Terbalik], HarperCollins, 1988, hal. 200).

Ini telah memunculkan anggapan luas bahwa kitab Wakyu tidak akan mungkin dipahami oleh "orang awam", baik sebutan ini digunakan dalam konteks makna Gereja atau pendidikan.

PEMBACA AWAM

Amat sangat perlu ditekankan bahwa kitab Wahyu ditulis untuk orang-orang biasa. Isinya ditujukan kepada jemaat tujuh gereja pada zaman ketika "menurut ukuran manusia tidak banyak orang yang bijak, tidak banyak orang yang berpengaruh, tidak banyak orang yang terpandang" (1 Kor. 1:26).

Dikatakan pula tentang Yesus bahwa "orang banyak yang besar jumlahnya mendengarkan Dia dengan penuh minat" (Mrk. 12:37; terjemahan bebas dari Alkitab bahasa Inggris Authorised Version untuk "orang banyak" itu berarti "orang kebanyakan" atau "orang biasa"). Ini merupakan pengakuan tentang Yesus sekaligus penghormatan kepada Dia. Mereka mengenali bahwa Yesus "berbicara dengan penuh kuasa", bahwa Dia memahami apa yang sedang Dia katakan. Pesan-Nya jauh lebih mudah dipahami oleh orang-orang tak terpelajar daripada mereka yang berpendidikan tinggi!

Kitab Wahyu membuka harta kekayaan terpendamnya bagi mereka yang membacanya dengan iman yang sederhana, pikiran yang terbuka, dan hati yang lembut.

Di Amerika, ada kisah yang diceritakan dari mulut ke mulut yang menyoroti hal ini, yang terkesan seperti kisah seorang pengkhotbah yang kebenarannya tidak dapat dibuktikan (seperti anak seorang penghotbah "biasa" bertanya, "Ayah, apakah

Aspek Tujuan

kisah tadi itu sungguh benar, atau cuma khotbah Ayah saja?")! Ternyata, sebagian mahasiswa/i teologi lelah dan kebingungan oleh ceramah-ceramah tentang "penyingkapan akhir zaman", sehingga lebih memilih bermain bola basket di aula olahraga kampus. Sambil bermain, mereka memperhatikan bahwa petugas kebersihan sedang membaca Alkitab sambil menunggu waktunya untuk mengunci ruangan. Mereka pun bertanya bagian mana yang sedang dibaca oleh petugas kebersihan itu, lalu kaget saat mendapati dia sedang mempelajari kitab Wahyu. "Bapak tentu tidak mengerti isinya, 'kan?" "Oh, tentu saya mengerti." "Memangnya kitab itu tentang apa?" Dengan mata berbinar-binar dan senyum lebar, si petugas kebersihan menjawab, "Jelas sekali! Yesus menang!"

Tentu saja, ada banyak hal lain yang merupakan kesimpulan dari kitab Wahyu, tetapi jawaban itu sama sekali bukan jawaban yang salah. Pesannya memang itu. Banyak orang telah meneliti konteksnya tetapi melewatkan pesannya. Akal sehat merupakan syarat dasar untuk memahami kitab Wahyu. Tidak ada orang yang menganggapnya sepenuhnya harfiah; dan tidak ada pula orang yang menganggapnya sepenuhnya simbolis. Namun, di mana batasnya antara yang harfiah dan yang simbolis itu? Letak batas inilah yang akan memberikan dampak yang nyata pada penafsirannya. Akal sehat akan sangat membantu kita. Keempat penunggang kuda adalah simbol, tetapi perang, pertumpahan darah, kelaparan, dan wabah penyakit yang mereka bawa itu jelas harfiah. "Lautan api" adalah simbol neraka, tetapi "siksaan" tanpa akhir di dalamnya adalah harfiah (Why. 20:10).

Kita dapat menggunakan aturan pemahaman ucapan secara umum. Setiap perkataan harus dipahami dalam makna yang paling sederhana dan apa adanya, kecuali jelas ada petunjuk yang berbeda. Harus kita asumsikan bahwa para pembicara (termasuk Yesus) dan para penulis (termasuk Yohanes) benar-benar memaksudkan ucapan yang mereka katakan. Komunikasi mereka itu harus diterima "apa adanya".

Aturan umum lainnya adalah bahwa kata yang sama dalam konteks yang sama perlu diasumsikan mengandung makna yang sama, sekali lagi, kecuali jelas ada petunjuk yang berbeda. Jika kita mengubah makna suatu kata begitu saja tanpa petunjuk apa pun, kebingungan yang muncul akan merepotkan, dengan perubahan bunyi pengucapan atau ejaan teksnya. Aturan ini secara langsung memengaruhi kedua "kebangkitan" dalam Wahyu pasal 20.

Dengan semuanya ini, kita perlu menambahkan pula kualifikasi penting bahwa kitab Wahyu ditulis untuk orang-orang biasa dalam zaman dan tempat yang berbeda dari kita saat ini. Tidak heran, beberapa hal sudah jelas bagi mereka tetapi tidak jelas bagi kita, yang hidup 2.000 tahun setelah mereka dan jauh dari wilayah geografis mereka.

Mereka adalah orang-orang Yunani (kafir) dari berbagai ras, yang hidup di wilayah Romawi, menggunakan bahasa Yunani, membaca kitab suci Yahudi, dan disatukan oleh kesamaan iman Kristen. Maka, kita perlu memanfaatkan informasi latar belakang, budaya, dan bahasa mereka ini sebaik-baiknya. Tujuannya adalah untuk menemukan apa yang *mereka* akan pahami ketika mendengar kitab Wahyu dibacakan untuk mereka, mungkin dalam satu kali pembacaan saja. Ini bisa jadi amat berbeda dengan pemahaman kita ketika kita membacanya di dalam hati, sedikit-sedikit setiap hari.

Namun, kitab Wahyu pun jelas diberikan bagi kita pada masa sekarang pula, karena ada di dalam Perjanjian Baru. Tuhan tentu telah memaksudkan hal ini ketika memberikan pesannya kepada Yohanes. Maka, kita dapat berasumsi bahwa jarak waktu dan ruang kita ini bukan keterbatasan yang tidak dapat diatasi.

Faktor yang jauh lebih penting daripada kesenjangan budaya adalah perbedaan situasi. Penting sekali bahwa kita bertanya situasi apa yang menimbulkan kebutuhan untuk penulisan kitab ini. Inilah kunci utama yang dibutuhkan untuk membuka rahasia seluruh kitab. Di balik setiap kitab lain dalam Perjanjian Baru,

Aspek Tujuan

ada alasan penulisannya, yaitu kebutuhan yang perlu dijawab oleh penulisan itu. Demikian pula dengan kitab Wahyu.

ALASAN PRAKTIS

Telah disebutkan sebelumnya bahwa tujuan utama kitab Wahyu bukanlah untuk mengungkapkan jadwal peristiwa masa depan, melainkan untuk mempersiapkan orang-orang terhadap apa yang akan terjadi. Lalu, apa yang akan terjadi itu, yang tanpa kitab ini orang tidak akan siap menghadapinya? Jawabannya muncul di halaman pertama (Why. 1:9–10).

Yohanes, penulisnya, memang sedang menderita sengsara karena imannya. Dia berada di penjara, tetapi bukan karena melakukan kejahatan apa pun. Dia menjadi tahanan "politik" di Pulau Patmos di Laut Aegea (versi modern yang serupa mungkin penjara Alcatraz di Pulau Robben di AS). Dia ditangkap dan dibuang sebagai tahanan karena alasan keagamaan. Pengabdian dan penyembahannya yang eksklusif hanya kepada "Firman Tuhan dan kesaksian Yesus" dianggap sebagai pengkhianatan oleh pihak yang berkuasa, ancaman terhadap "Pax Romana" berdasarkan toleransi politeisme dan pengkultusan kaisar. Rakyat diperintahkan untuk percaya kepada banyak dewa, dan sang Kaisar adalah salah satu dari banyak dewa itu.

Menjelang akhir abad pertama, situasi ini mengemuka, sehingga memunculkan krisis nurani bagi orang Kristen. Kaisar Julius adalah orang pertama yang menyatakan dirinya sebagai dewa/tuhan. Penerus takhtanya, Augustus, memerintahkan agar didirikan kuil untuk menyembah Julius; dan kuil-kuil semacam itu pun didirikan di Asia Kecil (sekarang Turki barat). Sementara Nero telah mulai menganiaya orang Kristen (membalurkan ter pada tubuh mereka lalu membakar mereka hidup-hidup seperti obor untuk menerangi pesta kebun yang diadakannya atau menjahitkan kulit hewan liar pada tubuh mereka lalu menjadikan mereka buruan bagi anjing pemangsa), penganiayaan itu terbatas dalam durasi dan tempatnya.

Pada masa adven Domitianus dalam dasawarsa terakhir abad pertamalah secara resmi serangan yang kejam terhadap orang Kristen disahkan, yang lalu berlanjut sampai selama 200 tahun. Nero menuntut penyembahan yang universal kepada dirinya, bahkan dari orang-orang yang telah sekarat dan nyaris mati. Setahun sekali, dupa dilemparkan ke altar yang menyala dengan api di hadapan patung dadanya, dengan seruan: "Kaisar adalah Tuhan." Hari yang ditentukan untuk praktik ini pun secara resmi disebut "Hari Tuhan".

Pada hari itulah tepatnya kitab Wahyu pertama kali mulai ditulis. Dapat dimaklumi jika pembaca zaman modern menganggap hari itu adalah hari Minggu. Sebenarnya, mungkin saja demikian, tetapi hari Minggu disebut "hari pertama dalam seminggu" dalam Gereja mula-mula. Ada dua unsur dalam teks bahasa Yunaninya yang menunjukkan festival tahunan kerajaan. Yang pertama adalah adanya artikel definitif (terjemahan bebasnya "pada hari Tuhan *itu*", bukan "pada suatu hari Tuhan" atau "pada hari Tuhan [yang mana saja]"). Yang kedua adalah bentuk kata "Tuhan" sebagai kata sifat, bukan kata benda ("hari Tuhan" dengan "Tuhan" sebagai sifat "hari" itu); sebutan ini ditetapkan oleh Domitianus, yang juga menetapkan dirinya dengan gelar "Tuhan dan Allah kita".

Setelah itu, akan tiba masa yang berat. Bagi orang-orang yang menolak mengakui siapa atau apa pun selain Yesus sebagai Tuhan, urusannya adalah nyawa. Kata "saksi" (dalam bahasa Yunani: *martur*) akan berubah maknanya menjadi baru, maknanya adalah mati. Gereja menghadapi ujian terberat sejak kelahirannya. Berapa orang yang akan tetap setia di bawah tekanan yang demikian berat?

Yohanes saja hanya satu-satunya yang tersisa dari kedua belas rasul. Semua rasul lainnya telah menanggung kematian sebagai martir. Tradisi Kristen mencatat bahwa Andreas mati disalib dengan salib berbentuk X di Patras, Acaia; Bartolomeus (Natanael) mati setelah dikuliti hidup-hidup di Armenia; Yakobus

Aspek Tujuan

(saudara Yohanes) mati dipenggal oleh Herodes Agrippa di Yerusalem; Yakobus (anak Kleopas dan Maria) mati dilempar dari puncak menara bait suci dan dirajam; Yudas (Tadeus) mati ditembaki panah di Armenia; Matius mati ditebas pedang di Parthia: Petrus mati disalib terbalik di Roma; Filipus mati digantung di tiang di Hierapolis di Frigia; Simon (orang Zelot) mati disalib di Persia; Tomas mati ditombak di India; dan Matias mati dirajam batu lalu dipenggal. Paulus juga mati dipenggal di Roma. Maka, penulis kitab Wahyu tentu amat sangat sadar akan harga kesetiaannya kepada Yesus. Saat itu, dia belum tahu bahwa dirinya akan menjadi satu-satunya rasul yang meninggal secara alami.

Kitab Wahyu merupakan "buku panduan untuk siap mati sebagai martir". Isinya menyerukan agar orang percaya "setia, bahkan setia sampai mati" (Why. 2:10). Sosok martir ada di mana-mana di halaman-halaman kitab Wahyu.

Orang percaya didorong untuk "bertahan". Salah satu nasihat yang sering muncul adalah "bertahan" dalam "ketekunan", dan ini merupakan sikap yang pasif. Tepat di tengah-tengah penderitaan yang terberat, muncul pula seruan: "Yang penting di sini ialah ketekunan orang-orang kudus, yang menuruti perintah Allah dan iman kepada Yesus," (Why. 14:12). Kita dapat menganggapnya ayat kunci untuk seluruh kitab Wahyu.

Namun, ada pula seruan untuk sikap yang aktif dalam menderita demi Yesus, yaitu agar kita "menang". Kata kerja "menang" ("menaklukkan") ini digunakan lebih sering daripada "bertahan" atau "bertekun", maka dapat kita anggap kata kunci untuk seluruh kitab.

Setiap surat kepada ketujuh jemaat ditutup dengan panggilan agar setiap anggotanya menang, yaitu menaklukkan segala godaan dan tekanan, baik di dalam maupun di luar Gereja. Meninggalkan iman percaya dan perilaku Kristen merupakan tindakan pengkhianatan kepada Yesus.

Pesannya bukan hanya bahwa Kristus menang, melainkan juga

orang Kristen harus menang pula. Orang Kristen harus mengikuti perkataan Tuhan, "... kuatkanlah hatimu, Aku telah mengalahkan dunia," (Yoh. 16:33), yang juga diteguhkan oleh perkataan-Nya dalam kitab Wahyu: Kamu juga harus mengalahkan dunia.

Tentu saja, itulah sebabnya kitab Wahyu menjadi jauh lebih bermakna bagi orang Kristen ketika sedang menderita aniaya. Mungkin, itulah pula sebabnya mengapa orang Kristen Barat yang berada di dalam kenyamanan gereja-gereja kesulitan memahami relevansinya. Kitab Wahyu harus dibaca dalam uraian air mata.

Kitab Wahyu memberikan dua insentif bagi mereka yang dianiaya dan "menang". Ada yang positif: *upah*. Bagi mereka yang bertahan dalam ketekunan tersedia banyak upah: hak untuk makan dari pohon kehidupan di surga milik Tuhan; tidak akan menderita kematian kedua; makan manna yang tersembunyi dan diberi loh batu putih dengan nama baru yang rahasia terukir di situ; menerima kuasa untuk memerintah atas bangsa-bangsa; duduk bersama Yesus di takhta; dikenakan pakaian lenan putih dan dijadikan tiang di dalam Bait Suci Tuhan dengan menyandang namanya dan sama sekali tidak akan keluar dari bait itu. Di atas segalanya, dan melampaui segala penderitaan, orang percaya yang menang dijanjikan tempat di langit dan bumi yang baru, untuk menikmati kehadiran Tuhan selama-lamanya. Prospeknya amat mulia.

Namun, ada pula insentif yang negatif: *hukuman*. Bagaimana nasib orang percaya yang tidak setia di bawah tekanan? Yang jelas, mereka sama sekali tidak akan menikmati berkat-berkat yang tadi disebutkan. Bahkan yang lebih buruk, mereka akan ikut tertimpa takdir orang tidak percaya di dalam "lautan api". Ada dua ayat dari bagian awal dan bagian akhir yang meneguhkan prospek yang mengerikan ini.

"Barangsiapa menang, ... Aku tidak akan menghapus namanya dari kitab kehidupan," (Why. 3:5). Jika kita artikan menurut logika bahasa, artinya adalah barangsiapa yang kalah berisiko mengalami nama mereka dihapus (secara harfiah, "dicungkil keluar dengan pisau" dari naskah kitab itu). "Kitab kehidupan" muncul dalam empat kitab Alkitab (Kel. 32:32; Mzm. 69:28; Flp. 4:3; Why. 3:5). Tiga dari semua konteksnya menyebutkan nama-nama pengikut Tuhan yang dihapus setelah berdosa terhadap Tuhan. Janji yang disebutkan di ayat dalam kitab Wahyu tidak termasuk "barangsiapa yang kalah", karena jika mereka termasuk, upah bagi yang menang itu akan menjadi hal yang tidak berarti.

"Barangsiapa menang, ia akan memperoleh semuanya ini, [langit dan bumi yang baru] dan Aku akan menjadi Allahnya dan ia akan menjadi anak-Ku. Tetapi orang-orang penakut, orang-orang yang tidak percaya, orang-orang keji, ... mereka akan mendapat bagian mereka di dalam lautan yang menyala-nyala oleh api dan belerang; inilah kematian yang kedua," (Why. 21:7–8). Perlu diingat bahwa seluruh kitab Wahyu ditujukan kepada orang percaya, bukan orang tidak percaya. Di sepanjang isinya, pesannya ditujukan kepada "orang-orang kudus" dan "pelayan-pelayan" Tuhan. Referensi "penakut" dan "tidak percaya" di sini tetap merupakan orang percaya. Pengertian ini ditunjukkan oleh adanya kata "tetapi", yang secara langsung mempertentangkan pihak yang layak menerima nasib itu dengan orang-orang percaya "yang menang".

Dengan kata lain, kitab Wahyu menetapkan dua takdir yang berbeda di hadapan *orang Kristen*. Mereka entah akan dibangkitkan dengan Kristus dan ikut memerintah bersama Dia lalu hidup selama-lamanya di semesta yang baru, atau akan kehilangan warisan Kerajaan itu dan menghabiskan kekekalan di neraka.

Kedua alternatif ini pun dikonfirmasi di bagian lain dalam Perjanjian Baru. Injil Matius merupakan "pedoman pemuridan", yang berisi lima diskursus penting bagi "anak-anak Kerajaan Allah", tetapi kebanyakan ajaran Yesus tentang neraka terdapat di dalamnya, dan semua, kecuali dua saja, peringatan-Nya ditujukan kepada murid-murid-Nya sendiri. Khotbah di Bukit (pasal 5–7), yang memberkati mereka yang dianiaya karena Yesus, berlanjut dengan pembahasan tentang neraka dan ditutup dengan peringatan bahwa ada dua takdir. Pengutusan misionaris (pasal 10) pun mengandung peringatan yang serupa: "Dan janganlah kamu takut kepada mereka yang dapat membunuh tubuh, tetapi yang tidak berkuasa membunuh jiwa; takutlah terutama kepada Dia yang berkuasa membinasakan baik jiwa maupun tubuh di dalam neraka," (ayat 28), dan, "Tetapi barangsiapa menyangkal Aku di depan manusia, Aku juga akan menyangkalnya di depan Bapa-Ku yang di sorga," (ayat 33). Khotbah tentang Akhir Zaman (pasal 24–25) menghakimi hamba-hamba yang malas dan sembrono dengan hukuman "membuat dia senasib dengan orang-orang munafik" (Mat. 24:51) dan "campakkanlah hamba yang tidak berguna itu ke dalam kegelapan yang paling gelap. Di sanalah akan terdapat ratap dan kertak gigi" (Mat. 25:30).

Paulus pun memberikan ajaran yang sejalan dengan itu saat mengingatkan Timotius tentang "perkataan yang dapat dipercaya":

Jika kita mati dengan Dia, kita pun akan hidup dengan Dia;
jika kita bertekun,
kita pun akan ikut memerintah dengan Dia;
jika kita menyangkal Dia,
Dia pun akan menyangkal kita... (2 Tim. 2:11–12)

Banyak orang Kristen menyangkal implikasi dari semua ini. Tentu saja, memang ada banyak hal lain yang perli dipertimbangkan (penulis telah membahas tema ini secara lebih lengkap dengan pertanyaan khusus dalam buku lain yang berjudul "Sekali Selamat, Tetap Selamat?"). Namun di sisi lain, posisi kita tampaknya amat jelas dalam kitab Wahyu. Bahkan, orang percaya masih mungkin kehilangan "bagian mereka dalam pohon kehidupan dan kota yang kudus", hanya karena mengubah teks kitab itu (Why. 22:19), sehingga mengubah pesannya.

Kita dapat meringkas tujuan kitab Wahyu sebagai kitab yang

ditulis untuk menasihati orang Kristen yang menghadapi tekanan luar biasa agar "bertahan", "bertekun", dan "menang", demi menghindari "kematian kedua" dengan mempertahankan nama mereka di dalam "kitab kehidupan". Kita juga dapat menemukan bahwa setiap pasal dan setiap ayat langsung tepat sesuai dengan tujuan keseluruhan ini, saat kita mengamati bentuk dan struktur seluruh kitabnya.

Bab Tujuh

ANALISIS STRUKTUR

Jika kita mendefinisikan tujuan kitab Wahyu secara tepat sebagai persiapan orang percaya untuk menghadapi penganiayaan dan bahkan kematian sebagai martir, tujuan ini tentu sesuai dengan setiap bagian di dalam kitab. Selain itu, struktur seluruh kitab seharusnya menunjukkan pengembangan tema ini.

Kita akan menyusun beberapa kerangka dengan menganalisis isi kitab dari berbagai perspektif dan untuk berbagai tujuan, dimulai dari yang paling sederhana. Pemisahan yang paling jelas terdapat di Wahyu 4:1, dengan peralihan tegas dalam sudut pandang dari bumi menjadi dari surga, dan dari situasi masa sekarang ke prospek masa depan.

1–3	MASA SEKARANG
4–22	MASA DEPAN

Bagian kedua yang lebih panjang ini juga terpisah dengan jelas antara kabar buruk dan kabar baik. Peralihan setiap bagiannya terdapat dalam pasal 19. Maka, ada:

1–3	MASA SEKARANG
4–22	MASA DEPAN
4–18	Kabar buruk
20–22	Kabar baik

Lalu, mari amati bagaimana setiap bagian ini berkaitan dengan tujuan utama kitab. Artinya, bagaimana setiap bagian ini mempersiapkan orang percaya untuk "Kesengsaraan Besar" yang akan datang"? Untuk itu, kita dapat menguraikan kerangkanya:

1–3	**MASA SEKARANG**
	Segala hal harus dipulihkan menjadi benar kembali sekarang juga.
4–22	**MASA DEPAN**
4–18	*Kabar buruk*: segala hal akan menjadi jauh lebih buruk sebelum akhirnya menjadi lebih baik.
20–22	*Kabar baik*: segala hal akan menjadi jauh lebih baik setelah akhirnya menjadi lebih baik.

Hanya satu hal lagi yang perlu ditambahkan, yaitu peristiwa-peristiwa dalam pasal 19. Apa yang muncul di dalam pasal ini, yang mengubah seluruh situasi? Kedatangan Yesus yang kedua kali ke bumi! Inilah tepatnya kerangka seluruh kitab, menurut prolog dan epilognya (Why. 1:7 dan 22:20). Kini kita dapat menyelipkan (pasal 19) kedatangan Yesus kembali di antara kabar buruk dan kabar baik (kita tidak perlu mengulang kerangkanya; pembaca dapat menuliskannya sendiri di ruang celahnya).

Jika kita mengingat kerangka sederhana ini saat membaca seluruh kitab Wahyu, banyak hal akan menjadi lebih jelas. Di atas segala kebingungan, kepaduan seluruh kitab akan terlihat jelas. Tujuannya tercapai dengan tiga tahap.

Pertama, Yesus memberi tahu gereja-gereja bahwa mereka harus menangani masalah internal jika ingin sanggup menghadapi tekanan eksternal. Kompromi iman atau perilaku, toleransi bagi penyembahan berhala atau amoralitas, semua ini melemahkan gereja dari dalam.

Kedua, Yesus, yang dikenal selalu jujur, menunjukkan kemungkinan terburuk dari situasi yang dapat terjadi pada mereka. Mereka tidak akan pernah memiliki pengalaman apa pun yang lebih buruk dari itu! Dan, masa yang amat sangat

Analisis Struktur

terburuk di masa depan itu, paling lama, hanya akan berlangsung beberapa tahun.

Ketiga, Yesus menyingkapkan hal-hal ajaib yang akan terjadi setelah itu. Membuang prospek kekal itu dalam upaya menghindari penderitaan yang sementara adalah tragedi terbesar bagi kita.

Dengan ketiga cara, Yesus menguatkan para pengikut-Nya untuk "bertahan", "bertekun", dan "menang", sampai Dia datang kembali kelak. Ada satu ayat yang menyimpulkan semuanya ini: "Tetapi apa yang ada padamu, peganglah itu sampai Aku datang," (Why. 2:25). Maka Dia akan berkata, "Masuklah dan ikutlah dalam kebahagiaan tuanmu," (Mat. 25:21).

Tentu, ada pula cara-cara lain untuk menganalisis kitab Wahyu. Kerangka "per topik" lebih menyerupai indeks topik dan membantu kita "menemukan arah" dalam pembacaan kitab. Kerangka yang demikian mengabaikan peralihan dari bumi ke surga dan kembali ke bumi lagi. Namun, kita juga dapat menganalisis kitab Wahyu berdasarkan tiga masa:

A. Apa yang saat ini sedang terjadi pada masa sekarang (1–5)
B. Apa yang akan terjadi segera dalam waktu dekat pada masa depan (6–19)
C. Apa yang akan terjadi suatu saat nanti pada masa depan (20–22)

Lalu, kita akan memperhatikan atribut-atribut utama pada setiap masa dan membuat daftarnya sedemikian rupa agar mudah dihafal. Berikut adalah salah satu contoh "katalog" peristiwa:

A. MASA SEKARANG
    1–3   Tuhan yang telah naik ke surga
            Tujuh kaki dian yang beragam
    4–5   Pencipta dan makhluk ciptaan
            Singa dan Anak Domba

B. MASA DEPAN YANG SEGERA
 6–16 Meterai, sangkakala, cawan
 Iblis, Antikristus, Nabi Palsu
 17–19 Babel — ibu kota terakhir
 Harmagedon — pertempuran terakhir

C. MASA DEPAN YANG JAUH
 20 Pemerintahan Kerajaan Seribu Tahun
 Hari Penghakiman
 21–22 Langit dan bumi yang baru
 Yerusalem baru

Perhatikan bahwa pasal 4–5 kini merupakan pemisahan yang pertama. Hal ini adalah karena "aksi" yang diikuti dengan "Aniaya Besar" sebenarnya dimulai dalam pasal 6. Pasal 19 kini menjadi pemisahan kedua, karena "Aniaya Besar" selesai di dalamnya, dengan Kristus menaklukkan "tritunggal najis".

Kerangka ini mudah dihafal dan siap memberikan "referensi setiap saat" yang berguna saat kita mencari tahu lebih jauh tentang topik tertentu.

Cara ini penting untuk dilakukan sebelum mengamati bagian-bagian yang relevan lebih dekat. Ini seperti peribahasa yang amat sering digunakan, tentang "melihat yang kecil tetapi tidak melihat yang besar"! Wahyu adalah salah satu kitab yang termudah dalam membangkitkan minat orang terhadap rincian-rinciannya, sehingga orang kehilangan pandangan akan keseluruhan gambarnya.

Namun, sekaranglah waktunya untuk mengganti teleskop dengan mikroskop, atau setidaknya kaca pembesar!

Bab Delapan

MENCERNA ISINYA

Dalam buku sesingkat ini, tidak mungkin kita memasukkan komentar penelaahan yang lengkap. Yang menjadi maksud buku ini adalah memberikan pendahuluan bagi setiap bagian, sehingga membantu para pembelajar Alkitab untuk dapat "membaca, menandai, mempelajari, dan mencerna pesan yang sama di dalam batin" mereka, seperti disebutkan dalam *Book of Common Prayer* (Buku Doa Umum).

Kita akan menandai sisi-sisi yang terpenting, menangani sebagian masalah yang ada, dan secara umum membantu pembaca agar tetap melanjutkan pembelajaran meski ada banyak kerumitan. Banyak pertanyaan akan tetap tidak terjawab, tetapi akan ditindaklanjuti dalam beberapa karya komentar penelaahan yang telah diterbitkan (salah satu yang terbaik ditulis oleh George Eldon Ladd; terbitan Eerdmans, 1972).

Sebaiknya kita telah membaca setiap bagian kitab Wahyu, dan membacanya lagi setelah masing-masing dibahas dalam bab ini.

PASAL 1–3: GEREJA DI BUMI
Bagian ini adalah yang paling langsung, mudah dibaca, dan mudah dipahami. Membacanya bagaikan mendayung di laut, yang setelah melewati satu titik kita berada di laut yang jauh lebih dalam karena perahu terguling, dan kita berputar-putar panik sambil berusaha berpegangan!

Meski sering menyebut dirinya "nubuat", kitab Wahyu sebenarnya berbentuk surat (bandingkan Why. 1:4–6 dengan bagian "tujuan" dalam surat-surat lainnya). Namun, surat Wahyu dikirim kepada tujuh gereja, bukan ditujukan untuk satu gereja saja. Setiap surat mengandung pesan khusus bagi masing-masing gereja, tetapi jelas bahwa semuanya harus mendengarkan pesan untuk gereja-gereja lainnya juga.

Setelah salam Kristen yang lazim ("kasih karunia dan damai sejahtera"), tema utamanya disebutkan: "Dia segera datang", yaitu peristiwa yang menyebabkan kepedihan bagi dunia tetapi sukacita bagi Gereja. Peristiwa ini pasti ("Amin").

"Pengirim" surat ini adalah Tuhan sendiri, Tuan atas waktu, yang dahulu, sekarang, dan akan datang, Sang Alfa dan Omega (yang pertama dan yang terakhir dalam abjad bahasa Yunani, melambangkan awal dan akhir segala sesuatu). Gelar-gelar yang sama juga diberikan kepada Yesus, oleh diri-Nya sendiri (Why. 1:17; 22:13), yang membuktikan bahwa Dia yakin akan ketuhanan-Nya.

"Sekretaris" atau "juru tulis" yang menuliskan surat ini adalah Rasul Yohanes, dalam kondisi diasingkan ke Pulau Patmos yang berukuran kecil (sekitar 13 x 6,5 km persegi saja), salah satu dari 12 pulau kecil di Laut Aegea, sebagai tahanan politik karena alasan keagamaan.

Isinya diberikan secara verbal (perkataan) maupun visual (penglihatan). Perhatikan bahwa Yohanes selalu "mendengar" sesuatu sebelum dia "melihat" sesuatu. Suara yang memerintahkan dia untuk menulis diikuti dengan penglihatan luar biasa tentang Yesus dalam sosok yang belum pernah disaksikan Yohanes: rambut seputih salju, mata menyala-nyala, suara bagai guntur menggelegar, lidah yang tajam, dan kaki yang berkilauan. Di gunung pemuliaan pun Yesus tidak terlihat seperti itu. Tak heran Yohanes tersungkur, sampai dia mendengar kata-kata yang amat dikenalnya, "Jangan takut."

Semua tokoh penting lainnya dalam sejarah; mereka semua kondisinya antara hidup atau mati. Hanya Yesus yang pernah mati lalu kini hidup, "untuk selama-lamanya" (Why. 1:18; yang secara harfiah berarti: "sampai segala zaman").

Yohanes diperintahkan untuk menulis apa yang terjadi saat ini (pasal 1–3) dan apa yang akan terjadi sesudah itu (pasal 4–22). Perkataan yang diberikan untuk masa sekarang adalah tentang kondisi ketujuh gereja di Asia Kecil, yang masing-masing memiliki "malaikat pelindung" dan seluruhnya berada dalam pengawasan Tuhan (Tuhan mengamati dengan pengetahuan-Nya dan Tuhan tahu masa depan mereka!). Ketujuh gereja itu diwakili dalam penglihatan awal oleh tujuh bintang (para malaikat) dan tujuh kaki dian (ketujuh gereja). Perhatikan bahwa Yesus melakukan sesuatu yang khas diri-Nya, "berjalan" di sekitar dan melintasi gereja-gereja itu, sama seperti yang dilakukan oleh Yohanes sebelum menjadi tahanan. Dalam kitab-kitab Injil, kebanyakan pesan Yesus disampaikan dan mukjizat-Nya dilakukan ketika Dia berjalan "melewati", baik sebelum kematian-Nya maupun setelah kebangkitan-Nya.

Ketujuh surat kepada ketujuh gereja itu harus dipelajari bersama dan saling dibandingkan. Kita akan mendapatkan pencerahan ketika mempelajari semua surat itu bersama-sama, karena pandangan yang menyeluruh itu akan memberi penekanan pada kesamaan dan perbedaan yang ada.

Akan langsung tampak jelas bahwa bentuk surat-surat itu sama persis, yaitu mengandung tujuh unsur (lagi-lagi angka "tujuh"):

1. PENERIMA YANG DITUJU:
    "... kepada malaikat jemaat di..."
2. KETERANGAN SUMBER:
    "Inilah firman dari Dia, yang..."
3. PERKENAN:
    "Aku tahu segala pekerjaanmu..."
4. TEGURAN:
    "Namun demikian Aku mencela engkau, karena..."
5. NASIHAT:
    "Jika tidak demikian, Aku akan datang kepadamu dan Aku akan..."

6. JAMINAN:
    "Barangsiapa menang, dia akan Kuberi..."
7. DESAKAN:
    "... hendaklah ia mendengarkan apa yang dikatakan Roh..."

Hanya ada variasi dari urutan ini dalam empat surat terakhir, yaitu dua unsur terakhir urutannya terbalik (tanpa ada alasan yang jelas). Mari kita bandingkan surat-surat ini dan kita temukan perbedaannya.

Penerima yang dituju
Unsur ini sama persis dalam ketujuh surat, kecuali bagian nama lokasi gereja/jemaat yang dituju. Kota-kota itu terletak di lintasan yang melingkar; mulai dari pelabuhan besar di Efesus (tentang gereja ini kita mendapatkan lebih banyak informasi daripada tentang gereja-gereja lainnya yang ada pada zaman itu), lalu bergerak ke arah utara dari pantai, lalu ke wilayah daratan di timur dan akhirnya ke arah selatan ke lembah yang makmur di Sungai Meander.

Satu-satunya hal yang diperdebatkan adalah apakah kata *angelos* (arti harfiahnya, "pembawa pesan") mengacu pada sosok roh dari surga atau sosok manusia. Karena di bagian lain mana pun dalam kitab Wahyu kata itu diterjemahkan sebagai malaikat, anggapan yang kuat dapat kita pegang pula di bagian ini. Memang, malaikat terlibat sangat dalam dengan kehidupan gereja-gereja (mereka bahkan memperhatikan gaya tata rambut jemaat yang beribadah!; 1 Kor. 11:10). Karena Yohanes terisolasi sendirian, harus ada para pembawa pesan dari surga untuk menyampaikan surat-surat itu. Terjemahan lainnya hanya muncul akibat sikap skeptis zaman modern ini terhadap keberadaan malaikat: "pelayan" (bahkan kadang dengan gelar "Pendeta"!).

Keterangan sumber

Tampak jelas bahwa Yesus tidak pernah menyebut diri-Nya dengan nama-Nya, tetapi hanya dengan berbagai gelar, dan banyak dari gelar itu sebelumnya tidak pernah muncul. Sebenarnya, Yesus memiliki *lebih dari 250* gelar; jumlah gelar terbanyak jika dibandingkan dengan manusia mana pun dalam sejarah (buatlah daftarnya, karena ini adalah suatu bentuk praktik ibadah yang bermanfaat). Dalam setiap surat, gelar yang Yesus gunakan dipilih-Nya dengan cermat untuk menggambarkan suatu aspek karakter-Nya yang sepertinya telah terlupakan atau terlewatkan dari ingatan jemaat yang dituju. Sebagian gelar dapat kita temukan dalam penglihatan awal Yohanes tentang Yesus. Semua gelar itu bermakna sangat penting. "Kunci Daud" mengacu pada penggenapan pengharapan akan Mesias Israel dalam diri Yesus. "Penguasa atas seluruh ciptaan Tuhan" menunjukkan otoritas-Nya yang bersifat universal (Mat. 28:18).

Perkenan

Bagian ini menjadi pembukaan yang akrab dalam setiap surat, dengan kata ganti orang ketiga ("Dia") berubah menjadi kata ganti orang pertama ("Aku"). Apakah yang sedang berbicara ini tetap orang yang sama? "Dia" jelas berarti Kristus, tetapi "Aku" bisa saja Roh, meskipun tentu itu berarti "Roh Kristus". Kelanjutan perkataan dalam surat itu lebih condong pada kemungkinan yang pertama: Kristus (misalnya, "[kuasa] ... yang telah kuterima dari Bapa-Ku"; Why. 2:27).

"Aku tahu" merupakan pernyataan tegas bahwa Dia memang tahu, baik tentang kondisi internal jemaat itu maupun situasi eksternal mereka. Pengetahuan-Nya, dan dengan demikian pemahaman-Nya, bersifat total. Penghakiman-Nya pun akurat, pendapat-Nya amat sangat penting, dan kejujuran-Nya transparan.

Di atas segalanya, Dia tahu "perbuatan"/"pekerjaan" mereka, yaitu segala tindakan yang mereka lakukan. Penekanan pada perbuatan ini terus muncul di sepanjang kitab Wahyu, karena memang temanya adalah penghakiman. Yesus akan datang segera, untuk menghakimi yang hidup dan yang mati. Kita dibenarkan oleh iman, tetapi dihakimi menurut perbuatan kita (2 Kor. 5:10). Yesus memuji perbuatan baik dan menyuruh umat-Nya melanjutkan perbuatan baik itu.

Ketika semua surat itu diamati bersama-sama, langsung tampak jelas bahwa Yesus tidak memberikan pujian sama sekali kepada dua jemaat: Sardis dan Laodikia. Padahal, keduanya merupakan gereja yang "berhasil" di mata manusia. Pendapat Yesus bisa sangat berbeda dari pendapat kita.

Jemaat berjumlah banyak, uang kolekte bernilai besar, dan jadwal kegiatan yang padat belum tentu merupakan tanda kesehatan rohani.

Lima gereja menerima pujian: Efesus karena pekerjaan yang sungguh-sungguh, kesabaran, ketekunan, dan pengenalan untuk membedakan (penolakan terhadap rasul-rasul palsu); Smirna karena keberanian menghadapi oposisi dan kekurangan (meskipun terletak di "sinagoge Iblis", mungkin bentuk okultisme dari kepercayaan Yudaisme); Pergamum karena tidak menyangkal iman meski di bawah tekanan, bahkan saat salah satu anggota jemaat mereka mati sebagai martir (meski berada di bawah bayang-bayang "takhta Iblis", yaitu kuil berukuran raksasa yang didirikan ulang dalam museum di bekas wilayah Berlin Timur); Tiatira karena kasih, iman, kesabaran, dan kemajuan mereka; Filadelfia karena kasih persaudaraan mereka yang berharga mahal (dengan lokasi yang juga berdekatan dengan "sinagoge Iblis").

Membaca semua itu, kita dapat melihat bahwa Yesus sering menyebut tentang Iblis, yang memang berada di balik segala kejahatan terhadap Gereja. Iblis jugalah biang kerok krisis yang mengintai gereja-gereja itu, "hari pencobaan yang akan datang atas seluruh dunia untuk mencobai mereka yang diam di bumi" (Why. 3:10).

Akhirnya, Yesus secara khas memberikan pujian sebelum melontarkan kritik (dan teladan ini diikuti oleh para rasul). Paulus bersyukur kepada Tuhan bahwa jemaat di Korintus memiliki semua "karunia rohani" (1 Kor. 1:4–7) sebelum menegur berbagai kesalahan di antara mereka. Tentu saja, dia juga menemukan bahwa ada beberapa situasi gereja yang tidak mungkin dipuji, seperti di Galatia. Namun, prinsip ini tetaplah perlu diteladani oleh semua orang Kristen.

Teguran

Lagi-lagi, ada dua jemaat yang tidak mendapat teguran: Smirna dan Filadelfia. Pastilah mereka merasa amat lega ketika surat itu dibacakan kepada mereka! Mereka lebih lemah daripada jemaat-jemaat lain, dan telah menderita sengsara, tetapi tetap setia, dan hal ini menyenangkan Yesus lebih daripada hal lain apa pun (Mat. 25:21, 23).

Lalu, ada masalah apa dengan jemaat-jemaat lainnya? Efesus telah meninggalkan "kasih yang mula-mula"; pertanyaannya, kasih kepada Tuhan, kepada satu sama lain, atau kepada orang-orang berdosa yang terhilang? Mungkin ketiga-tiganya sekaligus, karena memang semuanya saling terkait. Pergamum terjatuh dalam penyembahan berhala dan amoralitas; versi modern dosa-dosa ini adalah sinkretisme dan sikap permisif. Tiatira bersalah dalam dosa-dosa yang sama pula, sebagai akibat dari mengikuti ajaran Isebel, sang nabiah palsu. Sardis selalu memulai sesuatu yang baru dengan penuh semangat, sehingga menyandang reputasi sebagai gereja yang "hidup", tetapi tidak bertahan dan bertekun sampai titik akhir (bukankah ini sama dengan banyak dari kita sendiri?). Laodikia sakit parah, tetapi tidak menyadari keadaannya itu.

Surat yang terakhir ini mungkin merupakan yang paling dikenal sekaligus yang paling mengguncang. Jemaat Laodikia bangga karena menganggap diri mereka punya persekutuan yang hangat dan selalu menyambut hangat para pendatang. Namun, gereja yang "suam-suam kuku" membuat Yesus mual. Dia dapat menikmati yang dingin maupun yang panas, tetapi tidak yang setengah-setengah! Inilah referensi tentang mata air panas asin yang tersebar di seluruh tepi luar kota yang berbukit-bukit (bahkan saat ini pun "kastel putih" di Pamukkale masih merupakan destinasi "spa" yang populer di kalangan penikmat wisata kesehatan); pada saat aliran airnya mencapai Laodikia, suhunya telah menjadi "suam-suam kuku" saja sehingga tercipta efek emetik jika diminum, yaitu menimbulkan rasa mual dan memicu muntah.

Yesus saja berhenti hadir dalam kebaktian di Laodikia! Dia tidak lagi masuk ke dalam perkumpulan mereka; Dia hanya berdiri di luar. Ayat 20 mungkin telah menjadi teks yang paling banyak disalahgunakan dalam Alkitab, karena secara hampir universal telah digunakan sebagai ajakan untuk memberitakan Injil serta dorongan semangat bagi mereka yang mencari tahu tentang Yesus. Padahal, ayat itu tak ada hubungannya dengan menjadi orang Kristen. Sebenarnya, penggunaan konteks itu justru menciptakan kesan yang salah. Yang benar, orang berdosalah yang berada di luar dan perlu mengetuk pintu untuk masuk ke dalam Kerajaan Tuhan, dan Yesus adalah pintu kerajaan itu (Luk. 11:5–10; Yoh. 3:5; 10:7). "Pintu" di Wahyu 3:20 adalah pintu gereja Laodikia. Ayat itu justru merupakan pesan nubuatan untuk gereja yang telah kehilangan Kristus dan pesan itu penuh dengan pengharapan. Agar Yesus kembali masuk, hanya dibutuhkan satu anggota jemaat saja yang ingin duduk semeja dengan Yesus! Anda dapat membaca pembahasan yang lebih lengkap tentang ayat ini dalam tema tentang cara Perjanjian Baru untuk menjadi orang Kristen dalam buku saya yang berjudul *The Normal Christian Birth* (*Kelahiran Kristen yang Normal*, Anchor).

Sebelum kita menutup bagian ini, perlu kita perhatikan bahwa semua teguran yang tegas ini lahir dari kasih Yesus untuk gereja-gereja. Dia sendiri mengatakannya, "Barangsiapa Kukasihi, ia Kutegor dan Kuhajar," (Why. 3:19). Justru, jika tidak ada disiplin dari Yesus, itulah tanda kita bukan anggota keluarga-Nya (Ibr. 12:7–8)!

Dia tidak sedang menjatuhkan jemaat-jemaat itu; Dia justru sedang mengangkat mereka naik. Di atas segalanya, Dia berusaha mempersiapkan mereka untuk menghadapi tekanan berat yang akan segera datang, yang akan "menguji" mereka (Why. 3:10). Jika sekarang mereka terus saja berkompromi, mereka akan menyerah saat berada di bawah tekanan. Dan, keputusan menyerah itu akan membuat mereka kehilangan warisan rohani.

Nasihat
Selalu ada perkataan nasihat bagi ketujuh gereja. Bahkan dua gereja yang banyak dipuji pun dinasihati untuk terus melakukan perbuatan baik itu, "apa yang ada padamu, peganglah itu sampai Aku datang" (Why. 2:25).

Lima gereja lainnya diperingatkan dengan dua kata: "ingatlah" dan "bertobatlah". Mereka diperintahkan untuk mengingat kembali keadaan mereka sebelumnya dan keadaan mereka yang seharusnya. Pertobatan sejati jauh melampaui penyesalan atau rasa bersalah saja; harus ada pengakuan dosa dan perbaikan nyata.

Yesus memperingatkan gereja-gereja yang menolak dan meremehkan teguran-Nya bahwa Dia "akan datang segera" dan berurusan dengan mereka. Waktunya akan tiba ketika sudah terlambat bagi mereka untuk memperbaiki keadaan mereka. Kadang, hal ini mengacu pada Kedatangan Kedua Kristus, ketika "mahkota kehidupan" diberikan kepada mereka yang telah "setia, bahkan setia sampai mati" (Why. 2:10; bandingkan dengan 2 Tim. 4:6–8), tetapi mereka yang tidak siap akan mendengar kata-kata yang mengerikan ini: "Aku tidak mengenal kamu," (Mat. 25:12).

Di sisi lain, biasanya "Aku akan datang segera" mengacu pada "kunjungan" sebelum itu kepada salah satu gereja, untuk mengambil "kaki dian" dari gereja itu (Why. 2:5). Salah satu pelayanan Yesus adalah menutup gereja-gereja! Gereja yang berkompromi dan tidak bersedia dikoreksi sama sekali tidak berguna bagi Kerajaan Tuhan. Lebih baik jika gereja itu dilenyapkan, karena sikap yang demikian merupakan reklame buruk tentang Injil.

Maka, kita dapat menarik kesimpulan dari bagian ini pada ketujuh surat: perbaiki keadaanmu, pertahankan yang baik, atau Aku akan melenyapkanmu.

Jaminan
Jelas terlihat bahwa panggilan untuk "menang" tidak ditujukan kepada seluruh gereja sebagai suatu kumpulan, tetapi kepada setiap anggota jemaat secara pribadi. Penghakiman selalu bersifat pribadi, entah untuk tujuan upah atau hukuman. Penghakiman tidak pernah bersifat korporat/sekaligus (perhatikan kata "setiap orang" di 2 Kor. 5:10).

Namun, sama sekali tidak ada dorongan untuk keluar dari gereja yang korup atau pindah ke gereja lain yang lebih baik di luar sana! Demikian pula, orang tidak dimaklumi atas komprominya, meski gereja tempatnya berjemaat telah jatuh. Arus tren yang salah dalam sebuah kumpulan tidak boleh diikuti. Dengan kata lain, orang Kristen mungkin harus belajar menolak tekanan sekitarnya dalam gereja sebelum menghadapi tekanan dari dunia luar. Jika kita tidak sanggup "menang" di dalam kandang sendiri, tak mungkin kita "menang" saat bertanding di luar.

Yesus sama sekali tidak ragu untuk menawarkan upah sebagai insentifnya (Why. 5:12). Dia sendiri pun telah memikul salib itu, mengabaikan segala hinaan, demi "sukacita yang disediakan bagi Dia" (Ibr. 12:2). Dalam setiap surat, Dia mendorong "barangsiapa yang menang" untuk memikirkan hadiah yang menanti mereka yang tekun "berlari-lari kepada tujuan" (Flp. 3:14).

Sama seperti gelar-Nya dalam setiap surat diambil dari pasal pertama, upah yang ditawarkan-Nya pun diambil dari pasal-pasal terakhir. Semua upah itu akan diberikan di masa depan pada titik akhir kelak, bukan sebagai hadiah langsung seketika. Hanya mereka yang tetap beriman bahwa Dia akan menepati janji-Nyalah yang akan termotivasi oleh upah yang masih jauh itu.

Sekali lagi, kita perlu menyadari bahwa sukacita dari langit dan bumi yang baru bukanlah untuk semua orang percaya, melainkan hanya untuk mereka yang menang menaklukkan tekanan dari cobaan dan penganiayaan (seperti yang jelas terlihat di Why. 21:7–8). Yang akan diselamatkan adalah mereka yang tetap taat dan setia "sampai akhir" (Why. 2:26; bandingkan dengan Mat. 10:22; 24:13; Mrk. 13:13; Luk. 21:19) .

Desakan
Panggilan terakhirnya: "Siapa bertelinga, hendaklah ia mendengar!" merupakan kesimpulan penutup ajaran Yesus yang telah akrab dalam ingatan kita (contohnya, di Mat. 13:9). Maknanya menjadi makin jelas jika diamati dari perspektif salah satu teks Perjanjian Lama yang paling sering dikutip dalam Perjanjian Baru: "Dengarlah sungguh-sungguh, tetapi mengerti: jangan! ... dan buatlah telinganya berat mendengar ... supaya jangan mereka ... mendengar dengan telinganya dan mengerti dengan hatinya, lalu berbalik dan menjadi sembuh," (Yes. 6:9–10, dikutip di Mat. 13:13–15; Mrk. 4:12; Luk. 8:10; Kis. 28:26–27).

Yesus tahu bahwa demikian itulah tanggapan umum dari bangsa Yahudi. Kini, Dia menantang orang Kristen untuk memberikan tanggapan yang berbeda. Dia menyoroti perbedaan antara sekadar mendengar dan memperhatikan pesan yang didengar. Masalahnya adalah seberapa kita memperhatikan perkataan-Nya. Perkataan Yesus dalam kitab Wahyu hanya akan menjadi berkat jika dibaca dan "diterima", yaitu bukan hanya didengar dengan telinga, melainkan diambil dan "disimpan di dalam hati" (Why. 1:3). Orang tua yang mengalami perkataannya diabaikan oleh anaknya akan berkata, "Kamu tidak mendengar apa kata Ayah/Ibu?" karena tahu bahwa meski si anak mendengar, dia tidak memperhatikan.

Sederhananya, kata-kata penutup dalam setiap surat kepada ketujuh gereja berarti Yesus ingin menerima jawaban, yaitu respons positif berupa ketaatan. Dan, Dia memang layak menuntut respons ini. Dia Tuhan.

PASAL 4–5: TUHAN DI SURGA

Bagian ini relatif langsung dan tidak terlalu memerlukan pendahuluan. Secara khusus, pasal 4 mungkin telah kita kenal dalam konteks penyembahan, karena sering dibacakan untuk memulai pujian dalam ibadah dan dijadikan bagian dari lirik lagu-lagu himne pengagungan. Pasal ini memberikan pandangan sekilas tentang penyembahan di surga, yang merupakan bentuk asli yang bergema dalam wujud segala penyembahan di bumi.

Yohanes telah diajak "naiklah ke mari" (Why. 4:1) untuk melihat suasana surga; sebuah hak istimewa yang hanya diperoleh oleh sangat sedikit manusia selama hidup mereka (contoh lain manusia yang mengalaminya adalah Paulus; 2 Kor. 12:1–6). Surga adalah tempat Tuhan bertakhta dan dari surgalah Dia memerintah. "Takhta" adalah kata kuncinya, yang muncul 16 kali dalam pasal 4. Perhatikan penekanan pada kata "duduk" (Why. 4:2, 9,10; 5:1). Itulah pusat kendali di Kerajaan Surga.

Suasananya begitu indah hingga kita akan lupa bernapas saat melihatnya, nyaris tak terlukiskan. Pelangi hijau zamrud(!), mahkota emas, guruh dan kilat, obor yang menyala-nyala; bayangkan pandangan mata Yohanes tak henti-hentinya berpindah dari satu hal menakjubkan ke hal lain yang tak kalah ajaib, diiringi decak kagumnya karena terheran-heran. Usahanya untuk menggambarkan Tuhan yang disaksikannya sendiri itu hanyalah membandingkan pemandangan itu dengan dua batu permata yang paling berkilau yang pernah dilihatnya (yaspis dan sardis).

Selain semua hal ajaib itu, ada aspek kedamaian dalam seluruh suasana itu, yang digambarkannya sebagai "lautan kaca" yang membentang sampai garis cakrawala. Perbedaan yang amat kontras dengan segala keburukan di bumi (pasal 6 dan seterusnya) tentulah disengaja. Tuhan memerintah sebagai pemegang kuasa tertinggi di atas segala pertempuran antara yang baik dan yang jahat. Dia tidak perlu berusaha; bahkan Iblis pun harus meminta izin-Nya sebelum dapat menyentuh seorang manusia (Ayub 1). Dia tidak terkejut oleh apa pun. Dia sepenuhnya tahu bagaimana tepatnya cara menangani apa pun yang terjadi, karena yang terjadi hanyalah hal yang memang Dia izinkan.

Dia Tuhan, bukan manusia. Maka, Dia layak untuk disembah (kata *"worship"* dalam bahasa Inggris yang berarti "penyembahan" berasal dari dua kata, *"worth-ship"*, yang berarti "mengungkapkan kepada seseorang seberapa berartinya dia bagi kita"). Sang Pencipta menerima pujian tanpa henti dari makhluk-makhluk ciptaan buatan-Nya. Keempat "makhluk" hidup itu hanya "menyerupai" singa, anak lembu, manusia, dan burung nasar; yang kesemuanya bersama-sama mewakili semua makhluk ciptaan dari keempat penjuru bumi (meski ada 20 penafsiran lain yang berbeda pula!). Pujian mereka pun secara samar mengacu pada sifat trinitas Tuhan: "kudus" diucapkan tiga kali dan Tuhan dipuji dalam tiga aspek waktu: "yang sudah ada dan yang ada dan yang akan datang".

Ke-dua puluh empat tua-tua tampil sebagai "dewan" surga (Yer. 23:18). Hampir pasti, mereka mewakili dua umat Tuhan menurut perjanjian-Nya, Israel dan Gereja (perhatikan 24 nama pintu gerbang dan fondasi kota Yerusalem; Why. 21:14). Mereka memiliki "mahkota" dan "takhta", tetapi hanya memegang kuasa sesuai yang diberikan kepada mereka.

Tidak ada aksi lain dalam pasal 4 kecuali penyembahan yang tiada henti itu. Suasana penyembahan itu permanen, tanpa referensi waktu sama sekali. Aksi baru dimulai dalam pasal 5, dengan pencarian terhadap seseorang "di surga dan di bumi", yang "layak membuka gulungan kitab itu dan membuka meterai-meterainya".

Makna penting gulungan kitab itu menjadi jelas ketika kita melihat peristiwa-peristiwa yang terjadi. Di dalam kitab itu tentu telah tertulis jadwal mata acara yang akan bergerak ke titik akhir sejarah bumi yang kita tinggali semasa hidup kita ini. Pembukaan meterai-meterainya akan memulai hitung mundurnya.

Sampai semua itu terjadi, dunia harus terus berlanjut dengan keadaannya yang sekarang. "Zaman akhir yang jahat" ini harus ditutup sebelum "zaman yang akan datang" dapat dibuka. Harus ada keputusan untuk menghentikan "kerajaan-kerajaan dunia" untuk "Kerajaan Allah" ditegakkan secara universal di bumi. Itulah sebabnya Yohanes "menangis dengan amat sedihnya" karena frustrasi dan duka ketika tidak ada orang yang ditemukan "layak" untuk memulai seluruh proses ini.

Mengapa hal itu merupakan masalah? Tuhan sendiri pun telah melepaskan banyak hukuman atas bumi di sepanjang sejarah. Mengapa Tuhan tidak menjatuhkan hukuman-hukuman final itu sendiri saja? Kemungkinannya adalah Tuhan memilih untuk tidak melakukannya atau Dia merasa tidak memenuhi syarat untuk melakukannya! Kemungkinan yang kedua ini aneh sekali, bahkan terkesan menghujat Tuhan, karena ada perkataan yang menyebut satu sosok yang ditemukan "layak".

Siapakah sosok itu? Dia yang adalah "singa" dan "anak domba" sekaligus! Sebenarnya, perbedaan kontras di antara keduanya tidak setajam yang dipikirkan banyak orang. Anak domba itu jantan dan sepenuhnya berusia dewasa, sama seperti setiap domba yang digunakan dalam upacara pengorbanan ("berusia satu tahun"; Kel. 12:5). Dalam hal ini, sang "Domba Jantan" (demikianlah sebutannya yang lebih tepat) memiliki tujuh tanduk (satu tanduk lebih bayak daripada domba Yakub), yang melambangkan kuasa yang sempurna, serta tujuh mata, yang melambangkan pandangan dan pengetahuan yang sempurna. Namun, domba jantan itu "disembelih" sebagai korban.

Singa adalah raja hutan, tetapi di situ sang Singa berasal dari suku Yehuda dan dari garis keturunan Raja Daud. Maka, kita mendapatkan perpaduan unik antara singa yang berkuasa sebagai raja dan domba yang disembelih sebagai korban, yang menyatukan Sang Raja yang segera datang dan Hamba yang menderita sengsara, yang telah dinubuatkan oleh nabi-nabi Ibrani (contohnya, dalam Yes. 9–11 dan 42–53).

Namun, ini bukan hanya tentang siapa diri-Nya, melainkan juga apa yang telah dikerjakan-Nya; keduanya telah menjadikan-

Nya layak melepaskan bencana dan kesengsaraan yang akan mengakhiri dunia, karena "akhir" itu dapat berarti "dihentikan" atau "dimusnahkan". Dia akan membawa dunia ke akhir yang kedua itu: "dimusnahkan".

Dia telah mempersiapkan suatu umat untuk mengambil alih pemerintahan atas dunia. Dia telah membeli umat itu, dengan darah-Nya sendiri sebagai harganya, dari seluruh kelompok etnis ras manusia. Dia telah melatih mereka dalam tugas-tugas kerajaan dan keimaman dalam pelayanan bagi Tuhan, dan dengan demikian mempersiapkan mereka untuk tanggung jawab *memerintah di bumi* (bagian ini berkembang secara utuh di Why. 20:4–6).

Yang mampu membuka rangkaian bencana yang akan menumbangkan semua rezim kekuasaan lainnya hanyalah Dia yang telah melakukan semuanya itu. Jika kita menghancurkan sistem yang jahat tanpa kesiapan dengan sistem yang baik untuk menggantikannya, yang tersisa hanyalah anarki, kekosongan kekuasaan yang mengakibatkan kekacauan.

Dan, Dia sendiri adalah Penguasa yang layak bertakhta atas suatu pemerintah yang telah Dia persiapkan, tepatnya karena Dia telah merelakan diri menyerahkan segalanya untuk hal itu. Karena ketaatan-Nya sampai matilah, "bahkan sampai mati di kayu salib", Tuhan "sangat meninggikan Dia dan mengaruniakan kepada-Nya nama di atas segala nama" (Flp. 2:8–9).

Tak heran, ribuan malaikat sepakat, dengan pengakuan yang berirama, bahwa Dia amat sangat layak untuk menerima kuasa, kekayaan, hikmat, kekuatan, kehormatan, kemuliaan, dan pujian. Maka, segenap ciptaan di seluruh semesta bergabung dalam nyanyian paduan suara malaikat itu, dengan menambahkan satu hal yang penting. Kuasa, kehormatan, kemuliaan, dan pujian itu kini diterima bersama-sama antara Dia yang duduk di takhta dan Dia yang berdiri di pusat di hadapan-Nya, yaitu Bapa dan Anak; karena kebesaran itu merupakan pekerjaan keduanya sekaligus. Kedua Pribadi itu sama-sama terlibat melakukannya. Kedua Pribadi itu telah menderita sengsara sehingga pekerjaan itu tuntas, meskipun dengan cara yang berbeda.

Ketika itu, tak ada hal lagi yang menyamarkan pemahaman kita: jelas dan terang-benderang bahwa Tuhan Yesus Kristus sungguh adalah Tuhan, karena Dia menerima pujian dan penyembahan yang ditujukan kepada Tuhan dan kepada diri-Nya sekaligus, sebagai Pribadi yang layak untuk itu.

PASAL 6–16: SETAN DI BUMI
Bagian ini merupakan inti buku ini, sekaligus yang paling sulit dipahami dan diterapkan.

Kita memasuki bagian kabar buruk. Segala hal akan menjadi jauh lebih buruk sebelum akhirnya menjadi lebih baik. Setidaknya, ada penghiburan karena kita tahu situasinya tidak mungkin menjadi lebih buruk lagi daripada yang telah dikatakan dalam pasal-pasal ini. Namun, situasinya memang buruk sekali!

Ada tiga masalah penting bagi orang-orang yang menafsirkannya.

Pertama, bagaimana *urutan* kejadiannya? Sebagian orang telah mencoba memasukkan semua peristiwa dalam sebuah tabel waktu, dan ternyata hal itu cukup sulit.

Kedua, apa arti semua *simbol* itu? Ada yang jelas. Ada yang diberi penjelasan khusus. Namun, ada pula yang bermasalah ("perempuan yang mengandung" dalam pasal 12, salah satunya).

Ketiga, kapan *penggenapan* tiba untuk prediksi-prediksi itu? Di masa lalu kitakah, atau di masa sekarang, atau di masa depan kelak? Apakah hal-hal itu sudah terjadi, sedang terjadi saat ini, atau masih belum terjadi? Karena ini sudah dibahas sebelumnya (dalam bab tentang "Aliran Penafsiran"), kita tidak perlu lagi membahasnya di sini.

Maka, kita akan berkonsentrasi pada urutan kejadiannya, yang masih belum jelas jika kita baru membaca pasal-pasal ini untuk pertama kalinya, dengan semua simbol yang kita temukan. Memahaminya jadi rumit karena ada tiga ciri yang kelihatannya tidak cocok, yang tersebar secara acak di seluruh pasal-pasal ini.

Pertama, ada *penyimpangan sesaat*. Dalam bentuk "masa jeda" atau tanda kutip, ini berkaitan dengan topik-topik yang tampaknya berada di luar rangkaian peristiwa utama.

Kedua, ada *rekapitulasi*. Sesekali, narasinya tampaknya kembali ke jalurnya, lalu kembali merunut peristiwa yang telah disebutkan sebelumnya.

Ketiga, ada *antisipasi*. Banyak peristiwa disebut tanpa penjelasan langsung, hanya dijelaskan kemudian dalam kisahnya (contohnya, "Harmagedon" muncul pertama kali di Why. 16:16, tetapi peristiwanya sendiri baru terjadi dalam pasal 19).

Semua ini menimbulkan kesalahpahaman dan spekulasi, khususnya dalam aliran penafsiran "historis bersiklus" yang kita bahas sebelumnya (Bab 5, bagian 2). Kita akan menempuh jalur yang lebih sederhana, yaitu bergerak dari bagian yang jelas ke bagian yang samar.

Jika kita membaca pasal-pasal ini sekaligus dalam satu kali pembacaan, bagian paling mengejutkan adalah tiga urutan meterai, sangkakala, dan cawan. Simbolisme dalam rangkaian peristiwa ini cukup mudah diartikan:

Meterai: 1. Kuda putih — agresi militer
2. Kuda merah — pertumpahan darah
3. Kuda hitam — kelaparan
4. Kuda hijau — penyakit dan wabah

* * *

5. Penganiayaan dan doa
6. Guncangan dan teror

* * *

7. Kesunyian di surga, doa-doa didengar, jawaban doa itu dalam bentuk bencana akhir: gempa bumi hebat.

Sangkakala:
1. Bumi hangus terbakar
2. Laut tercemar
3. Air tercemar
4. Serangga dan wabah (5 bulan)
5. Invasi dari timur (200 juta)

* * *

6. Kerajaan Tuhan datang, dunia diambil alih oleh Tuhan dan Kristus setelah gempa bumi hebat

Cawan:
1. Bisul melepuh di kulit
2. Darah di laut
3. Darah dari mata-mata air
4. Matahari membakar

* * *

5. Kegelapan
6. Harmagedon

* * *

7. Hujan badai es dan gempa bumi hebat, diikuti dengan keruntuhan internasional

Menguraikan peristiwa-peristiwa ini dalam urutan seperti ini akan langsung menjadikannya jelas.

Lagi pula, peristiwa-peristiwa ini tidak sepenuhnya baru. Semuanya merupakan pengulangan yang serupa dari tulah-tulah di Mesir, yang terjadi ketika Musa berkonfrontasi dengan Firaun, termasuk serbuan katak dan belalang (Kel. 7–11). Semuanya juga terjadi pada masa sekarang, baik secara lokal maupun regional di berbagai wilayah. Contohnya, urutan keempat kuda dapat kita lihat di banyak wilayah di dunia, dengan masing-masing kuda mengikuti kuda yang sebelumnya. Yang benar-benar baru hanyalah skalanya yang universal, yang berarti malapetaka ini kelak terjadi meluas di seluruh dunia.

Setiap rangkaian terbagi menjadi tiga bagian. Empat yang pertama dapat dimasukkan ke satu kelompok, dengan contoh sebutannya yang paling jelas "empat penunggang kuda Akhir Zaman", sesuai gambaran yang disematkan oleh seniman Albrecht Dürer. Dua yang berikutnya tidak saling terkait terlalu erat, sedangkan satu yang terakhir berdiri sendiri. Tiga yang terakhir ini masing-masing disebut "celaka", yang menunjukkan makna kutuk.

Jika kita mengamati ketiga rangkaian ini bersama-sama, tampaknya ada *peningkatan intensitas* dalam hal keparahan kejadiannya. Sementara seperempat manusia binasa oleh rangkaian "meterai", sepertiga dari sisanya gagal bertahan melewati "sangkakala". Selanjutnya, ada pula peningkatan derajat dalam hal penyebab bencana. "Meterai" terjadi oleh penyebab manusia; "sangkakala" merupakan akibat kerusakan alam dan lingkungan: "cawan" secara langsung merupakan bencana yang dijatuhkan ke bumi oleh malaikat-malaikat.

Ada pula *percepatan* pada peristiwa-peristiwa itu. "Meterai" tampaknya tersebar dengan jarak waktu yang cukup lama, tetapi rangkaian yang setelah itu tampaknya terukur dengan jeda beberapa bulan, atau bahkan beberap hari saja.

Semua ini menunjukkan ada peningkatan derajat dalam ketiga rangkaian, sehingga kita perlu menyelidiki keterkaitan di antara setiap peristiwa itu. Jawaban yang paling jelas adalah bahwa semuanya itu *susul-menyusul*, dan mungkin dapat diuraikan dalam urutan berikut:

Meterai: 1234567, lalu sangkakala: 1234567, lalu cawan: 1234567.

Dengan kata lain, rangkaiannya jelas mengikuti satu sama lain.

Namun, maknanya tidak sesederhana itu! Studi yang teliti mengungkapkan bahwa yang ketujuh dalam setiap rangkaian tampaknya mengacu pada peristiwa yang sama (gempa bumi yang hebat dalam skala sedunia adalah peristiwa yang sama yang selalu terjadi; Why. 8:5; 11:19; 16:18). Temuan ini memunculkan teori alternatif, yang sangat disukai oleh penganut aliran penafsiran "historis bersiklus", yang yakin bahwa rangkaiannya bersifat *simultan* (sekaligus semuanya secara bersamaan), maka:

Meterai: 1 2 3 4 5 6 7
Sangkakala: 1 2 3 4 5 6 7
Cawan: 1 2 3 4 5 6 7

Dengan kata lain, semuanya mencakup periode waktu yang sama (biasanya dianggap sebagai seluruh masa di antara adven pertama dan kedua) dari sudut yang berbeda.

Pola yang lebih meyakinkan tetapi lebih rumit memadukan kedua pemikiran ini, dengan memandang enam yang pertama sebagai suksesif (terjadi satu per satu secara berturut-turut) sedangkan yang ketujuh sebagai simultan (terjadi bersamaan).

Meterai: 1 2 3 4 5 6   7
Sangkakala: 1 2 3 4 5 6   7
Cawan: 1 2 3 4 5 6 7

Dengan kata lain, setiap rangkaian mendahului rangkaian sebelumnya, tetapi semuanya memuncak dengan satu bencana akhir yang sama. Ini tampaknya merupakan pemahaman yang paling sesuai dengan buktinya, dan banyak dipercaya oleh penganut aliran penafsiran "futuris", yang yakin bahwa ketiga rangkaian masih berada di masa depan dalam kerangka sejarah.

Ketiganya berkonsentrasi pada apa yang akan terjadi di dunia. Ketika peristiwa-peristiwa itu terjadi, reaksi manusia pun harus kita perhatikan. Meski mengenali bahwa tragedi-tragedi yang mengerikan ini merupakan bukti murka Tuhan sebagai Bapa (dan murka Sang Anak Domba!), manusia menanggapinya dengan ketakutan (Why. 6:15–17) sekaligus mengutuk Tuhan (Why. 16:21). Mereka tidak bertobat (Why. 9:20–21), padahal Injil pengampunan masih tersedia (Why. 14:6). Ini menyedihkan tetapi sungguh benar. Betapa kerasnya hati manusia! Dalam situasi bencana, kita cenderung lari mendekat kepada Tuhan atau justru berbalik menjauhi Dia (kata-kata terakhir para pilot yang mengemudikan pesawat yang sedang jatuh sering kali merupakan makian kepada Tuhan; biasanya kata-kata ini dihapus dari rekaman kotak hitam, sebelum rekaman itu diputar sesuai kebutuhan).

Sekarang, tiba waktunya untuk kita mengamati pasal-pasal yang terselip di antara, atau mengalir di sela-sela, tiga rangkaian meterai, sangkakala, dan cawan itu. Ada tiga bagian pasal yang demikian: pasal 7, pasal 10–11, dan pasal 12–14. Kedua bagian pertama terletak di antara meterai dan sangkakala keenam dan ketujuh, tetapi bagian ketiga terletak sebelum cawan pertama, seolah tanpa ukuran waktu untuk pasal-pasal itu di antara cawan keenam dan ketujuh. Kita dapat mengamatinya dalam bentuk diagram dengan ilustrasi berikut:

```
Meterai:      1 2 3 4 5 6    (ps. 7)                      7
Sangkakala:              1 2 3 4 5 6  (ps. 10–11)        7
Cawan:                         (ps. 12–14) 1 2 3 4 5 6 7
```

Sekarang, kita memiliki garis besar pasal 6–16 yang utuh.

Ketiga rangkaian meterai, sangkakala, dan cawan itu terutama terkait dengan apa yang akan terjadi pada *dunia*, ketiga bagian pasal berbicara tentang apa yang akan terjadi pada *Gereja*. Di pasal-pasal itulah kita mendapat informasi tentang umat Tuhan selama seluruh kekacauan yang mengerikan itu. Bagaimana dampaknya pada mereka? Karena kitab Wahyu bertujuan untuk mempersiapkan "orang-orang kudus" terhadap hal yang akan datang, bagian-bagian pasal ini lebih relevan dan penting bagi mereka.

Pasal 7: *dua kelompok*. Di antara meterai keenam dan ketujuh, kita menangkap adanya dua kelompok orang yang berbeda di dua tempat yang sangat berbeda.

Di satu sisi, *sejumlah kecil orang Yahudi berada dalam perlindungan di bumi* (ay. 1–8). Tuhan belum menolak atau membuang Israel (Roma 11:1, 11). Dia memberikan janji tak bersyarat bahwa Israel akan bertahan dan selamat selama semesta masih ada (Yer. 31:3,5–37). Tuhan akan menepati janji-Nya. Ada masa depan untuk mereka.

Angkanya terlihat sebagai data yang dapat diperdebatkan, atau bahkan hanya buat-buatan. Mungkin, itu adalah angka-angka yang "bulat", atau simbol yang mengandung makna tertentu. Yang jelas, akan ada sebagian sangat kecil dari sebuah bangsa yang sekarang berjumlah jutaan jiwa. Dan, totalnya akan tepat terbagi di antara kedua belas suku, tanpa ada keistimewaan bagi satu suku pun. Ini berarti sepuluh suku yang dibawa ke Asyur tidak "hilang" di mata Tuhan, dan Dia akan mempertahankan mereka yang masih ada dari setiap suku yang dikenal-Nya. Ada satu suku yang hilang, Dan, yang memberontak melawan kehendak Tuhan atas mereka, dan kemudian digantikan—sama seperti Yudas Iskariot digantikan di antara kedua belas rasul. Kedua penggantian itu merupakan peringatan agar kita tidak menyia-nyiakan posisi kita dalam maksud dan rencana Tuhan.

Di sisi lain, *sejumlah besar orang Kristen yang tak terhitung banyaknya berada dalam perlindungan di surga* (ay. 8–17). Kumpulan besar manusia dari seluruh dunia berdiri di tempat yang terhormat di hadapan Sang Raja, bergabung dengan para tua-tua dan makhluk-makhluk surgawi dalam nyanyian pujian bagi-Nya. Namun, kini ada unsur tambahan dalam pujian itu: untuk "keselamatan" mereka.

Yohanes tidak menyadari makna penting itu dan mengakui ketidaksadarannya akan kualifikasi yang dianugerahkan kepadanya untuk kehormatan yang demikian besar. Salah satu dari tua-tua itu memberinya pencerahan, "Mereka ini adalah orang-orang yang keluar dari kesusahan yang besar," (ay. 14; dengan kala waktu yang dipakai pada kata kerja aslinya jelas menunjukkan penambahan yang terus berlanjut pada bergabungnya orang-orang baik secara pribadi maupun kelompok ke dalam kumpulan itu di sepanjang masa kesusahan). Bagaimana mereka bisa lolos? Bukan oleh satu kali "pengangkatan" yang mendadak dan rahasia (lihat bagian ketiga buku ini), tetapi oleh kematian, kebanyakan sebagai martir, yang muncul begitu sering dalam pasal-pasal ini (kita telah mendengar seruan tangis "jiwa" mereka akan pembalasan yang adil; Why. 6:9–11).

Namun, yang menyelamatkan mereka adalah tercurahnya darah Anak Domba itu, alih-alih darah mereka sendiri. Penderitaan Anak Domba itulah, bukan penderitaan mereka sendiri, yang menjadi korban tebusan atas dosa-dosa mereka dan menjadikan mereka bersih sehingga layak berdiri dalam hadirat Tuhan dan mempersembahkan pelayanan mereka.

Di sisi lain, Tuhan sangat sadar dan ingat akan penderitaan mereka demi Anak-Nya, dan Dia akan memastikan bahwa mereka tidak akan pernah lagi mengalami penderitaan itu. Matahari yang menyala tidak akan membakar mereka (Why. 16:8–9). Mereka akan dirawat oleh "Gembala yang baik" (Mzm. 23; Yoh. 10). Mereka akan disegarkan kembali dengan air "hidup" (yang berbuih!), bukan air biasa yang tak bergerak dengan kehidupan (Yoh. 4:14; 7:38; Why. 21:6; 22:1, 17). Dan, seperti semua orang tua yang anaknya menangis, Tuhan pun akan "menghapus air mata dari mata mereka" (Why. 21:4). Perhatikan bahwa berada di surga kini menjadi icip-icip kehidupan yang sejati kelak di bumi yang baru.

Pasal 10–11: *dua saksi*. Di antara sangkakala keenam dan ketujuh, perhatian kita difokuskan pada perantara manusia yang menyampaikan komunikasi pewahyuan Tuhan. Kata kunci dalam kedua pasal ini adalah "nubuat" (Why. 10:11; 11:3–6). Pada awal zaman Gereja, Yohanes di Patmos adalah nabi; sedangkan pada akhir zaman kelak, akan ada dua "saksi" yang bernubuat di kota Yerusalem.

Ada makna bencana yang segera datang dalam kemunculan ajaib dua malaikat yang "gagah perkasa". Malaikat yang pertama menyuarakan kebenaran yang mengerikan dengan suara yang mengguntur, hanya untuk Yohanes dan tidak boleh diberitahukan kepada siapa pun lainnya (bandingkan dengan 2 Kor. 12:4). Malaikat yang kedua mengumumkan bahwa tidak akan ada penundaan lagi untuk rangkaian peristiwa selanjutnya sampai pada titik puncaknya—sangkakala ketujuh akan menjadi titik puncak itu (ini meneguhkan kesimpulan kita bahwa meterai, sangkakala, dan cawan ketujuh, semuanya mengacu pada "akhir" yang sama).

Bagian terakhir yang juga paling mengerikan dalam kabar buruk ini akan segera datang. Letaknya di "gulungan kitab kecil" (apakah ini versi lanjutan yang lebih terperinci dari gulungan lebih besar yang telah dibuka sebelumnya?). Yohanes diperintahkan untuk "memakan" gulungan kitab itu (dalam bahasa kita: "mencerna"). Gulungan kitab itu "akan membuat perutmu terasa pahit, tetapi di dalam mulutmu ia akan terasa manis seperti madu" (reaksi ini sama dengan yang dialami banyak orang terhadap keseluruhan kitab Wahyu, ketika mulai memahami pesannya).

Yohanes diperintahkan untuk "bernubuat" lagi, untuk melanjutkan pekerjaannya menyampaikan nubuat akan masa depan dunia. Lalu, dia dibawa berkeliling kota Yerusalem dan Bait Sucinya. Dia mengukur bagian-bagiannya, tetapi tidak mengukur pelataran yang sebelah luar yang diperuntukkan bagi orang Yunani yang percaya, karena mereka akan datang untuk "menginjak-injak" kota itu, bukan beribadah di dalamnya. Ketika itu, mereka akan bertemu dua orang luar biasa, yang akan memberitakan kepada mereka tentang Tuhan yang begitu mereka benci.

Alhasil, baik kedua pemberita kebenaran itu maupun para

pendengarnya mati! Kedua saksi akan memiliki kuasa yang ajaib, untuk menghentikan hujan (seperti Elia; 1 Raj. 17:1; Yak. 5:17) dan mendatangkan api atas musuh mereka (seperti Musa; Im. 10:1–3). Lalu, mereka akan dibunuh setelah kesaksian mereka selesai. Jasad mereka akan digeletakkan di jalanan selama tiga setengah hari, sementara orang banyak dari berbagai bangsa, yang sebelumnya "tersiksa" di hati nurani oleh rasa bersalah akibat perkataan mereka, berpesta pora merayakan lenyapnya mereka. Kemudian, kelegaan itu berubah menjadi kengerian ketika keduanya dibangkitkan kembali, di hadapan pandangan semua orang. Suara yang nyaring dari surga ("Naiklah kemari!") memanggil mereka dan mereka naik ke surga. Pada saat kepergian kedua saksi itu, gempa bumi yang hebat akan menghancurkan sepersepuluh dari segala bangunan di kota itu sekaligus 7.000 jiwa penduduknya.

Kesamaan antara nasib kedua saksi itu dan pengalaman Yesus sebagai *nabi* sangat dekat. Tidak mungkin orang melihat kedua saksi itu tanpa teringat akan penyaliban, kebangkitan, dan kenaikan Yesus di kota yang sama itu. Tentu saja, ada perbedaannya pula: dalam kasus Yesus, gempa bumi terjadi bersamaan dengan kematian-Nya (Mat. 27:51) dan kebangkitan-Nya setelah tiga hari mati serta kenaikan-Nya tidak disaksikan oleh semua orang. Namun, kedua saksi itu tetap merupakan pengingat yang amat jelas akan Yesus di masa lalu yang jauh itu, terutama bagi orang-orang Yahudi di kota itu. Hasilnya, mereka akan dilanda ketakutan akan Tuhan, dan muncullah kerinduan yang mendalam untuk memuliakan Dia.

Kita tidak mendapatkan informasi tentang siapa tepatnya kedua saksi itu. Semua versi identifikasi yang ada hanya berupa spekulasi. Tidak ada petunjuk bahwa mereka adalah "reinkarnasi" dari masa lalu, maka tak dapat disimpulkan bahwa mereka adalah Musa dan Elia, meskipun mereka memiliki kesamaan dengan kedua tokoh itu (seperti mereka memiliki kesamaan dengan Yesus). Kita harus menunggu dan mengamati untuk dapat mengetahui siapa mereka, tetapi jelaslah bahwa identitas mereka tidak terlalu penting. Apa yang mereka lakukan dan apa yang menimpa mereka, itulah hal-hal pentingnya.

Sebelum menutup bagian ini, mari perhatikan dua titik "antisipasi".

Yang pertama, ada penyebutan yang pertama tentang masa 1.260 hari, yaitu 42 bulan, yang juga tiga setengah tahun. Kita akan menemukan angka ini lagi dalam pasal-pasal selanjutnya, yang tampaknya menunjukkan durasi masa "Aniaya Besar". Banyak orang mengaitkannya dengan "setengah minggu" dalam nubuat Daniel (Dan. 9:27; yang dalam Alkitab bahasa Inggris terjemahan New International Version sungguh tepat, "tujuh", bukan "minggu" atau "pekan"). Itu adalah durasi yang singkat dan sesuai dengan nubuat Yesus sendiri bahwa masa sengsara itu akan singkat saja (Mat. 24:22).

Yang berikutnya, ada pula penyebutan pertama tentang "binatang", yang menjadi karakter penting dalam bagian-bagian selanjutnya dalam narasi yang terus berlanjut itu.

Pasal 12–14: *dua binatang*. Demi mengikuti pola sastranya sejauh ini, bagian ini seharusnya terletak di antara cawan keenam dan ketujuh, tetapi keduanya langsung saling melekat erat sehingga tidak ada waktu atau ruang jeda untuk peristiwa-peristiwa lain. Maka, tiga pasal ini diletakkan sebelum ketujuh cawan dicurahkan, sebagai ungkapan final murka Tuhan atas dunia yang memberontak (lihat diagram dalam Bab 8, yaitu diagram ketiga dalam bagian tentang Why. 6–16).

Enam meterai dan enam sangkakala telah selesai. Rangkaian bencana yang terakhir akan segera datang, dan inilah rangkaian yang terburuk—sekaligus yang terberat bagi Gereja. Kuasa jahat akan makin kuat mengendalikan masyarakat, jauh melebihi sebelumnya, meski kendali mereka itu akan segera dipatahkan.

Bagian ini memperkenalkan kepada kita tiga sosok yang beraliansi untuk memerintah dunia. Yang pertama adalah makhluk malaikat dalam hal sifat dan asal mulanya: "naga" dan "ular tua", yang juga dikenal sebagai "Iblis", atau "si jahat" (Why. 12:9). Dua lainnya adalah makhluk manusia dalam hal sifat dan asal mulanya: "binatang" yang juga dikenal sebagai "Antikristus" (1 Yoh. 2:18; juga disebut "manusia durhaka" di 2 Tes. 2:3), dan "nabi palsu" (Why. 16:13; 19:20; 20:10). Bersama-sama, ketiganya membentuk "tritunggal najis", sebagai tiruan Tuhan, Kristus, dan Roh Kudus, dalam versi buruk yang mencengangkan.

Iblis dibawa kepada "celaka" untuk pertama kalinya. Sebelum ini, dia tidak disebut-sebut dalam kitab Wahyu, sejak surat-surat kepada ketujuh gereja (Why. 2:9,13, 24; 3:9). Meterai dan sangkakala telah dijatuhkan atas bumi, sementara Iblis masih berada di surga. Sebagai malaikat, Dia memiliki akses untuk berada di alam surgawi "di udara" (Ef. 6:12; bandingkan dengan Ayub 1:6–7). Di situlah pertempuran sesungguhnya antara kebaikan dan kejahatan sedang berlangsung, seperti yang dialami oleh siapa pun yang memasukinya melalui doa.

Namun, pertempuran antara malaikat baik dan malaikat jahat di surga itu tidak akan berlangsung selamanya. Alasan pertamanya, kekuatan pasukan keduanya tidak sebanding dalam hal jumlah. Pihak Iblis berisi sepertiga penghuni surga (Why. 12:4); dua pertiga lainnya dipimpin oleh Mikael, sang penghulu malaikat, yang memimpin pasukan kebaikan menuju kemenangan (di tembok timur bangunan Coventry Cathedral di Inggris, ada patung yang menggambarkan adegan penaklukan ini).

Iblis akan "dihalau" turun ke bumi. Kemudian, dia akan ditaklukkan lagi dan dilemparkan ke "jurang maut" (Why. 20:3). Sementara itu, dalam beberapa tahun Iblis tersingkir itu, kemarahan dan frustrasinya terkonsentrasi pada planet Bumi. Dia tak mampu lagi menantang Tuhan secara langsung di surga, maka dia menyatakan perang melawan umat Tuhan di bumi. Tindakan itu untuk berjaga-jaga dan sebagai aksi cadangan, yang dilakukannya dengan harapan untuk mempertahankan kerajaannya di bumi, melalui penguasa yang menjadi bonekanya: satu orang secara politik dan satu orang lagi secara keagamaan.

Sejauh ini, pesan pasal 12 cukup jelas, meskipun membutuhkan imajinasi yang kuat. Namun, kita (mungkin secara sengaja) telah mengabaikan karakter penting lainnya dalam drama ini: perempuan yang mengandung, yang bermandikan sinar matahari, berdiri di atas bulan, dan mengenakan mahkota 12 bintang pada kepalanya.

Siapakah perempuan ini? Apakah dia seorang manusia, atau dia hanya wujud "personifikasi" dari suatu tempat atau suatu umat (seperti "perempuan" lainnya dalam kitab Wahyu, misalnya "perempuan sundal" yang sebenarnya Babel dalam pasal 17–18)?

Sosok ini telah menjadi perdebatan dan perselisihan pendapat yang panas di antara para pembelajar Alkitab. Bagi sebagian orang, masalahnya selesai dengan fakta bahwa Iblis ingin "menelan Anaknya, segera sesudah perempuan itu melahirkan-Nya" (ay. 4) dan pernyataan bahwa dia "melahirkan seorang Anak laki-laki, yang akan menggembalakan semua bangsa dengan gada besi" (ay. 5). Tentu, mereka berkata bahwa semua ini merupakan referensi yang amat sangat tegas tentang kelahiran Yesus dan upaya langsung Herodes untuk membinasakan Dia. Maka, dalam pemahaman mereka, perempuan itu adalah ibu Yesus, Maria (penafsiran umum Gereja Katolik); atau personifikasi Israel, karena dari Israellah Mesias lahir (penafsiran umum Gereja Protestan, sebagai upaya untuk meniadakan kemungkinan bahwa itu adalah Maria).

Namun, maknanya tidak sesederhana itu. Mengapa zaman kekristenan awal harus muncul kembali dengan begitu tiba-tiba dan tidak disangka-sangka di tengah-tengah bagian yang mendeskripsikan akhir zaman? Mengapa kita membawa-bawa Maria ke dalam situasi ini (padahal setelah Kis. 1, Maria tidak lagi disebut sama sekali dalam Perjanjian Baru, karena pekerjaannya telah selesai)? Nah, kaum "historis bersiklus" menganggap ini sebagai bukti "rekapitulasi" lagi akan seluruh siklus sejarah Gereja, yang kali ini dimulai dengan kelahiran Kristus, sedangkan kali ini Iblis ditaklukkan dan dibuang dari surga.

Namun, penafsiran ini pun bermasalah. Tampaknya jelas bahwa anak itu "dirampas dan dibawa lari kepada Allah dan ke takhta-Nya" langsung setelah dilahirkan. Ini mungkin merupakan cara pandang jarak jauh (seperti teleskop) terhadap inkarnasi dan kenaikan Yesus, tetapi tanpa referensi apa pun tentang pelayanan, kematian, dan kebangkitan-Nya; maka, cara pandang ini pasti salah. Lagi pula, jika perempuan itu adalah ibu Yesus, siapa "keturunannya yang lain", yang diperangi dengan penuh rasa frustrasi oleh si naga (ay. 17)? Kita tahu bahwa Maria melahirkan anak-anak lainnya, termasuk empat anak laki-laki dan beberapa anak perempuan (Mrk. 6:3), tetapi mereka bersaudara itu hampir tidak mungkin menjadi "keturunannya yang lain" itu. Demikian pula, belum tentu "menggembalakan semua bangsa dengan gada besi" pasti mengacu pada Yesus; sebutan ini muncul tentang Yesus (Why. 19:15, sebagai penggenapan dari Mzm. 2:9), tetapi juga dijanjikan bagi para pengikut-Nya yang setia (Why. 2:27). Lalu, ada pula masa perempuan itu "dipelihara" di padang gurun selama 1.260 hari (Why. 12:6), yaitu masa yang telah muncul sebelumnya sebagai durasi kesengsaraan besar pada akhir zaman Gereja.

Maka, penafsiran yang paling sesuai dengan semua data yang ada adalah bahwa perempuan ini Gereja pada akhir zaman, yang dipelihara di luar wilayah kota selama masa kesusahan yang terberat. Anak laki-lakinya pun merupakan sosok personifikasi orang-orang percaya yang telah mati sebagai martir saat itu, yang telah berada di surga, jauh dari jangkauan Iblis. Mereka akan datang kembali ke bumi suatu hari kelak dan memerintah bersama Kristus (Why. 20:4 dengan jelas menyatakan hal ini). "Keturunannya yang lain" adalah mereka yang bertahan hidup melewati pembantaian, yang "menuruti hukum-hukum Allah dan memiliki kesaksian Yesus" (Why. 12:17; bandingkan dengan 1:9; 14:12). Dari cara pandang ini pun masih ada beberapa hal yang dapat diperdebatkan, tetapi jumlahnya jauh lebih sedikit daripada penafsiran lainnya.

Sekali lagi, tampaknya ada perbandingan implisit antara

pengalaman akan Kristus pada awal zaman kekristenan dan para pengikut-Nya pada akhir zaman kekristenan (seperti yang kita lihat dalam bab sebelumnya). Khususnya, sama seperti Dia telah "menang" (Yoh. 16:33), para pengikut-Nya pun akan "menang", karena mereka "tidak mengasihi nyawa mereka sampai ke dalam maut" (Why. 12:11). Kemenangan mereka mendemonstrasikan "pemerintahan Allah kita, dan kekuasaan Dia yang diurapi-Nya" (Why. 12:10; bandingkan dengan 11:15 dan Kis. 28:31).

Lalu, datanglah dua "binatang" dalam pasal 13. Yang pertama dan terbuas adalah seorang tokoh politik, diktator dunia yang menjalankan rezim totaliter atas segala kelompok etnis yang ada. Dialah sang "Antikristus" (1 Yoh. 2:18; perhatikan bahwa awalan "anti" dalam bahasa Yunani berarti "pengganti", bukan "lawan", sehingga sebutan ini berarti sosok Kristus palsu, bukan lawan atau pesaing Kristus), "manusia durhaka" (2 Tes. 2:3–4) yang tidak mengakui hukum apa pun selain kehendak dan keinginannya sendiri sehingga mengaku sebagai tuhan dan menuntut untuk disembah. Binatang ini adalah makhluk manusia yang menerima tawaran Iblis yang pernah Yesus tolak (Mat. 4:8–9; yang jika Dia terima, Dia akan menjadi Yesus sang Antikristus!).

Di sisi lain, Antikristus itu juga "anti-Kristen" dalam arti satunya: lawan atau musuh kekristenan. Dia memiliki kuasa untuk "berperang melawan orang-orang kudus dan untuk *mengalahkan* mereka" (Why. 13:7; dia mengalahkan mereka untuk sesaat, tetapi mereka akan mengalahkan dia untuk selama-lamanya, Why. 12:11).

Ciri-cirinya sama dengan binatang-binatang buas lainnya: macan tutul, beruang, dan singa. Tampaknya dia bangkit dari federasi pemimpin politik, mengumpulkan perhatian dunia kepada dirinya melalui peristiwa "ajaib" kesembuhannya dari luka yang mematikan, mungkin dalam suatu upaya pembunuhan. Sikapnya yang berpusat pada diri sendiri, sampai menghujat Tuhan, dikumandangkan selama 42 bulan.

Posisinya itu ditopang pula oleh binatang yang kedua,

rekannya dari sektor keagamaan, dengan kuasa supernatural yang berfokus pada penyembahan dunia kepada sang diktator politik. Mukjizat-mukjizatnya akan menyesatkan bangsa-bangsa ketika dia memerintahkan api untuk turun dari langit dan patung atau gambaran sang diktator untuk berbicara.

Penampilannya menyerupai "anak domba", yaitu domba usia muda yang hanya memiliki "dua tanduk". Ini tampaknya menunjukkan suatu penampilan permukaan yang lembut, bukan keserupaan dengan karakter Kristus, karena ada pula perbedaan yang kontras dengan ucapannya yang tajam seperti naga.

Serangan andalannya bukan mukjizat yang dipertontonkannya itu, melainkan dominasinya atas pasar ekonomi. Yang akan diizinkannya untuk melakukan jual-beli hanyalah orang-orang yang ditandai dengan angka khusus di suatu bagian tubuh yang terlihat (tangan atau dahi), dan tanda angka itu diberikan hanya kepada mereka yang ikut menyembah sang diktator politik. Maka, orang-orang Yahudi dan Kristen akan dikecualikan dari aktivitas perdagangan, tidak boleh berjual-beli, termasuk untuk keperluan hidup dasar.

Angka "666" adalah kode nama sang diktator. Kita telah membahas makna kode ini (lihat bagian akhir Bab 4). Sampai kedatangannya, saat identitasnya menjadi jelas dan terkait dengan angka 666, segala upaya spekulasi kita untuk memecahkan kode ini akan tidak berguna. Yang jelas hanya satu hal, bahwa dia akan berada di bawah kesempurnaan (angka 7), dalam segala hal.

Pasal 14 tampaknya memberikan kompensasi atas adegan-adegan mengerikan ini dengan mengalihkan perhatian kita ke sekelompok orang yang berdiri teguh (secara harfiah), yang amat kontras dengan mereka yang telah membiarkan diri terseret ke dalam perangkap sistem yang jahat itu. Mereka yang tetap berdiri teguh ini tidak menyandang tanda kode nama sang binatang, tetapi justru menyandang nama Bapa Anak Domba di dahi mereka masing-masing (ciri ini muncul juga di Why. 22:4). Mereka tidak dikenal sebagai pendusta yang arogan, tetapi bereputasi baik dengan integritas ucapan mereka serta kemurnian dalam seksualitas dan hubungan.

Lokasi mereka berdiri agak sulit dipastikan, entah di surga atau di bumi, tetapi konteksnya lebih condong ke lokasi di surga, karena nyanyian pujiannya keluar dari makhluk-makhluk hidup dan para tua-tua (Why. 14:3 tampaknya mengulangi Why. 4:4–11), dan nyanyian itu hanya dapat dipahami, apalagi dinyanyikan, oleh orang-orang tebusan. Angkanya (144.000) pun membingungkan, meski kita jangan salah memahaminya sebagai angka 144.000 dalam pasal 7. Kedua angka ini berbeda maknanya. Dalam pasal 7, 144.000 mengacu pada jumlah orang Yahudi di bumi; di sini mengacu pada orang Kristen di surga. Dalam pasal 7, 144.000 terdiri dari 12 suku Israel; di sini tidak. Keduanya tidak sama pula dengan "orang banyak dalam jumlah yang tidak terbilang" dalam pasal yang sama. Sekali lagi, mungkin ini hanyalah angka yang "bulat". Petunjuk sebenarnya mungkin ada dalam bagian yang berbunyi "ditebus dari antara manusia sebagai *korban-korban sulung* bagi Allah dan bagi Anak Domba itu" (ay. 4). Kelompok itu hanyalah secuil icip-icip dari tuaian amat besar yang kemudian. Maka, mungkin intinya adalah jumlah total orang Yahudi yang tetap terlindungi di bumi hanyalah sebagian dari jumlah orang Kristen yang bernyanyi memuji di surga.

Di sepanjang sisa pasal, ada rentetan berurutan peristiwa para malaikat membawa berbagai pesan dari Tuhan kepada manusia.

Yang pertama menyerukan ketakutan dan penyembahan kepada Tuhan, dengan peringatan bahwa Injil masih tersedia untuk menyelamatkan siapa pun dari "murka yang akan datang" (Luk. 3:7).

Yang kedua mengumumkan kejatuhan Babel. Di sini, ada titik antisipasi berikutnya, karena inilah untuk pertama kalinya Babel disebut. Semuanya akan dijelaskan di bagian selanjutnya (pasal 16–17).

Yang ketiga memperingatkan orang percaya akan konsekuensi mengerikan jika mereka menyerah pada tekanan sistem pemerintahan akhir yang totaliter. Bahasa yang digunakan menggambarkan neraka: "siksaan" kekal (kata yang sama ini juga menggambarkan pengalaman yang akan menimpa Iblis, Antikristus, dan nabi palsu di dalam "lautan api"; Why. 20:10). Dengan kata lain, mereka akan mengalami nasib yang sama dengan "pemimpin" yang mereka ikuti. Lalu, langsung setelah peringatan itu, disoroti pula fakta bahwa "orang-orang kudus" pun bisa saja terperosok ke dalam takdir yang sama, dengan panggilan untuk "bertekun dalam kesabaran" (ay. 12, yang mengulangi Why. 13:10). Kedua konteks menunjukkan bahwa sebagian orang kudus juga akan kehilangan nyawa karena kesetiaan mereka. Bagi mereka yang menjadi martir ini, ada berkat khusus tertulis: "Berbahagialah orang-orang mati yang mati dalam Tuhan, sejak sekarang ini," (ay. 13) Berkat ini bersifat ganda: mereka kini mendapat istirahat dari segala kesusahan, dan karena kesetiaan mereka telah tercatat, mereka kini juga dapat menantikan upah mereka. Bahkan yang mati karena penyebab alamiah pun saat itu kelak akan menikmati berkat yang sama. Namun, ayat ini sekarang masih tidak boleh digunakan di acara pemakaman; janji "sejak sekarang ini" mengacu pada pemerintahan si "binatang".

Yang keempat berseru kepada sesosok yang "serupa Anak Manusia di atas awan-awan" (jelas mengacu pada Dan. 7:13), dan memberitahukan kepada-Nya bahwa waktunya telah tiba untuk membawa masuk hasil tuaian. Yang dimaksud itu bisa jadi tuaian ilalang untuk dibakar, atau gandum untuk disimpan (Mat. 13:40–43); tepatnya yang mana tidak disebut jelas secara langsung.

Yang kelima hanya tampil membawa sabit di tangannya.

Yang keenam mengarahkan sabit itu ke "buah anggur" yang harus diinjak-injak dalam tempat pemerahan anggur besar "murka Tuhan", yang berada "di luar kota itu". Ini mengacu pada pembantaian besar-besaran manusia, jika kita melihat petunjuknya berupa kubangan besar darah (ukurannya hingga kedalaman semeter dengan luas lebih dari 466 km persegi—

apakah ini hiperbola?). Ini mungkin merupakan titik antisipasi menjelang pertempuran Harmagedon, dengan burung-burung nasar yang akan melahap habis bangkai-bangkai itu (Why. 19:17–21). Membaca semuanya itu, kita dapat menemukan keterkaitan antara darah, anggur, dan murka Tuhan, dan keterkaitan ini cukup sering muncul. Maka, menjadi terang benderanglah makna "diremukkan" dalam peristiwa salib dan secara khusus doa Yesus yang bagaikan "mau mati" di Taman Getsemani. Kiasan "cawan" dalam Alkitab sering berarti murka Tuhan (Yes. 51:21–24; Mrk. 14:36; Why. 16:19).

Keenam malaikat itu lalu diikuti oleh tujuh malaikat lagi, yang tidak berbicara tetapi bertindak mencurahkan cawan murka Tuhan. Mereka membawa tujuh "baskom", bukan cangkir kecil, yang penuh hingga hampir meluap dengan murka atas bumi. Ini lalu diikuti dengan nyanyian kemenangan dari para martir di surga, yang dengan penuh kesadaran menggemakan sukacita Musa setelah pasukan Mesir tenggelam habis di dalam Laut Merah (Why. 15:2–4). Temanya adalah keadilan dan kebenaran Tuhan, yang diungkapkan dalam perbuatan-Nya yang besar dan ajaib yang membuktikan kekudusan-Nya dengan menghukum para lawan-Nya. Sang "Raja Segala Zaman" mungkin tidak langsung mengadili yang bersalah, tetapi penghakiman-Nya pasti akan datang–dan pada akhirnya benar-benar datang.

* * * * *

Sebelum kita beralih dari bagian tengah kitab Wahyu yang penting ini, ada dua hal lagi yang perlu kita amati lebih dekat.

Pertama, bagaimana *urutan* kejadiannya. Orang telah mencoba mencocokkan seluruh meterai, sangkakala, dan cawan, bersama semua bagian pasal di sela-selanya, ke dalam suatu jadwal yang berturut-turut. Pembaca harus menilai sendiri apakah hasilnya cocok, dengan skema yang telah dipahami pembaca sendiri.

Faktanya, sulit sekali untuk mencocokkan semua peristiwa

yang dinubuatkan itu ke dalam suatu alur yang terpadu. Namun, Yesus adalah guru yang sangat baik, terlalu baik, sehingga Dia tidak mungkin menyembunyikan inti pesan-Nya dalam narasi yang terlalu rumit. Apa artinya bagi kita?

Sederhana saja: *urutan kejadian bukanlah hal utama* dalam bagian ini. Yang jauh lebih utama adalah apa yang akan terjadi, bukan kapan terjadinya. Tujuan semuanya itu diberitahukan kepada kita bukanlah untuk menjadikan kita peramal yang akurat, yang dapat meramalkan masa depan dengan tepat, melainkan untuk menjadikan kita hamba-hamba Tuhan yang setia, yang siap untuk menghadapi hal terburuk yang mungkin terjadi atas kita. Namun, akankah hal itu terjadi pada kita?

Kedua, *penggenapan* nubuatnya. Jika masa "Aniaya Besar" hanya berlangsung selama beberapa tahun terakhir, mungkin kita tidak akan perlu melewatinya dalam masa hidup kita. Lalu, apakah ini berarti yang perlu bersiap menghadapinya hanya generasi terakhir orang percaya, sedangkan yang lainnya tidak perlu membuang-buang waktu mempelajari kebenaran ini?

Salah satu jawabannya adalah tren masa kini dan laju pusaran peristiwa dunia membuat semua kejadian ini mungkin datang dalam waktu jauh lebih cepat.

Namun, jawaban utamanya untuk pemikiran semacam ini adalah sebagai peringatan bahwa peristiwa masa depan telah menampakkan bayangannya di hadapan kita. "Anak-anakku, waktu ini adalah waktu yang terakhir, dan seperti yang telah kamu dengar, seorang antikristus akan datang, sekarang telah bangkit banyak antikristus," (1 Yoh. 2:18). Nabi palsu akan muncul, tetapi sekarang pun telah ada banyak nabi palsu (Mat. 24:11; Kis. 13:6; Why. 2:20).

Dengan kata lain, yang suatu hari kelak akan dialami oleh seluruh Gereja secara universal ("dibenci oleh segala bangsa"; Mat. 24:9) saat ini pun sudah sedang terjadi secara lokal dan regional. Setiap orang Kristen bisa saja mengalami banyak cobaan dan penderitaan sebelum semua orang Kristen memasuki masa

"Aniaya Besar". Kita semua harus siap menghadapi kesusahan, yang akan mencapai puncaknya suatu hari kelak tetapi bisa datang sewaktu-waktu sekarang ini (lihat kata-kata bijak Corrie Ten Boom di bagian akhir Bab 13).

Maka, bagian ini (pasal 6–16) mengandung relevansi langsung bagi semua orang percaya, bagaimana pun situasi mereka sekarang ini. Di kebanyakan negara, Gereja telah mengalami tekanan berat dan jumlah negara yang tidak terjadi tekanan terhadap Gereja terus berkurang setiap tahunnya.

Dan, di ujung dari semuanya ini, ada kedatangan kembali Tuhan Yesus Kristus; setiap orang percaya perlu mempersiapkan diri untuk titik ujung ini. Motif utama mempersiapkan diri agar setia menghadapi tekanan adalah agar kita dapat berdiri di hadapan-Nya tanpa rasa malu. Mungkin, inilah yang menjelaskan peringatan berikut, yang terselip di antara cawan murka Tuhan yang keenam dan ketujuh (yang kebetulan juga menegaskan bahwa sebagian orang Kristen akan masih hidup di bumi pada saat itu kelak): "Lihatlah, Aku datang seperti pencuri. Berbahagialah dia, yang berjaga-jaga dan yang memperhatikan pakaiannya, supaya ia jangan berjalan dengan telanjang dan jangan kelihatan kemaluannya," (Why. 16:15; perhatikan penekanan yang sama pada pakaian di Mat. 22:11; Luk. 12:35; dan Why. 19:7–8).

PASAL 17–18: MANUSIA DI BUMI

Bagian ini masih termasuk "Aniaya Besar", tetapi singkat saja. Kedua pasal ini ada di ujung akhir, saat gempa bumi dahsyat terjadi pada meterai, sangkakala, dan cawan ketujuh (lihat Why. 16:17–19).

Sejarah dunia sedang bergerak lebih cepat menuju akhirnya. Titik finalnya sudah sangat dekat. Namun, terlepas dari segala peringatan yang telah diberikan, dengan perkataan maupun perbuatan Tuhan, manusia masih saja menolak bertobat dan tetap saja mengutuki Tuhan untuk segala kesusahan mereka (Why. 16:9, 11, 21).

Mencerna Isinya

Sisa isi kitab Wahyu didominasi oleh dua karakter utama perempuan, yang pertama wanita sundal yang najis dan yang kedua mempelai wanita yang suci. Keduanya bukan sosok manusia; keduanya merupakan personifikasi. Keduanya mewakili kota tertentu.

Kita dapat memberinya judul "Kisah tentang Dua Kota". Kedua "perempuan" itu adalah kota Babel dan kota Yerusalem, yaitu kota manusia dan kota Tuhan. Dalam bagian ini kita membahas yang pertama, yang telah disebutkan sebelumnya (Why. 14:8; 16:19).

Secara umum, kota-kota sering dianggap tempat yang buruk di dalam Alkitab. Penyebutan pertama (yang biasanya mengandung makna signifikan) mengaitkan kota dengan garis keturunan Lamekh serta pembuatan senjata untuk pembantaian massal. Di kotalah manusia berkumpul, maka di situlah pendosa berkumpul dan di situlah dosa terkonsentrasi. Dengan makin terpusatnya kumpulan manusia dan makin samarnya identitas, kejahatan dan kriminalitas berkembang makin subur. Ada lebih banyak pelampiasan hawa nafsu (prostitusi) dan kemarahan (kekerasan) di perkotaan daripada di pedesaan.

Kedua dosa yang disoroti secara khusus di sini adalah keserakahan dan kesombongan. Keduanya terkait dengan penyembahan kepada uang. Kita tidak mungkin menyembah Tuhan sekaligus menyembah Mamon (Luk. 16:13), dan hidup di lingkungan kota yang makmur mudah membuat kita melupakan Sang Pencipta langit dan bumi. Orang-orang yang merasa telah mencapai kesuksesan karena usaha mereka sendiri menyembah "pencipta" palsu, yang mereka anggap berjasa bagi kesuksesan mereka! Kesombongan pun terlihat dalam arsitektur kota: bangunan yang didirikan sebagai monumen ambisi dan kesuksesan manusia.

Demikian pula Menara Babel di tepi Sungai Efrat, yang terletak di jalur antara benua Asia, Afrika, dan Eropa. Menara itu didirikan oleh Nimrod, seorang pemburu (hewan) dan pejuang tempur (melawan manusia) yang gagah perkasa, dengan keyakinan bahwa keperkasaan adalah tujuan yang benar dan yang bertahan dan berjaya adalah yang kuat.

Secara khas, menara Babel dimaksudkan untuk menjadi bangunan buatan manusia yang tertinggi di dunia, dan ini merupakan pernyataan yang menimbulkan suatu kesan baik bagi manusia maupun bagi Tuhan. Pernyataan maksud "marilah kita cari nama" (Kej. 11:4) itu menjadi tanda dimulainya gerakan humanisme, yaitu usaha manusia untuk "menjadi Tuhan". Tuhan menghakimi usaha itu dengan memberikan "karunia" bahasa kepada manusia-manusia penduduk kota itu! Namun, lenyapnya bahasa mereka bersama itu berakibat ucapan-ucapan yang tak dapat dipahami (dari situlah muncul kata *"babble"* dalam bahasa Inggris, yang berarti "meracau" dalam bahasa Indonesia). Perhatikan bahwa kekacauan semacam ini tidak terjadi pada peristiwa Pentakosta, ketika karunia yang sama justru membawa kesatuan (Kis. 2:44).

Kota Babel kemudian menjadi ibu kota kekaisaran yang besar dan berkuasa, terutama di bawah kepemimpinan Nebukadnezar, raja tiran kejam yang membantai bayi-bayi, hewan, bahkan pepohonan, saat menaklukkan wilayah baru (Ibr. 2:17; 3:17).

Sementara itu, Raja Daud di Israel telah menetapkan Yerusalem sebagai ibu kota kerajaannya. Perbedaan kontrasnya, posisi kota Yerusalem tidak strategis untuk perdagangan, karena letaknya tidak di tepi laut, tepi sungai besar, atau jalur perlintasan utama. Namun, kota itu adalah "kota Tuhan", tempat Tuhan membubuhkan nama-Nya dan memilih untuk hidup tinggal bersama umat-Nya; awalnya di dalam kemah yang didirikan Musa, kemudian di Bait Suci yang dibangun Salomo.

Babel pun menjadi ancaman besar bagi Yerusalem. Nebukadnezar pada akhirnya menghancurkan kota suci itu, termasuk Bait Sucinya, lalu memindahkan segala barang berharga dari dalamnya dan penduduknya ke pembuangan selama 70 tahun. Tuhan mengizinkan semua itu terjadi, karena penduduk Yerusalem pun telah membuat kota itu menjadi "najis", sama seperti kota-kota lain.

Namun, tragedi itu pun hanya hajaran sementara, bukan hukuman yang permanen. Meski nabi-nabi Tuhan telah menjanjikan pemulihan Yerusalem dan keruntuhan Babel (contohnya, Yes. 13:19–20 dan Yer. 51:6–9, 45–48). Tentu saja, kota yang jahat itu memang menjadi reruntuhan batu yang ditinggalkan orang, sama sekali tidak dihuni kecuali oleh hewan-hewan liar di gurun, persis seperti gambaran yang telah dinubuatkan.

Tidak kebetulan bahwa kesamaan antara kitab Daniel dan Wahyu sangat nyata. Keduanya berisi penglihatan akhir zaman yang sangat saling sesuai. Namun, pewahyuan yang diberikan kepada Daniel pada masa Nebukadnezar (Daniel masih muda pada masa pembuangan pertama; totalnya orang Yahudi mengalami tiga kali pemindahan sebagai orang buangan ke Babel). Dia telah "melihat" situasi kerajaan-kerajaan dunia di masa depan sampai ke zaman Kristus dan setelah itu, sampai ke ujung sejarah, termasuk pemerintahan Antikristus, kerajaan seribu tahun, kebangkitan orang mati, dan Hari Penghakiman.

Kedua kitab juga berbicara tentang kota yang disebut "Babel". Namun, apakah keduanya berbicara tentang kota itu sebagai tempat yang sama?

Jika ya, tentu kota Babel akan harus dibangun kembali! Mereka yang percaya kota "Babel" dalam kitab Wahyu adalah kota yang sama dengan kota Babel dalam sejarah sangat bersemangat ketika sebagian wilayah Babel dibangun kembali oleh mantan presiden Irak, Saddam Hussein. Namun, tampaknya presiden itu tidak berniat memulihkannya menjadi kota yang hidup kembali; hanya sebagai alat pamer kebesarannya (dengan pertunjukan sinar laser yang memproyeksikan dirinya bersama Nebukadnezar di awan-awan!). Hampir tidak mungkin kota Babel kuno itu, meski dibangun kembali menjadi utuh, dapat menjadi kota pusat peradaban yang strategis lagi.

Aliran penafsiran "preteris" mengartikan "Babel" sebagai kota metropolis Roma. Memang pemahaman ini cukup berdasar kuat, apa lagi karena mungkin demikianlah cara pembaca asli kitab Wahyu memahaminya. Salah satu surat Petrus pun, yang ditulis untuk maksud yang sangat serupa (untuk mempersiapkan orang kudus menghadapi penderitaan), mungkin telah menunjukkan keterkaitan yang tersembunyi dalam bentuk kode dan sandi (1 Ptr. 5:13). Referensi tentang "tujuh gunung" pun mungkin sesuai dengan pemahaman ini (Why. 17:9; tetapi perhatikan bahwa "gunung" di situ berarti "raja").

Karakter Roma yang terus merosot pun sesuai dengan gambaran dalam kitab Wahyu. Daya tariknya yang menggoda untuk orang menukarkan barang dan uang demi meraup kenikmatannya serta dominasinya atas raja-raja kecil juga sesuai dengan gambaran itu.

Namun, apakah Roma adalah penggenapan gambaran "Babel" masih meragukan. Roma jelas *salah satu* Babel, tetapi hanya bayangan Babel *yang dinubuatkan itu*, yang mendominasi akhir sejarah, yang tegas ditunjukkan dalam kitab Wahyu.

Sebagian orang mengatasi kebingungan ini dengan mencalonkan Kekaisaran Roma baru. Denyutnya menjadi lebih cepat saat sepuluh bangsa (Why. 17:12) menandatangani "Perjanjian Roma" sebagai basis kekuasaan super yang baru, yaitu Komunitas Ekonomi Eropa. Lalu, orang mulai ragu karena bangsa-bangsa lainnya lagi datang bergabung; sekarang jumlah "tanduknya" menjadi terlalu banyak!

Aliran penafsiran "historis" pun tampak enggan melepaskan Roma sebagai kandidat Babel yang utama.

Dengan menganggap kitab Wahyu sebagai gambaran keseluruhan sejarah Gereja, kalangan Protestan sepakat memusatkan pandangan pada figur paus dan Vatikan, dengan kekuasaan politik dan religius yang mereka tegakkan, sebagai "wanita berpakaian kain ungu dan kain kirmizi", Babel itu, (identifikasi ini lalu menimbulkan kehebohan dalam kekacauan yang melanda Irlandia Utara). Kalangan Katolik pun membalas dengan menganggap pihak Protestan Reformasi sebagai Babel!

Mencerna Isinya

Sebenarnya, tidak ada petunjuk sama sekali dalam kitab Wahyu bahwa "Babel" merupakan suatu pusat keagamaan. Penekanannya justru terletak pada bisnis dan kenikmatan, sebagai urusan utama penduduknya.

Aliran penafsiran "futuris" tampaknya lebih mendekati kebenarannya, dengan menganggap kota itu sebagai sebuah metropolis baru yang bangkit untuk mendominasi wilayah-wilayah lain pada "akhir zaman". Karena kebenarannya diberikan sebagai "misteri" (artinya, rahasia yang disingkapkan), sepertinya Babel nanti adalah penciptaan manusia baru, bukan kota yang pernah ada yang dibangun kembali (entah itu Babel kuno atau Roma).

Jelas, Babel akan menjadi sebuah (atau bahkan satu-satunya) pusat perdagangan, tempat dunia mengumpulkan dan menghabiskan uang (perhatikan bahwa para pedagang terdampak oleh keruntuhannya; Why. 18:11–16). Di sisi lain, budaya tidak akan ditinggalkan (perhatikan musik di Why. 18:2a).

Namun, kota itu memang benar-benar rusak dan merusak, dengan ciri khas materialisme tanpa moralitas, kenikmatan tanpa kekudusan, harta tanpa hikmat, hawa nafsu tanpa cinta kasih. Kiasan yang bernada merendahkan itu, "wanita sundal", sangat tepat, karena kota itu siap memberikan apa pun yang orang inginkan dengan imbalan uang.

Nah, sejauh ini kita baru membahas si "wanita", tetapi sebenarnya dia menunggangi "binatang" yang memiliki tujuh kepala dan sepuluh tanduk, yang jelas menggambarkan sebuah federasi pemimpin politik. Kita tidak diberi tahu siapa mereka itu, bahkan sama sekali tidak ada informasi tentang mereka. Ada orang-orang yang berkuasa, tetapi tidak ada wilayah kekuasaan yang mereka pimpin. Kekuasaan itu mereka dapatkan dari si "binatang", sepertinya sang Antikristus, dan mereka semua akan menyatakan pengabdian mutlak kepadanya. Di atas segalanya, semua pemimpin itu akan jelas terlihat melawan kekristenan, "berperang melawan Anak Domba" dan "mereka yang di pihak-Nya" (Why. 17:14), mungkin karena nurani mereka telah rusak.

Babel itulah kota yang terkutuk itu. Kota itu dan mereka yang terikat padanya akan jatuh. Masa hidupnya akan segera tamat. Dalam dunia modern ini, bagaimana terjadinya keruntuhan Babel itu adalah amat sangat mungkin.

Wanita itu menunggangi binatang itu. Seorang ratu yang menunggangi raja-raja (terbalik dari peran gender asal saat penciptaan). Dengan kata lain, ekonomi akan mengendalikan politik, dan kuasa uang akan mengatasi bentuk-bentuk kekuasaan lainnya. Sejak tahun 2000 Masehi, sebagian besar bisnis di dunia akan berada di tangan 300 korporasi raksasa, maka skenario ini tidak sulit dibayangkan.

Para politikus yang ambisius, yang haus kekuasaan, membenci fenomena sumbatan finansial ini. Mereka bahkan siap mengacau hingga terjadi bencana ekonomi, jika itu memungkinkan mereka untuk mengambil alih kendali. Kita bisa saja teringat akan perlakuan Hitler terhadap orang Yahudi, yang memegang kendali atas banyak bank di Jerman.

"Raja-raja" akan iri kepada "wanita" yang menunggangi mereka, sehingga mereka akan bertekad menjatuhkan dia. Kota itu akan membara dengan api. Akibatnya adalah bencana ekonomi terhebat yang pernah dialami oleh dunia. Banyak orang akan "meratap dan menangis" di atas reruntuhannya.

Tuhan akan memunculkan bencana itu, tetapi bukan oleh tindakan fisik apa pun. Dia akan "menerangi hati mereka untuk melakukan kehendak-Nya dengan seia sekata" (Why. 17:17). Dia akan mendorong mereka hingga beraliansi dengan si binatang melawan kota itu. Antikristus akan memegang kendali politik dan si nabi palsu akan memegang kendali keagamaan; "raja-raja" lalu akan memberikan kendali ekonomi kepada keduanya dengan imbalan kuasa yang didelegasikan kepada mereka. Namun, mereka hanya akan menikmati hak istimewa itu dalam waktu yang amat sangan singkat ("satu jam lamanya"; Why. 17:12).

Kejatuhan Babel begitu pasti, sehingga digambarkan dalam kitab Wahyu sebagai hal yang sudah terjadi. Orang Kristen dapat

Mencerna Isinya

berpegang pada kepastian mutlak ini. Namun, ada beberapa alasan praktis mengapa kita diberi tahu tentang hal ini. Apa kaitan antara umat Tuhan dan Babel terakhir ini? Ada tiga arahan yang diberikan.

Pertama, akan ada banyak martir di kota itu. Pelacur itu "mabuk oleh darah orang-orang kudus dan darah saksi-saksi Yesus". Kata-kata terakhir ini lagi-lagi menunjukkan orang Kristen, dan kata-kata ini muncul di seluruh kitab Wahyu (Why. 1:9; 12:17; 14:12; 17:6; 19:10; 20:4). Tidak ada tempat bagi orang-orang kudus di kota yang mengabdi kepada kenajisan itu. Masyarakatnya tidak menginginkan nurani.

Kedua, orang Kristen diperintahkan untuk "Pergilah kamu, hai umat-Ku, pergilah dari padanya supaya kamu jangan mengambil bagian dalam dosa-dosanya, dan supaya kamu jangan turut ditimpa malapetaka-malapetakanya. Sebab dosa-dosanya telah bertimbun-timbun sampai ke langit, dan Allah telah mengingat segala kejahatannya," (Why. 18:4–5). Peringatan ini hampir sama persis dengan desakan Yeremia kepada bangsa Yahudi di kota Babel kuno. Perhatikan bahwa mereka disuruh "pergi keluar". Tuhan tidak mengeluarkan mereka dari kota itu; mereka harus keluar sendiri. Jelas, tidak semua orang percaya akan mati sebagai martir. Sebagian akan lolos keluar hidup-hidup, meski mungkin dengan meninggalkan harta kekayaan mereka di kota itu.

Ketiga, saat Babel jatuh, kita diperintahkan untuk merayakannya: "Bersukacitalah atas dia, hai sorga, dan kamu, hai orang-orang kudus, rasul-rasul dan nabi-nabi, karena Allah telah menjatuhkan hukuman atas dia karena kamu," (Why. 18:20). Hal itu sudah selesai di Wahyu 19:1–5. Banyak sekali orang tidak menyadari bahwa bagian refrain *Hallelujah* dalam karya oratorio terkenal gubahan Handel yang berjudul *Messiah* merupakan perayaan atas jatuhnya ekonomi dunia, tutupnya bursa saham, bangkrutnya bank-bank, dan kekacauan perdagangan! Hanya umat Tuhanlah yang akan menyanyikan "haleluya" (artinya: "pujilah Tuhan") pada hari itu kelak!

Pelacur besar itu lenyap dan sang mempelai wanita datang. "Perjamuan kawin Anak Domba" segera dilangsungkan. Yesus akan segera menikah; bahkan, Dia akan datang untuk menikah (Mat. 25:1–13). Mempelai wanita itu telah "mempersiapkan diri" dengan mengenakan pakaian lenan halus yang putih bersih (perhatikan bahwa referensi tentang "pakaian" ini muncul lagi); ini dijelaskan sebagai simbol "perbuatan-perbuatan yang benar dari orang-orang kudus (Why. 19:8). Daftar tamunya telah lengkap, dan isinya adalah orang-orang yang "berbahagia".

Mengakhiri bagian ini, kita telah mulai memasuki pasal 19, yang merupakan bagian selanjutnya. Namun, pembagian pasal-pasal ini tidak ada dalam teks aslinya, dan sering kali tidak tepat, sehingga mengacaukan alur yang telah Tuhan susun sendiri. Demikian pulalah yang terjadi, bahkan secara paling melenceng, dalam bagian puncak final kitab Wahyu.

PASAL 19–20: KRISTUS DI BUMI

Seperti yang telah kita ketahui, rangkaian peristiwa ini menjadi akhir yang menutup kisah sejarah. Akhirnya, dunia kita ini dibawa ke titik akhirnya. Kita berhadapan dengan masa depan yang terakhir.

Sayangnya, bagian ini telah menimbulkan lebih banyak kontroversi daripada bagian-bagian lainnya di seluruh kitab, dengan fokus utamanya pada masa "seribu tahun", yang sering disebut-sebut, dan kita kenal pula dengan istilah "milenium". Topiknya begitu penting, sehingga kita perlu membahasnya secara terpisah (lihat bagian D - Kebingungan tentang Kerajaan Seribu Tahun). Pendekatan kita untuk memahaminya termasuk studi eksegesis yang mendalam terhadap teksnya, maka di sini kita hanya akan menyorotinya dalam bentuk ringkasan singkat.

Penting sekali bahwa kita menyadari adanya perubahan bentuk pewahyuan, dari kata-kata (verbal) menjadi penglihatan (visual). Di sepanjang bagian sebelumnya, Yohanes berkata, "Aku mendengar," (Why. 18:4; 19:1,6). Lalu, ucapan Yohanes berubah menjadi "aku melihat", berulang kali, sampai kemudian akhirnya berubah kembali menjadi "aku mendengar" (Why. 21:3).

Jika kita menganalisis bagian visual itu, kita dapat mengenali dengan jelas rangkaian tujuh penglihatan itu. Namun, pembagian pasal yang tiba-tiba (pasal "20" dan pasal "21") agak mengganggu, padahal pewahyuan rangkap tujuh ini seharusnya dapat disadari oleh kebanyakan pembaca. Dengan pembagian pasal itu, tak banyak orang menemukan "tujuh" yang terakhir itu dalam kitab Wahyu. Sama seperti "tujuh-tujuh" yang sebelumnya, empat dari tujuh itu merupakan kumpulan yang tergabung bersama, dua yang berikutnya terkait tetapi tidak begitu erat, dan satu yang terakhir berdiri sendiri (kita akan mempelajari pemisahan ini nanti saat mengamati pasal 21–22). Daftarnya sebagai berikut:

i. PAROUSIA (Why. 19:11–16)
    Raja segala raja, Tuhan segala tuan (dan "Logos" = kata-kata Firman)
    Kuda putih, jubah yang bernoda darah

ii. PERJAMUAN (Why. 19:17–18)
    Malaikat memanggil burung-burung...
    ... untuk melahap mayat orang mati

iii. HARMAGEDON (Why. 19:19–21)
    Raja-raja dan pasukan-pasukan dihancurkan (oleh "pedang yang keluar dari mulut" = logos)
    Kedua binatang dilemparkan ke dalam lautan api

iv. IBLIS (Why. 20:1–3)
    Diikat dan dibuang ke dalam "jurang maut"
    tetapi hanya untuk sementara waktu

* * * * *

v. KERAJAAN SERIBU TAHUN (Why. 20:4–10)
Orang-orang kudus dan para martir memerintah (kebangkitan pertama)
Iblis dilepaskan dan dibuang ke dalam lautan api

vi. PENGHAKIMAN (Why. 20:11–15)
Kebangkitan yang berlaku umum pada semua orang "yang lain"
Kitab-kitab dan "buku kehidupan" dibuka

* * * * *

vii. PENCIPTAAN ULANG (Why. 11:1–2)
Langit dan bumi yang baru Yerusalem baru

Jelas, ini menunjukkan rangkaian peristiwa yang terjadi berturut-turut, dimulai dengan Kedatangan Kedua Kristus dan ditutup dengan penciptaan baru. Hal ini diteguhkan oleh referensi silang internal dalam kitab Wahyu (contohnya. Why. 20:10 mengacu kembali pada Why. 19:20). Sayangnya, para komentator telah berusaha mengurai urutan ini dalam upaya untuk mendukung suatu sistem teologi (dengan menetapkan bahwa pasal 20 terjadi sebelum pasal 19, misalnya). Padahal, urutan dalam pasal-pasal terakhir ini jauh lebih jelas daripada di bagian tengah kitab Wahyu, dan urutan ini sangat signifikan maknanya.

Sebagai contoh, musuh-musuh umat Tuhan dikeluarkan dari adegan dengan urutan yang terbalik dari saat mereka diperkenalkan masuk. Iblis muncul di pasal 12, kedua "binatang" di pasal 13, dan Babel di pasal 17. Babel dilenyapkan di pasal 18, kedua "binatang" di pasal 19, dan Iblis di pasal 20. Kota Babel jatuh sebelum kedatangan Kristus kembali, tetapi Kristus dibutuhkan di bumi untuk berurusan dengan "tritunggal najis": Iblis, Antikristus, dan nabi palsu.

Penglihatan pembuka dipahami sebagai gambaran Kedatangan

Kedua Kristus oleh hampir semua pakar (hanya sedikit yang menganggapnya mengacu pada kedatangan-Nya yang pertama, karena pandangan teologis mereka sendiri yang kaku). Kembalinya Yesus ke bumi akan melumpuhkan segala kuasa yang telah menegakkan dirinya. Mereka akan terkejut oleh kemunculan-Nya, sehingga menyusun rencana untuk pembunuhan Yesus yang kedua kalinya. Namun kali ini, musuh tidak bisa lagi menggunakan pasukan kecil tentara penjaga, karena jutaan pengikut Yesus dengan kesetiaan penuh akan menjumpai Dia di Yerusalem (1 Tes. 4:14–17). Pasukan militer dengan jumlah amat banyak akan berkumpul beberapa kilometer di sisi utara Lembah Esdraelon di kaki "gunung Megido" (dalam bahasa Ibrani, "*Har-mageddon*"). Itulah titik persimpangan dunia, yang terlihat dari atas dari kota Nazaret. Banyak pertempuran terjadi di lokasi itu; banyak raja telah tewas di situ (di antaranya, Saul dan Yosia).

Yesus hanya perlu mengeluarkan "satu kata" saja untuk membangkitkan yang mati atau menewaskan yang hidup. Sebenarnya itu bukan pertarungan, melainkan putusan vonis saja. Mereka yang tewas akan terlalu banyak jumlahnya, tidak mungkin dikubur, sehingga burung nasarlah yang akan mengurus bangkai-bangkai itu.

Pada titik itu, terjadi beberapa perkembangan yang mengejutkan. Kedua "binatang" tidak dibunuh, tetapi "dilemparkan hidup-hidup" ke neraka, dan menjadi manusia-manusia pertama yang masuk neraka. Iblis sendiri belum dimasukkan ke neraka. Dia ditawan sebagai tahanan, dan kelak akan dilepaskan lagi!

Di atas segalanya, Yesus saat itu belum menamatkan dunia ini, tetapi mengambil alih kendali pemerintahan, mengisi kekosongan politik yang tertinggal setelah sebelumnya dikuasai "tritunggal najis" dan menaruh para pengikut setia-Nya, terutama para martir, pada posisi kepemimpinan. Tentu, para martir itu harus dibangkitkan dari kematian dahulu untuk dapat memenuhi tanggung jawab itu. "Kerajaan" ini akan berlangsung selama seribu tahun, lalu berakhir ketika Iblis berbicara menyesatkan bangsa-bangsa sehingga mereka melakukan pemberontakan maut yang final, lalu mereka semua dibinasakan oleh api yang turun dari surga.

Masa di antara kedatangan Yesus kembali dan Hari Penghakiman ini pada umumnya ditolak oleh Gereja saat ini, tetapi diterima sebagai pandangan yang tepat oleh jemaat mula-mula. Dalam bagian D ("Kebingungan tentang Kerajaan Seribu Tahun"), dijelaskan secara lengkap tentang alasan perubahan pandangan ini serta berbagai pertanyaan yang muncul karenanya.

Namun, beberapa hal berikut disepakati secara luas. Hari penyataan terakhir jelas diajarkan di seluruh Perjanjian Baru.

Ada dua tanda ajaib yang mendahului kedatangannya. Langit dan bumi hilang lenyap. Kita tahu dari 2 Petrus 3:10 bahwa keduanya akan "hangus" oleh api. Orang-orang mati, termasuk yang hilang di lautan, bangkit kembali. Inilah kebangkitan kedua, atau kebangkitan "umum" (Why. 20:5), yang meneguhkan bahwa orang fasik maupun orang benar akan mendapatkan tubuh baru sebelum memasuki takdir kekal mereka masing-masing (Dan. 12:2; Yoh. 5:29; Kis. 24:15). "Tubuh dan jiwa" mereka, keduanya sekaligus, akan dilemparkan ke dalam lautan api (Mat. 10:28; Why. 19:20). "Siksaan" itu akan bersifat fisik sekaligus mental (Luk. 16:23–24). Maka, "kematian", yang memisahkan tubuh dari roh, dan "Hades", tempat roh tanpa tubuh berdiam, keduanya dibinasakan (Why. 20:14). "Kematian kedua", yang tidak memisahkan tubuh dari jiwa dan tidak melenyapkan tubuh atau jiwa, kini berlaku.

Yang terlihat kini hanyalah Sang Hakim yang duduk di takhta, mereka yang diadili di hadapan-Nya, dan tumpukan besar kitab-kitab. Takhta itu besar dan berwarna putih, melambangkan kuasa dan kekudusan mutlak. Mungkin itu bukan takhta yang sama dengan yang dilihat Yohanes di surga (Why. 4:2–4), karena takhta yang Yohanes lihat itu tidak disebut "besar" atau "putih". Selain itu, kemungkinannya kecil bahwa orang fasik yang telah dibangkitkan diizinkan berada dekat dengan surga. Lagi pula, memang tidak ada petunjuk bahwa adegan dalam pasal 20 beralih kembali ke surga. Yang lebih mungkin adalah di lokasi bumi sejak sebelumnya, tetapi bumi itu sendiri telah lenyap dan yang tertinggal hanyalah penghuninya, baik yang sebelumnya mati maupun yang masih hidup. Dan, yang terpenting, sosok yang duduk di takhta itu tidak diidentifikasi sebagai Tuhan Bapa (seperti di Why. 4:8–11). Memang Dia bukan Bapa. Dari ayat-ayat lainnya, kita tahu bahwa Bapa telah mendelegasikan tugas untuk menghakimi umat manusia kepada Anak-Nya, Yesus: "Karena Ia telah menetapkan suatu hari, pada waktu mana Ia dengan adil akan menghakimi dunia oleh seorang yang telah ditentukan-Nya," (Kis. 17:31; bandingkan dengan Mat. 25:31–32; 2 Kor. 5:10). Manusia akan dihakimi oleh manusia pula.

Proses peradilannya pun tidak akan berlama-lama. Semua bukti telah dikumpulkan dan diperiksa oleh Sang Hakim. Semuanya ada di dalam kitab-kitab itu, yang setiap jilidnya pantas diberi judul "Inilah Kehidupanmu"! Di Inggris ada acara televisi berjudul serupa, *"This is Your Life"* (Inilah Kehidupan Anda), yang berisi cuplikan-cuplikan nyata dari kehidupan seseorang, yang lalu ditampilkan dengan citra positif di layar televisi. Namun, kitab-kitab Hakim itu akan berisi seluruh kehidupan kita, dengan semua perbuatan dan perkataan kita (Mat. 5:22; 12:36), sejak kita lahir sampai mati. Kita memang dibenarkan oleh iman, tetapi dihakimi menurut perbuatan kita.

Jika semua bukti itu menjadi bahan pertimbangan, pastilah kita semua menerima vonis hukuman "kematian kedua". Apakah masih ada harapan untuk kita? Syukur kepada Tuhan, ada kitab lain yang juga akan dibuka pada hari yang mengerikan itu. Itulah catatan kehidupan Sang Hakim sendiri selama di bumi, yang menyatakan kekudusan-Nya yang sempurna sekaligus kualitas-Nya yang layak menghakimi orang lain. Itulah "kitab kehidupan Anak Domba" (Why. 21:27). Di dalamnya, ada nama-nama lain selain nama-Nya sendiri. Mereka yang "di dalam Kristus" ada di dalam daftar nama itu, yang telah hidup dan mati di dalam Dia, yang telah melekat dan tetap tinggal dalam "pokok anggur yang benar" itu (Yoh. 15:1–8). Hasilnya, mereka telah berbuah sebagai bukti kesatuan mereka yang tetap bersama Dia (Flp. 4:3; bandingkan dengan Mat. 7:16–20). Berbuah menjadi bukti bahwa mereka setia.

Nama-nama mereka dicatat di dalam kitab itu ketika mereka datang kepada Kristus dan mulai hidup di dalam Kristus, yaitu saat mereka bertobat dan percaya (kata-kata "sejak dunia dijadikan" di Why. 17:8 mengacu pada mereka yang namanya *tidak* tertulis dalam kitab itu dan artinya "di sepanjang sejarah umat manusia"; demikian pula di Why. 13:8, meski kata-katanya dapat dikaitkan juga dengan tersembelihnya Sang Anak Domba). Nama-nama mereka tidak "dihapus" dari kitab kehidupan, karena mereka telah "menang" (Why. 3:5).

Hanya mereka yang namanya masih tertulis di dalam kitab itulah yang lolos dari "kematian kedua" di dalam "lautan api". Dengan kata lain, di luar Kristus tidak ada harapan sama sekali, karena "semua orang telah berdosa dan kehilangan kemuliaan Allah" (Roma 3:23). Maka, Injil bersifat *eksklusif*: "Dan keselamatan tidak ada di dalam siapa pun juga selain di dalam Dia, sebab di bawah kolong langit ini tidak ada nama lain [selain nama Yesus] yang diberikan kepada manusia yang olehnya kita dapat diselamatkan," (Kis. 4:12). Namun, Injil juga bersifat *inklusif*: "Pergilah ke seluruh dunia, beritakanlah Injil kepada segala makhluk," (Mrk, 16:15; bandingkan dengan Mat. 28:19; Luk. 24:47).

Umat manusia saat itu akan dipisahkan secara permanen menjadi dua kelompok. Bagi kelompok pertama, tujuan akhir telah "dipersiapkan" (Mat. 25:41). Lautan api itu telah ada sejak setidaknya seribu tahun sebelumnya (Why. 19:20). Bagi kelompok kedua, kota metropolis baru juga telah "dipersiapkan" (Yoh. 14:2), tetapi belum ada bumi baru yang dapat menampung kota itu, dan belum ada langit baru yang dapat menaunginya.

Maka, kita membutuhkan semesta yang baru.

PASAL 21-22: SURGA DI BUMI

Memasuki bagian terakhir ini adalah kelegaan besar bagi kita. Atmosfer telah berubah secara dramatis. Awan gelap telah berlalu dan matahari kini bersinar lagi; kecuali, matahari yang awal sudah lenyap, cahaya yang ada adalah kemuliaan Tuhan yang berkilau-kilauan jauh lebih terang (Why. 21:23).

Inilah tindakan penebusan yang final, ketika Tuhan membawa keselamatan kepada seluruh semesta. Inilah karya "kosmik" Kristus (Mat. 19:28; Kis. 3:21; Roma 8:18–25; Kol. 1:20; Ibr. 2:8): pembaharuan langit dan bumi (perhatikan bahwa langit yang dimaksud ini berarti angkasa sekaligus surga, di Why. 20:11 dan 21:1 kata yang digunakan untuk kedua arti sama). Ketika Yesus datang kembali ke bumi yang lama, orang-orang Kristen telah menerima tubuh yang baru. Kini, mereka akan menerima pula lingkungan hidup yang baru, yang sesuai dengan tubuh baru mereka.

Dua ayat pertama adalah penglihatan terakhir dalam rangkaian tujuh yang Yohanes "lihat" (Why. 19:11 sampai 21:2), yang merupakan puncak seluruh kejadian final di dunia. Ada yang lebih dari sekadar semesta baru di bagian ini. Dalam penciptaan "umum" itu ada penciptaan "khusus". Sama seperti Tuhan telah "membuat taman" di semesta pertama (Kej. 2:8), kali ini Tuhan juga telah merancang dan membangun "kota taman"; bahkan Abraham saja tahu tentang kota ini dan menanti-nantikan kota ini (Ibr. 11:10).

Sama seperti "langit dan bumi yang baru" dapat dikenali dari kesamaannya dengan langit dan bumi yang lama, kota ini pun diberi nama yang sama dengan ibu kota Raja Daud. Yerusalem adalah suatu tempat dalam Perjanjian Baru, seperti dalam Perjanjian Lama. Yesus menyebutnya "kota Raja Besar" (Mat. 5:35; bandingkan dengan Mzm. 48:2). "Di luar tembok kota" itulah Dia mati, bangkit kembali, dan naik ke surga. Ke kota inilah

Dia akan kembali untuk duduk di takhta Daud. Dalam masa seribu tahun, kota ini akan menjadi "perkemahan tentara orang-orang kudus dan kota yang dikasihi itu" (Why. 20:9).

Tentu saja, kota itu di bumi dahulu merupakan bayangan sementara dari "ke kota Allah yang hidup, Yerusalem sorgawi", dengan semua orang yang percaya kepada Yesus sebagai penduduknya, bersama orang-orang kudus Yahudi dan para malaikat (Ibr. 12:22–23). Namun, ini bukan berarti kota versi awalnya kurang nyata dibandingkan kota versi barunya, atau yang satu bersifat material sedangkan yang lain bersifat spiritual. Perbedaan utamanya adalah lokasinya. Lokasinya akan berubah.

Kota surgawi akan "turun dari surga" dan turun lalu duduk di bumi yang baru. Kota itu nyata, hasil konstruksi material asli, meskipun bahan-bahan bangunannya berbeda! Sayangnya, sejak pemisahan alam jasmani dan alam rohani oleh Agustinus berdasarkan filsafat Plato, Gereja telah amat kesulitan menerima konsep bumi yang baru, apalagi kota baru di bumi baru itu. Akibatnya, pemahaman tentang yang "rohani", "spiritual", dan "tidak nyata" merusak pengharapan orang Kristen akan masa depan. Semesta baru ini beserta kota metropolisnya akan sama "jasmani"-nya dengan versi awalnya.

Ayat 3–8 merupakan penjelasan tentang penglihatan terakhir ini. Perhatian kita dialihkan dari penciptaan baru ke sosok Penciptanya. Perhatikan transisi dari yang Yohanes "lihat" ke yang dia "dengar". Lalu, "suara yang nyaring" yang didengarnya itu suara siapa? Kalimatnya menyebut Tuhan dengan kata ganti orang ketiga, lalu kata ganti orang pertama. Pastilah itu suara Kristus yang sedang berbicara (bandingkan dengan Why. 1:15). Kata-kata "duduk di [atas]" takhta itu sama dengan kata-kata yang muncul di pasal sebelumnya (bandingkan dengan Why. 20:11 lalu 21:5). Dalam kedua konteks, penghakiman dinyatakan dan "lautan api" disebut (bandingkan dengan 20:15 lalu 21:8). Lagi pula, "suara" ini mengucapkan pengakuan yang sama persis dengan yang Yesus ucapkan di epilog (bandingkan dengan Why.

21:6 lalu 22:13). Namun, "takhta Allah dan takhta Anak Domba" kemudian diperlihatkan sebagai satu takhta (Why. 22:1).

Kemudian, ada tiga pernyataan yang membuat kita waspada setelah itu.

Yang pertama adalah pewahyuan yang paling luar biasa dalam seluruh kitab tentang masa depan. Tuhan sendiri pindah tempat tinggal, dari surga ke bumi! Dia akan datang untuk berdiam bersama manusia, di "alamat" kita; tidak lagi sebagai "Bapa kami yang ada di surga" (Mat. 6:9) tetapi sebagai "Bapa kami yang ada di bumi". Inilah hubungan paling intim yang pernah ada antara manusia dan Tuhan. Karena semua kematian, duka, dan penderitaan bertentangan dengan sifat-Nya, semua itu tidak memiliki tempat di semesta baru. Tidak akan ada pemisahan lagi, tidak akan ada air mata. Selanjutnya, selain dalam konteks semesta baru, kita menemukan bahwa Tuhan di bumi hanya disebut dalam Alkitab satu kali saja: ketika Dia berjalan-jalan pada suatu petang di taman Eden (Kej. 3:8). Sekali lagi, Alkitab menyelesaikan sebuah lingkaran yang utuh.

Yang kedua, pengumuman bahwa "Aku menjadikan segala sesuatu baru" (Why. 21:5). Tukang kayu dari Nazaret itu kini menyatakan diri-Nya sebagai Pencipta semesta yang baru, seperti Dia juga Pencipta semesta yang awal (Yoh. 1:3; Ibr. 1:2). Pekerjaan-Nya tidak terbatas pada memperbaharui manusia, meski itu pun termasuk "ciptaan baru" (2 Kor. 5:17). Dia juga memulihkan segala sesuatu yang lain.

Nah, ada perdebatan yang cukup seru tentang kata "baru". Seberapa baru yang disebut "baru" itu? Apakah semesta "baru" ini sekadar semesta awal yang "direnovasi" atau justru benar-benar dibuat baru dari nol? Ada dua kata dalam bahasa Yunani yang berarti "baru": (*kainos* dan *eos*); tetapi keduanya sinonim dan penggunaan yang pertama dalam konteks ini bukan masalah sama sekali. Referensi tentang semesta awal "hangus dalam nyala api" (2 Ptr. 3:10) dan telah "berlalu" (Why. 21:1) menunjukkan pembinasaan, bukan transformasi. Dan, proses itu telah mulai berlangsung sejak kebangkitan Yesus. Tubuh "asal"-Nya lenyap di dalam balutan kain kafan itu, dan Dia kembali dari kematian tubuh "kemuliaan" yang baru (Flp. 3:21); lihat juga buku saya yang berjudul *Explaining the Resurrection* [Menjelaskan Kebangkitan], Sovereign World, 1993). "Keterkaitan" yang tepat antara kedua tubuh itu tersembunyi di dalam gelapnya kubur, tetapi yang terjadi di situ suatu hari kelak akan terjadi dalam skala universal.

Yang ketiga, pernyataan yang memperjelas implikasi praktis penciptaan baru ini bagi pembaca kitab Wahyu (perhatikan bahwa Yohanes sudah harus diingatkan untuk terus mencatat apa yang didengarnya, karena "karena segala perkataan ini adalah tepat dan benar"; Why. 21:5). Sisi positifnya, ada janji bahwa kehausan mereka yang mencari "air hidup" akan dipuaskan (Why. 21:6; 22:1,17). Namun, kepuasan ini harus bergerak ke kehidupan yang "menang", supaya kita mewarisi tempat di bumi yang baru dan menikmati hubungan sebagai sesama anggota keluarga Tuhan sendiri.

Sisi negatifnya, ada peringatan bahwa mereka yang kalah, yaitu yang penakut, yang tidak percaya, yang keji, yang sesat, tidak akan mendapat bagian sama sekali dalam penciptaan baru, tetapi justru akan dibuang ke dalam "lautan yang menyala-nyala oleh api dan belerang" (Why. 21:8). Perlu kita ingat dan beri penekanan pula, bahwa peringatan ini diberikan kepada orang percaya yang undur, bukan kepada orang tidak percaya, seperti juga seluruh kitab ditujukan kepada orang percaya. Kebanyakan peringatan Yesus yang awal tentang neraka pun ditujukan bukan kepada orang berdosa, melainkan kepada murid-murid-Nya sendiri (lihat buku saya yang berjudul *The Road to Hell* [Jalan Menuju Neraka], Hodder & Stoughton, 1992).

Pada titik ini, seorang malaikat membawa Yohanes dan memandunya berkeliling kota Yerusalem baru serta kehidupannya (gagasan bahwa hal berikutnya sebenarnya adalah "rekapitulasi" dari Yerusalem "lama" di masa seribu tahun itu sangat janggal dan tidak perlu kita pertimbangkan; ay. 2 jelas menjelaskan ay.1).

Gambarannya sangat menakjubkan, kosakata manusia hampir tak sanggup melukiskannya, sehingga timbullah pertanyaan yang mendasar: seberapa banyak dari gambaran ini yang bersifat harfiah, dan seberapa banyak yang simbolis?

Di satu sisi, memahaminya secara sepenuhnya harfiah tampaknya salah. Jelas, Yohanes sedang menggambarkan sesuatu yang tak terlukiskan (Paulus mengalami kesulitan yang sama ketika realitas surga ditunjukkan kepadanya; 2 Kor. 12:4). Perhatikan betapa seringnya Yohanes hanya memberikan perbandingan ("seperti" atau "bagaikan" di Why. 21:11, 18, 21; 22:1), tetapi semua analogi itu hanyalah perkiraan dan pada akhirnya tidak memadai untuk menggambarkan kenyataannya. Namun, kenyataannya itu, meski digambarkan secara jauh dari sempurna, pastilah jauh lebih menakjubkan daripada gambarannya, bukan kurang dari itu.

Di satu sisi, memahaminya secara sepenuhnya simbolis pun tampaknya salah. Di titik ekstrem ini, seluruh gambaran "hilang" menjadi suatu realitas "rohani" yang tidak nyata, sehingga "bumi yang baru" sama sekali tidak dipahami sebagai suatu lokasi yang jelas.

Untuk menyoroti masalah ini, kita dapat bertanya: apakah "Yerusalem baru" ini mewakili suatu tempat atau suatu umat? Pertanyaan ini timbul karena kota ini disebut "mempelai wanita", yang sebelumnya menunjukkan makna suatu umat, Gereja (di Why. 19:7–8). Awalnya, ini hanya analogi (di Why. 21:3; "*bagaikan* pengantin perempuan*") dan siapa pun yang pernah menyaksikan pernikahan bangsa Yahudi tentu mengerti kesamaannya dengan pakaian berwarna-warni yang dihiasi banyak perhiasan. Namun, kemudian kota ini secara spesifik disebut "pengantin perempuan, mempelai Anak Domba" (Why. 21:9). Malaikat itu berjanji untuk *menunjukkan* "mempelai wanita" itu kepada Yohanes, tetapi lalu *menunjukkan* kota Yerusalem baru kepadanya (Why. 21:10), meski lalu penglihatan itu berlanjut dengan penyingkapan akan kehidupan para penduduknya (Why. 21:24–22:5).

Jawaban untuk dilema ini jauh lebih jelas bagi orang Yahudi daripada bagi orang Kristen. "Israel", mempelai wanita Yahweh, memang selalu merupakan suatu umat *dan* suatu tempat, yang saling terkait dan terjalin menjadi satu, sehingga ada semua janji nubuat tentang pemulihan akhir umat itu ke negeri milik mereka. Ini berbeda dengan orang Kristen. Orang Kristen adalah suatu umat yang tidak memiliki tempat khusus di sini: orang asing, pendatang, pengembara yang melintas, "diaspora" baru yang tersebar, dan umat Tuhan dalam pembuangan (Yak. 1:1; 1 Ptr. 1:1). Surgalah "rumah" kita. Namun, pada akhirnya kelak, surga akan turun ke bumi. Bangsa Yahudi dan kafir akan menyatu bersama menjadi satu umat dengan negeri mereka. Itulah sebabnya nama-nama kota itu adalah nama kedua belas suku dan kedua belas rasul (Why. 11:12–14).

Kesatuan ganda ini, antara Yahudi dan Yunani, surga dan bumi, bermakna mendasar bagi maksud kekal Tuhan "untuk mempersatukan di dalam Kristus sebagai Kepala segala sesuatu" (Ef. 1:10; Kol. 1:20). Maka, "mempelai wanita" itu menjadi satu, baik di dalam dirinya sendiri maupun bersama suaminya, baik sebagai suatu umat maupun sebagai suatu tempat. Sungguh tempat yang luar biasa!

Ukuran-ukuran kota Yerusalem baru pun jelas penting; semuanya merupakan kelipatan 12. *Ukurannya* amat sangat besar: panjang-lebar-tinggi yang masing-masing lebih dari 2.000 kilometer; seluruh benua Eropa bisa dimasukkan ke dalamnya dan kota ini bisa dimasukkan dengan posisi yang tepat sesuai ukuran bulan jika sisi dalam bulan kosong. Dengan kata lain, kota Yerusalem baru cukup besar untuk menampung seluruh umat Tuhan. *Bentuknya* juga signifikan, lebih menyerupai kubus, bukan piramida, yang menunjukkan sifatnya sebagai kota "suci" seperti ruang maha kudus yang berbentuk kubus di dalam kemah suci Tabernakel dan Bait Suci. Tembok-tembok kotanya berfungsi sebagai batas terhadap sisi luar, bukan sebagai pertahanan untuk sisi dalam, karena gerbangnya selalu terbuka. Tidak ada ancaman bahaya sama sekali, maka penduduknya dapat leluasa keluar-masuk kapan saja.

Bahan-bahan bangunan yang digunakan dalam konstruksinya adalah bahan-bahan yang sudah kita kenal, tetapi merupakan batu-batu permata yang langka dan berharga, yang kini menjadi sekilas gambaran tentang keindahan surga bagi kita. Daftarnya di sini merupakan salah satu bukti paling mengagumkan tentang inspirasi dari Tuhan sebagai sumber isi kitab ini. Dengan teknologi masa kini, sekarang kita dapat menghasilkan cahaya yang "lebih murni" (cahaya yang terpolarisasi dan sinar laser), sehingga kita menemukan berbagai ragam baru batu permata dengan tingkat kualitas yang belum diketahui. Saat batu-batu itu dipotong menjadi irisan-irisan tipis lalu irisannya dipaparkan pada cahaya yang terpolarisasi silang (seperti dua lensa kacamata gelap yang diatur pada posisi yang tepat di bawah cahaya matahari), hasil yang muncul dapat digolongkan menjadi dua jenis. Permata "isotropik" akan kehilangan semua warna, karena kilaunya terjadi oleh pancaran cahaya lain secara acak (contohnya: berbagai jenis berlian, mirah delima/rubi, dan garnet) Permata "anisotropik" menghasilkan semua warna pelangi dengan pola yang menakjubkan, terlepas dari warna asli batunya. Batu-batu permata di kota Yerusalem baru tergolong jenis yang kedua ini! Tidak ada manusia yang tahu jenis-jenis batu permata ini ketika kitab Wahyu ditulis; hanya Tuhan yang tahu!

Hal lain yang mengagumkan dalam gambaran kita Yerusalem baru adalah bahwa dalam hanya 32 ayat ada lebih dari 50 kiasan yang mengacu ke Perjanjian Lama (terutama dari Kejadian, Mazmur, Yesaya, Yehezkiel, dan Zakharia). Setiap bagian utama dalam gambarannya bahkan merupakan penggenapan pengharapan Yahudi yang pernah diungkapkan dalam bentuk nubuat. Hal ini juga menunjukkan bahwa nubuat-nubuat Perjanjian Lama dan Perjanjian Baru seluruhnya keluar dari sumber yang sama (1 Ptr. 1:11; 2 Ptr. 1:21). Kitab Wahyu adalah puncak sekaligus kesimpulan penutup atas seluruh Alkitab.

Saat demonstrasi malaikat bergerak terus ke kehidupan indah pada penduduk kota, ada beberapa kejutan lagi. Mungkin, perbedaan yang paling kontras antara kota Yerusalem "lama" dan Yerusalem baru adalah tidak adanya rumah ibadah apa pun sebagai pusat lokasi penyembahan yang dikhususkan di tempat tertentu (atau juga pada waktu tertentu?). Seluruh kota Yerusalem baru *adalah* Bait Suci Tuhan, dan di dalam kota semua orang yang telah ditebus melayani Dia siang dan malam (Why. 7:15); yang berarti pekerjaan dan penyembahan/ibadah kembali menyatu, sama seperti rancangan Tuhan atas Adam (Kej. 2:15; Adam tidak disuruh mengkhususkan satu hari dalam seminggu untuk beribadah).

Kota ini akan penuh dengan budaya-budaya internasional (Why. 21:24, 26), tetapi sama sekali tidak akan tercemar oleh perilaku amoral apa pun (Why. 21:27). Itulah sebabnya, orang percaya yang mencemarkan diri berisiko mengalami nama mereka dihapus dari "kitab kehidupan Anak Domba" (Why. 3:5; 21:7–8).

Sungai dan pohon kehidupan akan menjamin kondisi kesehatan penduduknya tetap prima. Sama seperti pada mulanya, makanan manusia kelak adalah buah-buahan, bukan daging (Kej. 1:29); meski kita saat ini tidak diwajibkan untuk menjadi vegetarian (Kej. 9:3; Rom 14:2; 1 Tim 4:3).

Dan, yang terpenting, orang-orang kudus akan hidup dalam hadirat Tuhan. Mereka akan benar-benar menatap wajah-Nya, menikmati hak istimewa yang sebelumnya hanya disediakan bagi sedikit saja manusia (Kej. 32:30; Kel. 33:11) tetapi kini tersedia bagi mereka semua (1 Kor. 13:12). Mereka akan memandang wajah mereka sendiri dan melihat wajah Tuhan sendiri, dengan nama Tuhan di dahi mereka, seperti banyak orang pernah menyandang angka "binatang" di dahi sebelumnya (Why. 13:16). Mereka akan "memerintah selama-lamanya", mungkin atas seluruh makhluk ciptaan baru, bukan atas sesama manusia, seperti dalam rancangan asal Tuhan (Kej. 1:28). Dengan demikian, manusia akan "melayani" Sang Pencipta.

Sekali lagi, perlu ditekankan bahwa manusia tidak berpindah ke surga untuk hidup bersama Tuhan selamanya di sana; justru, Tuhanlah yang telah datang ke bumi untuk hidup bersama manusia selamanya. "Yerusalem baru" adalah tempat kediaman kekal bagi Tuhan sekaligus manusia, rumah tetap bagi keduanya bersama-sama.

Seperti sebelumnya pula, Yohanes lagi-lagi diingatkan untuk mencatat semuanya. Dengan segala pemandangan yang ajaib itu, tentu wajar saja Yohanes berkali-kali lupa mencatat!

* * * * *

Bagian "epilog" (Why. 22:7–21) memiliki banyak kesamaan dengan bagian "prolog" (Why. 1:1–8). Gelar yang sama disebutkan tersemat pada Tuhan dalam "prolog" dan pada Kristus dalam "epilog" (Why. 1:8; 22:13). Nasihat penutupnya pun berbicara menyeluruh tentang Tuhan Tritunggal: Tuhan, Anak Domba, dan Roh ada di dalamnya.

Ada penekanan kuat pada fakta bahwa waktunya hanya tersisa singkat saja. Yesus akan datang "segera" (Why. 22:7, 12,20). Berabad-abad telah berlalu sejak perkataan dalam kitab Wahyu ini diucapkan dan ditulis, tetapi kita tidak boleh kehilangan kewaspadaan. Kita kini pasti telah berada di titik yang jauh lebih dekat dengan "apa yang harus segera terjadi" (Why. 22:6).

Saat ini, masih ada kesempatan. Orang yang haus masih bisa minum dari mata air kehidupan secara cuma-cuma (Why. 22:17), tetapi keputusan harus ditentukan sekarang juga. Waktunya segera tiba bahwa arah moral kehidupan kita tidak dapat diubah lagi (Why. 22:11). Firaun mengeraskan hati melawan Tuhan, sehingga Tuhan mengeraskan hatinya tiga kali lipat lagi (Kej. 7–11; Roma 9:17–18). Akan tiba waktunya Tuhan mengeraskan hati semua orang yang terus bersikeras melawan Tuhan dan memberontak terhadap kehendak-Nya.

Hanya ada dua kelompok manusia pada akhirnya kelak: mereka

yang "membasuh jubahnya" (Why. 22:14; bandingkan dengan 7:14) sehingga diperbolehkan masuk ke kota Yerusalem baru; dan mereka yang harus tetap berada di luar (Why. 22:15), seperti pengembara liar di Timur Tengah saat ini. Inilah ketiga kalinya disebutkan daftar pelanggaran dan dosa yang membuat manusia tidak layak masuk kota yang baru dalam bagian akhir kitab (Why. 21:8, 27; 3–2:15), karena semua pembaca memang tidak boleh lupa bahwa kemuliaan masa depan itu tidak akan mereka nikmati secara otomatis begitu saja hanya karena mereka pernah percaya kepada Yesus dan menjadi anggota jemaat gereja; kemuliaan itu hanya disediakan bagi orang-orang yang tekun "berlari-lari kepada tujuan untuk memperoleh hadiah, yaitu panggilan sorgawi dari Allah dalam Kristus Yesus" (Flp. 3:14) dan yang "berusahalah ... kejarlah kekudusan, sebab tanpa kekudusan tidak seorang pun akan melihat Tuhan" (Ibr. 12:14).

Selain itu, orang percaya juga akan kehilangan kemuliaan masa depan itu jika mengubah kitab Wahyu, entah dengan menambahkan sesuatu atau mengurangi sesuatu. Karena isi kitabnya adalah "nubuat", Tuhan berbicara melalui hamba-Nya, mengubah isi kitab Wahyu dengan cara apa pun berarti membuat karya palsu atau bajakan, sehingga layak diganjar dengan hukuman yang paling berat. Memang, kecil saja kemungkinannya bahwa orang tidak percaya akan rela repot-repot melakukan pelanggaran yang satu ini. Yang lebih mungkin adalah mereka yang merasa berhak menjelaskan dan menafsirkan isi kitab Wahyu kepada orang lain mengubah pesannya. Semoga Tuhan mengampuni penulis buku ini jika penulis telanjur melakukan pelanggaran ini!

Namun, nada terakhirnya positif, bukan negatif, dan dapat diringkas dengan satu kata: "Datanglah!"

Di satu sisi, seruan panggilan yang diucapkan oleh Gereja ini ditujukan kepada dunia, kepada "barangsiapa" yang menanggapi Injil (Why. 22:17; bandingkan dengan Yoh. 3:16). Di sisi lain, seruan panggilan ini juga ditujukan kepada Tuhan: "Amin.

Datanglah, Tuhan Yesus," (Why. 22:20).

Seruan ganda ini merupakan ciri khas mempelai wanita sejati, yang digerakkan oleh Roh (Why. 22:17) dan terus mengalami kasih karunia Tuhan Yesus (Why. 22:21). Semua orang kudus berseru: "Datanglah!" kepada dunia yang baru dan Tuhan yang segera datang kembali itu.

Bab Sembilan

KRISTUS SEBAGAI PUSAT

Kitab terakhir dalam Alkitab ini merupakan "wahyu Yesus Kristus" (Why. 1:1). Bentuk genitif dalam naskah bahasa aslinya (dalam terjemahan bahasa Inggris, ini kata *"of"* dalam frasa *"revelation of Jesus Christ"*) dapat berarti dua: bahwa wahyu itu *dari* Dia, atau *tentang* Dia. Mungkin, makna ganda ini disengaja. Yang mana pun maknanya, Yesus Kristus adalah pusat dalam pesan kitab ini.

Dialah tema dalam seluruh akhir zaman, Dialah "akhir" itu, sekaligus "awal" itu (Why. 22:13). Rencana Tuhan adalah "mempersatukan di dalam Kristus sebagai Kepala segala sesuatu, baik yang di sorga maupun yang di bumi" (Ef. 1:10).

Bagian prolog maupun epilog kitab ini, keduanya berfokus pada kedatangan-Nya kembali ke planet Bumi (Why. 1:7; 22:20). Kedatangan-Nya itulah yang menjadi poros perputaran sejarah, dari kondisi memburuk menjadi kondisi membaik (Why. 19:11–16).

"Yesus yang sama inilah" (Kis. 1:11) yang akan datang kembali. Dialah Anak Domba Tuhan, yang datang untuk pertama kalinya untuk menghapuskan "dosa dunia" (Yoh. 1:29). Di seluruh kitab Wahyu, Sang Anak Domba itu terlihat sebagai "telah disembelih" (Why. 5:6). Kemungkinan, ada bekas-bekas luka yang masih terlihat pada kepala-Nya, sisi tubuh-Nya, punggung-Nya, tangan-Nya, dan kaki-Nya (Yoh. 20:25–27). Berulang kali, muncul peringatan bahwa Dia telah mencurahkan darah-Nya untuk menebus seluruh manusia (Why. 5:9; 7:14; 12:11).

Namun, Yesus dalam kitab Wahyu juga sangat berbeda dari Yesus Manusia di tanah Galilea dahulu. Ketika Dia pertama kali tampil di hadapan Yohanes, penampilan-Nya itu amat sangat menakjubkan hingga murid yang dahulu paling akrab dengan-Nya itu (Yoh. 21:20) tersungkur dan jatuh lemas. Telah disebutkan sebelumnya bahwa rambut-Nya seputih salju, mata-Nya menyala-nyala, lidah-Nya tajam, wajah-Nya bersinar, dan kaki-Nya berkilau.

Meski ada gambaran sekilas Yesus yang marah dalam kitab-kitab Injil (Mrk. 3:5; 10:14; 11:15), kemarahan-Nya yang terus berkobar dalam Wahyu menjadi ketakutan hebat di dalam hati semua orang, yang lebih memilih dihancurkan oleh batu-batu yang jatuh daripada menatap mata-Nya (Why. 6:16–17). Ini bukanlah gambaran Yesus yang "manis dan lemah lembut". Memang gambaran ini patut diragukan kebenarannya pula dalam konteks-konteks lainnya, tetapi dalam kitab Wahyu gambaran ini menjadi jauh lebih salah lagi.

Banyak orang percaya bahwa Yesus mengajarkan dan mempraktikkan ajaran pasifisme, padahal Dia sendiri membantahnya, "Janganlah kamu menyangka bahwa Aku datang untuk membawa damai ke bumi. Aku tidak datang untuk membawa damai, tetapi pedang," (Mat. 10:34; Luk. 12:51). Tentu saja, perkataan-Nya dapat dimaknai "secara rohani", tetapi jauh lebih sulit untuk menjelaskannya menurut kitab Wahyu, karena pemahaman paling wajar tentang konflik final dalam kitab Wahyu adalah konflik itu bersifat jasmani/fisik.

Yesus turun dari surga menunggang kuda perang, bukan keledai yang cinta damai (Zak. 9:9; Why. 19:11; bandingkan dengan Why. 6:2). Jubah-Nya "berlumuran darah" (Why. 19:13), tetapi itu bukan darah-Nya sendiri. Memang satu-satunya "pedang" yang dihunus-Nya adalah lidah-Nya, tetapi dampak dari Dia menggunakan pedang itu menewaskan ribuan raja, jenderal/panglima, dan orang-orang perkasa (baik yang sukarela maupun yang dipaksa), seperti halnya lidah yang sama pernah mematikan pohon ara (Mrk. 11:20–21).

Yesus digambarkan dengan jelas di sini sebagai pembunuh

massal, dan burung-burung nasar membersihkan sisa-sisa "hasil" pembantaian setelah aksi-Nya! Gambaran yang terlalu mengerikan ini membuat jemaat Gereja yang terhormat kaget, karena mereka terbiasa melihat Yesus menatap dengan ramah dari karya seni di jendela kaca berwarna-warni. Bahkan, ini akan menjadi kejutan yang lebih besar bagi mereka yang menggunakan minggu-minggu "Adven" dalam kalender gereja untuk memperingati Yesus dalam gambaran sebagai bayi yang lemah dalam drama kelahiran-Nya. Dia tidak akan datang seperti gambaran itu lagi.

Apakah Yesus telah berubah? Kita tahu bahwa usia tua membuat sebagian orang menjadi lebih tenang, sedangkan sebagian lainnya menjadi pemarah dan bahkan jahat. Apakah hal ini pula yang terjadi pada Yesus seiring berabad-abad yang berlalu? Oh Tuhan, jangan sampai demikian!

Bukan sifat atau kepribadian-Nya yang berubah, tetapi misi-Nya. Kedatangan pertama-Nya dahulu adalah "untuk mencari dan menyelamatkan yang hilang" (Luk. 19:10). Dia tidak datang "ke dunia untuk menghakimi dunia, tetapi untuk menyelamatkan dunia" (Yoh. 3:17). Dia dahulu datang untuk memberi manusia kesempatan untuk terlepas dari dosa-dosa mereka, sebelum tiba waktunya semua dosa harus dibinasakan. Kedatangan kedua-Nya memiliki tujuan yang sebaliknya: untuk membinasakan alih-alih menyelamatkan, untuk menghukum dosa alih-alih mengampuninya, "untuk menghakimi yang hidup dan yang mati", seperti yang dinyatakan dalam Pengakuan Iman Rasuli dan Kredo Nikea.

Dunia telanjur memegang pandangan klise bahwa Yesus "mengasihi pendosa tetapi membenci dosa". "Yesus mengasihi pendosa" jelas terlihat dalam kedatangan-Nya yang pertama; dan kelak "Yesus membenci dosa" akan terlihat sama jelasnya pada kedatangan-Nya yang kedua. Mereka yang bertahan dalam dosa-dosa mereka harus menghadapi konsekuensinya. Pada waktu itu "Anak Manusia akan mengutus malaikat-Nya dan mereka akan membersihkan kerajaan-Nya dari segala sesuatu yang menyebabkan dosa dan semua yang berbuat jahat" (Mat. 13:41). "Pembersihan" ini akan dilakukan dengan teliti dan adil. Maka, karena harus sepenuhnya adil, pembersihan harus diterapkan pada orang percaya maupun orang tidak percaya (seperti yang diajarkan Paulus dengan jelas dalam Roma 2:1–11, yang menyimpulkan bahwa Tuhan "tidak memandang bulu").

Sekali lagi, kita perlu ingat bahwa Kitab Wahyu ditujukan secara eksklusif kepada orang-orang yang telah "lahir baru". Gambaran tentang Yesus menentang dosa dengan begitu keras dimaksudkan untuk menumbuhkan rasa takut yang sehat di kalangan orang-orang kudus, sebagai dorongan untuk "menuruti perintah Allah dan iman kepada Yesus" (Why. 14:12).

Memang, sangat mudah bagi mereka yang telah mengalami kasih karunia Tuhan Yesus Kristus untuk melupakan bahwa Dia akan tetap menjadi Hakim atas mereka (2 Kor. 5:10). Mereka yang telah mengenal-Nya sebagai kawan dan saudara (Yoh. 15:15; Ibr. 2:11) saja cenderung mengabaikan sifat-sifat-Nya yang lebih keras. Padahal setidaknya, Dia layak menerima "pujian, kehormatan, kemuliaan, dan kuasa, selamanya dan selamanya" (Why. 5:13).

Dari 250 nama dan gelar yang diberikan kepada Yesus dalam Alkitab, sejumlah besarnya digunakan dalam kitab Wahyu dan beberapa di antaranya bersifat unik, tidak disebutkan di kitab-kitab lain. Dia adalah Yang Pertama dan Yang Terakhir, Awal dan Akhir, Alfa dan Omega. Dia adalah penguasa seluruh ciptaan Bapa. Inilah *hubungan Tuhan dengan semesta kita*. Dia terlibat dalam penciptaannya, bertanggung jawab atas kelanjutannya, dan akan membawanya pada kesempurnaannya (Yoh. 1:3; Kol. 1:15–17; Ibr. 1:1–2).

Dia adalah singa dari suku Yehuda, akar (sekaligus keturunan) Daud. Inilah *hubungan Tuhan dengan umat pilihan-Nya, Israel*. Sejak dahulu, dan tetap selama-lamanya, Dia adalah Mesias orang Yahudi.

Dia adalah yang kudus dan benar, setia dan sejati, saksi yang setia dan benar. Dia adalah yang hidup, yang pernah mati, dan yang kini hidup selamanya, yang memegang kunci maut dan Hades. Inilah *hubungan Tuhan dengan Gereja*. Gereja perlu mengingat kecintaan-Nya pada kebenaran, yang berarti kasih-Nya pada realitas dan integritas, bukan pada kemunafikan.

Dia adalah Raja segala raja dan Tuhan segala tuan. Dia adalah bintang fajar yang bersinar terang, yang tetap bersinar ketika semua "bintang" lain (termasuk bintang pop dan film!) telah menghilang. Inilah *hubungan Tuhan dengan dunia*. Suatu hari, otoritas-Nya akan diakui secara universal.

Banyak dari gelar-gelar-Nya disebutkan dengan rumus yang telah kita kenal dari Injil Yohanes: "Akulah". Ini bukan sekadar klaim pribadi. Sebutan ini begitu mirip dengan nama yang digunakan Tuhan untuk memperkenalkan diri-Nya sendiri, sehingga penggunaannya secara langsung oleh Yesus menyebabkan upaya pembunuhan dan akhirnya eksekusi mati bagi Yesus (Yoh. 8:58–59; Mrk. 14:62–63). Bahwa hal itu dimaksudkan untuk menunjukkan kesamaan keilahian dan kesetaraan dengan Tuhan pun dikonfirmasi dalam kitab Wahyu, ketika Bapa dan Anak mengklaim gelar yang sama persis: misalnya, "Alfa dan Omega" (Why. 1:8 dan 22:13).

Dunia akan berakhir, tetapi akhir itu bukan terlepas dari pribadi siapa pun, melainkan bersifat sangat pribadi. Justru, akhir itu adalah sesosok manusia. Akhir itu adalah Yesus.

Mempelajari kitab Wahyu hanya untuk menemukan *bagaimana* akhir dunia kelak akan membuat kita kehilangan intinya. Esensi pesannya adalah tentang *siapa* yang ada di titik ujung akhir dunia itu, atau, siapa yang akan segera datang kembali ke dunia.

Orang Kristen adalah satu-satunya kelompok yang benar-benar merindukan kedatangan "akhir zaman", dengan setiap generasi berharap hal itu terjadi selama masa hidup mereka. Bagi mereka, "akhir zaman" bukanlah suatu peristiwa, melainkan seorang pribadi. Mereka dengan penuh harap menantikan "Dia", bukan menunggu "sesuatu itu".

Ayat terakhir sebelum penutup (Why. 22:20) mengandung ringkasan yang sangat pribadi dari seluruh kitab: "Ia yang memberi kesaksian tentang semuanya ini, berfirman: 'Ya, Aku datang segera!'" Hanya ada satu tanggapan dari mereka yang telah memahaminya: "Amin, datanglah, Tuhan Yesus."

Bab Sepuluh

UPAH BAGI ORANG YANG BELAJAR

Kita telah mengetahui bahwa Wahyu merupakan satu-satunya kitab dalam Alkitab yang mengandung berkat bagi yang membacanya sekaligus kutuk bagi yang mengubah isinya (Why. 1:3; 22:18–19). Kini, kita akan meringkas sepuluh manfaat yang akan kita dapatkan jika kita mempelajari pesan kitab Wahyu, yang semuanya mendukung kehidupan Kristen yang autentik.

PENYELESAIAN ALKITAB
Orang yang mempelajari kitab Wahyu akan mulai memahami pengetahuan Tuhan tentang "dari mulanya hal yang kemudian" (Yes. 46:10). Kisahnya selesai. Akhir yang bahagia itu tersingkap. Kisah cinta ditutup dengan pernikahan dan hubungan yang asli dimulai. Tanpa semua ini, Alkitab belum selesai. Tanpa kitab Wahyu, Alkitab menjadi "versi amputasi"! Kesamaan yang tepat antara halaman-halaman pertama dan halaman-halaman terakhir Alkitab (tentang pohon kehidupan) membuat segala sesuatu di antara keduanya dapat dipahami.

PERTAHANAN TERHADAP PENYESATAN
Amat sangat sering, segala aliran dan sekte sesat, yang perwakilannya sering kali datang mengetuk pintu rumah-rumah kita, menguasai kitab Wahyu. Pengetahuan mereka yang tampak jelas tentang kitab Wahyu kemudian menimbulkan kesan positif yang membuat orang-orang Kristen yang rutin beribadah di gereja tetapi tidak pernah mempelajarinya sendiri kagum. Sayang sekali, kurangnya pengajaran tentang kitab Wahyu (dan kurangnya pengajar yang memahaminya) berakibat seperti ini. Orang-

orang Kristen itu pun tidak mampu menantang penafsiran yang disodorkan kepada mereka, padahal kadang penafsiran itu aneh sekali. Satu-satunya pertahanan yang nyata adalah pengetahuan yang lebih tinggi.

PENAFSIRAN ATAS SEJARAH

Kesadaran yang sekilas saja tentang peristiwa terkini dapat membuat siapa pun bingung mengenai arah yang jelas. Karena peristiwa masa depan sudah menampakkan bayangannya sejak sebelum terjadi, orang yang mempelajari kitab Wahyu akan menemukan kesesuaian yang mengagumkan dengan peristiwa dunia, karena peristiwa-peristiwa tersebut jelas mengarah pada terbentuknya pemerintahan dunia dan ekonomi dunia. Jangan-jangan, setiap pengkhotbah yang secara sistematis menjelaskan kitab Wahyu akan menerima banyak potongan surat kabar atau cuplikan konten media berisi berita yang relevan dari jemaatnya.

DASAR BAGI PENGHARAPAN

Segala sesuatunya berjalan sesuai rencana, yaitu rencana Tuhan. Dia masih berkuasa di takhta-Nya, mengarahkan segala hal menuju titik akhir: Yesus. Kitab Wahyu memberi kita kepastian bahwa kebaikan akan menang atas kejahatan, Kristus akan mengalahkan Iblis, dan orang-orang kudus suatu hari kelak akan memerintah dunia. Planet kita akan dibersihkan dari segala polusi, baik fisik maupun moral. Bahkan alam semesta pun akan didaur ulang. Harapan dalam semuanya ini adalah "sauh bagi jiwa' di tengah badai kehidupan (Ibr. 6:19). Paganisme, sekularisme, dan humanisme hanya kelihatan semakin berkembang. Kenyataannya, akhir telah mendekat bagi mereka.

MOTIF UNTUK PENGINJILAN

Tidak ada gambaran yang lebih jelas tentang alternatif takdir lain yang dihadapkan pada umat manusia—langit dan bumi yang baru atau lautan api, kebahagiaan kekal atau siksaan kekal.

Upah bagi Orang yang Belajar

Tidak selamanya kesempatan untuk menentukan pilihan akan tetap tersedia. Hari Penghakiman pasti akan datang, dan pada hari itu kelak setiap orang dari antara seluruh umat manusia akan dimintai pertanggungjawaban. Namun, saat ini keselamatan masih ada: "... barangsiapa yang haus, hendaklah ia datang, dan barangsiapa yang mau, hendaklah ia mengambil air kehidupan dengan cuma-cuma!" (Why. 22:17). Panggilan "Marilah!" itu disuarakan bersama oleh "Roh dan pengantin perempuan [Gereja]".

STIMULUS UNTUK MENYEMBAH

Kitab Wahyu dipenuhi dengan pujian, yang dinyanyikan dan diserukan oleh berbagai-bagai suara. Ada sebelas lagu utama, yang telah menginspirasi banyak lagu pujian lainnya sepanjang sejarah, mulai dari *Messiah* karya Handel hingga *"Battle Hymn of the Republic"* (*"Mine eyes have seen the glory of the coming of the Lord"*; "Mata-Ku telah melihat kemuliaan kedatangan Tuhan"). Penyembahan ditujukan kepada Tuhan dan Anak Domba, bukan kepada Roh Kudus; dan tidak pernah kepada malaikat. "Oleh karena itu, bersama para malaikat dan penghulu malaikat, serta seluruh makhluk surgawi, kami memuji dan memuliakan nama-Mu yang mulia..."

OBAT PENAWAR BAGI KEDUNIAWIAN

Sangat mudah untuk menjadi terlalu terfokus pada hal-hal duniawi. William Wordsworth pun telah mengingatkan kita: *"The world is too much with us; late and soon, / Getting and spending, we lay waste our powers; — / Little we see in Nature that is ours"* ["Dunia ini terlalu mendominasi kita; dari pagi hingga malam, / Kita terus saja mengumpulkan dan menghabiskan, kita menyia-nyiakan kekuatan kita; — / Jarang sekali kita melihat ke alam, yang sebenarnya milik kita"]. Kitab Wahyu mengajar kita untuk lebih memikirkan rumah surgawi kita yang kekal daripada rumah "ideal" kita yang sementara di bumi, lebih memikirkan tubuh kebangkitan kita yang baru daripada tubuh lama kita yang terus menua.

INSENTIF UNTUK KEKUDUSAN

Kehendak Tuhan bagi kita adalah kekudusan di dunia ini dan kebahagiaan di akhirat kekal, bukan sebaliknya, seperti yang diinginkan banyak orang. Kekudusan adalah hal yang esensial jika kita ingin bertahan dalam kesulitan saat ini, menang atas godaan internal dan penganiayaan eksternal. Kitab Wahyu mengguncang kita agar keluar dari kelambanan, kepuasan diri, dan ketidakpedulian, dengan mengingatkan kita bahwa Tuhan itu "kudus, kudus, kudus" (Why. 4:8) dan bahwa hanya orang-orang yang "kudus" pula yang akan ikut dalam kebangkitan pertama ketika Yesus datang kembali kelak (Why. 20:6). Seluruh kitab, terutama tujuh surat di awal, menegaskan prinsip bahwa "tanpa kekudusan, tidak seorang pun dapat melihat Tuhan" (Ibr. 12:14).

PERSIAPAN UNTUK PENGANIAYAAN

Tentu saja, inilah tujuan utama mengapa Kitab Wahyu ditulis. Pesannya terdengar jelas bagi orang-orang Kristen yang menderita karena iman mereka, menguatkan mereka untuk "bertekun" dan "menang", agar nama mereka tetap tercatat dalam kitab kehidupan dan warisan mereka tetap dalam penciptaan baru. Yesus sendiri pun telah menubuatkan kebencian universal terhadap pengikut-Nya sebelum akhir zaman (Mat. 24:9). Kita harus bersiap untuk menghadapi hal ini.

Pembaca, jika hal ini belum terjadi di negara Anda, kelak pasti akan terjadi. Dan, Yesus pun pasti akan datang. Di hadapan-Nya, para penakut akan "kelihatan kemaluannya" (Why. 16:15) dan dihukum ke neraka (Why. 22:8).

PEMAHAMAN AKAN KRISTUS

Dengan Kitab Wahyu, gambaran tentang Tuhan dan Juru Selamat kita menjadi lengkap. Tanpa Kitab Wahyu, gambaran tersebut menjadi tidak seimbang, bahkan terdistorsi. Setelah Injil menggambarkan Yesus dalam peran-Nya sebagai nabi dan surat-surat Paulus membahas peran-Nya sebagai imam, kitab Wahyu menjelaskan peran-Nya sebagai Raja, yaitu Raja segala raja dan Tuhan segala tuan. Inilah Kristus yang dunia belum pernah lihat, tetapi suatu hari kelak akan merek lihat; Kristus yang orang Kristen lihat sekarang dengan iman dan suatu hari akan bertemu muka langsung secara fisik.

* * * * *

Tidak ada orang yang dapat bertahan hingga sama sekali tidak berubah setelah mempelajari kitab Wahyu. Namun, pesannya masih bisa terlupakan. "Berbahagialah ia yang membacakan dan mereka yang mendengarkan kata-kata nubuat ini, dan yang menuruti apa yang ada tertulis di dalamnya, sebab waktunya sudah dekat," (Why. 1:3), dan yang menyimpannya di dalam pikiran, serta melakukan dalam perbuatan nyata. "Tetapi hendaklah kamu menjadi pelaku firman dan bukan hanya pendengar saja; sebab jika tidak demikian kamu menipu diri sendiri," (Yak. 1:22).

C.
PENJELASAN TENTANG PENGANGKATAN

Bab Sebelas

DOKTRIN YANG BARU

Pada awal abad 19, muncul pemahaman yang benar-benar baru tentang Kedatangan Kedua Kristus, dan kini pemahaman ini telah menyebar ke seluruh penjuru dunia. Pemahaman ini kemungkinan besar dapat ditemukan dalam sebagian besar buku masa kini yang membahas topik ini.

Singkatnya, kedatangan kembali Yesus ke planet Bumi dibagi menjadi dua, yaitu "kedatangan kedua" dan "kedatangan ketiga", meskipun keduanya hanya terpisah beberapa tahun, berbeda dengan jeda ratusan tahun yang memisahkan kedatangan pertama dan kedua.

"Kedatangan kedua" akan tidak terlihat oleh dunia, karena terjadi sebagai peristiwa yang privat. Kedatangan itu akan berupa kunjungan singkat, dengan satu tujuan saja: untuk membawa semua orang percaya sejati ke surga *sebelum* "Kesengsaraan Besar" (atau "Aniaya Besar") pada tahun-tahun terakhir, yang dikuasai oleh Iblis, Antikristus, dan nabi palsu.

Pengangkatan Gereja ini hanya akan disadari oleh dunia karena sebagian besar penduduk mendadak hilang dan terjadi efek kekacauan yang diakibatkannya. Khotbah-khotbah sensasional dan film-film bombastis telah menggambarkan dampaknya, termasuk banyak kecelakaan yang disebabkan oleh mobil kehilangan pengemudi dan pesawat kehilangan pilot!

Yang lebih penting, terutama bagi orang percaya, adalah bahwa hal itu akan terjadi tanpa tanda-tanda sebelumnya. Karena semua nubuat yang belum tergenapi dalam Alkitab (sekitar 150 dari lebih dari 700 nubuat, menurut *Encyclopedia of Biblical Prophecy* [Ensiklopedia Nubuat Alkitab] karya J. Barton Payne,

Hodder & Stoughton, 1973) mengacu pada masa Aniaya Besar dan seterusnya, kedatangan "rahasia" Yesus untuk membawa Gereja-Nya ke surga adalah peristiwa berikutnya dalam kalender agenda Tuhan. Karena itu, hal ini dapat terjadi "kapan saja", yang menjadi kata-kata favorit bagi para penganut pandangan ini; sementara golongan yang lain berbicara tentang aspek waktunya yang sudah "amat dekatnya". Ketiadaan peringatan apa pun, tentu saja, menjadi motivasi yang kuat untuk selalu "siap".

Lalu, kedatangan "ketiga" sangat terbuka dan sesuai dengan harapan tradisional Gereja. Yesus akan turun dari awan "dengan cara yang sama" seperti ketika Dia naik ke sana (Kis. 1:11). Perbedaan utamanya adalah bahwa Dia tidak hanya akan ditemani oleh para malaikat-Nya, tetapi juga oleh Gereja, yang telah dibawa-Nya ke surga beberapa tahun sebelumnya. Maka, kedua "kedatangan" lazim dibedakan dengan dua sebutan: "*untuk* orang-orang kudus-Nya", kemudian "*bersama* orang-orang kudus-Nya".

Kunjungan awal sering disebut sebagai "pengangkatan rahasia", atau lebih umum disebut "pengangkatan". Hal ini tidak ada hubungannya dengan kegembiraan emosional, meskipun tentu saja kegembiraan itu bisa menjadi efek samping! Istilah ini berasal dari terjemahan Alkitab bahasa Latin Vulgate, yang menggunakan kata *raptura* untuk kata Yunani *arpagesometha* di 1 Tesalonika 4:17; keduanya berarti "disambar lalu dibawa naik dengan tiba-tiba". Bahkan dalam bahasa Inggris kuno, kata "*rapture*" berarti "dipindahkan ['*transported*'] dari satu tempat ke tempat lain". Kata "*transport*" juga memiliki makna ganda, yaitu aspek fisik dan emosional ("transportasi mekanis" dan "transportasi kegembiraan").

Perlu kita pahami bahwa *tidak ada* perselisihan tentang "pengangkatan" itu sendiri. Ayat Alkitab di atas dengan jelas mengajarkan bahwa orang-orang percaya yang masih hidup, berbeda dengan orang-orang percaya yang telah "mati" yang akan "lebih dahulu bangkit" (1 Tes. 4:16), akan "*diangkat*

Doktrin yang Baru

bersama-sama dengan mereka dalam awan menyongsong Tuhan di angkasa". Inti permasalahan adalah *kapan* hal ini akan terjadi—pada peristiwa yang bersifat privat dan tidak terlihat, atau pada kedatangan kembalinya yang bersifat publik dan terlihat luas. Yang penting, bagian ini tidak memberikan jawaban—atau bahkan kesadaran akan pertanyaan tersebut!

Pada titik ini, kita perlu memperkenalkan beberapa istilah teknis yang biasa digunakan dalam perdebatan ini untuk menggambarkan berbagai keyakinan yang berbeda tentang waktu terjadinya peristiwa besar ini, yang dinantikan oleh semua orang Kristen yang percaya Alkitab. Pandangan yang telah dijelaskan sejauh ini dikenal sebagai "pengangkatan pra-tribulasi" (sebelum penganiayaan), karena penganutnya percaya bahwa orang Kristen akan diangkat dari dunia sebelum kesengsaraan terburuk, sehingga mereka akan terhindar darinya. Pandangan yang lebih tua disebut "pengangkatan pasca-tribulasi" (setelah penganiayaan), karena penganutnya percaya bahwa orang Kristen akan bertemu Kristus di udara setelah kesengsaraan tersebut, sehingga mereka harus melaluinya. Baru-baru ini muncul pandangan ketiga, yang disebut pengangkatan mid-tribulasi" (di tengah-tengah penganiayaan), yang percaya bahwa orang Kristen akan mengalami penderitaan tahap awal tetapi akan diangkat sebelum penderitaan terburuk. Kita akan membahas pandangan ketiga ini lebih lanjut nanti, tetapi pandangan ini belum pernah menarik minat kaum mayoritas dan pada dasarnya hanyalah merupakan variasi dari pandangan "pra-tribulasi". Perdebatan utama berkisar antara posisi "pra-" dan "pasca-" penganiayaan. Kini kita kembali membahas yang pertama.

Setelah menguraikan ajaran baru ini, mungkin akan bermanfaat untuk melacak sejarahnya, yang bermula dari seorang pria Inggris, seorang pria Irlandia, dan seorang pria Skotlandia! Seperti yang telah disebutkan, tidak ada jejak sama sekali sebelum tahun 1830, yang membuat orang bertanya-tanya tentang alasannya, jika ajaran ini memang jelas terdapat dalam Alkitab.

Asal-usulnya terselimuti misteri, meskipun beberapa orang mengklaim bahwa asalnya bersumber dari sebuah "nubuat" yang dikeluarkan oleh Margaret Macdonald di Port Glasgow, Skotlandia (lihat beberapa buku karya Dave MacPherson; misalnya, *The Great Rapture Hoax* [Kebohongan Besar tentang Pengangkatan], New Puritan Library, 1983).

Hal ini jelas muncul dalam ajaran Pendeta Edward Irvine (yang meninggalkan sebuah gereja di Skotlandia untuk mendirikan Gereja Katolik Apostolik, yang katedral kini "kosong" dan masih berdiri di Albury, dekat Guildford di Surrey), Dr. Henry Drummond (pemilik Albury Court, yang di perpustakaannya diadakan acara-acara konferensi nubuat, yang dihadiri oleh nama yang berikutnnya ini); dan Pendeta John Nelson Darby (yang meninggalkan Gereja Anglikan di Dublin untuk mendirikan kelompok "Brethren").

Adalah pria terakhir inilah yang paling berperan dalam mempopulerkan doktrin baru tersebut. Meskipun beberapa rekan sejawatnya dalam gerakan yang sama (seperti George Müller, yang terkenal karena panti asuhan di Bristol) tidak pernah menerima gagasan tentang "pengangkatan rahasia", gagasan itu menjadi ajaran "ortodoks" sehingga jarang ada orang yang berani menyimpang darinya.

Lalu, Darby menyeberangi Samudra Atlantik demi meyakinkan seorang pengacara, Dr. C. I. Scofield, untuk mengadopsi konsep ini. Dia kemudian meramunya ke dalam Alkitab versi "Scofield", yang menggabungkan komentar interpretatif dan teks yang diilhami sedemikian rupa sehingga pembaca hampir tidak dapat membedakan antara keduanya. Mereka menemukan pengangkatan rahasia itu dalam "Alkitab" itu! Edisi ini menjadi versi Alkitab yang laris dan kemungkinan besar menjadi faktor utama dalam penyebaran gagasan tersebut yang luar biasa meluas.

Ajaran ini kini diajarkan di sekolah-sekolah Alkitab (Dallas, Texas, adalah salah satu yang paling terkenal) dan banyak dibaca dalam tulisan-tulisan populer (Hal Lindsay, yang menulis buku populer *The Late Great Planet Earth* [Mendiang Planet Bumi yang Hebat], adalah mantan mahasiswa Dallas).

Pada titik ini, perlu ditegaskan bahwa doktrin ini jarang berdiri sendiri. Doktrin ini selalu disajikan sebagai bagian dari paket teologis yang lebih besar, yang biasanya disebut sebagai "dispensasionalisme" ("pengecualian", yang dibahas dalam Bab 18 pada bagian "Kebingungan tentang Kerajaan Seribu Tahun").

Doktrin ini muncul dari kerangka studi Alkitab J.N. Darby. Dia menekankan dengan kuat kebutuhan untuk *"membagi dengan benar"* firman kebenaran (ayat 2 Tim. 2:15 dalam Alkitab bahasa Inggris terjemahan Authorised Version; terjemahan New International Version menggantinya dengan lebih akurat sehingga bunyinya berarti "menangani dengan benar"). Metode "membagi" kitab suci ini diterapkan secara berlebihan dalam tiga arah.

Pertama, dia membagi sejarah Alkitab menjadi tujuh era atau "dispensasi" terpisah (inilah yang membuat skemanya disebut "dispensasionalisme"), yaitu:

1. Kondisi tidak berdosa (Adam)
   KEJATUHAN

2. Hidup oleh kehendak pribadi (Kain sampai Henokh)
   AIR BAH
3. Pemerintahan manusia (Nuh sampai Terah)

4. Bapa-bapa bangsa (Abraham sampai Yusuf)

5. Hukum Taurat (Musa sampai Maleakhi)
   KEDATANGAN YESUS YANG PERTAMA

6. Anugerah (gereja)
   KEDATANGAN YESUS YANG KEDUA

7. Kerajaan Seribu Tahun (Israel)

Sebagai ringkasan dari fase-fase kisah yang berkembang, hal ini tidaklah luar biasa. Namun, prinsip penting ditambahkan ke dalam analisisnya—bahwa Tuhan "menetapkan" hubungan-Nya dengan manusia menggunakan dasar yang sepenuhnya berbeda di setiap era tersebut. Untuk masing-masing, Dia membuat perjanjian yang berbeda, dan kitab suci dari era tersebut harus ditafsirkan sesuai dengan kondisinya itu.

Kedua, Dia memisahkan takdir masa depan Gereja (umat Tuhan di surga) dari takdir Israel (umat Tuhan di bumi). "Zaman Gereja" Kristen dan "milenium" Yahudi menjadi terpisah. Dalam kekekalan, orang Kristen akan berada di surga dan orang Yahudi di bumi. Yang disebut "pengangkatan rahasia" menandai dimulainya pemisahan permanen ini. Israel akan mengambil alih panggilan Gereja, baik untuk menderita maupun untuk menyebarkan Injil di bumi.

Ketiga, sejalan dengan semuanya ini, dia membagi Kedatangan Kedua Kristus menjadi dua kali kunjungan yang terpisah beberapa tahun, seperti yang dijelaskan tadi.

Karena itu, sangat jarang kita menemukan keyakinan tentang "pengangkatan rahasia" secara terpisah dari konteksnya dalam skema dispensasionalisme ini. Respons yang ada ditujukan pada seluruh paket tersebut, seluruhnya diterima atau seluruhnya ditolak.

Bahwa hal ini telah diterima secara luas sangatlah dapat dimengerti. Selain "kasus dari Alkitab" yang diajukan untuknya (yang akan kita bahas di bagian berikutnya dan kita kritik di bagian selanjutnya), ini adalah kabar yang sangat menggembirakan.

Di satu sisi, ini adalah *penghiburan* yang luar biasa. Bagi kita, diberi tahu bahwa orang Kristen akan diangkat sebelum "Aniaya Besar" (seperti yang dijelaskan dalam Why. pasal 6–18) dan bahwa kita tidak perlu mempersiapkan diri untuk masa-masa mengerikan tersebut tentu menjadi sebuah upah yang sangat memuaskan. Kita tidak akan tertinggal di sana ketika keadaan menjadi sangat buruk. Eskatologi pun menjadi jalan menuju eskapologi!

Doktrin yang Baru

Di sisi lain, ini adalah *tantangan* yang luar biasa. Ajaran bahwa Yesus dapat kembali kapan saja tanpa peringatan untuk membawa pengikut-Nya pergi merupakan tekanan besar bagi orang-orang yang tidak percaya untuk bergabung dengan pengikut Yesus sebelum terlambat. Banyak pula anak kecil dalam perkumpulan "Brethren" telah berbalik kepada Kristus karena takut orang tua mereka akan menghilang di tengah malam (padahal tidak ada tekanan semacam ini dalam pemberitaan Injil di Perjanjian Baru). Setelah orang bertobat, ajaran ini pun menjadi dorongan kuat untuk terus berjuang mengejar kesetiaan dan kekudusan (hal ini dapat ditemukan dalam Perjanjian Baru, meskipun intinya bukan mengenai waktu kedatangan Yesus, melainkan mengenai pertanggungjawaban yang diminta pada saat itu kelak).

Maka, pada praktiknya, ajaran ini telah mencapai hasil yang signifikan dalam kehidupan orang berdosa dan orang kudus sekaligus. Namun, apakah itulah kebenarannya? Apakah itu tafsiran yang benar dari referensi-referensi Alkitab tentang Kedatangan Kedua Kristus? Para penganut dan pendukungnya mengklaim bahwa itu benar.

Bab Dua Belas

KASUS DARI ALKITAB

Faktanya, tidak ada satu pun pernyataan yang jelas dalam Perjanjian Baru yang menyebutkan adanya "pengangkatan rahasia" Gereja sebelum "Aniaya Besar". Banyak orang mengutip teks 1 Tesalonika 4 sebagai buktinya. Padahal, meski teks tersebut memang berbicara tentang "pengangkatan", tidak ada bagian yang menunjukkan bahwa pengangkatan itu bersifat rahasia, dan tidak ada petunjuk tentang waktunya, kecuali "pada kedatangan-Nya", yang memberi kesan hanya ada satu peristiwa kedatangan.

Dengan ketiadaan pernyataan eksplisit, para pendukung pandangan ini mengandalkan inferensi implisit, yang dapat disimpulkan dari berbagai perikop lain. Ketika doktrin dibangun berdasarkan inferensi alih-alih pernyataan yang jelas, ada risiko yang jauh lebih besar untuk menafsirkan Alkitab secara eisegesis dengan memasukkan hal-hal yang sebenarnya tidak ada di sana, bukannya menafsirkan Alkitab secara eksegesis dengan menarik hal-hal yang memang ada di sana.

Namun, mari kita terlebih dahulu mempertimbangkan argumen yang diajukan, dan menunda kritik sampai bab berikutnya. Ada tujuh poin utama dalam argumen ini, meski beberapa di antaranya cenderung tumpang tindih. Ingatlah bahwa semua poin ini diyakini mendukung gagasan tentang pengangkatan rahasia Gereja kapan saja sebelum kesengsaraan terburuk.

Pernyataan tentang *kecepatan* kedatangan-Nya Kata-kata berulang bahwa Dia "akan datang segera" (Why. 22:7, 12,20; diterjemahkan dengan makna "cepat" dalam Alkitab terjemahan bahasa Inggris Authorised Version) menyiratkan peristiwa yang akan segera terjadi. Pernyataan lain seperti "Dia berdiri di pintu"

(Yak. 5:9; bandingkan dengan Mat. 24:33) menyarankan bahwa Dia akan masuk dengan langkah-Nya yang selanjutnya. Maka, baik dalam hal waktu maupun ruang, kita diarahkan untuk percaya bahwa kedatangan-Nya sangat dekat.

Pernyataan tentang sifat *kejutan* pada kedatangan-Nya. Ada penggunaan kata-kata "pencuri di malam hari" oleh baik Yesus maupun Paulus (sekarang menjadi judul film sensasional yang menyebarkan teori tersebut). Ada pernyataan Yesus kepada murid-murid-Nya bahwa tidak ada yang tahu kapan Dia akan kembali, bahkan "malaikat-malaikat di sorga tidak, dan Anak pun tidak, hanya Bapa sendiri" (Mat. 24:36), dilanjutkan dengan nasihat: "Karena itu berjaga-jagalah, sebab kamu tidak tahu pada hari mana Tuhanmu datang," (Mat. 24:42). Ada penekanan berulang tentang unsur kejutan pada kedatangan-Nya kembali.

Lalu, *bahasa* yang berbeda digunakan untuk menggambarkan kedatangan-Nya kembali. Dalam bahasa Yunani, ada tiga kata benda yang digunakan: *parousia, epiphaneia,* dan *apokalupsis* (lihat definisi maknanya dalam Bab 1, bagian BAGAIMANA?). Dia digambarkan akan datang "untuk" dan "bersama" orang-orang kudus-Nya. Kadang-kadang peristiwa itu digambarkan sebagai "hari Kristus" dan kadang-kadang sebagai "hari Tuhan". Dikatakan bahwa di balik keragaman ungkapan ini terdapat perbedaan antara dua peristiwa kedatangan, yang satu secara rahasia dan yang satu lagi secara terbuka. Istilah-istilah ini tidak bersifat sinonim dan masing-masing mengacu hanya pada salah satu dari dua peristiwa tersebut.

Penantian jemaat mula-mula. Seruan untuk kesiapan yang tetap terdapat di sepanjang Perjanjian Baru. Hal ini tampaknya didasarkan pada beberapa perkataan Yesus bahwa "di antara orang yang hadir di sini ada yang tidak akan mati sebelum mereka melihat bahwa Kerajaan Allah telah datang dengan kuasa" (Mrk. 9:1) dan "Aku berkata kepadamu: Sesungguhnya angkatan ini tidak akan berlalu, sebelum semuanya ini terjadi" (Mat. 24:34). Jika jemaat mula-mula menantikan-Nya dan berekspektasi Dia akan datang "kapan saja", betapa kita seharusnya lebih lagi, karena kita hidup jauh setelah mereka?

Ketiadaan kata *"gereja"* dalam ayat-ayat tentang "kesengsaraan" (seperti dalam Mat. 24). Meski sering muncul dalam Wahyu pasal 1–3, kata tersebut menghilang sepanjang bagian tengah (pasal 4–18), yang menggambarkan tahun-tahun terakhir yang mengerikan sebelum kedatangan kembali Kristus (pasal 19). Kata-kata "terpilih" dan "orang-orang kudus", yang memang muncul dalam pasal-pasal ini, adalah istilah yang telah sering muncul dalam Perjanjian Lama dan pastilah mengacu pada orang-orang Yahudi yang tinggal di bumi selama masa Aniaya Besar (Why. 7:1–8), sementara Gereja menikmati kelegaan di surga (Why. 7:9–17). Bahkan, diyakini pula bahwa panggilan kepada Yohanes di Patmos untuk "naiklah kemari" ke surga (Why. 4:1) juga menunjukkan titik waktu ketika Gereja diangkat, sehingga terhindar dari segala yang terjadi selanjutnya.

"Sengsara" itu adalah pencurahan *murka*. Setelah "meterai" dan "sangkakala", tujuh "cawan" murka ditumpahkan ke bumi, dan ini memperburuk intensitas penderitaan dan duka di bumi (Why. 14:10,19; 15:7; 16:1). Orang Kristen tidak ikut serta di dalam bagian ini, karena murka Allah telah dilewatkan dari mereka melalui penebusan oleh kematian Kristus di kayu salib (Roma 5:9). "Karena Allah tidak menetapkan kita untuk ditimpa murka," (1 Tes. 5:9; perhatikan bahwa ini terjadi dalam perikop yang secara langsung membahas Kedatangan Kedua Kristus). Hal ini sepertinya dikuatkan oleh janji di Wahyu 3:10 kepada mereka yang "menuruti firman-Ku" dan "tekun menantikan Aku", bahwa "Aku pun akan melindungi engkau dari hari pencobaan yang akan datang atas seluruh dunia untuk mencobai mereka yang diam di bumi".

Penekanan pada *penghiburan* dan dorongan semangat Inilah alasan yang diberikan Paulus untuk pewahyuannya tentang "pengangkatan" (1 Tes. 4:13, 18). Mana mungkin ada penghiburan sejati dalam hal ini jika orang percaya harus mengalami hal-hal yang mengerikan terlebih dahulu? Sebaliknya, jika "pengangkatan" membawa kita keluar dari situasi dunia ini sebelum semua kekacauan dimulai, itu tentulah menjadi "obat penenang bagi jiwa kita". Kabar baiknya bukanlah sekadar bahwa Yesus akan datang kembali, melainkan bahwa Dia akan kembali untuk kita, untuk membawa kita keluar dari penderitaan dan kesusahan yang akan datang.

Maka, semua inilah "dasar" untuk percaya pada "pengangkatan rahasia". Biasanya diakui bahwa tidak satu pun dari inferensi ini cukup untuk menjadi sebuah kesimpulan sendiri, tetapi efek kumulatifnya dianggap cukup meyakinkan.

Bab Tiga Belas

KLAIM YANG MERAGUKAN

Karena bersifat kumulatif, tentu kasus ini akan melemah jika salah satu komponennya ternyata terbukti cacat. Sebaliknya, kasus ini akan makin teguh benar dengan setiap pembuktian melewati pemeriksaan yang terperinci.

Mari kita telusuri tujuh aspeknya kembali, dengan mengamatinya menggunakan seluruh data Alkitab.

KECEPATAN

Apakah kita sungguh mampu memahami "segera" dan "tiba-tiba" itu, apa lagi kedatangan Tuhan telah ditunda selama hampir 2.000 tahun? Jelas sekali, istilah "segera" itu bermakna relatif. Namun, relatif terhadap apa? Atau, mungkin yang lebih tepat, relatif terhadap siapa? Jawabannya, relatif terhadap Tuhan sendiri, karena bagi-Nya "satu hari adalah seperti seribu tahun, dan seribu tahun adalah seperti satu hari" (Mzm. 90:4).

Ayat ini dikutip dalam Perjanjian Baru (2 Ptr. 3:8) untuk menjawab pertanyaan yang ada di hadapan kita: "Di manakah janji tentang 'kedatangan-Nya' itu? Sebab sejak bapa-bapa leluhur kita meninggal, segala sesuatu tetap seperti semula, pada waktu dunia diciptakan," (2 Ptr. 3:4). Penulis menyoroti bahwa bagi Tuhan, baru beberapa hari berlalu sejak Dia mengutus Anak-Nya dalam kedatangan pertama-Nya, maka Dia tidak dapat dituduh "lambat". Namun, penundaan yang tampaknya begitu lama bagi kita memiliki penjelasan: Kesabaran Tuhan yang luar biasa dan kerinduan-Nya untuk memasukkan sebanyak mungkin dari kita ke dalam keluarga-Nya, dengan pertobatan sebagai syarat masuknya. Itulah mengapa Dia harus mengutus Anak-Nya, untuk membuat pengampunan menjadi mungkin dengan menanggung murka Tuhan atas dosa-dosa kita di salib—kali pertama Bapa terpisah dari Anak-Nya, hari yang pasti terasa seperti seribu tahun!

Tentu saja, penundaan ini terasa "mengganggu" bagi mereka yang "menantikan kedatangan-Nya" (2 Tim. 4:8). Bernard dari Clairvaux berseru, "Apakah ketika aku tidak akan melihat-Mu, Engkau menyebut itu sebagai waktu yang singkat? Oh, waktu yang singkat ini adalah waktu yang sangat lama!"

Kita perlu menyeimbangkan kata-kata "segera" dan "tiba-tiba" dengan bagian-bagian lain dalam Perjanjian Baru yang secara jelas menunjukkan periode waktu yang panjang antara kedatangan pertama dan kedua. Perhatikan penundaan dalam setiap perumpamaan Yesus tentang kedatangan-Nya kembali (Mat. 24:48; 25:5,19—dalam setiap kasus ada "waktu yang lama"). Ada juga perbandingan yang sering muncul dengan musim panen (Mat. 13:30, 40–41). Panen tidak terjadi dalam waktu singkat setelah benih ditanam, dan itulah mengapa Yakobus, saudara Yesus, menasihati pembacanya, "Karena itu, saudara-saudara, bersabarlah sampai kepada kedatangan Tuhan! Sesungguhnya petani menantikan hasil yang berharga dari tanahnya dan ia sabar sampai telah turun hujan musim gugur dan hujan musim semi. Kamu juga harus bersabar dan harus meneguhkan hatimu, karena kedatangan Tuhan sudah dekat!" (Yak 5:7–8).

Perhatikan bahwa dalam kutipan terakhir ini terdapat panggilan yang luar biasa untuk bersabar menanti suatu peristiwa yang "sudah dekat". Ini mencerminkan paradoks yang mengalir sepanjang seluruh Perjanjian Baru. Kedatangan Kedua Kristus adalah keduanya: "lama" di masa depan sekaligus "segera". Kedua aspek ini perlu dikemukakan, bahkan dikemukakan bersamaan. Dari perspektif kita, kita dapat memahami "lama", tetapi kita kesulitan memahami "segera".

Jika kedatangan itu hanya "segera" dari sudut pandang Tuhan, mengapa Dia meninggalkan referensi waktu yang dapat membuat kita salah paham dalam Alkitab? Mungkin sebagian alasannya adalah karena Dia ingin kita belajar berpikir seperti-Nya dan menggunakan cara pandang jangka panjang. Di sisi lain, kata itu dapat membantu kita, bahkan ketika kita memahaminya dalam arti manusiawi. Kata "segera" membuat kita tetap waspada, dengan menarik masa depan ke dalam masa sekarang dan mengingatkan kita bahwa ketika Dia datang kelak, kita akan dimintai pertanggungjawaban atas apa yang kita lakukan sekarang ini.

Di sisi lain, kata "segera" tidak memberikan bukti bahwa Dia dapat datang kapan saja. "Segera" adalah istilah relatif dalam pengukuran waktu, baik menurut ukuran manusia maupun ilahi.

KEJUTAN

Meski benar bahwa baik Yesus maupun Paulus mengatakan kedatangan-Nya akan terjadi tiba-tiba seperti pencurian ("seperti pencuri di malam hari"; Mat. 24:43; 1 Tes. 5:2), pada "jam" yang tidak diketahui dan tidak disangka-sangka, hal itu tidak berarti bahwa kedatangan-Nya akan tanpa peringatan atau dapat terjadi "kapan saja".

Antara orang-orang yang tidak percaya dan orang-orang yang percaya, terkait hal ini ada perbedaan yang jelas. Bagi kelompok yang pertama, kedatangan-Nya akan menjadi kejutan total, bahkan kejutan mendadak. Analoginya bagaikan kontraksi pertama yang dirasakan oleh seorang wanita hamil (1 Tes. 5:3). Hal ini ditekankan lebih lagi dengan penegasan pada "malam" dan "kegelapan", waktu ketika hal-hal lebih sulit untuk dikenali dan kebanyakan orang sedang tidur. Bahkan, kata "pencuri" juga memiliki makna penting bagi dunia, karena kedatangan Kristus akan berarti hilangnya begitu banyak kesempatan untuk kesenangan dan kenikmatan diri sendiri.

Bagi kelompok yang kedua, kedatangan Kristus itu tidak akan menjadi kejutan, karena orang beriman hidup dalam terang dan tetap "berjaga-jaga" serta "waspada" terhadap apa yang terjadi di sekitar mereka (1 Tes. 5:5–7). Pemilik rumah yang terjaga dan waspada akan melihat kedatangan pencuri *sebelum* pencuri itu tiba di rumah sasaran (Mat. 24:43). Mungkin dia bertindak demikian karena menerima informasi sebelumnya bahwa "seorang pencuri sedang berada di sekitar sini"!

Kuncinya adalah kata "berjaga-jaga". Kata ini sering dikaitkan dengan "berdoa" dalam kaitannya dengan nasihat Yesus untuk kita siap menyambut kedatangan-Nya. Dia mungkin hanya bermaksud agar kita "waspada" terhadap diri sendiri dan cara hidup kita, agar dapat menyambut-Nya tanpa malu, tetapi hal ini tidak mungkin. Dia pun tentu tidak bermaksud agar kita terus-menerus mengamati langit setiap kali mendung (Kis 1:11). Itu akan menjadi kebiasaan yang cukup berbahaya di dunia modern. Dan, bagaimanapun juga, hal semacam itu hanya relevan di daerah Yerusalem.

Berbagai konteks kata "berjaga-jaga" dengan jelas menunjukkan bahwa yang dimaksud adalah mengamati *tanda-tanda* kedatangan-Nya dalam peristiwa-peristiwa waktu, bukan di langit atau di angkasa. Ketika para murid bertanya kepada Yesus apa saja tanda-tanda tersebut, Dia memberikan daftar yang jelas dalam jawabannya (Mat. 24; lihat penjelasan bab ini dalam Bab 1, KAPAN? bagian Tanda 1–4). Barulah setelah "semuanya ini" terjadi dan terlihat dengan jelas oleh para pengikut-Nya, mereka dapat mengharapkan kedatangan-Nya kembali.

Tanda yang terakhir tidak mungkin disalahpahami: "... matahari akan menjadi gelap dan bulan tidak bercahaya dan bintang-bintang akan berjatuhan dari langit dan kuasa-kuasa langit akan goncang," (Mat. 24:29, menggabungkan Yes. 13:10 dan 34:4). "Pada waktu itu orang akan melihat Anak Manusia datang dalam awan dengan segala kekuasaan dan kemuliaan-Nya. Apabila semuanya itu mulai terjadi, bangkitlah dan angkatlah mukamu, sebab penyelamatanmu sudah dekat," (Luk. 21:27–28).

Namun, selalu ada kemungkinan sebagian orang percaya menjadi tidur rohani, kurang waspada terhadap apa yang terjadi, bahkan kehilangan perhatian dan penguasaan diri karena mabuk yang membingungkan, yang sebenarnya merupakan ciri khas dunia (1 Tes. 5:6–7). Mereka pun akan "tertangkap basah" ketika Mempelai Laki-Laki datang (itulah pesan perumpamaan tentang sepuluh gadis dalam Mat. 25:1–13; setengah dari mereka akhirnya menghadapi pintu yang "ditutup" hingga tak bisa masuk ke pesta pernikahan).

Sekali lagi, tidak ada dasar di sini untuk tafsiran Yesus datang kembali tiba-tiba tanpa peringatan. Namun, ada kebutuhan yang jelas bagi semua orang percaya untuk "tetap waspada" agar tidak terkejut seperti dunia akan terkejut kelak.

BAHASA

Tidak ada alasan untuk membagi kata-kata dan frasa-frasa yang digunakan untuk menggambarkan Kedatangan Kedua Kristus menjadi dua peristiwa yang terpisah secara jelas, dengan selang waktu beberapa tahun di antaranya. Jika kita asumsikan sejenak bahwa teori tersebut benar, yaitu adanya "pengangkatan rahasia" Gereja beberapa waktu sebelum penampakan Kristus di hadapan umum, apakah ada pembedaan yang jelas antara bahasa yang digunakan untuk satu dan yang lain?

Mustahil kita menemukan pembedaan ini. Kata-kata *parousia*, *epiphaneia*, dan *apokalypsis* dalam bahasa Yunani menggambarkan berbagai aspek kedatangan-Nya serta bermakna sinonim satu sama lain untuk *satu peristiwa yang sama*. "Hari Kristus" dan "hari Tuhan" digunakan secara bergantian dengan makna yang sama.

Konsep tentang umat-Nya "dikumpulkan" mengacu pada pertemuan mereka dengan Tuhan di udara dan keberadaan mereka bersama-Nya ke bumi (bandingkan dengan Mrk. 13:27 dan 2 Tes. 2:1).

Kemungkinan pemisahan antara kedatangan Kristus "*untuk* orang-orang kudus-Nya" dan "*bersama* orang-orang kudus-Nya" perlu dicermati lebih teliti. Di satu sisi, "orang kudus" adalah terjemahan dari kata bahasa Yunani (*hagioi*), yang secara harfiah berarti "orang-orang yang kudus". Karena itu, istilah ini digunakan secara bebas dalam Perjanjian Baru, baik untuk malaikat maupun orang-orang percaya. Tidak selalu mudah untuk mengetahui kelompok mana yang dimaksud, dan maksudnya sering kali harus ditentukan berdasarkan konteksnya. Maka, penyelesaian masalah penggunaan kata "untuk" dan "bersama" tidak perlu didasarkan pada hipotesis dua peristiwa yang terpisah. Ayat-ayat yang relevan mungkin hanya bermaksud mengatakan: Yesus akan kembali bersama para malaikat-Nya untuk orang-orang percaya. Meski ada ayat-ayat yang secara jelas menyatakan bahwa Dia akan membawa malaikat-malaikat bersama-Nya (Mat. 24:31, 23:31; 1 Tes. 3:13; 2 Tes. 1:7; Yud. 14), solusi ini mungkin terlalu sederhana, karena beberapa konteks sepertinya menyiratkan bahwa "orang-orang kudus" yang datang bersama-Nya termasuk orang-orang percaya.

Di sisi lain, hal ini belum tentu berarti ada dua peristiwa kedatangan yang terpisah. Kuncinya terletak pada kata yang paling populer untuk menggambarkan kedatangan-Nya: *parousia* (dari kata-kata bahasa Yunani yang berarti "di samping" dan "untuk berada", yang membentuk arti "ketibaan"). Salah satu penggunaan umum istilah ini adalah untuk menggambarkan kunjungan seorang raja ke sebuah kota dalam wilayah kekuasaannya, yang merupakan penerapan yang sangat tepat untuk Kedatangan Kedua Kristus. Raja yang berkunjung akan disambut di luar kota oleh sekelompok pejabat terpilih dan kerabat dekatnya, kemudian mereka akan mendampingi sang raja dalam prosesi masuk melalui gerbang kota dengan disaksikan oleh penduduk setempat (seperti halnya pada masa kini pemimpin kerajaan Inggris disambut di bandara sebelum melintasi kerumunan).

Inilah tepatnya yang ditunjukkan dalam Perjanjian Baru sebagai hal yang akan terjadi. Orang-orang percaya, baik yang telah meninggal maupun yang masih hidup (yang "hidup"), akan "menyongsong Tuhan di angkasa" (1 Tes. 4:17) dan mendampingi-Nya pada bagian terakhir perjalanan-Nya kembali ke bumi. Tidak ada petunjuk tentang adanya jeda waktu antara kedua fase ini dan tentu saja tidak ada kenaikan ke surga selama beberapa tahun dalam interval itu.

Namun, pertemuan dengan Tuhan ini sama sekali tidaklah diam-diam. 1 Tesalonika 4:16 telah disebut sebagai "ayat paling bising dalam Alkitab"–ini jauh sekali dari "pengangkatan rahasia"!

Kita harus menyimpulkan bahwa tidak ada dasar untuk tafsiran dua peristiwa kedatangan terpisah selama Kedatangan Kedua Kristus dalam kata-kata atau istilah yang digunakan untuk menggambarkan kejadiannya. Meski kitab ini memberikan beberapa referensi, pembaca dapat memeriksa kesimpulannya dengan menggunakan kamus Alkitab.

EKSPEKTASI

Sering kali dikatakan bahwa Gereja Perjanjian Baru secara universal mengharapkan Tuhan Yesus akan kembali sewaktu-waktu kapan saja dan setiap hari mereka hidup dalam harapan untuk melihat-Nya lagi. Yang pasti, mereka berharap hal itu akan terjadi dalam masa hidup mereka. Rasul Paulus dengan jelas mengungkapkan kerinduan yang sama pula (2 Kor. 5:2–3; perhatikan juga "*kita* yang masih hidup" di 1 Tes. 4:15), meski kemudian dia menyadari bahwa hal itu tidak akan terjadi (2 Tim. 4:6).

Yesus sendiri mengizinkan mereka memiliki harapan semacam ini. Hal ini dibuktikan oleh percakapan yang menarik antara Petrus dan Tuhannya di tepi Danau Galilea setelah kebangkitan-Nya (tercatat di Yoh. 21:18–25). Yesus telah menubuatkan kematian Petrus melalui penyaliban, dan tampaknya Petrus tidak terlalu terganggu dengan hal itu, mungkin karena kematian tersebut tidak akan terjadi sebelum dia "tua". Petrus justru jauh lebih tertarik pada apa yang akan terjadi pada Yohanes, murid kesayangan Yesus (apakah Petrus sedikit cemburu pada hubungan khusus Yohanes dengan Yesus, sehingga mungkin dia ingin tahu apakah karena hubungan tersebut Yohanes akan terhindar dari nasib akhir yang menyakitkan dan memalukan?). Jawaban Yesus menyuruhnya untuk mengurus urusannya sendiri, yaitu mengikut Tuhannya, bahkan hingga di salib. Petrus juga diingatkan bahwa nasib Yohanes adalah tanggung jawab Yesus sendiri: "Jikalau Aku menghendaki, supaya ia tinggal hidup sampai Aku datang, itu bukan urusanmu."

Pernyataan terakhir ini memantik desas-desus yang meluas bahwa Yohanes akan tetap hidup ketika Yesus datang kembali, dan bahwa kedatangan-Nya kembali itu akan terjadi selama masa hidup Yohanes, meski mungkin orang lain telah mati. Tentu saja, Yohanes lalu hidup lebih lama daripada rasul-rasul lainnya; dan sejauh yang kita tahu, dia adalah satu-satunya rasul yang meninggal secara alami. Namun, Yohanes kenyataannya meninggal, sebelum Yesus datang kembali. Ketika menulis Injilnya, pada akhir hidupnya (mungkin sekitar tahun 85–90 M), dia berupaya menekankan bahwa kabar tersebut telah mengabaikan kata kunci "jika" dalam pernyataan Yesus (Yoh. 21:23).

Dari hal ini, kita dapat menyimpulkan bahwa Yesus membiarkan adanya kemungkinan kedatangan-Nya kembali dalam masa hidup seorang rasul (Dia telah mengaku tidak tahu kapan hal itu akan terjadi; Mat. 24:36, meski beberapa naskah awal Injil menghilangkan kata-kata "dan Anak pun tidak"). Namun, kita tidak dapat menggunakannya sebagai bukti bahwa semua rasul memperkirakan waktu kembalinya Yesus adalah kapan saja. Sebaliknya, hal itu menunjuk ke arah yang berlawanan. Petrus tahu bahwa dia akan mati terlebih dahulu dan kematian itu baru akan terjadi ketika berusia "tua" (Yoh. 21:18).

Sesuai dengan pemikiran bahwa bertahun-tahun akan berlalu di antara kedua kedatangan Kristus, terdapat pula perintah untuk "jadikanlah segala bangsa murid-Ku" (Mat. 28:19), untuk "memberitakan Injil kepada segala makhluk" (Mrk. 16:15), dan untuk menjadi "saksi-Ku ... sampai ke ujung bumi" (Kis. 1:8). Semua ini akan terjadi dalam periode waktu yang sangat lama.

Apakah mungkin semuanya ini dapat terjadi sampai selesai dalam satu generasi saja? Kita dapat memikirkan ambisi Paulus untuk memberitakan Injil ke Spanyol, ujung barat dunia yang dikenal saat itu, yang mungkin berhasil atau gagal dia wujudkan (Roma 15:24).

Argumen lain yang menentang harapan "segera" Gereja mula-mula adalah nubuat tentang peristiwa-peristiwa yang akan terjadi terlebih dahulu. Contohnya, Yesus dengan jelas menubuatkan kehancuran Yerusalem dan Bait Suci setelah pengepungan militer (Mat. 24; Mrk. 13 dan Luk. 21). Hal ini akan terjadi sebelum kedatangan-Nya kembali, tetapi tanda-tanda itu sama sekali tidak terjadi selama hampir satu generasi.

Contoh lain terdapat dalam surat-surat Paulus kepada jemaat di Tesalonika. Mereka sempat terpengaruh, tampaknya melalui surat palsu yang diklaim sebagai ditulis oleh Paulus sendiri, sehingga percaya bahwa "hari Tuhan" sudah mulai terjadi (2 Tes. 2:1–2); kata-kata terakhir yang biasanya diterjemahkan sebagai "sudah datang" di ayat-ayat itu, juga berarti "segera tiba", seperti di 1 Kor. 7:26 dan 2 Tim. 3:1). Paulus mencatat bahwa hal itu tidak mungkin benar demikian, karena ada hal-hal lain yang pasti terjadi terlebih dahulu. Secara khusus, "manusia durhaka" belum muncul (2 Tes. 2:3); sosok ini biasanya diartikan sebagai "Antikristus" (1 Yoh. 2:18) dan "binatang yang keluar dari dalam laut" (Why. 13:1). Apa dan siapa pun identitasnya, satu hal jelas pasti: kedatangan Tuhan kembali tidak akan terjadi tanpa peringatan dan karena itu tidak bisa terjadi kapan saja.

Kadang-kadang konsep "kapan saja" dapat diterima karena pengaruhnya terhadap perilaku orang Kristen. Ada sebuah pertanyaan yang dianggap sebagai koreksi yang sehat: "Apakah aku ingin melakukan hal ini jika Yesus telah datang kembali sekarang?" Namun sebenarnya, cara berpikir semacam ini bisa menyebabkan sikap yang tidak seimbang. Orang percaya justru bisa merasa bersalah karena mengambil cuti yang dibutuhkan, bercinta dengan pasangan yang sudah menikah, atau bahkan menikmati makanan yang lezat. Seorang gadis malang yang dikenal langsung oleh penulis bahkan menghabiskan waktunya di pemakaman demi memastikan dirinya senantiasa siap untuk peristiwa kebangkitan!

Terlepas dari efek psikologisnya, baik atau buruk, motivasi ini hampir secara langsung berlawanan dengan ajaran Yesus tentang cara menerapkan kebenaran kedatangan-Nya kembali dalam kehidupan sehari-hari. Ujian sejati kesetiaan kita bukanlah bagaimana kita berperilaku jika Yesus segera datang kembali, melainkan bagaimana kita berperilaku jika Dia "tidak datang-datang" (Mat. 24:48; 25:5,19). Dia tidak menginginkan reaksi tindakan yang panik, tetapi pelayanan yang setia. Yang penting bukanlah apa yang kita lakukan saat Dia kembali, melainkan apa yang telah kita lakukan sepanjang waktu Dia tidak ada. Yang kita lakukan selama Dia belum datang inilah yang akan mendapat perkenan-Nya: "Baik sekali!"

GEREJA

Ada penekanan kuat pada ketiadaan kata "gereja" yang sebenarnya (dalam bahasa Yunani, *"ecclesia"*, yang secara harfiah berarti "dipanggil keluar" dan digunakan untuk konteks pertemuan berkumpul khusus) dalam perikop-perikop kunci Perjanjian Baru. Hal ini diartikan bahwa Gereja dan jemaatnya tidak terlibat dalam peristiwa yang sedang dibahas, maka telah diangkat sebelum peristiwa tersebut terjadi. Itulah sebabnya, istilah "yang dipilih" dan "orang-orang kudus", yang memang muncul di sini, pastilah merujuk pada bangsa Yahudi yang masih berada di bumi pada saat itu kelak.

Namun, ini mungkin salah satu argumen terlemah untuk "pengangkatan rahasia"; tetapi, argumen ini tetap harus dijawab.

Poin pertama yang perlu disampaikan adalah bahwa semua perikop ini secara langsung ditujukan kepada orang-orang percaya Kristen, bukan kepada "sisa-sisa Israel". Misalnya, Matius 24 merupakan bagian dari percakapan pribadi antara

Yesus dan murid-murid-Nya, yang seluruhnya disampaikan langsung kepada mereka dalam bentuk kata ganti orang kedua jamak: "Aku sudah mengatakannya terlebih dahulu *kepadamu* ... apabila *kamu* melihat ... Waspadalah supaya jangan ada orang yang menyesatkan *kamu*!" *[Catatan penerjemah: Kata "kamu" dalam Alkitab bahasa Indonesia di sini diterjemahkan dari kata yang bermakna jamak dalam bahasa aslinya, seperti arti kata "kalian" dalam bahasa Indonesia.]*

Hal ini menimbulkan pertanyaan yang cukup jelas: jika memang orang percaya akan diangkat sebelum semua hal yang mengerikan itu terjadi, apa gunanya penjelasan tentang hal-hal itu bagi mereka? Kita mungkin berasumsi bahwa penjelasan itu dapat meningkatkan rasa syukur mereka, tetapi sebaliknya, hal itu tentu juga dapat menimbulkan rasa puas diri dan rasa aman yang tidak sehat. Lagi pula, mengapa penderitaan itu harus dijelaskan sedemikian terperinci? Hal ini sangat kontras dengan informasi yang agak minim tentang neraka; hanya ada informasi secukupnya untuk menyampaikan kengeriannya, tanpa menimbulkan ketertarikan yang tidak sehat (tidak semua pendeta menunjukkan pengendalian diri seperti ini!).

Poin berikutnya yang perlu kita catat adalah bahwa baik "yang dipilih" maupun "orang-orang kudus" merupakan istilah kolektif yang umum digunakan untuk orang-orang Kristen dalam seluruh Perjanjian Baru. Istilah yang pertama digunakan 55 kali dan yang kedua 48 kali. Menganggap keduanya hanya mengacu pada orang-orang Yahudi dalam Wahyu 4–18 adalah penilaian yang sungguh semena-mena (dan kesalahan logika ini terbongkar dengan pemahaman "orang kudus" yang kembali menggunakan sudut pandang "Kristen" di Wahyu 22:21!).

Ada enam surat dalam Perjanjian Baru yang juga menghindari penggunaan kata "gereja" (2 Timotius, Titus, 1 dan 2 Petrus, 2 Yohanes, dan Yudas). Apakah hal ini berarti surat-surat tersebut ditujukan untuk orang Yahudi setelah Gereja pergi karena "diangkat"? Sungguh kesimpulan yang konyol! Yang juga penting, lima di antara surat-surat itu hanya menggunakan istilah "yang dipilih" (atau "terpilih", "pilihan"), sementara satu surat (Yudas) menggunakan istilah "orang kudus".

Yang lebih mencolok lagi, kata "gereja" juga tidak ada dalam perikop-perikop yang secara langsung membahas "pengangkatan" ketika orang Kristen bertemu Yesus lagi (misalnya Yoh. 14; 1 Kor. 15; 1 Tes. 4–5). Bahkan, kata "gereja" juga tidak ada dalam penggambaran tentang langit dan bumi yang baru atau Yerusalem yang baru (Why. 21–22). Apakah hal ini berarti hanya orang Yahudilah yang akan mengalami penciptaan baru?

Jika benar demikian, kita tidak tahu sama sekali di mana orang Kristen akan berada setelah pembebasan mereka pada Hari Penghakiman!

Bahwa orang Kristen berada di bumi sepanjang tahun-tahun akhir yang penuh bencana yang digambarkan dalam pasal-pasal pertengahan kitab Wahyu secara tegas dibuktikan oleh komentar penjelasan untuk pasal 14: "Yang penting di sini ialah ketekunan *orang-orang kudus*, yang menuruti perintah Allah dan iman kepada Yesus," (Why. 14:12). Hal ini juga terkonfirmasi oleh penggunaan kata-kata "kesaksian Yesus" dalam pasal-pasal ini (Why. 12:17; yang tentu saja sama dengan di Why. 1:9 dan 19:10). Lalu jika dikatakan bahwa ini hanya mengacu pada orang-orang Yahudi yang telah bertobat (seperti yang telah terjadi pada sebagian kecil di antara mereka), mengapa mereka tidak diangkat sebagai bagian dari Gereja? Penafsiran paksa ini menimbulkan lebih banyak masalah daripada yang diselesaikannya.

Namun, mungkin ada alasan lain mengapa kitab Wahyu tidak mencantumkan kata "gereja" setelah pasal 3. Tuhan tidak menolak bangsa Yahudi, meski mereka telah menolak Dia (Roma 11:1). Mereka belum tamat (Roma 11:11). Tuhan masih memiliki kasih dan tujuan-Nya bagi mereka. Karena itulah, Dia tetap berkomitmen untuk melindungi mereka sebagai suatu bangsa, sebagaimana Dia telah berjanji tanpa syarat (lihat Yer. 31:35–37, sebagai salah satu contoh).

Klaim yang Meragukan

Hal ini dijelaskan dengan tegas dalam Perjanjian Baru dan pada pasal pertengahan kitab Wahyu (Why. 7:1–8). Apa pun pemikiran kita tentang angka pasti jumlah para penyintas (12.000 dari setiap suku, total 144.000), inti dari perikop ini adalah bahwa Allah akan melindungi sisa-sisa dari umat-Nya yang kuno hingga akhir zaman (terjemahan alternatif tepi di Matius 24:34 dalam Alkitab bahasa Inggris New International Version berarti: "Kukatakan kebenarannya kepadamu, *ras* ini pasti tidak akan lenyap sampai segala hal ini telah selesai terjadi").

Dengan demikian, Allah berurusan dengan dua kelompok di bumi selama "Aniaya Besar": umat perjanjian lamanya, Israel; dan umat perjanjian barunya, Gereja. Mungkin kata-kata "yang dipilih" dan "orang-orang kudus" digunakan untuk mencakup keduanya sekaligus; Yesus mungkin menggunakan kedua istilah untuk maksud ini ketika Dia berkata bahwa "... oleh karena orang-orang pilihan waktu itu [masa penderitaan terburuk dalam sepanjang sejarah dunia sejak awal mulanya] akan dipersingkat" (Mat. 24:22).

Sisa yang terselamatkan dari Israel akan percaya kepada Yesus ketika mereka "memandang kepada dia yang telah mereka tikam" (Zak. 12:10; yang secara signifikan muncul dalam referensi di Why. 1:7), kemungkinan saat Dia datang kembali (Why. 19:11–16). Setelah itu, takdir Yahudi dan Kristen menyatu, Yerusalem Baru membawa nama-nama 12 suku dan 12 rasul sekaligus (Why. 21:12–14).

Kemungkinan alasan di balik penghilangan kata "gereja" dan penggantiannya dengan "orang-orang pilihan" dan "orang-orang kudus" bersifat spekulatif, dan karenanya disajikan sebagai penjelasan yang tentatif saja. Penjelasan ini sama sekali belum ditetapkan sebagai pasti. Selain itu, kepastian ini tidak diperlukan untuk argumen yang disajikan di sini. Kita telah melihat bahwa tidak digunakannya kata "gereja" bukanlah bukti untuk ketidakhadiran orang Kristen dalam masa yang dibahas.

Kini, kini akan beralih dari argumen terlemah untuk

"pengangkatan rahasia" ke argumen lainnya, yang mungkin merupakan yang paling kuat.

MURKA

Pada pandangan pertama, argumen ini tampak mengesankan, bahkan bagi sebagian orang dianggap meyakinkan. Ringkasan sederhana argumen ini adalah: jika "Aniaya Besar" adalah curahan murka Allah atas dunia, bagaimana mungkin orang Kristen dapat mengalaminya, mengingat mereka "tidak ditetapkan untuk ditimpa murka" (1 Tes. 5:9)?

Namun, kita perlu membahasnya lebih lanjut, dan kita perlu meluangkan waktu untuk poin ini.

Mungkin ini adalah ruang yang tepat untuk membahas variasi terbaru: "pengangkatan di tengah-tengah aniaya". Banyak orang kini lebih memperhatikan bahwa kata "murka" digunakan untuk rangkaian tujuh bencana ("cawan"), tetapi tidak untuk rangkaian pertama dan kedua ("meterai" dan "sangkakala"). Maka, tafsiran yang dikemukakan adalah bahwa orang Kristen akan melewati "Aniaya Besar" *bagian pertama*, tetapi tidak akan menjalani *bagian terburuknya*, yang merupakan ekspresi langsung dari murka Tuhan.

Variasi lain adalah "pengangkatan sebagian", yaitu tafsiran bahwa hanya "yang menang" yang akan dibawa keluar, sementara orang percaya yang lebih lemah tetap ditinggalkan!

Kita akan menyadari bahwa dalam hampir semua hal, berbagai variasi tafsiran ini sebenarnya identik dengan pemahaman "pengangkatan pra-tribulasi" (sebelum aniaya). Selain penundaan waktu, ada pula dua peristiwa kedatangan, satu secara rahasia *untuk* orang-orang kudus dan satu secara terbuka *bersama* mereka. Semua penganutnya menggunakan argumen "murka"; yang berbeda hanyalah seberapa banyak penderitaan akhir yang dapat digambarkan oleh kata itu.

Sebenarnya, kata "murka" muncul sehubungan dengan meterai dan sangkakala (lihat Why. 6:16–17); dan "tujuh cawan murka Allah" (Why. 16:1) hanya dikatakan "menyempurnakan" pengalaman bumi dengan murka itu (Why. 15:1).

Maka, seluruh rangkaian bencana (Why. 6–16), semuanya itu, adalah "murka". Orang Kristen akan terhindar dari semuanya itu, atau justru harus mengalami semuanya itu. Kita harus berpikir ulang.

Mungkin hal pertama yang perlu diperhatikan adalah bahwa orang Kristen dan keluarga mereka tidak dikecualikan dari tragedi-tragedi biasa yang terjadi di dunia yang telah jatuh ini. Saat sedang menulis halaman ini pun, penulis diminta untuk memberi nasihat kepada sepasang suami-istri Kristen yang bayinya baru lahir dengan kondisi *spina bifida* (kelainan tulang belakang). Orang Kristen bisa juga meninggal akibat kelaparan dan gempa bumi. Tragedi-tragedi semacam itu bukanlah bagian dari maksud asli Sang Pencipta, dan juga tidak mencerminkan keadaan rohani manusia yang bersangkutan. Mereka merupakan bagian dari ciptaan yang telah rusak dan penderitaan dapat menimpa siapa saja yang termasuk di dalamnya.

Selanjutnya, penting untuk diingat bahwa murid-murid Yesus kemungkinan akan mengalami penderitaan lebih berat daripada orang-orang lain di dunia ini. Selain mereka juga mengalami bencana alam, mereka akan mengalami permusuhan dari lingkungan sosial. Yesus pun jujur berjanji kepada pengikut-Nya, "Dalam dunia kamu menderita penganiayaan," (Yoh. 16:33). Paulus juga memberi tahu para pengikutnya bahwa mereka "untuk masuk ke dalam Kerajaan Allah kita harus mengalami banyak sengsara" (Kis. 14:22); dia menganggap penderitaan semacam itu tak terhindarkan: "Memang setiap orang yang mau hidup beribadah di dalam Kristus Yesus akan menderita aniaya," (2 Tim. 3:12). Kata "kesengsaraan" (atau "penderitaan") sebenarnya muncul sekitar 50 kali dalam Perjanjian Baru, tetapi hanya tiga di antaranya yang mengacu pada "Aniaya Besar".

Selain itu, "orang-orang percaya" hidup di dunia yang *sudah* sedang mengalami murka Allah (Roma 1:18–31). Ketika manusia menolak kebenaran tentang Tuhan yang diungkapkan dalam karya ciptaan di luar mereka dan hati nurani di dalam mereka, memilih untuk percaya pada kebohongan, Tuhan pun menarik tangan-Nya yang menahan manusia dalam hubungan mereka dengan diri sendiri dan maupun antarsesama. Ketika mereka meninggalkan Tuhan, Tuhan pun membiarkan mereka—kepada nafsu yang tak terkendali dan hubungan yang tidak wajar, terutama yang bersifat homoseksual. Mereka menyalahgunakan pikiran maupun tubuh mereka, sehingga berakibat pada sikap dan aktivitas yang berlawanan dengan norma sosial dalam keluarga dan masyarakat. Mustahil orang Kristen sama sekali tidak terpengaruh oleh lingkungan yang telah begitu rusak seperti itu.

Maksud intinya adalah bahwa umat Kristen *sudah* hidup di dalam dunia yang telanjur menjadi sasaran murka ilahi. Perbedaan antara hal ini dan "Aniaya Besar" adalah soal derajat keparahannya, bukan jenis penderitaannya. Kondisi ini bersifat universal, sehingga tidak jauh berbeda bagi individu yang terjebak dalam bencana terbatas dengan jenis yang ada pada masa sekarang.

Namun, meski orang Kristen harus hidup di dunia yang menderita akibat murka ilahi, sikap mereka terhadap hal ini akan berbeda dengan sikap dunia. Pertama, orang Kristen tahu bahwa murka itu tidak ditujukan secara pribadi kepada mereka; mereka tidak akan berteriak dengan ketakutan dari hati yang bersalah, mengemis agar disembunyikan dari murka itu sehingga tidak tertimpa hujan batu (Why. 6:16–17). Mereka juga tahu bahwa durasi murka yang dicurahkan ini akan sangat terbatas. Selain itu, mereka tahu bahwa mereka tidak akan pernah menghadapi puncak akhir dari murka ilahi, yaitu "murka yang akan datang", yang bukan "Aniaya Besar" melainkan "lautan api"—neraka. Di atas segalanya, mereka tahu bahwa kedatangan Yesus pastilah sudah sangat dekat. Semua faktor ini akan membantu membuat penderitaan terasa dapat ditanggung.

Lalu, apa makna janji Yesus bahwa "Aku pun akan melindungi

engkau dari hari pencobaan yang akan datang atas seluruh dunia untuk mencobai mereka yang diam di bumi" (Why. 3:10)? Ayat ini sering dianggap sebagai "teks bukti" untuk tafsiran "pengangkatan pra-tribulasi" (sebelum kesengsaraan). Padahal, setiap teks harus dilihat dalam konteksnya; jika tidak, teks mana pun dapat dijadikan dalih!

Jaminan ini terdapat dalam surat kepada jemaat di Filadelfia, salah satu dari dua jemaat di Asia Kecil yang tidak mendapat kritik dari Yesus dan hanya mendapat pernyataan perkenan-Nya. Janji perlindungan atas mereka *hanya* diberikan kepada jemaat ini dan bukan kepada enam jemaat lainnya, atau bahkan kepada jemaat lain yang hanya menerima pernyataan perkenan pula dari Yesus. Janji ini secara khusus ditujukan kepada jemaat yang setia ini. Hal ini terkonfirmasi oleh fakta bahwa janji tersebut diberikan dalam bagian surat yang berkaitan dengan situasi lokal yang spesifik, bukan yang umum ditujukan kepada "barangsiapa yang menang", yang terdapat di akhir setiap surat dan diterapkan kemudian dalam kitab kepada *semua* orang percaya.

Dalam makna yang paling diperluas pun, janji ini hanya dapat berlaku bagi jemaat-jemaat lain yang berada dalam kondisi tak bercela seperti jemaat di Filadelfia. Janji ini tidak dapat diperluas hingga mencakup jemaat-jemaat yang harus ditegur, apalagi hingga mencakup semua orang percaya.

Kita juga perlu mempertanyakan apakah "hari pencobaan yang akan datang atas seluruh dunia" mengacu pada "Aniaya Besar" sama sekali.

Jemaat Filadelfia sendiri telah lama tak ada. Apakah itu cara Yesus menepati janji-Nya? Jika ya, hal itu tidak ada hubungannya dengan "pengangkatan rahasia". Jika tidak, bagaimana mungkin Yesus dapat melindungi apa yang tidak ada dari "Aniaya Besar"? Hal ini tidak masuk akal bagi pendengar asli yang menerima janji tersebut.

Namun, hal ini masuk akal jika "hari pencobaan" diartikan sebagai penganiayaan oleh kekaisaran yang menyebar di seluruh Kekaisaran Romawi pada abad kedua dan ketiga. Hal ini sesuai dengan pernyataan bahwa "hari pencobaan" akan "menjadi cobaan" (ujian), bukan menghukum, bagi mereka yang masih hidup di bumi. Bagaimana cara Yesus akan melindungi jemaat Filadelfia dari hal ini? Tidak ada petunjuk bahwa Dia akan membawa mereka ke surga sebelum hal itu terjadi. Yang lebih mungkin, Dia melakukannya dengan mencegah gelombang penindasan mencapai kota mereka, mungkin dengan melembutkan hati para penguasa kota tersebut, yang tentu saja Dia mampu untuk lakukan.

Inilah tepatnya yang Tuhan lakukan ketika menurunkan tulah-tulah ke Mesir. Dia berkata, "Tetapi pada hari itu Aku akan mengecualikan tanah Gosyen, di mana umat-Ku tinggal, ... supaya engkau mengetahui, bahwa Aku, Tuhan, [secara harfiah: Yahweh, nama perjanjian-Nya], ada di negeri ini. Sebab Aku akan mengadakan perbedaan antara umat-Ku dan bangsamu [yaitu umat Firaun]," (Kel. 8:22–23; bandingkan dengan 10:23; 11:7). Meski Tuhan mencurahkan murka-Nya ke seluruh negeri, Dia sanggup melindungi umat-Nya dari akibat bencana tersebut. Mungkin itulah yang akan terjadi dalam "Aniaya Besar". Banyak orang memperhatikan kesamaan antara bencana-bencana itu dan tulah-tulah Mesir (bahkan sampai ke tulang belalang! Kel. 10:13—15; Why. 9:3). Jika wanita dalam Wahyu 12 mewakili Gereja (lihat Bab 8, bagian tentang Why. 12–14), dia dilindungi "supaya ia terbang ke tempatnya di padang gurun, di mana ia dipelihara jauh dari tempat ular itu selama satu masa dan dua masa dan setengah masa", tentu saja itu 42 bulan atau tiga setengah tahun dari "Aniaya Besar" (Why. 12:14). "Keturunannya" diidentifikasi sebagai "mereka yang menuruti hukum-hukum Allah dan memiliki kesaksian Yesus" (Why. 12:17; bandingkan dengan 14:12).

Di sini kita mungkin telah memasuki area spekulasi. Titik awal kita adalah penerapan yang meragukan dari Wahyu 3:10 tentang "penganiayaan rahasia" di masa depan. Kini waktunya kita kembali ke masalah utama: apakah orang Kristen akan menjalani masa "Aniaya Besar"?

Jika tidak, mengapa sebagian besar isi kitab yang ditujukan kepada orang percaya berisi deskripsi terperinci tentang segala hal yang akan terjadi selama masa yang mengerikan itu? Karena tujuan jelas dari seluruh kitab adalah untuk mempersiapkan mereka untuk masa yang akan datang, apa perlunya memberi tahu mereka begitu banyak informasi tentang hal yang tidak perlu mereka persiapkan? Jika mereka tidak akan ada di sana dan mengalami langsung peristiwa yang dijelaskan dalam pasal 6–18, bagian penjelasan itu, setidaknya, adalah pemborosan kertas! Mengapa bagian itu termasuk dalam pasal-pasal itu sungguh merupakan misteri.

Selain itu, ada fakta yang telah disebutkan dalam konteks lain — bahwa tepat di tengah bagian itu terdapat seruan untuk "tetap setia kepada Yesus" (Why. 14:12). Pastilah, ini berarti orang Kristen berada di tengah-tengah peristiwa tersebut!

Ketika pernyataan langsung ini dibandingkan dengan kesimpulan tak langsungnya, yang sebenarnya adalah argumen tentang "murka", tentu saja pernyataan langsung ini harus diterima, meski kesimpulan tak langsungnya mungkin terkesan logis.

Dengan mengingat bahwa bukti yang mendukung "pengangkatan rahasia" telah diakui secara terbuka sebagai "kumulatif", penyelidikan ini belum menemukan satu pun kesimpulan yang cukup substansial untuk dimasukkan sebagai pertimbangan. Hal ini juga berlaku untuk argumen terakhir yang akan dibahas.

PENGHIBURAN

Hal ini benar-benar berkaitan dengan semangat para pengikut Kristus. Tentu saja, dikatakan, kedatangan Kristus kembali yang cepat bukanlah "berkat pengharapan" jika itu berarti kita harus melewati masa "Aniaya Besar" terlebih dahulu!

Namun, ini adalah kesalahpahaman antara efek subjektif dari "harapan" dengan dasar objektifnya. Tidak ada penghiburan yang tetap dalam kebohongan. Harapan yang pasti dan kokoh hanya dapat didasarkan pada kebenaran.

Kata "penghiburan" dapat memiliki konotasi yang berbeda-beda; sering kali digunakan untuk makna meredakan rasa sakit atau stres. Namun, makna terdalamnya adalah menguatkan dan menghibur. "Menghibur" adalah saudara dari *menguatkan*. Penghiburan sejati muncul dari menghadapi kebenaran, yaitu seluruh kebenaran, tentang situasi tersebut.

Perhatikan kata-kata "penghiburan" Yesus (di Yohanes 16:33): "Dalam dunia kamu menderita penganiayaan [ini kebenarannya], tetapi kuatkanlah hatimu, Aku telah mengalahkan dunia. [Inilah seluruh kebenaran utuhnya]" Ketika "Aniaya Besar" datang, Yesus berkata, "Sekarang kamu telah menang, sama seperti Aku telah menang. Kuatkanlah hatimu! Aku akan datang segera, [Pernyataan ini memang bukan ayat Alkitab, tetapi merupakan ringkasan yang akurat dari pesan seluruh kitab Wahyu!]"

Menerima peringatan adalah menerima perlengkapan senjata. Dalam konteks yang sama ketika Yesus menggambarkan kesusahan terakhir dan terbesar dari semua "kesusahan", Dia berkata, "Camkanlah, Aku sudah mengatakannya terlebih dahulu kepadamu," (Mat. 24:25). Betapa baiknya Dia, karena telah demikian mempersiapkan kita.

Pasti, inilah alasan mengapa perikop-perikop seperti Matius 24 dan Wahyu 6–18 terdapat dalam Perjanjian Baru di Alkitab kita: untuk mempersiapkan kita menghadapi hal terburuk yang dapat terjadi. Namun, bahkan jika hal terburuk itu terjadi, kita akan sanggup menanggungnya, karena kita tahu bahwa "yang terbaik masih akan datang" dan hal yang terbaik itu akan segera datang setelahnya.

Nah, studi kita tentang "pengangkatan" ini telah selesai. Mungkin saja, pembaca tidak yakin akan penalaran atau kesimpulan yang disajikan di dalamnya. Saya sebagai penulis mungkin salah, tetapi saya lebih memilih salah dalam penalaran ini daripada dalam penalaran lain! Tentu saja lebih baik memperingatkan orang percaya untuk bersiap menghadapi "Aniaya Besar" dan kemudian ternyata mereka tidak akan mengalaminya, daripada memberi tahu mereka bahwa mereka sama sekali tidak perlu bersiap tetapi kemudian mendapati bahwa mereka seharusnya bersiap.

Entah gagasan tentang "pengangkatan rahasia" lahir dari nubuat palsu, seperti yang ditegaskan oleh sebagian orang, atau tidak demikian, dasar Alkitabnya yang sangat lemah menunjukkan bahwa setiap kali disampaikan kepada orang lain, gagasan itu merupakan nubuat palsu. Semua nubuat palsu berbahaya, dan yang satu ini mendatangkan risiko khusus. Perhatikan kesaksian seorang wanita saleh dari Belanda, Corrie Ten Boom, yang menikmati mendengarkan kaset penulis ini selama didera penyakitnya yang terakhir:

> Saya telah mengunjungi negara-negara yang mengalami penganiayaan berat atas orang-orang kudus. Di Tiongkok, orang Kristen diberi tahu, "Jangan khawatir, sebelum penganiayaan datang, kita akan diangkat dan dipindahkan." Lalu, datanglah penganiayaan yang hebat. Jutaan orang Kristen disiksa sampai mati. Kemudian, saya dengar seorang uskup dari Tiongkok berkata dengan sedih, "Kami telah gagal. Seharusnya kami mempersiapkan orang-orang agar kuat menghadapi penganiayaan, bukan memberi tahu mereka bahwa Yesus akan datang sebelum penganiayaan itu." Uskup itu lalu berkata kepada saya, "Beri tahu orang-orang cara bertumbuh agar kuat pada masa aniaya, cara bertahan pada masa penuh cobaan, supaya mereka tetap berdiri teguh dan tidak tumbang." Saya merasa mendapatkan mandat ilahi untuk pergi dan memberi tahu orang-orang di seluruh dunia bahwa adalah mungkin untuk menjadi kuat di dalam Tuhan Yesus Kristus. Kita sedang berada

dalam pelatihan untuk menghadapi cobaan hebat. Karena saya sudah pernah dipenjara karena Yesus, dan sejak saya bertemu uskup dari Tiongkok itu, sekarang setiap kali membaca Alkitab saya jadi berpikir, "Wah, saya bisa memanfaatkan ini pada masa cobaan nanti." Lalu, saya mencatat bagian itu dan menghafalkannya.

Tidak banyak orang yang dapat menjelaskannya dengan lebih baik, baik dengan perkataan maupun dalam kehidupan nyata. Kini dia telah bersama Tuhan, setelah melewati masa cobaannya sendiri. Ketika kita melewati cobaan kita sendiri, entah secara pribadi, lokal, atau universal, biarlah kita menjadi orang-orang yang "menang", seperti dia adalah pemenang.

D.
KEBINGUNGAN TENTANG KERAJAAN SERIBU TAHUN

Bab Empat Belas

KEKECEWAAN YANG UMUM

Pada umumnya, dunia ini kecewa dengan Yesus. Yesus dianggap gagal memenuhi ekspektasi orang Yahudi dan orang Yunani sekaligus.

ORANG YAHUDI

Orang Yahudi adalah golongan pertama yang merasa bahwa Yesus telah mengecewakan mereka. Ketika Dia datang, banyak orang Yahudi menantikan pemulihan "kerajaan" atau "kekuasaan" Tuhan di bumi. Mereka percaya bahwa dia akan mengutus seorang raja "yang diurapi" (dalam bahasa Ibrani: *mashiach*), dari dinasti Daud, untuk mewujudkan hal itu melalui bangsa terpilih-Nya, Israel. Karena itu, harapan mereka mengandung aspek nasional dan internasional.

Di satu sisi, monarki yang dipulihkan akan membawa kebebasan politik yang hilang lima abad sebelumnya dan hanya sempat pulih sesaat dalam pemberontakan Makabe yang gagal melawan orang Yunani. Kini di bawah kekuasaan Romawi, kerinduan akan kebebasan itu terus berlanjut, dan terungkap dalam istilah-istilah seperti "penghiburan Israel" dan "penebusan Yerusalem" (Luk. 2:25, 38).

Di sisi lain, mereka mengharapkan bahwa pembebasan dari cengkeraman bangsa-bangsa lain akan memberi mereka posisi kepemimpinan atas bangsa-bangsa lain, dari posisi "ekor" menjadi "kepala" (Ul. 28:13). Yerusalem tidak hanya akan menjadi ibu kota mereka sendiri, tetapi juga pusat pemerintahan dunia (Mik. 4:1–5; Yes. 2:1–5). Penegakan keadilan yang lurus di Sion akan menjadi dasar yang tepat untuk perdamaian, yang mengarah pada pelucutan senjata multilateral.

Impian ganda tentang kebebasan nasional dan kepemimpinan internasional ini sangat jelas terlihat dalam nubuat-nubuat Yesaya yang kemudian (perhatikan interaksi antara "Yerusalem" dan "bangsa-bangsa/pulau-pulau/ujung bumi" dalam pasal 40–66). Hal ini tercermin dalam kata-kata Simeon dalam usia tuanya, ketika dia melihat bayi Yesus di halaman Bait Suci. Dia berkata kepada Tuhan bahwa kini dia dapat mati dengan tenteram, karena telah melihat "terang yang menjadi penyataan bagi bangsa-bangsa lain dan menjadi kemuliaan bagi umat-Mu, Israel" (Luk. 2:32).

33 tahun kemudian, Yesus meninggalkan dunia ini tanpa berhasil menuntaskan kedua tujuan tersebut. Di antara kebangkitan dan kenaikan-Nya, aspirasi seluruh bangsa yang kecewa pun terungkap lebih dari sekali. "Padahal kami dahulu mengharapkan, bahwa Dialah yang datang untuk membebaskan bangsa Israel," menjadi seruan hati dua orang di jalan menuju Emaus (Luk. 24:21). Pertanyaan terakhir para murid adalah: "Tuhan, maukah Engkau pada masa ini memulihkan kerajaan [yaitu monarki] bagi Israel?" (Kis. 1:6—perhatikan bahwa Yesus menerima pesan inti dalam pertanyaan tersebut, tetapi juga memberi tahu mereka bahwa tanggal yang ditetapkan oleh "Bapa" untuk hal itu bukanlah urusan mereka).

Tampaknya, Yesus sendiri telah mengalihkan fokus kerajaan dari dimensi nasional ke dimensi internasional selama enam minggu terakhir-Nya di bumi (Mat. 28:19; Mrk. 16:15; Luk. 24:47; Kis. 1:3). Bahkan sebelumnya, Dia telah mengumumkan bahwa Kerajaan Allah akan diambil dari padamu [yaitu Israel] dan akan diberikan kepada suatu bangsa yang akan menghasilkan buah Kerajaan itu," (Mat. 21:43).

Ini bukanlah seperti yang banyak orang duga, bukan pembatalan aspek nasional dalam pengharapan itu. Terlalu banyak ayat Alkitab yang menunjuk pada tempat masa depan Israel dan Yerusalem dalam rencana Allah, maka kesimpulan ini tidak mungkin benar (misalnya, Mat. 23:39; Luk. 21:24; 22:29–30,

Roma 11:1,11). Bagian mereka ditunda. Urutan kejadiannya dibalik. Bangsa-bangsa lain akan menerima kerajaan itu, sebelum orang Yahudi (Roma 11:23-26). Yang pertama akan menjadi yang terakhir dan yang terakhir akan menjadi yang pertama.

Namun, apakah pemerintahan Tuhan telah ditetapkan di antara bangsa-bangsa, sejalan dengan perubahan rencana ini?

ORANG YUNANI

Orang Yunani juga sama, mereka pun mengungkapkan kekecewaan tentang Yesus. Banyak orang berkata kekristenan telah ada di dunia selama sekitar 2.000 tahun, tetapi kondisi dunia tidak menjadi lebih baik karena kekristenan. Justru, tampaknya dunia terus saja memburuk! Abad 20 ternoda oleh dua perang besar dan holokaus di benua Eropa, yang dianggap "beradab". Kejahatan tampaknya lebih merajalela dan mengakar daripada sebelumnya. Padahal, lebih dari sepertiga populasi dunia mengidentifikasi diri mereka sebagai "orang Kristen".

Tentu saja, kita dapat mengatakan bahwa banyak di antara mereka hanya Kristen nominal (tercatat berstatus Kristen, "Kristen KTP") dalam kesetiaan terhadap agama. Atau, kita juga dapat mengutip G.K. Chesterton, yang menyatakan bahwa "gagasan ideal Kristen belum teruji, dan terbukti tidak memadai; kenyataan menunjukkan bahwa kekristenan itu sulit dan belum teruji". Selain itu, kita dapat membuat daftar panjang manfaat belas kasihan Kristen bagi umat manusia: emansipasi budak dan perempuan, perawatan orang sakit dan cacat, yatim piatu, dan buta huruf. Asal-usul sains modern dan semua pencapaiannya dari akar Kristen pun didukung oleh argumen yang kuat.

Namun, masih saja ada berbagai kritik yang dapat diajukan. Sedikit saja orang yang berani menyatakan bahwa dunia sekarang telah menjadi tempat yang lebih aman, bahagia, dan baik untuk ditinggali. Lebih sedikit lagi orang yang mengklaim bahwa semua perkembangan positif itu sebagian besar disebabkan oleh pengaruh Kristus. Penilaian Perjanjian Baru bahwa "seluruh dunia berada di bawah kuasa si jahat" (1 Yoh. 5:19) tampaknya sama akuratnya sekarang, seperti pada masa kata-kata itu ditulis.

ORANG KRISTEN

Orang Kristen sendiri juga memiliki keraguan. Sebagian besar tampaknya telah menerima bahwa dunia ini tidak akan pernah berubah. Harapan mereka untuk masa depan berpusat pada dunia yang akan datang saja. Tugas orang Kristen pun mereka anggap sebagai menyelamatkan sebanyak mungkin individu dari kungkungan masyarakat yang telanjur rusak dan tidak bisa diselamatkan.

Menariknya, dan mungkin sebagai reaksi terhadap pesimisme tersebut, ada sektor lain dalam spektrum Kristen yang yakin bahwa Gereja sedang dalam perjalanan untuk mengambil alih pemerintahan nasional dan internasional. Orang Kristen dapat menjadi golongan mayoritas, sehingga memainkan peran yang menentukan dalam urusan sosial, politik, dan universal.

Mungkin, sebagian besar pemeluk agama berada di antara dua titik ekstrem ini, mengejar realisme alih-alih pesimisme yang suram atau optimisme yang naif. Selain memberitakan Injil, mereka percaya bahwa mereka harus melakukan apa pun yang mereka bisa untuk membuat dunia ini lebih baik, dengan mengusahakan kesejahteraan individu dan komunitas.

Namun, tidak semua dari mereka akan mempertanyakan tujuan akhir dari usaha mereka. Banyak yang puas dengan memenuhi kebutuhan langsung saja. Bahkan jika situasi keseluruhan memburuk, mereka akan puas karena telah "melakukan bagian mereka". Hal ini memang jauh lebih baik daripada merasa terlalu putus asa terhadap tren keseluruhan sehingga terlumpuhkan dan tak mampu bertindak.

Namun, pertanyaan tentang dampak akhir tidak dapat diabaikan. Iman dan kasih tidak cukup untuk menopang pelayanan Kristen yang penuh. Harapan adalah dimensi ketiga yang penting dan tak dapat dihilangkan. Harapan adalah "sauh bagi jiwa" (Ibr. 6:19),

Kekecewaan yang Umum

terutama saat manusia mengalami kekecewaan dan godaan untuk putus asa. Pikiran tentang keberhasilan akhir memberi kekuatan untuk mengatasi semua rintangan di tengah jalan.

Yesus mengajar murid-murid-Nya untuk berdoa setiap hari agar Kerajaan Tuhan, pemerintahan ilahi, "datang di bumi ... seperti di dalam surga" (Mat. 6:10). Jelas, sampai sekarang hal ini belum terjadi, karena jika sudah, kita tidak perlu terus mendoakan permohonan ini. Namun, apa yang sebenarnya sedang kita doakan? Apa yang menjadi ekspektasi tentang hal yang akan terjadi saat doa itu dijawab? Ada orang berkata bahwa seluruh teologi kita dapat disimpulkan dari jawaban-jawaban kita terhadap pertanyaan-pertanyaan berikut:

Akankah kerajaan itu datang ke bumi? Jika ya, bagaimana dan kapan datangnya? Secara bertahap atau langsung tiba-tiba? Oleh usaha manusia atau intervensi Tuhan? Sifatnya murni rohani atau juga secara politik?

Dengan kata lain, akankah Tuhan Yesus Kristus kelak memerintah atas dunia ini dengan cara yang jelas terlihat, sehingga semua orang tahu bahwa segala kuasa di surga maupun di bumi telah diberikan kepada-Nya (Mat. 28:18), bahwa Dialah Raja segala raja dan Tuhan segala tuan (Why. 19:16), dan setiap lutut bertelut serta setiap lidah mengaku di hadapan ketuhanan-Nya (Flp. 2:11)? Apakah hanya orang-orang Kristen yang akan "melihatnya" oleh iman?

Kini kita sudah mulai membahas "seribu tahun"! Inilah tepatnya pertanyaan-pertanyaan yang menjadi inti perdebatan.

Terlalu banyak orang menganggap topik ini sebagai perdebatan akademis yang tidak memiliki makna praktis. Apa gunanya berdebat tentang tafsiran "satu ayat yang samar dalam kitab yang penuh dengan simbol"? Perbedaan yang timbul dikatakan mengancam kesatuan Gereja dan mengalihkan fokus Gereja dari misinya.

Namun, kita telah melihat bahwa harapan akan masa depan adalah esensi dari salah satu nilai mulia Kristen, pengharapan.

Kita diselamatkan oleh iman dan dalam harapan (Roma 8:24).

Perlu ditegaskan bahwa ada kesepakatan luas tentang dunia yang akan datang, yaitu "langit dan bumi yang baru" (Why. 21:1) yang akan menggantikan semesta yang sekarang ini, meski biasanya disebut sebagai "surga", dengan sedikit saja atau tanpa penekanan sama sekali pada "bumi". Tidak banyak perdebatan tentang dua pasal terakhir dalam Alkitab!

Perbedaan yang sebenarnya barulah muncul ketika harapan masa depan untuk dunia *yang sekarang ini* dibahas. Seberapa jauh otoritas ilahi yang diberikan kepada Yesus akan dinyatakan di dunia ini sebelum dunia ini berakhir? Seperti yang telah ditunjukkan sebelumnya, ada rentang variasi pendapat Kristen yang sangat luas, yang semakin melebar di sepanjang sejarah Gereja.

Kontroversinya kadang-kadang sengit dan berpusat pada pasal 20 dalam kitab Wahyu. Hal ini tidak mengherankan, karena tampaknya pasal 20 mencakup peristiwa-peristiwa terakhir dari zaman ini, yang mengarah pada Hari Penghakiman akhir, yang kemudian akan diikuti dengan penciptaan baru.

Dari bab ini, pembaca awam dapat dengan mudah menyimpulkan bahwa Kristus dan para pengikut-Nya, terutama mereka yang telah mati sebagai martir karena iman, akan benar-benar "memerintah" atas dunia ini selama seribu tahun sebelum dunia ini berakhir.

Dari istilah "seribu tahun" yang muncul berulang inilah kata *millennium* berasal (dari kata bahasa Latin: *mille* = seribu, dan *annum* = tahun). Karena itulah, kata benda "milenialisme" muncul, untuk menggambarkan keyakinan bahwa Kristus akan memerintah di bumi selama periode seribu tahun. Ajaran ini kadang-kadang dalam bahasa Inggris disebut *"chiliasm"* (dalam bahasa Yunani: *chilioi* = seribu).

Seiring mendekatnya akhir abad 20, kata "milenium" kembali digunakan dalam kehidupan sehari-hari, karena pada 1 Januari 2000, kita memasuki milenium ketiga Masehi (dalam bahasa

Latin: *anno domini*—"tahun Tuhan kita"). Tanggal itu dalam kalender langsung memicu minat baru terhadap janji kedatangan kembali Tuhan kita dan secara tidak langsung memicu perdebatan baru tentang pemerintahan "seribu tahun"-Nya di bumi, terutama di kalangan orang-orang yang masih percaya bahwa abad 21 menandai dimulainya milenium ketujuh sejak penciptaan (sejenis "sabat" bagi semesta), dengan mengasumsikan penciptaan terjadi pada 4004 SM, seperti yang dicantumkan sebagai kesimpulan dalam sebuah catatan dalam beberapa versi Alkitab kuno.

Kita tidak boleh membiarkan upaya penentuan tanggal mengaburkan masalah sebenarnya dengan menyeret perdebatan ke dalam spekulasi yang meragukan. Pertanyaan utamanya bukanlah kapan, tetapi apakah itulah yang akan terjadi. Apakah Kristus kelak sungguh akan memerintah atas dunia ini selama seribu tahun?

Jelas, titik awal kita haruslah perikop Alkitab yang telah membawa banyak orang pada kesimpulan positif, yaitu Wahyu 20. Perikop ini akan kita pelajari secara rinci dan dalam konteksnya. Kemudian, kita akan menelusuri kembali Perjanjian Baru dan Perjanjian Lama, untuk melihat apakah kita dapat menemukan konfirmasi atau kontradiksi dari temuan kita. Setelah itu, kita akan menelusuri sejarah Gereja, dengan memperhatikan kapan dan mengapa interpretasi yang sangat berbeda muncul. Semuanya ini akan dievaluasi berdasarkan akurasi eksegesis dan pengaruh praktisnya. Lalu, akhirnya saya akan menjelaskan alasan-alasan di balik kesimpulan dan keyakinan saya sendiri.

Posisi saat ini jauh lebih kompleks daripada yang banyak orang sadari. Sebagian besar pembaca mungkin sudah akrab dengan tiga sebutan: a-milenial, pra-milenial, dan pasca-milenial. Seorang teman saya, ketika ditanya sebutan mana yang menggambarkan pandangannya sendiri, menjawab, "Itu adalah pertanyaan yang *pre-post-erous* [tidak masuk akal]!' Banyak orang lain menghindari komitmen dengan mengatakan mereka adalah penganut pandangan pan-milenial, sambil menjelaskan awalan "pan" tersebut berarti "yang penting segala sesuatu akan berbalik menjadi baik-baik saja pada akhirnya, apa pun yang kita pikirkan sekarang"!

Namun, upaya separuh bercanda untuk mengelak ini tidak dapat mengurangi nilai pentingnya kesimpulan yang benar. Seperti yang akan kita lihat, keyakinan kita yang sebenarnya akan memberi dampak yang mendalam pada sikap kita terhadap dunia ini dan tanggung jawab kita terhadapnya. Kita harus memperjelas hal ini.

Salah satu masalahnya adalah bahwa masing-masing dari tiga pendekatan utama memiliki dua variasi yang cukup berbeda, sehingga pada kenyataannya ada enam posisi yang menjadi pertimbangan untuk menentukan pilihan. Komplikasi tambahannya adalah bahwa kebanyakan orang yang menyebut diri mereka "a-milenial" sebenarnya merupakan penganut salah satu subdivisi "pasca-milenial", meski hal ini jarang disadari. Teruslah membaca, maka segalanya akan menjadi jelas!

Sementara itu, dengan sedikit kelegaan, kita beralih ke Alkitab itu sendiri lalu memulai penyelidikan kita dengan melihat apa yang sebenarnya *dikatakan* Alkitab, sebelum mempertimbangkan apa yang dipikirkan orang lain tentang *maksudnya*. Dalam prosesnya, kita perlu terus mengingat bahwa kitab Wahyu ditulis untuk orang-orang percaya biasa di tujuh gereja di Asia Kecil (sekarang Turki Barat). Ini bukan teka-teki rumit yang hanya dapat dipecahkan oleh para profesor teologi atau ahli Alkitab. Adalah prinsip yang baik untuk membaca Alkitab dalam arti yang jelas dan sederhana, kecuali ada indikasi yang jelas bahwa maksudnya harus ditafsirkan secara berbeda. Kita harus berusaha untuk menyarikan pesan yang ingin disampaikan kepada pembaca aslinya.

Dengan pedoman ini, kita sekarang dapat mengamati perikop kunci yang telah menjadi topik perdebatan yang begitu luas.

Bab Lima Belas

PERIKOP DASAR
(WAHYU 20)

Ini adalah bagian yang paling jelas tentang "seribu tahun" di seluruh Alkitab. Sebagian orang mungkin mengatakan bahwa pasal ini adalah satu-satunya bagian yang membahas "seribu tahun". Tentu saja, tanpa pasal ini, seribu tahun tidak akan menjadi masalah; bahkan hidup akan jauh lebih sederhana jika bagian ini tidak ada sama sekali! Jika kita menginginkan pasal ini tidak ada dan mencoba mengabaikannya, kita perlu diingatkan tentang kutuk yang menanti orang-orang yang menghilangkan bagian mana pun dari "perkataan-perkataan dari kitab nubuat ini" (Why. 22:19); kita bisa kehilangan tempat dalam kekekalan!

Mereka yang percaya bahwa Alkitab merupakan kata-kata ilahi inspirasi dari Tuhan, bukan hanya mengandung kata-kata ilahi itu, harus memandang serius pasal ini. Bahkan jika ini adalah satu-satunya penyebutan bagian ini dalam tujuan-Nya, pasal ini tetaplah firman-Nya. Berapa kali Tuhan harus mengatakan sesuatu sebelum kita percaya kepada-Nya?

Maka, kita harus membiarkan perikop ini berbicara sendiri. Namun, pertama-tama kita harus melihatnya dalam konteksnya—tidak hanya konteks langsungnya (pasal 19 dan 21), tetapi juga konteks yang lebih luas.

Perikop ini ada di Perjanjian Baru, bukan Perjanjian Lama. Perikop ini terletak di dalam perjanjian "baru" oleh Yesus, bukan perjanjian "lama" oleh Musa. Perikop ini ditujukan untuk orang Kristen, bukan orang Yahudi. Meskipun bernuansa "Yahudi" (kitab Wahyu mengandung 400 kiasan yang mengacu pada kitab-kitab suci Ibrani, meskipun tidak ada kutipan langsung yang muncul), kitab ini ditujukan untuk orang-orang percaya non-Yahudi dan tidak perlu ditafsirkan ulang untuk mereka (seperti halnya hukum-hukum Taurat dalam kitab Ulangan, misalnya). Perikop ini ditulis oleh orang Kristen untuk orang Kristen.

Pasal ini merupakan bagian dari kitab yang unik dalam Perjanjian Baru. Di bagian lain buku ini, kita telah menyelidiki kitab Wahyu secara lebih terperinci (lihat bab 3–10), tetapi kita membutuhkan ringkasan singkat di sini.

Pada dasarnya, kitab Wahyu adalah sebuah surat, yang merupakan memo atau pesan yang ditulis untuk sejumlah gereja—tetapi selain hal ini tidak ada kesamaan lagi dengan surat-surat lain (misalnya, dengan surat kepada jemaat di Efesus). Perikop ini tidak pernah dimaksudkan untuk dituliskan! Sebenarnya, perikop ini adalah transkripsi verbal dan visual dari perkataan dan penglihatan yang datang tanpa disangka-sangka kepada seorang pria yang sedang dipenjara, yang lalu diperintahkan untuk mencatatnya dan meneruskannya oleh sesosok malaikat. Mungkin, itulah sebabnya surat ini disebut "nubuat"; satu-satunya surat yang disebut demikian dalam Perjanjian Baru. Isinya perkataan untuk masa sekarang (perkataan pengetahuan) sekaligus untuk masa depan (nubuat/prediksi), dengan penekanan kuat pada nubuat masa depan itu. Hampir dua per tiga dari "ayat-ayat" di dalamnya berisi prediksi, yang mencakup 56 peristiwa terpisah. Tak mungkin kita menghindari penggunaan bahasa visual untuk menggambarkan hal-hal yang tidak/belum diketahui, bahkan yang tak terbayangkan; namun, simbolisme tersebut dimaksudkan untuk menjelaskan alih-alih menyembunyikan, dan jarang sekali samar.

Kitab/nubuat/surat ini dimaksudkan untuk dibaca secara lantang (perhatikan berkat bagi pembaca dan pendengarnya di Why. 1:3). Mungkin hanya dengan demikianlah isinya mengungkapkan makna terdalamnya dan memberikan dampak terbesar.

Di atas segalanya, kita perlu terus mengingat bahwa tujuannya sangat praktis: untuk mempersiapkan individu Kristen dan gereja-gereja untuk masa-masa yang lebih sulit di depan. Tujuannya adalah untuk menguatkan (memberikan keberanian kepada) orang-orang percaya untuk "menanggung" penderitaan karena iman mereka, sampai titik kematian sebagai martir, dan untuk "menang" atas semua tekanan kuasa kejahatan, sehingga nama mereka tetap tercatat dalam "kitab kehidupan" (Why. 3:5). Setiap bagian dalam kitab mengarah pada titik akhir yang sama ini. Tentang setiap bagian itu serta tentang penafsirannya, ada pertanyaan yang perlu kita ajukan: bagaimana ayat-ayat ini dapat menolong murid-murid Kristus yang dianiaya?

Seluruh kitab terbagi menjadi bagian-bagian yang jelas. Pembagian yang paling jelas adalah antara tiga pasal pertama, yang membahas situasi pembaca *saat ini*, dan seluruh sisa kitab, yang mengungkapkan *masa depan* kepada mereka (lihat Why. 4:1). Bagian terakhir ini menjangkau hingga akhir dunia dan setelahnya, tetapi terbagi menjadi dua fase; hal ini dapat dipandang sebagai "kabar buruk" dan "kabar baik". Pesan sederhana tiga rangkap ini dapat disajikan sebagai berikut:

i. Segala hal harus dipulihkan menjadi benar kembali sekarang juga (Why. 1–8).
ii. Segala hal akan menjadi jauh lebih buruk sebelum akhirnya menjadi lebih baik (Why. 4–18).
iii. Segala hal akan menjadi jauh lebih baik setelah akhirnya menjadi lebih baik (Why. 19–22).

Bagian kedua membahas masa depan yang lebih dekat, sementara bagian ketiga membahas masa depan yang paling akhir, yaitu hal-hal yang paling akhir. Kembalinya Kristus ke planet Bumilah yang mengubah arah arus peristiwa.

Posisi pasal 20 tetap berada dalam bagian ketiga ini. Pasal ini termasuk "hal-hal terakhir". Pasal ini bagian dari "kabar baik". Itu adalah bagian dari masa depan yang menggembirakan yang dapat dinantikan oleh mereka yang teraniaya, yang untuknya mereka seharusnya rela mati.

Pada titik ini, penting agar kita berkenalan dengan sebuah prinsip penting dalam studi Alkitab, yaitu *mengabaikan pembagian pasal*! Pembagian pasal tidak ada dalam teks aslinya. Meski memang praktis sebagai referensi, pembagian pasal tersebut tidak diilhami oleh Tuhan dan sering kali jatuh di posisi yang salah, sehingga memisahkan sesuatu yang telah Tuhan satukan! Angka besar "20" sangat menyesatkan pemahaman (ini pun sebuah argumen untuk membaca kitab ini secara lantang). Keterkaitan yang jelas dalam teks asli terputus secara paksa, dan hal ini menimbulkan risiko bahwa mereka yang menyelidikinya memisahkan pasal dari konteksnya, merevisi pesan dan penerapannya secara radikal, serta memindahkan masa seribu tahun dalam kerangka sejarah (kita akan membahas lebih lanjut tentang hal ini nanti).

Ketika kita mengabaikan pembagian pasal lalu membaca "pasal" 18–22 sebagai narasi yang berkelanjutan, pola yang menakjubkan pun muncul. Kita bisa memberinya judul: "Kisah tentang Dua Kota" (Babel dan Yerusalem), yang dipersonifikasi sebagai dua perempuan: wanita sundal yang najis dan mempelai wanita yang suci. Kota metropolis yang hancur dan kejatuhan kota metropolis lainnya dipisahkan oleh serangkaian peristiwa luar biasa, yang diungkapkan dalam penglihatan tujuh rangkap.

Kita perlu mencatat peralihan dari pewahyuan verbal ke pewahyuan visual. Kejatuhan Babel diceritakan oleh seorang malaikat dan didengar oleh Yohanes (Why. 18:4), dan begitu pula sukacita surgawi atas kejatuhan itu (Why. 19:1, 6). Yohanes kemudian diperintahkan untuk mencatat apa yang telah *didengarnya* (Why. 19:9). Setelah suara-suara itu, datanglah serangkaian penglihatan yang *dilihat* oleh Yohanes (Why. 19:11, 17, 19; 20:1, 4, 11; 21:1). Ada tujuh hal yang "dilihat" sebelum hal berikutnya "didengar" (Why. 21:3). Berikut adalah daftar rangkaian penglihatan itu:

Perikop Dasar (Wahyu 20)

1. Penunggang kuda putih di pintu surga yang terbuka;
2. Sesosok malaikat yang memanggil burung-burung nasar untuk melahap "perjamuan terakhir" daging bangkai manusia;
3. Pertempuran dengan semua kekuatan yang melawan Tuhan di Harmagedon;
4. Sesosok malaikat yang mengikat, membuang, dan memenjarakan Iblis;
5. Orang-orang kudus yang memerintah bersama Kristus selama seribu tahun, dan pada akhir masa itu Iblis akan dilepaskan, dikalahkan, dan dilemparkan ke dalam lautan api;
6. Kebangkitan orang mati dan Hari Penghakiman final;
7. Penciptaan langit yang baru dan bumi yang baru, serta turunnya Yerusalem baru.

Tentu, tujuh adalah angka yang telah akrab dengan kita dalam kitab ini, dimulai dari tujuh gereja di Asia Kecil dan tujuh surat untuk mereka. Yang amat penting pula, tiga rangkaian bencana yang digambarkan dengan meterai, sangkakala, dan cawan.

Rangkaian yang terakhir ini jelas menggambarkan urutan peristiwa yang semakin intensif. Lebih jauh lagi, dalam setiap rangkaian, empat yang pertama saling menyatu (contoh paling jelas adalah empat kuda dalam empat meterai pertama, Why. 6:1–8), dua berikutnya saling berhubungan, dan yang terakhir, atau ketujuh, berdiri sendiri. Polanya yang sama (4-2-1) dapat dengan jelas dikenali dalam rangkaian penglihatan terakhir yang sedang kita bahas (Why. 19:11 hingga 21:2).

Jika kita menghilangkan nomor pasalnya (20 dan 21), rangkaian tujuh penglihatan ini jelas menggambarkan urutan peristiwa, dengan masing-masing terkait dengan yang sebelumnya. Lalu, ada bukti internal bahwa penglihatan-penglihatan ini berurutan secara kronologis. Dua contoh saja cukup:

i. Iblis dilemparkan ke dalam lautan api *setelah* binatang dan nabi palsu (bandingkan Why. 20:10 dengan 19:20).
ii. Langit dan bumi yang baru muncul *setelah* yang lama telah berlalu (bandingkan Why. 21:1 dengan 20:11).

Secara khusus, memisahkan pasal 20 dari pasal 19 merusak seluruh urutan dalam rangkaiannya. Hal ini sering dilakukan demi kepentingan posisi a-milenial dan pasca-milenial oleh orang-orang yang ingin menjadikan pasal 20 sebagai "ringkasan" seluruh zaman Gereja, bukan kelanjutan dari peristiwa-peristiwa pasal 19. Ini harus dilihat sebagai pemisahan buatan manusia, yang sangat bergantung pada pembagian bab pada masa abad pertengahan.

Bagian-bagian urutan ini sebenarnya saling terkait. Satu-satunya pertanyaan yang sah adalah: bagian ini mencakup periode waktu mana?

Semua pihak sepakat tentang kapan *berakhirnya*. Hari Penghakiman (penglihatan 6) dan langit dan bumi yang baru (penglihatan 7) membawa kita ke akhir zaman ini, yang kita kenal sebagai "sejarah".

Namun, kapan awal mulanya? Siapa penunggang kuda putih itu dan kapan dia datang berderap bersama pasukan surga?

Nah, tidak ada perdebatan tentang identitas-Nya. Gelar-gelar seperti "Yang Setia dan Benar" (dilekatkan pada Yesus di Why. 3:14); "Firman Tuhan" (hanya muncul di bagian-bagian lain dalam Perjanjian Baru untuk Yesus di Yoh. 1:1,14); serta "Raja segala raja dan Tuhan segala tuan" (diidentifikasi dengan sebutan "Anak Domba" di Why. 17:14) tidak menyisakan ruang keraguan sama sekali. Dialah Tuhan Yesus Kristus. (Perlu dicatat bahwa kasusnya berbeda di Why. 6:2; di situ penunggang kuda tidak diidentifikasi, menggunakan busur panah alih-alih pedang, dan ada penekanan pada warna kuda—ini merupakan simbol umum agresi militer.)

Ada perbedaan pendapat tentang "keluarnya" penunggang

kuda itu dari surga. Pilihan ada di antara kedatangan pertama dan kedua Kristus.

Sejumlah kecil pakar yang menyatakannya sebagai representasi kedatangan *pertama-Nya* ke bumi menganut pandangan ini untuk mempertahankan urutan tujuh kali sekaligus menerapkan "seribu tahun" pada zaman Gereja. Untuk mengamankan tujuan ini, detail-detailnya harus sangat dimaknai secara "kiasan". Kuda putih yang menaklukkan itu adalah murni "simbol rohani" saja, karena pada kenyataannya, Dia menunggangi keledai damai (Mat. 21:4–5, yang menggenapi Zak. 9:9). Jubah yang bernoda itu ternoda oleh darah-Nya sendiri. Penumpasan bangsa-bangsa pun hanyalah kiasan, meski objek penumpasan itu biasanya tidak disebutkan. Namun, upaya untuk mempertahankan urutan ini gagal, karena pertempuran Harmagedon yang menentukan diberlakukan pada peristiwa penyaliban, yang berarti bahwa binatang dan nabi palsu "dibuang hidup-hidup ke dalam lautan api" justru di Golgota! Hal ini membuat kemunculan mereka di pasal 13 di antara hal-hal yang "harus terjadi sesudah ini" (Why. 4:1) menjadi tidak masuk akal. Pendekatan seperti ini menimbulkan lebih banyak masalah daripada yang diselesaikan, dan sangat sedikit orang yang meyakininya.

Sebagian besar orang setuju bahwa penglihatan pertama (Why. 19:11–16) merujuk pada kedatangan *kedua* Kristus. Ada banyak alasan yang kuat untuk kesimpulan ini. Pertama, misi "perang" ini jauh lebih sesuai dengan kedatangan-Nya yang kedua "untuk menghakimi orang hidup dan mati". Kedua, musuh yang dihancurkan-Nya di sini adalah manusia maupun Ibils, yang tidak terjadi pada kedatangan-Nya yang pertama. Ketiga, konteks sebelumnya adalah pengumuman pernikahan dan mempelai wanita yang "siap", yang secara alamiah mengarah pada kedatangan Mempelai Laki-Laki (bandingkan dengan Mat. 25:6). Keempat, dan ini sepertinya menentukan, jika ini tidak mengacu pada kedatangan kedua Kristus, berarti kembalinya Tuhan kita tidak disebutkan di bagian utama nubuat ini, meski bagian prolog dan epilog menunjukkan bahwa itulah tema utamanya (Why. 1:7 dan 22:20). Tidak heran, sebagian besar pihak menerima penafsiran ini. Urutannya dimulai dari adven kedua.

Kita dapat memilih empat peristiwa utama dari penglihatan tujuh rangkap itu:

1. Masa penantian sebelum kedatangan Kristus yang kedua (pasal 19)
2. Pemerintahan Kerajaan Seribu Tahun (pasal 20)
3. Hari Penghakiman (pasal 20)
4. Penciptaan baru (pasal 21)

Hampir semua pakar ortodoks menerima bahwa peristiwa nomor 1, 3, dan 4 termasuk dalam akhir zaman dan urutannya pun demikian! Namun, ada pula tentangan yang meluas terhadap masuknya peristiwa nomor 2 dalam urutan itu, meski jelas peristiwa itu termasuk di dalamnya. Hal ini disebabkan oleh tradisi yang telah lama ada dalam Gereja, yang menolak paham yang disebut "pra-milenialisme" (keyakinan bahwa peristiwa 1 mendahului peristiwa 2 dalam kerangka waktu, bahwa Yesus datang kembali *sebelum* Dia dan orang-orang kudus-Nya berkuasa). Hal ini telah menghasilkan banyak upaya luar biasa untuk membuktikan bahwa Wahyu 19–21 benar-benar mendorong pembaca untuk memahami urutan peristiwa sebagai 2, 1, 3, 4; meski polanya penyajiannya sendiri berbeda!

Namun, penempatan yang halus ini tidak didasarkan pada petunjuk yang jelas dalam teks itu sendiri. Hal ini bermula dari membawa keyakinan yang sudah dipercaya (arti tepat dari "prasangka") ke dalam teks yang ada; dalam hal ini asumsi bahwa tidak ada hal yang terjadi di antara kedatangan Kristus kembali dan Hari Penghakiman. Ini telah menjadi pendapat mayoritas dalam Gereja selama berabad-abad dan telah disiratkan dalam pernyataan kredonya (baik Pengakuan Iman Rasuli maupun Kredo Nikea). Kristus dianggap akan datang kembali hanya untuk menghakimi, bukan untuk memerintah.

Ada beberapa teks Alkitab yang tampaknya mendukung pandangan bahwa peristiwa-peristiwa ini tidak berjeda, dan kita akan membahasnya nanti. Sering kali, dinyatakan bahwa teks-teks tersebut adalah pernyataan yang "jelas", sedangkan Wahyu 20 disebut "samar". Setelah membuat penilaian ini, diperdebatkan pula bahwa teks yang kemudian harus ditafsirkan berdasarkan teks yang Sebelumnya—yang biasanya berarti memaksakan suatu teks agar cocok dengan teks yang lain.

Bahkan jika teks itu "samar", itu bukanlah alasan untuk kita boleh mengabaikannya. Sebagian orang tampaknya berpikir bahwa dengan mengatakan teks itu "sangat simbolis", orang bebas untuk tidak memandangnya serius atau bahkan tidak perlu menjelaskan realitas di balik simbol-simbol yang ada. Lagi pula, mereka tampaknya siap menerima penglihatan yang pertama dan yang terakhir secara harfiah!

Apakah memang penglihatan-penglihatan itu demikian samarnya? Menurut penulis, penggunaan bahasa simbolis dalam penglihatan-penglihatan itu sangat terbatas. Sebagian besar peristiwa dinyatakan sebagai fakta, yaitu kejadian yang sebenarnya. Gaya bahasa yang digunakan pun sama sekali tidak misterius: "empat penjuru bumi" sangat jelas dan tidak perlu diartikan bahwa penulis percaya bumi berbentuk persegi. Siapa pula yang tidak memahami apa yang dimaksud dengan "takhta putih yang besar"? Referensi yang benar-benar membingungkan hanyalah "Gog dan Magog", tetapi pengamatan sekilas ke Yehezkiel 39 menunjukkan bahwa keduanya adalah sebutan untuk pangeran/raja dan bangsa terakhir yang menyerang umat Tuhan *setelah* dinasti Daud dipulihkan.

Inilah waktunya untuk kita menyelidiki perikop ini (Why. 20:1–10) secara rinci, dengan membiarkan teks berbicara sendiri sebelum membandingkannya dengan ayat-ayat lain yang relevan. Kita akan mempelajarinya dengan rasa hormat yang pantas bagi perkataan inspirasi Tuhan dan integritas pikiran terbuka yang mementingkan tafsir eksegesis yang objektif.

Hal pertama yang perlu diperhatikan adalah penggunaan berulang kata-kata "seribu tahun"—enam kali dalam satu ayat pendek. Dalam dua di antaranya, ada artikel definitif yang membuat maknanya lebih tegas: "seribu tahun" *itu*. Ini sudah amat sangat jelas.

Sebagian orang ingin menafsirkannya sebagai simbol saja, dengan menyoroti sepuluh pangkat tiga sebagai petunjuk akan makna kesempurnaan. Namun, mereka itu pun biasanya mengatakan bahwa angka itu mewakili periode *waktu* yang panjang, bukan interval singkat. Ini jauh melebihi sebuah jeda. Ini adalah suatu era yang memiliki makna tersendiri.

Argumen untuk menafsirkan istilah "seribu tahun" secara harfiah didasarkan pada fakta bahwa rentang waktu lain secara spesifik disebutkan dalam kitab ini. Misalnya, durasi "Aniaya Besar" atau "Kesengsaraan Besar" dikatakan berlangsung selama "satu masa dan dua masa dan setengah masa" (Why. 12:14), atau "seribu dua ratus enam puluh hari" (Why. 12:6) atau "empat puluh dua bulan" (Why. 13:5).

Perbedaan kontras antara tiga setengah tahun penderitaan yang intens bagi orang-orang kudus dan seribu tahun pemerintahan bersama Kristus sangat sesuai dengan tujuan keseluruhan kitab Wahyu: untuk mendorong kesetiaan di masa sekarang dengan memikirkan masa depan. Ini sejalan dengan pesan yang ditulis Paulus: "Sebab aku yakin, bahwa penderitaan zaman sekarang ini tidak dapat dibandingkan dengan kemuliaan yang akan dinyatakan kepada kita," (Roma 8:18).

Dalam pengamatan lebih lanjut tentang sepuluh "ayat" yang ada secara keseluruhan, kita dapat mengajukan pertanyaan dasar yang biasa: kapan, di mana, dan siapa?

KAPAN "seribu tahun" itu terjadi? Jawaban ganda ini terlihat jelas dari "penglihatan tujuh rangkap" yang mengandung unsur "seribu tahun" itu: *setelah* penunggang kuda putih (Yesus) mengalahkan binatang dan nabi palsu dan *sebelum* takhta putih

Perikop Dasar (Wahyu 20)

yang besar. Dengan kata lain, masa seribu tahun berada di antara kedatangan kedua Kristus dan Hari Penghakiman.

DI MANA Kristus dan orang-orang kudus-Nya akan memerintah? Di surga atau di bumi? Kitab Wahyu terus berpindah bolak-balik antara surga dan bumi (Why. 4:1; 7:1; 8:1, dll.). Namun, biasanya ada petunjuk lokasi yang sangat jelas. Yang mana yang merupakan latar pasal 20?

Kita harus mulai dengan pasal 19. Surga "terbuka" bagi sang penunggang kuda (Why. 19:11), tetapi kemudian sangat jelas bahwa Dia datang ke bumi untuk berperang melawan kuasa jahat (Why. 19:19). Malaikat yang mengikat Iblis datang dengan "turun dari surga" (Why. 20:1). Pembebasan Iblis pun kemudian juga terjadi di "bumi" (Why. 20:8–9). "Bumi" lalu lenyap sebelum penghakiman akhir (Why. 20:11).

Seluruh fokus berada pada "bumi" di sepanjang perikop ini. Tanpa adanya petunjuk sebaliknya, kita dapat memahami bahwa pemerintahan seribu tahun orang kudus terjadi di "bumi" yang lama ini sebelum bumi ini lenyap. Jika ada perpindahan mendadak ke surga dalam ayat 4–6, tentu hal itu akan disebutkan dengan jelas. Selain itu, orang-orang kudus memerintah "bersama Kristus" (Why. 20:4) dan Dia telah kembali ke bumi (Why. 19:11–21).

Konteks yang lebih luas di seluruh kitab ini memberi konfirmasi atas hal ini dalam tiga pernyataan umum sebelumnya. Mereka yang menang akan diberi "kuasa atas bangsa-bangsa" (Why. 2:26). Mereka yang telah ditebus oleh darah Anak Domba akan "memerintah di bumi" (Why. 5:10). "Kerajaan dunia" akan menjadi kerajaan Kristus (Why. 11:15). Tidak ada satu pun dari janji-janji ini yang tergenapi sebelum pasal 20.

SIAPA tokoh pusat dalam perikop ini? Kejutan: bukan Kristus! Kristus hanya disebut pada adegan tertentu. Sebagian besar perhatian tertuju pada Iblis, meski perannya dalam masa seribu tahun terbatas pada awal dan akhir yang sangat singkat. Orang-orang kudus berada di garis depan selama abad-abad di antara kedua titik itu. Maka, struktur perikop ini berbentuk seperti "roti lapis":

1–3   Iblis disingkirkan (singkat)
4–6   Orang-orang kudus memerintah (panjang)
7–10 Iblis dibebaskan (singkat)

Pasti ada alasan untuk ketidakseimbangan konten yang luar biasa ini. Sementara itu, kita juga akan mempertimbangkan masing-masing dari tiga "paragraf" ini dengan lebih mendalam.

IBLIS DISINGKIRKAN (20:1–3)

Untuk memahami apa yang terjadi di sini, kita perlu melihat kembali konteks yang lebih luas.

Empat sosok asing dan musuh telah diperkenalkan. Tiga di antaranya adalah pribadi yang nyata, dua di antaranya manusia: Iblis (dilemparkan ke bumi dalam pasal 12), "Antikristus", dan nabi palsu (muncul dalam pasal 13). Bersama-sama, mereka membentuk "tritunggal najis", lalu mengambil alih pemerintahan dunia pada puncak sejarah, sehingga menyebabkan penderitaan terbesar bagi umat Tuhan. Mereka semua laki-laki. Sosok yang keempat adalah perempuan, tetapi bukan manusia. Dia seorang pelacur, yang merupakan "personifikasi" (perwujudan) dari sebuah kota, "Babel", yaitu pusat perdagangan dunia.

Keempat entitas ini mendominasi periode akhir yang sangat singkat dalam "masa yang jahat ini". Kemudian, mereka ditangani dalam urutan terbalik dari kemunculan mereka:

Babel jatuh (pasal 18).
Antikristus dan nabi palsu dilemparkan ke neraka, sehingga menjadi dua manusia pertama yang masuk ke sana (pasal 19).
Iblis disingkirkan, dilepaskan, lalu dilemparkan ke neraka juga (pasal 20).

Perikop Dasar (Wahyu 20)

Perlu dicatat bahwa kebinasaan Iblis berlangsung secara bertahap dan mencakup perburukan yang mencengangkan (dalam pasal 7–10).

Tahap 1 adalah pembuangan Iblis dari bumi. Dua manusia yang menjadi "wayangnya", diktator politik dan sekutunya si pemimpin keagamaan, telah dijebloskan ke dalam "lautan api" (Why. 19:20). Namun, itu belumlah menjadi nasib akhirnya. Dia akan ditawan, belum dijebloskan ke neraka, masih ditahan untuk menunggu datangnya penghakiman akhir (seperti yang telah dialami beberapa rekannya lebih dahulu; 2 Ptr. 2:4; Yud. 6).

Siapa yang akan menyingkirkan dia? Bukan Tuhan, bukan Kristus, bukan Gereja, tetapi sesosok malaikat yang tidak disebut namanya. Betapa hinanya keadaan itu bagi sosok yang pernah menjadi penguasa seluruh dunia (1 Yoh. 5:19)! Poin ini penting, karena tindakan ini kadang-kadang disamakan dengan pernyataan dalam kitab-kitab Injil (misalnya, Mat. 12:29; 16:19).

Bagaimana Iblis akan disingkirkan? Banyak orang memahaminya secara keliru, dengan menganggap keadaan itu adalah "mengikat Iblis", dalam kaitannya dengan kemenangan Yesus atas Iblis saat dicobai di padang gurun (Luk. 4:13–14; Mat. 12:29). Namun, keadaan itu jauh melebihi sekadar diikat. Ada lima kata kerja yang digunakan, bukan hanya satu. Iblis diikat, dibelenggu, dilempar, dikunci, dan digembok. Maka, dia menjadi sepenuhnya tidak berdaya dan disingkirkan sepenuhnya dari lingkup pengaruhnya di bumi. Insiden itu seharusnya disebut *pengusiran/pembuangan* Iblis. Sang ahli penyamaran dan penyesatan kini tidak ada lagi. Dia tidak bisa lagi "menyesatkan bangsa-bangsa" (Why. 20:3).

Jika kita berkata keadaan seperti itu telah terjadi sebelumnya, itu sama saja dengan kita menipu diri sendiri. Namun, penipuan terhadap diri sendiri semacam ini sering dilakukan demi mengidentifikasi "seribu tahun" dengan zaman Gereja saat ini. "Iblis diikat" kemudian dibatasi pada kegagalannya untuk mencegah penyebaran Injil, sementara orang-orang yang tidak percaya tetap berada di bawah kendalinya. Jelaslah, pemahaman ini bodoh. Jika dunia kondisinya seperti ini padahal Iblis telah ditangkap, dibelenggu, dilemparkan ke dalam jurang, dikunci di sana, dan kuncinya dimeterai, bagaimana jadinya kelak dunia kita ketika dia "dilepaskan" lagi! Siapa yang berani menyatakan bahwa Iblis tidak sedang menyesatkan bangsa-bangsa saat ini?

Lalu, di mana dia akan dikurung? Bukan di bumi, tetapi "di bawah" bumi. Kata yang digunakan untuk lokasi penjara itu (dalam bahasa Yunani *abussos*, yang berarti "tanpa dasar") mengacu pada dunia bawah yang tak terukur, wilayah terendah dari tempat tinggal orang mati, tempat tinggal setan-setan (lihat Ul. 30:13; Roma 10:7; Luk. 8:31); kata ini digunakan tujuh kali dalam kitab Wahyu (Why. 9:1, 2,11; 11:7; 17:8; 20:1,3). Nama lain untuk penjara ini adalah "Tartarus" (istilah yang dikenal di dunia pagan ini digunakan di 2 Ptr. 2:4). Di mana pun lokasinya, pasti bukan di bumi.

Namun, penahanan Iblis di penjara ini tidak permanen. Allah memiliki tujuan lain bagi Iblis, yang akan terungkap sebagai kejutan besar di bagian selanjutnya dalam bab ini. Apa yang terjadi di antara penahanannya dan pembebasannya setelah itu?

ORANG-ORANG KUDUS MEMERINTAH (Why. 20:4–6)
Saat si binatang, nabi palsu (Why. 19:20), dan Iblis (Why. 20:3) dilenyapkan, terjadi kekosongan kekuasaan politik di dunia. Siapa yang akan mengambil alih pemerintahannya? Namun, ada pertanyaan yang lebih mendasar yang harus dijawab terlebih dahulu: apakah akan ada kebutuhan untuk ada pihak yang mengambil alih? Dengan kata lain: apakah akan ada orang yang tersisa untuk diperintah?

Apakah ada orang yang selamat dari perang "Harmagedon" yang dijelaskan dalam pasal 19? Kesan pertama mungkin menunjukkan bahwa tidak ada makhluk hidup yang tersisa di bumi. Burung nasar bahkan dipanggil untuk memakan "daging semua orang" (Why. 19:18). Setelah kedua pemimpin ditangkap hidup-hidup, "sisanya" dibunuh (Why. 19:21). Hal ini sering dianggap berarti seluruh populasi dunia, tetapi jika kita membacanya lebih cermat, sebenarnya istilah-istilah inklusif ini dibatasi dengan sebutan "raja-raja di bumi serta tentara-tentara mereka", yaitu pasukan besar yang telah "berkumpul" untuk peperangan itu (Why. 19:19).

Bahwa banyak orang tidak terlibat jelas terlihat dalam kelanjutan kisahnya, ketika Iblis harus dipenjara agar tidak "menyesatkan bangsa-bangsa" (Why. 20:3) dan kemudian mampu mengumpulkan sejumlah besar pengikut setelah dibebaskan (Why. 20:8).

Maka, pemerintahan dunia masih akan dibutuhkan. Siapa yang akan menyelenggarakannya? Jawabannya adalah individu sekaligus korporat: Kristus dan pengikut-pengikut-Nya yang setia.

Kata "takhta" di situ berbentuk jamak (kalimat lain dalam kitab ini yang menggunakan bentuk jamak adalah Why. 4:4). Namun karena peristiwa itu terjadi di bumi, takhta-takhta ini tidak boleh disamakan dengan takhta kekal Allah di surga (pasal 4–5) atau "takhta putih besar" penghakiman akhir setelah bumi "berlalu" (Why. 20:11). Istilah kolektif ini mencakup semua "posisi pemerintahan", baik pada tingkat lokal, regional, nasional, maupun internasional. Tujuannya adalah untuk menjalankan keadilan; digunakan oleh mereka yang "kepada mereka diserahkan kuasa untuk menghakimi" (Why. 20:4). Lalu, siapa mereka?

Di sini kita dihadapkan pada masalah tata bahasa yang cukup rumit: apakah teks itu menunjukkan ada satu, dua, atau tiga kelompok "pemerintah"? Secara sekilas, sepertinya yang memerintah bersama Kristus hanyalah mereka yang telah mati sebagai martir bagi Dia. Mereka telah "telah dipenggal kepalanya karena kesaksian tentang Yesus dan karena firman Allah" (Why. 20:4; tuduhan ganda ini adalah alasan Yohanes dipenjara sekaligus dasar seruannya untuk ketekunan, Why. 1:9; 14:12). Mereka telah "setia sampai mati" (Why. 2:10), yang berarti setia hingga mati karena kesetiaan itu, bukan hanya setia sampai tiba di saat kematian; ini merupakan kesalahpahaman yang sering muncul dalam pemakaman orang yang mati secara alamiah.

Penyelidikan lebih lanjut menunjukkan bahwa mereka yang "kepada mereka diserahkan kuasa untuk menghakimi" tidak selalu sama dengan mereka yang "telah dipenggal kepalanya". Perhatikan kata-kata tambahan selanjutnya: "*dan* aku melihat" disisipkan di antara kedua kelompok itu. Dari selipan itu, kedengarannya seolah-olah keduanya tidak sepenuhnya sama, sekaligus juga tidak sepenuhnya berbeda! Penjelasannya yang paling sederhana adalah bahwa kelompok kedua adalah bagian dari kelompok pertama. Yohanes melihat para pengikut setia Yesus ikut memerintah bersama-Nya dan dia secara khusus memperhatikan bahwa di antara mereka itu ada orang-orang yang memilih mati daripada menyangkal Tuhan mereka. Ini sesuai dengan janji bahwa *semua orang* yang bertahan hingga Ia datang dan melakukan kehendak-Nya "sampai akhir" akan memerintah bangsa-bangsa (Why. 2:25–27), sementara bagi *sebagian orang* ini berarti kematian sebagai martir (Why. 2:10).

Mudah dipahami mengapa kelompok yang kedua ini layak mendapat perhatian khusus. Tentu sungguh merupakan penghiburan yang luar biasa bagi mereka yang mendengar vonis mati dari hakim duniawi ketika tahu bahwa suatu hari kelak mereka akan duduk di "takhta" mereka. Hal itu akan menyatukan pemulihan nama baik dengan kompensasi. Pada tingkat yang lebih mendalam, pengalaman mereka dengan ketidakadilan di pengadilan akan memperkuat keteguhan mereka untuk sepenuhnya berlaku adil ketika mereka memikul tanggung jawab. Peran-perannya menjadi terbalik sama sekali!

Beberapa orang melihat kelompok kecil lain di antara mereka "yang tidak menyembah binatang itu dan patungnya dan yang tidak juga menerima tandanya pada dahi dan tangan mereka" (Why. 20:4). Kelompok kecil ini mungkin mengacu pada mereka yang menolak menyerah, tetapi selamat tanpa kehilangan nyawa mereka. Adanya kelompok kecil ini disinggung pula di bagian lain dalam kitab Wahyu (Why. 12:6,17 dan 18:4, misalnya). Jika tidak ada orang yang selamat, tidak akan ada orang kudus yang hidup untuk menyambut Kristus pada kedatangan-Nya kembali, untuk "diubah dalam sekejap mata" (1 Kor. 15:51–52; 1 Tes. 4:17). Namun, apakah Wahyu 20 secara khusus mengacu pada mereka atau lebih lanjut mendefinisikan "yang telah dipenggal kepalanya"? Ini adalah pertanyaan terbuka, dan penulis lebih condong pada yang kedua. Kemungkinan pertama termasuk dalam kelompok yang lebih besar yang disebutkan sebelumnya.

Maka, ada satu kelompok keseluruhan yang disoroti, dengan fokus pada satu bagiannya: orang-orang kudus secara umum dan para martir secara khusus.

Bagaimana martir dapat memerintah di bumi ini? Mereka "dikeluarkan" dari dunia karena iman mereka, tetapi kini kembali ke dunia. Mereka tentu telah dibangkitkan kembali, roh-roh mereka yang terpisah dari tubuh diberi wujud tubuh lagi untuk hidup di bumi ini. Dengan kata lain, mereka telah mengalami "kebangkitan" (Why. 20:15; kata benda *anastasis*, yang digunakan 42 kali dalam Perjanjian Baru, selalu mengacu pada mukjizat fisik, yaitu kebangkitan tubuh; kata ini tidak pernah digunakan untuk proses regenerasi atau kelahiran baru). Bahasa demikian menyiratkan bahwa Yohanes sebenarnya melihat hal itu terjadi dalam penglihatannya tentang masa depan; "gambar" itu adalah sebuah film! Dia sebelumnya telah melihat "jiwa-jiwa" para martir yang berseru dengan suara nyaring meminta pembalasan ilahi atas pembunuh mereka (Why. 6:9). Kini dia melihat mereka dalam tubuh yang dibangkitkan, memerintah di bumi.

Ini adalah petunjuk lain yang jelas bahwa pemerintahan seribu tahun terjadi setelah Kedatangan Kedua Yesus, karena pada saat itulah "mereka yang menjadi milik-Nya" menerima tubuh baru mereka (1 Kor. 15:20–23; 1 Tes. 4:16).

Perbedaan antara "kebangkitan pertama" mereka yang "berbahagia dan kudus" dan "semua orang mati" sudah amat sangat jelas. Kita tahu dari ayat-ayat lain dalam Alkitab bahwa seluruh umat manusia, baik yang fasik maupun yang benar, akan dibangkitkan dari kematian sebelum Hari Penghakiman (Dan. 12:2; Yoh. 5:29; Kis. 24:15). Namun, menyebut *fakta* ini sebagai "kebangkitan umum", istilah yang tidak alkitabiah, menyesatkan, karena menyiratkan satu *peristiwa* tunggal saja. Dalam kitab Wahyu, kita menjadi paham bahwa kedua kategori tersebut dibangkitkan pada tanggal yang berbeda, terpisah jauh dalam hal waktu. Akan ada dua peristiwa kebangkitan, "yang pertama" dan "yang lain", yaitu pada awal dan akhir "seribu tahun".

Bahwa sifat kedua peristiwa tersebut identik terkonfirmasi oleh penggunaan kata kerja yang sama persis untuk keduanya (kala waktu aoris indikatif orang ketiga jamak pada kata *zoe* berarti "menjalankan fungsi kehidupan", yang di sini diterjemahkan sebagai "hidup kembali"). Memang benar bahwa kata ini kadang-kadang dapat digunakan dalam makna rohani (contohnya, Yoh. 5:25, yang konteksnya menunjukkan makna kiasan); tetapi arti normalnya bersifat jasmani/fisik (seperti di Yoh. 11:25; Roma 14:9), dan khususnya dalam kitab ini sejauh ini (Why. 1:18; 2:8; 13:14).

Ada poin lain yang memperkuat argumen ini, yaitu bahwa "hidup kembali" di ayat 4 jelas bertentangan dengan "dipenggal kepalanya"; keduanya peristiwa fisik. Mereka pasti sudah "dibangkitkan secara rohani bersama Kristus" jauh sebelum kematian mereka sebagai martir; dan setelah itu mereka sepenuhnya sadar dan mampu berkomunikasi dengannya (Why. 6:9–10). Seperti Dia, mereka mengalami kematian fisik dan kebangkitan fisik–tetapi kedua hal it tidak mengganggu kehidupan "rohani" atau bahkan "mental" mereka, yang tetap berlanjut sejak mereka bertobat kepada iman. Yang "hidup kembali" hanyalah tubuh jasmani mereka, sehingga mereka dapat kembali berfungsi di dunia jasmani ini.

Perikop Dasar (Wahyu 20)

Kita tidak perlu memperpanjang pembahasan secara berlebihan, tetapi penting untuk menekankan hal ini, karena pandangan a-milenial dan pasca-milenial memberikan dua makna yang sepenuhnya berbeda pada kata kerja tersebut: regenerasi rohani di ayat 4 dan kebangkitan fisik tubuh di ayat 5, meskipun tidak ada petunjuk tentang perubahan ini dalam teks itu sendiri. Penafsiran semacam ini melanggar aturan dasar eksegesis: kata yang sama dalam konteks yang sama memiliki arti yang sama, kecuali dinyatakan *secara jelas* sebagai berbeda. Mari kita simak ringkasan seorang pakar senior, Dean Alford, tentang ketidakkonsistenan ini:

> ... jika dalam perikop semacam ini kebangkitan pertama dapat diartikan sebagai kebangkitan *rohani* bersama Kristus, sementara kebangkitan kedua berarti kebangkitan *harfiah* dari kubur; maka tidak ada lagi makna dalam bahasa, dan nilai kitab suci terhapuskan sebagai kesaksian tentang apa pun. Jika kebangkitan pertama bersifat rohani, maka demikian pula kebangkitan kedua, tetapi menurut saya tidak ada orang yang berani mempertahankannya; tetapi jika kebangkitan kedua bersifat literal, maka demikian pula kebangkitan pertama, dan inilah pemahaman yang saya terima dan pertahankan bersama dengan seluruh Gereja primitif dan banyak penafsir modern terbaik sebagai pokok iman dan pengharapan. (Dikutip dari buku William E. Biederwolf, *The Prophecy Handbook* [Buku Pedoman Nubuat], World Bible Publishers, cetakan ulang 1991 dari edisi asli 1924, hal. 697.)

Konsep dua kebangkitan, yaitu kebangkitan orang benar dan kebangkitan orang jahat, dengan jeda waktu yang panjang, bukanlah konsep asli dari buku ini. Gagasan tersebut cukup umum di kalangan orang Yahudi pada zaman Yesus. Banyak dari mereka yang mengharapkan orang-orang benar yang telah mati akan dibangkitkan sebelum pemerintahan Mesias di bumi, sementara orang-orang jahat hanya akan dibangkitkan untuk penghakiman pada akhir masa pemerintahan tersebut (beberapa pihak sudah menyatakan bahwa jeda waktu di antara keduanya akan mencapai seribu tahun). Itulah mengapa Yesus dapat merujuk, tanpa penjelasan, pada "kebangkitan orang benar" saat berbicara dengan orang-orang Farisi (Luk. 14:14). Mereka memang sudah percaya pada dua kebangkitan, sementara orang-orang Saduki tidak percaya pada kebangkitan sama sekali (Luk. 20:17).

Ada tiga pernyataan yang muncul tentang mereka yang telah "mengambil bagian dalam kebangkitan pertama". Pertama, *kekudusan* mereka. Mereka disebut "berbahagia dan kudus". Dengan demikian, mereka yang termasuk dalam kebangkitan kedua "terkutuk dan jahat". Kedua, *keamanan* mereka. Pada Kedatangan Kedua, keselamatan mereka dari dosa akan menjadi sempurna (Flp. 1:6; 1 Yoh. 3:2). Mereka akan menerima kepastian bahwa tidak akan ada lagi risiko menderita "kematian kedua", yaitu "lautan api" (Why. 20:6, 14). Ketiga, *kedaulatan* mereka. Posisi mereka sebagai raja akan menyatu dengan imamat mereka (bandingkan Why. 1:6 dengan Why. 20:6). Mereka akan bertindak sebagai penyelenggara mewakili Kristus serta perantara mewakili umat. Fungsi ganda ini menggantikan peran politik si binatang dan peran keagamaan nabi palsu.

Namun, situasi ini tidak permanen. "Pemerintahan" di bumi ini akan berakhir bersama bumi ini sendiri, lalu akan terus berlanjut di bumi yang baru kelak (Why. 22:5). Masa "seribu tahun itu"' akan berakhir dengan cara yang amat sangat mengejutkan.

IBLIS DILEPASKAN (Why. 20:7–10)

Perkembangan yang terungkap selanjutnya dalam bagian ini begitu tak terduga, hingga hampir mustahil tercipta oleh imajinasi manusia. Keanehan inilah tepatnya yang merupakan ciri khas ilham ilahi.

Kini kita memahami mengapa Iblis tidak dilemparkan ke

neraka lebih awal, bersama dua antek manusianya (Why. 19:20). Tuhan masih akan memakai Iblis sekali lagi. Dia akan diberi kesempatan terakhir! Dia dibebaskan dengan kondisi tertentu, dan diizinkan untuk "menyesatkan bangsa-bangsa" sekali lagi.

Penyesatan ini memiliki banyak kesamaan sifat dengan tipu daya pertamanya terhadap umat manusia (Kej. 3). Dahulu hanya dua orang yang disesatkan, tetapi sekarang banyak kelompok etnis akan disesatkan. Yang jelas, daya tariknya sama: otonomi moral, kebebasan dari pemerintahan Tuhan (yang kini termasuk pemerintahan Kristus dan orang-orang kudus-Nya). Karena "kerajaan" ini kini berada di bumi, sebagai "tubuh" yang nyata, ia dapat diserang dengan kekuatan militer. Pasukan besar pun dikumpulkan dari "empat penjuru bumi" untuk menyerang pusat pemerintahan, "kota yang dikasihi-Nya [dikasihi Tuhan]", ini jelas Yerusalem, yang menjadi markas besar "Persatuan Bangsa-Bangsa" pada masa seribu tahun (Why. 20:9; bandingkan dengan Yes. 2:1–5; Mik. 4:1–55; Mat. 5:35).

Pertempuran terakhir ini tidak boleh disamakan dengan "Harmagedon", yang "baru" merupakan cawan murka keenam (Why. 16:16) dan terjadi sebelum masa seribu tahun itu (Why. 19:19–21). Pertempuran akhir ini dinamai dengan sebutan yang berbeda, "Gog dan Magog", nama-nama yang digunakan oleh Yehezkiel untuk "raja" dan pengikutnya yang menyerang tanah Israel *setelah* umat Allah dipulihkan di sana dan dinasti Daud dipulihkan ke takhta pemerintahan (lihat Yeh. 37–39). Sepertinya "Gog" dalam Wahyu adalah nama terakhir dari sejumlah nama yang diberikan kepada Setan (seperti "Apolion" di Why. 9:11 dan "Beelzebul" dalam Mat. 10:25), sedangkan "Magog" mengacu pada pasukan internasional yang dia berhasil bujuk untuk berperang baginya.

Upaya untuk mengepung dan menyerang ibu kota dunia itu gagal total. Pertempuran itu bahkan tidak pernah meletus. Orang Kristen maupun Kristus sendiri sama sekali tidak perlu menghadapi musuh. Tuhan sendirilah yang akan mengirim "api dari surga" (Kej. 15:17; Im. 9:24; Hak. 13:20; 1 Raj. 18:38; 2 Taw. 7:1; Luk. 9:54; Why. 9:18). Meski Iblis dapat mengerahkan kekuatan destruktif yang begitu besar (Why. 13:13), kini kekuatan itu digunakan untuk menghancurkan seluruh pasukannya. Dia sendiri dilemparkan ke dalam lautan api, tempat dua antek manusianya telah berada di sana selama seribu tahun.

Ayat 10 sangat penting. Ini adalah pernyataan paling jelas tentang sifat neraka dalam Perjanjian Baru. Bahasanya jelas dan sederhana; tidak dapat diabaikan karena "terlalu simbolis". Ini adalah tempat "penyiksaan", yang mutlak dan pasti berarti rasa sakit yang sadar, baik fisik maupun emosional, atau bahkan keduanya. Pemahaman ini berasal dari Yesus sendiri (Mat. 25:30; Luk. 16:23–25). Penderitaan itu akan berlangsung terus-menerus ("siang dan malam") dan tak berkesudahan ("selama-lamanya" adalah terjemahan bahasa Inggris dari frasa Yunani *eis tous aionas ton aionon*, yang secara harfiah berarti "ke dalam abad-abad yang tak berujung", yang merupakan frasa terkuat dalam bahasa Yunani untuk makna waktu yang kekal; lihat Why. 4:9–10; 5:13–14; 7:12; 10:65 11:15; 14:11; 15:7; 19:3; 22:5).

Karena "mereka", subjek pernyataan ini, mencakup dua pribadi manusia, konsep modern "anihilasi" (keyakinan bahwa orang-orang "jahat" akan dilenyapkan sehingga tak ada lagi melalui kepunahan, baik pada saat kematian atau setelah Hari Penghakiman) sepenuhnya tersingkir. Yesus pun mengajarkan bahwa hukuman yang sama itu berlaku bagi semua yang akan ditolak-Nya saat penghakiman (Mat. 25:41–46). Untuk pembahasan yang lebih lengkap tentang topik yang penting ini, lihat buku saya *The Road to Hell* [Jalan Menuju Neraka] (terbitan Anchor).

Demikianlah berakhirnya kekuasaan Iblis di dunia ini. Setelah menjadi pangeran, penguasa, bahkan "dewa" atas dunia ini (Yoh. 12:31; 2 Kor. 4:4), dia kini menghadapi kebinasaannya dan dilemparkan ke dalam nasib yang sama bersama semua orang yang memberontak terhadap pemerintahan Kerajaan Tuhan, baik manusia maupun malaikat (Mat. 25:41; Why. 12:4).

Apakah dia tidak tahu hal ini akan terjadi? Apakah dia menyangka upaya terakhirnya untuk merebut kekuasaan di bumi akan berhasil? Apakah dia sedemikian sesat pahamnya tentang dirinya, seperti dia telah menyesatkan bangsa-bangsa? Apakah dia sungguh berpikir dirinya lebih hebat daripada umat Tuhan dan dengan demikian lebih hebat daripada Tuhan sendiri? Atau, karena tahu nasibnya telah ditetapkan dan akhirnya telah mendekat, apakah dia berusaha menyeret sebanyak mungkin orang untuk binasa bersamanya, dalam upaya terakhirnya yang penuh rasa frustrasi dan kemurkaan? Mungkin, kita tidak akan pernah tahu jawabannya. Mungkin juga, kita memang tidak perlu tahu.

Sebenarnya, bagian ini menimbulkan banyak pertanyaan menarik yang tidak ada jawabannya. Hampir tidak ada yang dibahas tentang "seribu tahun" itu sendiri dan bagaimana masa itu akan terimplementasi secara praktis. Kita hanya dapat menyimpulkan bahwa informasi semacam itu tidak relevan dengan tujuan kitab Wahyu. Cukup diketahui bahwa kekuatan kebaikan akan dibuktikan secara terbuka dan kekuatan kejahatan akhirnya dilenyapkan.

Nah, kita telah memiliki fakta-fakta dasarnya. Kita diberi tahu *apa* yang akan terjadi di titik akhir, tetapi tidak diberi tahu *mengapa* peristiwa-peristiwa tersebut akan berjalan seperti itu. Tentu saja, Tuhan tidak memiliki kewajiban untuk memberi tahu kita alasan-Nya untuk apa pun yang Dia lakukan, seperti yang Ayub temukan melalui pengalaman yang berat berabad-abad yang lalu (Ayub 40:1–5; 42:1–6). Memang, ada tempat tersedia untuk golongan agnostik yang penuh hormat (Roma 9:20).

Namun, dilemanya tetap ada. Mengapa "di bumi" Iblis diberi kesempatan terakhir untuk menimbulkan kerusakan sebesar itu di akhir masa seribu tahun pemerintahan yang baik? Dan, mengapa pula "di bumi" ada masa seribu tahun seperti itu? Tanpa terjebak dalam spekulasi semata, kita dapat mencoba memahaminya dengan mempertimbangkan dampak spiritual dari dua perkembangan ini.

Mari kita memulainya dengan yang positif terlebih dahulu. Pemerintahan seribu tahun Kristus dan orang-orang kudus-Nya di bumi ini akan menjadi pembuktian kebenaran Kristus dan mereka secara nyata, yang terlihat di hadapan dunia. Hal itu akan menunjukkan betapa baiknya dunia ini jika Iblis tidak ada dan Yesus kembali, bahkan itulah kondisi dunia yang seharusnya sejak awal mulanya, jika tidak tercemar oleh dosa.

Pada tingkat yang lebih dalam, masa seribu tahun akan menegaskan bahwa bumi ini adalah dunia milik Tuhan, bahwa Dia menciptakannya untuk Anak-Nya, dan bahwa semuanya akan kembali berada di dalam tangan-Nya. Ciptaan-Nya pada dasarnya baik, dan bumi tidak boleh dilenyapkan karena "tidak terselamatkan". Sejarah harus berakhir dengan penyempurnaan, bukan bencana kiamat; dengan penebusan, bukan kebinasaan.

Jika ditanyakan mengapa titik puncak itu harus terjadi di bumi "lama" sebelum bumi "baru" muncul, dapat dijelaskan bahwa "dunia" (yaitu orang-orang tidak percaya di bumi) tidak akan pernah menyaksikan kemenangan kebaikan atas kejahatan.

Selain itu, terdapat kesamaan yang menakjubkan antara penebusan kita sendiri dan penebusan planet kita. Dalam kedua kasus, regenerasi rohani mendahului regenerasi jasmani. Kita harus mengerjakan keselamatan kita sementara masih berada dalam tubuh fisik yang "lama" hingga tubuh tersebut "diubah" menjadi yang "baru" (Flp. 3:21). Ini akan menandai penyelesaian pemulihan ke keadaan asli kita. Demikian pula, bumi baru akan menandai akhir dari proses yang dimulai selama masa seribu tahun.

Aspek negatifnya sedikit lebih membingungkan. Mengapa Iblis dilepaskan lagi di akhir rezim yang "ideal" ini? Satu-satunya kesimpulannya adalah bahwa ini adalah bukti meyakinkan bahwa kondisi sekitar tidak mengubah hati manusia. Kebohongan besar bahwa dosa disebabkan oleh pengaruh lingkungan akhirnya terungkap. Setelah seribu tahun kedamaian dan kemakmuran, masih ada saja orang-orang yang tidak bersyukur dan tidak puas.

Tentu saja, perlu diingat bahwa pemerintahan seribu tahun itu tidak akan menganut sistem demokrasi, tetapi justru merupakan "kediktatoran yang bijak dan murah hati", tidak dipilih melalui pemungutan suara tetapi ditetapkan oleh pilihan ilahi. Dalam arti inilah, baik Kristus maupun orang Kristen akan memerintah dengan "tongkat besi" (Why. 2:27; 12:5; 19:15). Ini bukanlah simbol tirani yang kejam, seperti yang mungkin disangka sebagian orang, melainkan simbol pemerintahan yang kuat yang tidak dapat dipatahkan. Salah satu bentuknya adalah pemberlakuan sensor yang ketat, misalnya, yang selalu dibenci oleh orang-orang fasik.

Meski ada banyak manfaat dari pemerintahan yang "baik" ini, penerapan sistem keadilan yang sempurna, dan sistem kesejahteraan yang murah hati untuk semua orang, tetap saja masih akan ada banyak orang-orang yang lebih memilih untuk mengorbankan hal-hal ini demi mendapatkan kembali otonomi moral, atau lebih tepatnya otonomi yang tidak bermoral. Hati mereka yang penuh kebencian dan pemberontakan ingin bebas dari batasan yang ditegakkan oleh Tuhan dan umat-Nya. Inilah mengapa Iblis dapat mengumpulkan kekuatan global. Dia hanya dapat menyesatkan mereka yang menginginkan apa yang ditawarkannya.

Jelaslah, masa seribu tahun adalah pendahuluan yang tepat sebelum Hari Penghakiman. Masalahnya menjadi sangat jelas: menerima atau menolak pemerintahan Tuhan, yaitu kerajaan surga di bumi. Ini telah menjadi masalah di sepanjang sejarah, tetapi dalam masa seribu tahun, masalah ini mencapai puncaknya. Ini menjadi bukti ganda akan kebutuhan akan pemisahan abadi di dalam umat manusia. Semesta baru yang Tuhan rencanakan untuk diciptakan-Nya hanya dapat dihuni oleh mereka yang secara sukarela dan antusias "masuk ke dalam kerajaan", menerima kehendak Tuhan bagi makhluk-Nya dengan hati yang gembira dan bersyukur.

Karena itu, sangatlah tepat bahwa bagian tentang masa seribu tahun (Why. 20:1–10) langsung diikuti oleh pemisahan pada Hari Penghakiman Besar, ketika "orang-orang mati yang lain", bahkan mereka yang telah hilang di laut, "dibangkitkan kembali". Bagi mereka, "kitab-kitab" yang berisi catatan kehidupan mereka yang tidak percaya di bumi sudah cukup sebagai bukti untuk hukuman mereka. "Kitab kehidupan" berisi nama-nama semua orang yang tetap setia kepada Yesus (Why. 3:5), yang turut serta dalam kebangkitan pertama dan memerintah bersama-Nya selama seribu tahun.

Bab Enam Belas

KONTEKS YANG LEBIH LUAS

Penyelidikan kita sejauh ini telah mengarah pada pemahaman "pra-milenialisme" terhadap Wahyu 20. Artinya, Kedatangan Kedua Kristus mendahului pemerintahan-Nya selama seribu tahun di bumi, yang kemudian mendahului penghakiman akhir.

Namun, penafsiran ini jauh dari kesepakatan universal di dalam Gereja Kristen. Penafsiran ini sering kali diserang atas dasar argumen "alkitabiah" dan "filosofis". Kita akan memulai dengan yang pertama, karena wahyu ilahi berbobot lebih penting daripada spekulasi manusia.

Sering kali ditekankan bahwa Wahyu pasal 20 adalah *satu-satunya* bagian dalam Alkitab yang secara jelas berbicara tentang masa "seribu tahun". Sebagian orang bahkan tidak mengakui bahwa hal itu jelas di sini, karena Wahyu dianggap "terlalu simbolis" dan karena itu maknanya senantiasa samar-samar saja! Baik karena alasan yang mana pun atau keduanya sekaligus, tidak masuk akal jika kita membangun doktrin utama berdasarkan ayat-ayat ini.

Semoga eksegesis sebelumnya menunjukkan bahwa bagian ini sama sekali tidak misterius jika dibiarkan berbicara sendiri tanpa kesimpulan dari praduga yang sudah ditentukan sebelumnya. Bahkan, jika ini adalah satu-satunya referensi, ini tetaplah bagian dari Firman Tuhan. Satu kali saja sudah cukup bagi Tuhan untuk mengatakan apa yang ingin Dia sampaikan kepada kita (dan kita perlu mengingat pengulangan enam kali yang tegas tentang masa "seribu tahun" itu).

Selain itu, Gereja toh tidak segan-segan untuk membangun ajaran lain berdasarkan satu perikop, bahkan satu ayat saja! Kita dapat merenungkan penekanan pada rumus tritunggal tentang baptisan (berdasarkan Mat. 28:19; semua referensi lain hanya menggunakan nama Yesus Kristus). Kemudian, ada penggunaan nama "Israel" pada Gereja (berdasarkan satu frasa ambigu di Galatia 6:16; lebih dari 70 referensi lain dalam Perjanjian Baru semuanya merujuk pada bangsa Yahudi).

Sepertinya, prasangka mungkin mengambil peran ketika membahas masa seribu tahun!

Namun, ada keberatan "alkitabiah" yang sah untuk membangun keyakinan berdasarkan satu perikop, dengan dua ayat secara khusus:

i. Secara negatif, ketiadaan konfirmasi.
ii. Secara positif, adanya kontradiksi.

Sederhananya, jika tidak ada ayat lain yang mengarah ke arah yang sama atau jika banyak ayat lain mengarah ke arah yang berbeda, suatu ayat harus ditinjau ulang dalam konteks ini. Yang terakhir ini merupakan kesulitan yang lebih serius.

KETIADAAN KONFIRMASI

Tentu saja, tidak ada pernyataan yang lebih jelas tentang masa seribu tahun di bagian lain dalam Perjanjian Baru. Namun, ada beberapa referensi tak langsung, yang mungkin lebih mengesankan karena bersifat insidentil.

Tentu saja, ada beberapa janji yang jelas pula dalam seluruh bagian lain dalam kitab Wahyu. Misalnya, "barangsiapa yang menang" akan "memerintah atas bangsa-bangsa" (Why. 2:26–27). Orang-orang yang ditebus akan "berkuasa di bumi" (Why. 5:10). "Kerajaan dunia" akan menjadi "kerajaan Kristus" (Why. 11:15). Pasal 20 jelas merupakan penggenapan dari nubuat-nubuat ini.

Ketika kita beralih ke surat-surat Paulus, kita juga menemukan beberapa petunjuk. Mungkin, yang paling jelas terdapat dalam surat pertamanya kepada jemaat di Korintus. Dia menegur jemaat Korintus karena menggugat satu sama lain di pengadilan pagan, "Atau tidak tahukah kamu, bahwa orang-orang kudus akan menghakimi dunia? Dan jika penghakiman dunia berada dalam tangan kamu, tidakkah kamu sanggup untuk mengurus perkara-perkara yang tidak berarti?" (1 Kor. 6:2). Ayat-ayat ini tidak mengacu pada penghakiman akhir, yang berada di tangan Tuhan sendiri saja. Ini mengacu pada hari ketika orang Kristen akan bertanggung jawab atas penerapan keadilan. Perhatikan pula bahwa Paulus mengasumsikan mereka sudah diberi tahu tentang hal ini.

Kemudian, dalam surat yang sama, ketika membahas topik kebangkitan, dia menggambarkan urutan orang-orang akan dibangkitkan, yang tampaknya akan terjadi dalam tiga tahap:

i. "Kristus sebagai buah *sulung*;
ii. *sesudah itu* mereka yang menjadi milik-Nya pada waktu kedatangan-Nya.
iii. *Kemudian* tiba kesudahannya," (1 Kor. 15:23–24).

Memang, bagian ketiga ini tidak secara khusus menyebut kebangkitan. Namun, Paulus juga tidak menyatakan bahwa akan ada kebangkitan "umum" seluruh umat manusia pada saat kedatangan Kristus. Sebaliknya, dua kata bahasa Yunani yang diterjemahkan sebagai "sesudah itu" dan "kemudian" *(epeita* dan *eita)*, keduanya berarti "setelahnya"; jika peristiwa ketiga terjadi "bersamaan" dengan yang kedua, kata yang digunakan adalah sebuah kata lain *(tote)*. Lalu, Paulus langsung melanjutkan pembahasan tentang "pemerintahan" Kristus, yang *mendahului* "kesudahan", yang memuncak dalam penaklukan akhir atas maut itu sendiri (1 Kor. 15:25–26; bandingkan dengan Why. 20:14).

Bahwa Paulus percaya akan kebangkitan orang-orang Kristen yang setia *sebelum* sisa umat manusia terkonfirmasi oleh penggunaannya akan frasa yang sangat tidak biasa (dalam Flp. 3:11). Frasa bahasa Yunani tersebut biasanya diterjemahkan sebagai "kebangkitan dari kematian", padahal sebenarnya mengandung preposisi ganda, *ek*, yang secara harfiah berarti "Kebangkitan *keluar dari* kematian", yang dapat dapahami sebagai: "keluar dari antara orang mati". Dengan kata lain, ini bukan kebangkitan umum bagi semua orang, melainkan peristiwa terbatas yang mendahului kebangkitan umum itu. Tidak heran frasa ini digunakan untuk Yesus sendiri (misalnya, 1 Ptr. 1:3). Di sini, Paulus menggunakannya untuk orang-orang Kristen yang "bertekun" untuk "memperoleh" kebangkitan itu. Tidak ada hal yang perlu dilakukan untuk memperoleh kebangkitan umum (kita hanya perlu mati untuk kelak mengalaminya!). Jelas, Paulus mengacu pada "kebangkitan pertama" dari "yang berbahagia dan kudus" (Why. 20:6).

Dalam surat yang sama pula, Paulus menantikan hari ketika "dalam nama Yesus bertekuk lutut segala yang ada ... dan segala lidah mengaku: 'Yesus Kristus adalah Tuhan,'" (Flp. 2:10–11; bandingkan dengan Yes. 45:23 dan Why. 5:13). Kapan dia mengharapkan pengakuan universal ini terjadi?

Dalam surat yang ditulisnya kepada Timotius, dan mungkin mengutip sebuah nyanyian kuno, Paulus berjanji: "... jika kita bertekun, kita pun akan ikut memerintah dengan Dia," (2 Tim. 2:12; bandingkan dengan Why. 3:21). Pernyataan ini merupakan ringkasan yang sempurna dari seluruh pesan kitab Wahyu. Perhatikan bahwa hampir semua referensi dalam Perjanjian Baru tentang orang Kristen yang memerintah menggunakan kala waktu *masa depan* (Roma 5:17 adalah salah satu perkecualian; referensi utama di sini adalah berkuasa atas dosa, bukan memerintah atas orang lain). Para pengikut Yesus harus mengikuti jejak-Nya— penderitaan membawa kepada kemuliaan, salib mendahului mahkota.

Referensi Paulus ini memang hanya sedikit, tetapi itu bukan alasan untuk mengabaikannya. Dia hanya menyebut Perjamuan Tuhan dalam satu surat, dan itu pun tentang penyalahgunaannya— namun, ajarannya tentang hal itu dipandang serius. Dan, catatan sampingnya penting, tepatnya karena menunjukkan apa yang dia anggap sebagai hal yang sudah pasti.

Dengan menelusuri kembali Perjanjian Baru, kita tiba pada kitab Kisah Para Rasul. Kita mencatat frasa yang sama, "dari antara orang mati", dalam pemberitaan para rasul tentang kebangkitan Yesus (Kis. 4:2).

Namun, referensi yang paling penting terdapat di awalnya, yaitu pertanyaan terakhir yang diajukan oleh para murid sebelum Yesus kembali ke surga: "Tuhan, maukah Engkau pada masa ini memulihkan kerajaan bagi Israel?" (Kis. 1:6). Semua pakar sepakat bahwa "kerajaan" yang mereka maksudkan itu adalah otonomi politik di bawah seorang raja dari dinasti Daud. Pertanyaan itu mengandung empat "premis" (asumsi awal):

i. Israel pernah memiliki "kerajaan" ini.
ii. Israel telah kehilangan "kerajaan" ini.
iii. Israel akan dipulihkan dalam "kerajaan" ini.
iv. Yesus adalah Pribadi yang akan mewujudkan pemulihan ini.

Satu-satunya ketidakpastian yang ada adalah waktunya: sekarang, atau suatu hari kelak?

Sangat penting untuk kita perhatikan bahwa Yesus tidak mempertanyakan balik pertanyaan itu, seperti yang sering Dia lakukan ketika pertanyaan didasarkan pada asumsi yang salah (contoh modernnya adalah pertanyaan jebakan: "Apakah Anda sudah berhenti memukuli istri Anda?"). Yesus menerima keempat premis dasar tersebut dan hanya menjawab pertanyaan tentang waktunya, "Engkau tidak perlu mengetahui masa dan waktu, yang ditetapkan Bapa sendiri menurut kuasa-Nya," (Kis. 1:7). Dengan kata lain, peristiwa ini akan terjadi; waktunya sudah tercatat dalam kalender Tuhan. Namun, penentuan waktunya bukanlah urusan mereka. Ada urusan lain yang lebih mendesak: menjadi saksi-Nya hingga ke ujung bumi dengan kuasa Roh

Kudus (Kis. 1:8). Bahwa inilah inti jawaban Yesus akan menjadi jelas jika kita membayangkan pertanyaan lain: "Tuhan, apakah Engkau akan mematikan Pilatus dan Herodes pada masa sekarang ini?" Pertimbangkan implikasinya jika jawaban-Nya tetap sama: "Bukan urusanmu untuk mengetahui waktu atau tanggal yang telah ditetapkan Bapa," Apa yang akan dipahami para murid dari jawaban itu?

Selanjutnya, ada petunjuk kemudian bahwa inilah keyakinan yang akhirnya dimiliki para rasul sebagai jawaban atas pertanyaan mereka sendiri. Dalam khotbah keduanya di hadapan publik, Petrus mengatakan bahwa Yesus "harus tinggal di surga sampai *waktunya* tiba bagi Allah untuk *memulihkan* segala sesuatu" (Kis. 3:21); kata-kata yang dicetak miring adalah kata-kata bahasa Yunani yang juga tidak biasa digunakan, seperti di Kisah Para Rasul 1:6. Sulit untuk tidak menyimpulkan bahwa para rasul telah menyadari hal ini setelah kenaikan Yesus dan menyadari bahwa kerajaan akan dipulihkan bagi Israel pada saat kedatangan-Nya kembali, meski mereka masih tidak "tidak perlu mengetahui masa dan waktu, yang ditetapkan Bapa" (Kis. 1:7).

Maka, Yesus menerima keyakinan mereka bahwa suatu hari kerajaan itu akan dipulihkan bagi Israel. Namun, kapan keturunan Daud dapat kembali duduk di takhta di Yerusalem? Siapa orangnya? Jika jawabannya bukan pemerintahan Kristus selama seribu tahun di bumi, Alkitab Perjanjian Baru tidak memberikan kemungkinan lain.

Jika beralih ke kitab-kitab Injil, terutama Matius dan Lukas, kita akan menemukan petunjuk serupa tersebar di sepanjang halaman-halamannya. Di awal kisahnya, sesosok malaikat menjanjikan kepada Maria bahwa Tuhan akan memberi putranya "takhta Daud, bapa leluhur-Nya" (Luk. 1:32). Ini adalah takhta di bumi, bukan di surga, seperti yang dipahami Maria.

Yesus dilahirkan sebagai "Raja orang Yahudi" (Mat. 2:2) dan Dia mati sebagai "Raja orang Yahudi" pula (Luk. 23:38). Plakat tentang "kejahatan-Nya" ini, yang dilekatkan pada kayu salib

Konteks yang Lebih Luas

yang menjadi alat eksekusi mati-Nya, memicu permohonan dari seorang penjahat yang sekarat: "Yesus, ingatlah akan aku, apabila Engkau datang sebagai Raja," (Luk. 23:42). Terlepas dari seluruh penampilan dan keadaan-Nya, penjahat itu percaya Yesus adalah Mesias dan akan kembali suatu hari untuk duduk di takhta Israel. Yesus memberitahunya bahwa jauh sebelum saat itu kelak, bahkan pada hari itu juga, mereka akan bersama-sama, "di dalam Firdaus" (Luk. 23:43; perhatikan bahwa Yesus menghindari kata "kerajaan" dan menggunakan kata bahasa Farsi untuk taman istana, "Firdaus", yang berarti si penjahat akan berada di tempat istimewa bersama seorang tokoh kerajaan).

Orang-orang lain juga mengantisipasi kedatangan kerajaan ini. Ibu Yakobus dan Yohanes, yang cukup ambisius, meminta "supaya kedua anakku ini boleh duduk kelak di dalam Kerajaan-Mu, yang seorang di sebelah kanan-Mu dan yang seorang lagi di sebelah kiri-Mu" (Mat. 20:21). Tentu saja, dia memandang "kerajaan" ini dalam konteks duniawi, yaitu monarki yang dipulihkan di Israel, yang memerlukan menteri utama dan wakil-wakil menteri. Yesus menerima asumsi-asumsi semacam itu, tetapi menunjukkan bahwa Dia tidak bertanggung jawab atas penunjukan-penunjukan tersebut. Lagi pula, Bapalah yang memutuskan hal-hal itu (Mat. 20:23; perhatikan bahwa posisi atau tempat disiapkan untuk manusia, bukan sebaliknya).

Yesus memang berjanji kepada para murid-Nya bahwa "apabila Anak Manusia bersemayam di takhta kemuliaan-Nya, kamu, yang telah mengikut Aku, akan duduk juga di atas dua belas takhta untuk menghakimi kedua belas suku Israel" (Mat. 19:28). Pikiran kita perlu menerima penggenapan hal ini, serta untuk nubuat-nubuat umum seperti "orang yang lemah lembut ... akan memiliki bumi" (Mat. 5:5). Kapan hal itu akan terjadi?

Pada beberapa kesempatan, Yesus pun menyodorkan upah di dunia bagi pelayanan yang setia. Dia menawarkan "harta" dan "milikmu sendiri" kepada mereka yang mengelola uang dan harta milik orang lain dengan integritas (Luk. 16:11–12). Dalam perumpamaan tentang kedatangan-Nya kembali, hamba-hamba yang dapat diandalkan diberi tanggung jawab yang lebih besar: untuk memimpin banyak hal (Mat. 25:21, 23) atau bertanggung jawab atas lima atau sepuluh kota (Luk. 19:17–19). Dewan-dewan, serta pengadilan (1 Kor. 6:2) pun, akan berada di tangan orang-orang Kristen.

Bahwa Yesus sendiri percaya pada dua kebangkitan yang terpisah oleh jeda waktu ditunjukkan oleh penggunaan istilah umum "kebangkitan orang benar" (Luk. 14:14) dan pengakuan-Nya akan syarat moral untuk kebangkitan yang pertama: "... mereka yang dianggap layak untuk mendapat bagian dalam dunia yang lain itu dan dalam kebangkitan dari [makna harfiahnya: 'keluar dari'] antara orang mati ..." (Luk. 20:35).

Sejauh ini, kita hanya melompat-lompat di antara halaman-halaman Perjanjian Baru. Padahal, harapan para rasul tentang masa depan berakar pada nubuat-nubuat Perjanjian Lama, dan kini kita akan membahasnya.

Tentu saja, ada banyak janji tentang bumi yang diubah di bawah pemerintahan Tuhan sendiri, masa damai dan kemakmuran yang tak tertandingi ketika bangsa-bangsa dapat dengan aman ikut serta dalam pelucutan senjata multilateral. Kedamaian dan harmoni itu akan sesuai dengan masa hidup manusia yang menjadi jauh lebih panjang. Penglihatan tentang bumi yang dipulihkan ke kondisi aslinya dapat kita telusuri prediksinya ke saman para nabi, tetapi khususnya paling jelas dalam kitab Yesaya.

Namun, ada dua hal yang ambigu dalam pengharapan Ibrani ini. Pertama, apakah situasi itu akan terwujud oleh pelaku dari pihak Tuhan (Bapa sendiri) atau dari pihak manusia (Sang Mesias)? Kedua, dapatkah situasi itu terwujud di bumi yang sekarang ini, atau haruskah ada penciptaan bumi yang baru untuk itu? Ketegangan ganda ini tidak selesai dalam kanon kitab suci Yahudi, tetapi pada zaman Yesus, ada "susunan jadwal" dalam tulisan-tulisan lainnya (literatur antar-perjanjian, yang kini dikenal sebagai kitab-kitab "apokrifa" dan "pseudepigrafa").

Harapan yang muncul lalu terwujud dalam penantian akan era pemerintahan Mesias di bumi lama (perkiraan durasinya bervariasi antara 40 hingga seribu tahun) *sebelum* Tuhan menciptakan bumi baru (Yes. 65:17). Polanya sangat mirip dengan yang digambarkan dalam Wahyu 20.

Ada satu tulisan dalam Alkitab yang memberi prediksi tajam tentang masa ketika umat Tuhan akan memerintah dunia ini. Secara signifikan, tulisan ini termasuk dalam genre sastra "apokaliptik", sama dengan kitab Wahyu, yaitu bagian kedua dari kitab Daniel. Kedua tulisan ini memiliki banyak kesamaan dan saling membantu pencerahan untuk kita memahaminya.

Secara khusus, pasal 7 sangat spesifik berbicara tentang pemerintahan masa depan umat Tuhan di bumi ini, terutama pada ayat 13–22. Bagian ini dimulai dengan "tampak datang dengan awan-awan dari langit seorang seperti anak manusia" (ay. 13), yang dikutip oleh Yesus tentang diri-Nya sendiri (Mrk. 14:62) dan jelas merujuk pada kedatangan-Nya yang kedua. Bagian ini diikuti dengan: "Lalu diberikan kepadanya kekuasaan dan kemuliaan dan kekuasaan sebagai raja, maka orang-orang dari segala bangsa, suku bangsa dan bahasa mengabdi kepadanya," (ay. 14). Tiga pernyataan berikut menegaskan bahwa Dia akan membagikan kuasa-Nya kepada umat-Nya: "orang-orang kudus milik Yang Mahatinggi akan menerima pemerintahan" (ay. 18); "Yang Lanjut Usianya itu datang dan keadilan diberikan kepada orang-orang kudus milik Yang Mahatinggi dan waktunya datang orang-orang kudus itu memegang pemerintahan" (ay. 22); "Maka pemerintahan, kekuasaan dan kebesaran dari kerajaan-kerajaan *di bawah semesta langit* akan diberikan kepada orang-orang kudus, umat Yang Mahatinggi" (ay 27). Kerajaan-kerajaan yang diserahterimakan itu secara khusus didefinisikan sebagai "muncul dari dalam *bumi*" (ay. 17).

Hampir tidak mungkin kita tidak mengaitkan kitab Daniel dengan Wahyu. Kesamaan-kesamaan itu terlalu banyak untuk dianggap kebetulan dan bahkan mencakup detail-detail kecilnya, seperti warna rambut (Dan. 7:9 dan Why. 1:14). Gambaran keseluruhan tentang Yang Lanjut Usia, Anak Manusia, dan orang-orang kudus yang mengambil alih "kerajaan-kerajaan di bumi" dalam kitab Daniel tentu saja sesuai dengan masa seribu tahun dalam kitab Wahyu.

Merangkum bagian ini dari studi kita, sepertinya tepat untuk menyatakan bahwa ada bukti yang cukup, baik bukti langsung maupun tak langsung, bahwa kitab-kitab lain dalam Alkitab pun mengonfirmasi konsep pemerintahan pada masa seribu tahun di bumi. Namun, bagaimana dengan hal-hal yang tampaknya bertentangan dengan konsep tersebut?

ADANYA KONTRADIKSI

Telah dikatakan bahwa beberapa teks sebenarnya menyangkal kemungkinan bahwa Yesus kelak akan memerintah atas kerajaan di bumi.

Ada pernyataan Yesus yang sering dikutip, yang diucapkan-Nya saat diadili di hadapan Pontius Pilatus: "Kerajaan-Ku bukan berasal dari dunia ini (Yoh. 18:36). Kata "dari" yang pendek itu telah diartikan secara sangat berbeda-beda—bukan di dunia ini, bukan seperti dunia ini, bukan untuk dunia ini, dan sebagainya. Namun, pernyataan tersebut lebih mungkin berkaitan dengan asal-usul dan sumber kerajaan-Nya alih-alih sifat dan lokasinya. Bahkan sebenarnya, Dia melanjutkan perkataan-Nya, "Kerajaan-Ku berasal *dari* tempat lain." Namun, ada pula aspek praktisnya, yaitu kekuatan yang digunakan untuk mendirikan dan melindungi kerajaan tersebut, yang tidak akan melibatkan kekuatan militer. Secara signifikan, dalam Wahyu 19 dan 20, ketika pasukan-pasukan berkumpul di Timur Tengah untuk menyerang dan menghancurkan umat Tuhan, dalam kondisi umat Tuhan tidak bersenjata sehingga tidak dapat membela diri; perkataan Kristus dan api Tuhanlah yang merebut kemenangan pada kedua peristiwa itu.

Namun, klaim utama tentang kontradiksi masa seribu tahun

Konteks yang Lebih Luas

didasarkan pada teks-teks yang berbicara tentang peristiwa yang terjadi secara *bersamaan*, padahal peristiwa-peristiwa tersebut seharusnya terpisah oleh jeda waktu seribu tahun.

Misalnya, ada ayat-ayat yang tampaknya berbicara tentang kebangkitan "umum" seluruh umat manusia, yang benar dan yang fasik, pada saat yang sama. Ada perkataan Yesus yang lain yang muncul di pikiran saya: "... saatnya akan tiba, bahwa *semua* orang yang di dalam kuburan akan mendengar suara-Nya, dan mereka yang telah berbuat baik akan keluar dan bangkit untuk hidup yang kekal, tetapi mereka yang telah berbuat jahat akan bangkit untuk dihukum," (Yoh. 5:28–29; tetapi perhatikan bahwa pada ayat 25 terdapat kebangkitan selektif yang mendahului ini).

Ada juga ayat-ayat yang menyiratkan bahwa kedatangan kedua dan penghakiman akhir terjadi bersamaan. "*Apabila* Anak Manusia datang dalam kemuliaan-Nya dan semua malaikat bersama-sama dengan Dia, ... semua bangsa akan dikumpulkan di hadapan-Nya dan Ia akan memisahkan mereka seorang dari pada seorang," (Mat. 25:31–32). "[Allah untuk membalaskan penindasan kepada mereka yang menindas kamu] *pada waktu* Tuhan Yesus dari dalam sorga menyatakan diri-Nya bersama-sama dengan malaikat-malaikat-Nya, dalam kuasa-Nya, di dalam api yang bernyala-nyala," (2 Tes. 1:7).

Lalu, ada ayat-ayat lain yang menyiratkan bahwa pemusnahan langit dan bumi yang lama dan penciptaan langit dan bumi yang baru terjadi langsung setelah kedatangan-Nya (2 Ptr. 3:3–10). Sebenarnya, para penafsir abad kedua secara luas menggunakan ayat 8 sebagai teks bukti yang mendukung konsep masa seribu tahun, karena penyebutan "seribu tahun" muncul *di antara* pembahasan tentang kedatangan-Nya dan pengumuman tentang penciptaan baru (lihat Bab 18, Bagian 5)! Penafsiran semacam itu terdengar agak aneh saat ini, karena ayat tersebut adalah pernyataan umum yang dapat diterapkan pada periode sejarah mana pun, tetapi penggunaannya yang luas dengan cara ini menunjukkan keyakinan awal tentang pemerintahan seribu tahun

Kristus setelah kedatangan-Nya.

Dalam semua kasus ini, kita mungkin mendapatkan contoh dari ciri khas umum nubuat: penggabungan peristiwa masa depan yang terpisah menjadi satu prediksi. Fenomena ini sering diilustrasikan dengan melihat gunung-gunung jauh melalui teleskop, sehingga puncak-puncak gunung yang terpisah tampak terhubung menjadi satu. Contoh yang menonjol dalam Perjanjian Lama adalah bahwa hanya ada satu peristiwa kedatangan Kristus yang terlihat, sedangkan pewahyuan selanjutnya menunjukkan bahwa akan ada dua peristiwa kedatangan, yang terpisah jauh dalam waktu. Ada kasus khusus pula dalam kitab Yesaya (Yes. 65:17–25), yang menyatu dalam satu penglihatan: masa seribu tahun di bumi lama dan kekekalan di bumi baru; orang-orang akan mati pada usia yang jauh lebih tua di masa seribu tahun yang pertama, tetapi sama sekali tidak mati di kekekalan yang akhir.

Ada pula contoh-contoh dari prediksi Yesus. Contoh yang sederhana adalah penggabungan jurang di antara Hades dan neraka dalam perumpamaan tentang orang kaya dan Lazarus (Luk. 16:19–26). Contoh yang lebih kompleks adalah penggabungan jatuhnya Yerusalem pada tahun 70 M dan bencana-bencana yang mendahului kedatangan-Nya kembali menjadi satu pembahasan, sehingga menjadi sulit untuk kita mengetahui yang mana yang dimaksud (Mat. 24; Mrk. 13; Luk. 21).

Yesus tidak perlu memberikan rincian lengkap setiap kali Dia menyebut masa depan. Hal itu akan meyebabkan pengulangan yang tidak perlu dan dapat menimbulkan distraksi. Pada setiap kesempatan, DIa memilih aspek-aspek yang relevan dengan inti pesan yang Dia sampaikan, dan jika perlu menggabungkan poin-poin terpisah menjadi satu pernyataan.

Hal yang sama juga berlaku untuk frasa "hari Tuhan". Frasa ini digunakan untuk kedua peristiwa, yaitu kedatangan kedua dan penghakiman terakhir, maka klaim bahwa kedua peristiwa tersebut pasti terjadi dalam waktu 24 jam yang sama adalah mengabaikan keragaman makna kata "hari" itu, padahal kata itu juga dapat mengacu pada suatu era atau zaman (seperti dalam "zaman kereta kuda telah berlalu"). Dalam Alkitab, "hari Tuhan" berlawanan dengan era ketika dosa dan Iblis diizinkan menguasai dunia. Hari Tuhan adalah "hari" ketika Tuhan secara langsung campur tangan dalam urusan-urusan dunia untuk mewujudkan tujuan-Nya. "Durasi" "hari" tersebut tidak relevan.

Bab Tujuh Belas

MASALAH FILOSOFIS

Sebagian orang tidak memiliki kapasitas intelektual yang memadai untuk menerima gagasan tentang masa seribu tahun yang akan datang di bumi ini. Mereka tidak dapat memahami bagaimana keadaan seperti itu dapat diciptakan atau dapat dipertahankan. Masalahnya mungkin hanya kurangnya imajinasi, yaitu ketidakmampuan untuk membayangkan perubahan radikal dalam lingkungan sosial dan alam kita.

Namun, sebagian orang lain kesulitan untuk menyatukan semua perubahan itu. Kebingungan yang paling umum adalah bagaimana orang-orang kudus yang dibangkitkan dengan tubuh baru dapat hidup berdampingan dengan manusia fana yang masih berada dalam "versi" eksistensi "pertama"—padahal faktanya, kondisi yang tepat demikian ini sudah terjadi di antara kebangkitan dan kenaikan Yesus. Yesus duduk dan berbicara dengan murid-murid-Nya, makan bersama mereka, bahkan memasak sarapan untuk mereka.

Sebaliknya, manusia biasa masih memiliki hawa nafsu dan melakukan aktivitas seksual, sementara orang-orang kudus yang bangkit "tidak kawin dan tidak dikawinkan" (Luk. 20:35). Bagaimana perasaan mereka kelak tentang hal ini? Apakah mereka akan bebas dari godaan?

Ada juga berbagai pertanyaan tentang lokasi dan komunikasi. Jika Yesus memerintah secara fisik, Dia hanya bisa berada di satu tempat pada satu waktu. Apakah Dia akan tinggal di Yerusalem, atau berpindah-pindah? Dan, bagaimana para wakil-Nya yang tersebar di berbagai wilayah dapat disebut "selama-lamanya bersama-sama dengan Tuhan" setelah Kedatangan-Nya yang

Kedua (1 Tes. 4:17)?

Pertanyaan-pertanyaan membingungkan seperti ini mudah sekali berkembang menjadi daftar yang amat panjang. Namun, sangat tidak mungkin kita mendapatkan jawaban sebelum waktunya. Kenyataannya, Alkitab tidak membahas hal-hal semacam itu. Salah satu ciri paling mencolok pada Wahyu 20 adalah keheningannya yang total tentang kondisi selama masa "seribu tahun". Jelaslah, mengetahui lebih dari yang kita ketahui saat ini tidak akan membantu kita.

Memang, perenungan spekulatif semacam itu dapat menjadi gangguan berbahaya yang mengalihkan fokus kita dari tugas vital untuk hidup dalam fase menentukan ini bagi eksistensi kita.

Kita juga perlu ingat bahwa membayangkan kehidupan kekal di bumi baru sama sulitnya, bahkan lebih sulit, daripada membayangkan kondisi kehidupannya. Kita sendiri pun tentu amat kesulitan besar membayangkan kehidupan di dunia ini jika kita diberi tahu tentangnya sebelum kita lahir di dunia. Bahkan nenek moyang kita saja kesulitan membayangkan manusia mengemudi mobil dan bermain golf di bulan, menggunakan televisi dan komputer, atau melakukan rekayasa genetika. Intinya, pemahaman kita dibatasi oleh pengetahuan dan pengalaman saat ini, dan menyebut sesuatu sebagai tidak mungkin hanya karena kita tidak memahami bagaimana cara kerjanya adalah hal yang sangat bodoh.

Namun, kita masih perlu mengidentifikasi alasan mengapa kita kesulitan percaya pada beberapa hal tertentu. Di balik banyak pertanyaan praktis yang telah disebutkan, tersembunyi hambatan mental besar akibat pengaruh Yunani pada filsafat Barat.

Masa seribu tahun itu pada dasarnya adalah konsep Yahudi, dan karena itu tidak dikenal dalam pemikiran Yunani. Terkait dengan harapan kebangkitan *jasmani*, yang menjadi bahan ejekan bagi mereka yang percaya pada jiwa abadi yang perlu dibebaskan dari penjara fisiknya (bandingkan dengan Kis. 17:32), gagasan tentang periode eksistensi di dunia material di masa depan dianggap menyinggung, karena orang Yunani tidak pernah berhasil menghubungkan realitas spiritual dan fisik dengan benar. Hal ini berbeda dengan orang Ibrani, yang meyakini ajaran penciptaan yang tidak memisahkan kedua aspek tersebut. Para pemikir Yunani justru secara tajam membedakan antara yang abadi dan yang sementara, yang sakral dan yang sekuler, langit dan bumi, jiwa dan tubuh. Plato berfokus pada yang pertama dan Aristoteles pada yang kedua; keduanya sama-sama tidak berhasil menyatukan kedua aspek.

Hal ini menyebabkan sikap mendua terhadap "daging", yang berujung pada pelampiasan hawa nafsu atau penekanan habis-habisan secara ekstrem. Tak terhindarkan, "kejahatan" menjadi terkait dan bahkan diidentikkan dengan aspek fisik eksistensi. Konsekuensinya, "penyelamatan" adalah pembebasan "jiwa" dari tubuh dan lingkungannya, entah melalui disiplin atau kematian.

Ini amat sangat jauh dari kebenaran Alkitab, yang menegaskan bahwa alam semesta fisik pada dasarnya "baik" (Kej. 1), hanya saja lalu menjadi rusak oleh pencemaran moral. Hawa nafsu fisik, termasuk seks, diciptakan oleh Tuhan untuk dinikmati. Tubuh jasmani dapat menjadi bait suci yang kudus, tempat kediaman Roh Tuhan. Tujuan-Nya yang kekal termasuk tubuh yang abadi dalam semesta yang diperbarui.

Bahkan pada zaman Perjanjian Baru pun, pertempuran telah "pecah" antara filsafat-filsafat yang sangat berbeda ini (lihat 1 Tim. 4:1–5, sebagai salah satu contohnya). Pengaruh licik dari paham "gnostisisme" (klaim akan pengetahuan superior tentang realitas, kebalikan dari "agnostisisme") menjadi ancaman besar bagi iman Yahudi-Kristen pada abad 2. Orang-orang percaya berada dalam bahaya menjadi "super-spiritual".

Yang menyedihkan, kenyataannya filsafat Yunani mengambil alih sebagian besar Gereja Kristen dan telah mewarnai, atau lebih tepatnya menodai, teologi hingga saat ini. Kitab suci dibaca melalui kacamata Yunani oleh kebanyakan orang Barat (penting untuk kita sadari bahwa meski Perjanjian Baru ditulis dalam bahasa Yunani yang umum pada zamannya, *koine*, semua penulisnya Yahudi kecuali satu penulis, dan semua pemikirannya adalah Yahudi).

Bencana ini lalu terjadi di Afrika Utara. Kota Aleksandria, di pesisir Mesir, memiliki universitas paling prestisius di dunia kuno setelah kota Athena. Karena berada di luar Yunani, kontribusi uniknya adalah penerapan filsafat Yunani pada budaya-budaya lain. Di sinilah dikatakan Perjanjian Lama diterjemahkan ke dalam bahasa Yunani oleh 70 cendekiawan (karena inilah sebutannya adalah "Septuaginta" atau disingkat menjadi "LXX"). Namun, bahasa mengandung pemikiran, dan cendekiawan Yahudi mulai "berpikir secara Yunani", dengan tokohnya yang paling terkenal adalah Philo.

Jauh kemudian, proses samar yang sama juga memengaruhi teolog Kristen di universitas ini, terutama Clement dan Origen. Origen mengembangkan metode baru yang radikal dalam menafsirkan kitab suci: metode *alegoris*. Dia mengajarkan murid-muridnya untuk melihat di balik pernyataan harfiah dalam Alkitab serta menemukan makna dan pesan "spiritual" di baliknya. Ini merupakan langkah besar menjauh dari "makna harfiah" dan terus berlanjut hingga saat ini ("Tentu Anda sudah tidak lagi menerima makna Alkitab secara harfiah, 'kan?"). Bentuk modernnya memandang Alkitab sebagai sumber "nilai-nilai" alih-alih fakta atau kenyataan.

Metode "spiritualisasi" ini dikembangkan lebih lanjut oleh seorang uskup di Hippo (sekarang Tunisia), bernama Agustinus. Kehidupan masa mudanya yang bebas membuatnya mengasosiasikan yang "jasmani" atau "fisik" dengan "kejahatan"; sejak saat itu, dia menganggap semua aktivitas seksual sebagai sesuatu yang secara moral tercela, bahkan dalam pernikahan. Mungkin dapat dimengerti bahwa dia sepenuhnya menerima pemisahan dari paham Plato, yaitu pemisahan yang "spiritual" dari yang material, yang dipelajarinya secara mendalam dalam pendidikan "klasik"-nya. Namun, hal ini menjadi bencana bagi

Masalah Filosofis

Gereja ketika dia merumuskan kembali doktrin Kristen dalam kerangka ini. Lebih dari siapa pun, dia telah memberi pengaruh kepada pemikiran selanjutnya, baik Katolik maupun Protestan. Tidak berlebihan pula jika dikatakan bahwa dia berhasil mengubah pola pikir Gereja dari Yahudi ke Yunani.

Meski hal ini telah memengaruhi banyak doktrin utama, kita pantas tertarik pada pengaruhnya terhadap paham milenialisme. Seperti yang akan kita lihat, pandangan satu-satunya yang tercatat dalam "Bapa-Bapa Gereja" (sebutan untuk para cendekiawan pada abad-abad awal) adalah penafsiran "pra-milenialisme" dari Wahyu 20 yang telah dijelaskan sebelumnya—yaitu, kembalinya Yesus secara fisik akan mendatangkan pemerintahan-Nya di bumi selama seribu tahun sebelum Hari Penghakiman tiba. Tidak ada jejak pembahasan atau perbedaan pendapat hingga masa Agustinus.

Dialah yang mengubah semua itu. Ada bukti bahwa pada masa awal pelayanannya, dia percaya dan mengajarkan posisi pra-milenialisme yang hingga saat itu dianggap "ortodoks", yang tampaknya diterima secara universal tanpa dipertanyakan. Namun, pemahaman ini tidak sesuai dengan filsafat Plato. Pemahaman ini terlalu "fisik" sehingga tak mungkin spiritual, terlalu duniawi sehingga tak cocok dengan "kerajaan surga". Penyesuaian radikal pun harus dilakukan, dan secara khusus dalam dua hal.

Yang pertama adalah memecah urutan dalam kitab Wahyu, memisahkan pasal 20 dari pasal 19 sehingga urutannya dapat dibalik, dan bagian "seribu tahun" kemudian diklaim sebagai "rekapitulasi" peristiwa sebelum kedatangan kedua, bukan setelahnya. Masa itu disebut sebagai deskripsi "zaman Gereja" (yang pada saat itu baru berusia 500 tahun; kini, setelah 15 abad, angka "seribu" jadi dianggap sebagai "simbol" yang melambangkan setidaknya dua ribu!).

Perubahan ini menanam benih pandangan pasca-milenialisme— keyakinan bahwa Yesus akan datang kembali *setelah* (yaitu "pasca") masa seribu tahun itu. Namun, hal itu menimbulkan pertanyaan lain: setelah masa seribu tahun yang bagaimana? Bahkan pada zaman Agustinus pun, setelah pertobatan Kaisar Konstantinus dan penetapan agama Kristen sebagai satu-satunya agama negara yang diakui, masih agak sulit untuk melihat dunia sepenuhnya berada di bawah kendali Kristus. Apa lagi, bukti-bukti yang ada jelas menunjukkan bahwa Iblis masih bekerja di dunia. Maka, pergeseran besar dalam penafsiran pun terjadi.

Pergeseran kedua ini menjadikan masa seribu tahun sebagai sebuah pemerintahan "spiritual". Kristus memerintah di surga dan bukan di bumi, meski pemerintahan ini dimanifestasikan di bumi di mana pun Injil diberitakan dan Gereja didirikan. Hanya di dalam lingkup inilah ("Kota Tuhan", seperti yang disebut oleh Agustinus) Iblis dapat diikat dan dibuang.

Perubahan ini menanamkan benih-benih pandangan "a-milenialisme", yaitu keyakinan bahwa Kristus tidak akan pernah memerintah di bumi dalam arti "duniawi" di bumi (seperti dalam istilah "takhta Daud"). Awalan "a-" sebenarnya berarti "non-" (artinya "tidak" atau "tanpa", seperti pada kata "a-teis"), tetapi kini makin banyak orang enggan menggunakan istilah "non-milenialisme" untuk menggambarkan posisi ini, karena istilah ini menyiratkan penolakan terhadap Wahyu 20. Pembaca yang cermat mungkin telah menyadari bahwa sebagian besar paham "a-milenialisme" sebenarnya adalah bentuk "spiritual" atau "rohani" dari "pasca-milenialisme", dan demikian pulalah kita akan memandangnya.

Agustinus membawa begitu banyak pengaruh sehingga pra-milenialisme pada beberapa abad pertama kemudian dikutuk sebagai bidah oleh keputusan Konsili Efesus pada tahun 431 Masehi! Sejak saat itu, baik Gereja Katolik maupun Protestan telah mencurigai ajaran ini. Meski demikian, dalam dua abad terakhir ini telah muncul kembali ketertarikan yang besar atasnya, karena orang makin merasakan kerinduan yang baru akan kedatangan Tuhan kembali akibat kondisi dunia yang terus memburuk (kondisi perburukan ini sudah tidak dapat disangkal lagi).

Masalah Filosofis

Latar belakang historis/filosofis ini merupakan pendahuluan yang diperlukan untuk kita mengamati berbagai sikap saat ini. Tiga posisi utama sudah ada sejak pada abad 6. Gereja mula-mula yang "pra-milenial" telah menjadi Gereja kemudian yang "pasca-milenial" atau "a-milenial", melalui masuknya filsafat Plato dari Agustinus.

Di sisi lain, waktu tidak berhenti, begitu juga dengan pemikiran. Telah terjadi berbagai perkembangan dalam ketiga posisi tersebut.

Sebagian dari kaum pasca-milenialis telah kembali kepada konsep pemerintahan Kristus yang bersifat "di bumi" dan politis, melalui sebuah Gereja yang akan mengambil alih pemerintahan dunia untuk masa waktu yang lama *sebelum* Dia datang kembali. Karena itulah, kita harus membedakan antara pasca-milenialisme yang bersifat "rohani" dan "politis".

Pra-milenialisme muncul kembali pada awal abad 19, tetapi dalam bentuk yang baru. Paham ini merupakan bagian dari sebuah kerangka teologis baru yang membagi sejarah dunia ke dalam tujuh zaman yang berbeda, yang disebut dengan "dispensasi", dengan ciri cara kerja atau "perjanjian" Tuhan yang berbeda-beda dalam berurusan dengan umat manusia. "Dispensasi" terakhir adalah "kerajaan" Israel yang dipulihkan, yang diperintah oleh Kristus di Yerusalem, sementara orang-orang Kristen tetap berada di surga. Maka, sekarang kita harus membedakan antara pra-milenialisme "dispensasi" pada zaman modern dan bentuk "klasik"-nya dalam Gereja mula-mula.

"A-milenialisme" yang sejati, dalam arti yang sebenarnya yaitu "non-milenialisme", sesungguhnya adalah produk dari "liberalisme" yang meluas di abad 20. Hal ini berarti menolak seluruh gagasan "seribu tahun" Kristen sebagai tidak masuk akal, dan mengabaikan Wahyu 20 sama sekali, atau menganggap pasal ini sebagai sebuah "mitos"; sebuah dongeng non-historis yang berisi nilai baik tetapi tidak memiliki pandangan ke depan ("seribu tahun" hanyalah bagian dari kerangka "puitis" penulisannya, seperti "enam hari" dalam "mitos" penciptaan dan tidak merujuk pada periode waktu tertentu). Kita akan menyebutnya sebagai bentuk "skeptis" dan "mitos" dari paham "a-milenialisme".

Meski ada beberapa variasi kecil di dalamnya, klasifikasi enam rangkap ini merupakan yang terbaik yang dapat kita kemukakan demi pemahaman dan diskusi zaman modern. Pembaca yang telah merenungkan masalah ini dapat mengidentifikasi posisinya masing-masing dengan menjawab daftar pertanyaan berikut ini.

1. Apakah Anda percaya bahwa istilah "seribu tahun" dalam Wahyu 20 mengacu pada periode tertentu dalam sejarah dunia?
   TIDAK: Anda A-MILENIAL; lanjutkan ke nomor 2.
   YA: Lanjutkan ke nomor 3.

2. Apakah perikop ini mengandung makna bagi kita saat ini?
   TIDAK: Anda A-MILENIAL yang SKEPTIS.
   YA: Anda A-MILENIAL yang PERCAYA MITOS.

3. Kapankah Kristus datang kembali kelak, setelah atau sebelum masa seribu tahun itu?
   SESUDAH: Anda PASCA-MILENIAL; lanjutkan ke nomor 4.
   SEBELUM: Anda PRA-MILENIAL; lanjutkan ke nomor 5.

4. Apakah "seribu tahun" secara simbolis mencakup seluruh sejarah Gereja dari kedatangan pertama Yesus hingga yang kedua, atau secara harfiah hanya mencakup bagian akhir?
   SELURUHNYA: Anda PASCA-MILENIAL yang SPIRITUAL.
   SEBAGIAN: Anda PASCA-MILENIAL yang POLITIS.

5. Pada dasarnya, periode "seribu tahun" itu merupakan kaum Kristen atau Yahudi?
   KRISTEN: Anda PRA-MILENIAL KLASIK.
   YAHUDI: Anda PRA-MILENIAL yang PERCAYA DISPENSASI.

Nah, sekarang Anda jadi tahu! Atau, Anda belum tahu? Kalau Anda masih ragu, lanjutkan membaca. Mudah-mudahan, semuanya akan menjadi jelas ketika kita membahas masing-masing dari keenam posisi ini secara mendetail. Kita akan mengamati tiga perspektif ini masing-masing: historis (bagaimana, kapan, dan mengapa hal ini berkembang), eksegesis (bagaimana kita memandang dan menyikapi Wahyu 20), dan praktis (implikasinya bagi penginjilan dan tindakan sosial).

Tentu saja, hampir tidak mungkin untuk sepenuhnya objektif, terutama dalam area terakhir, yang didasarkan pada pengamatan dan bukan statistik. Selain itu, para pembaca yang jeli pasti sudah dapat menebak posisi penulis buku ini (saya meyakini "pra-milenialisme klasik", jika Anda belum menyadarinya!). Studi ini akan diakhiri dengan pernyataan pribadi mengenai alasan-alasan yang mendasari keyakinan ini.

Namun, kita tetap akan tulus berupaya menyajikan setiap pandangan secara adil. Tidak ada pandangan yang tidak mengandung masalah, tetapi beberapa di antaranya secara khusus lebih bermasalah daripada yang lain! Urusan ini juga tidak dapat diselesaikan dengan prinsip suara terbanyak, yang sangat bervariasi dalam aspek waktu dan tempat.

Bagi para pembaca "injili", satu pertanyaan yang seharusnya ada di benak mereka adalah: siapakah yang "berterus terang memberitakan perkataan kebenaran itu" (2 Tim. 2:15)?

Bab Delapan Belas

PANDANGAN YANG BERBEDA-BEDA

1. A-MILENIALISME YANG "SKEPTIS"

Pandangan ini hanya dapat muncul dalam pikiran seseorang yang tidak lagi percaya pada inspirasi dan otoritas Alkitab; yang mengatakan bahwa Alkitab mungkin memang "berisi" atau "mengandung" Firman Tuhan, tetapi bukan merupakan Firman Tuhan. Alkitab dianggap sebagai campuran dari inspirasi ilahi dan imajinasi manusia. Maka, diperlukan ketajaman untuk membedakan gandum dari sekam. Kriteria yang dibutuhkan untuk melatih ketajaman ini bervariasi bagi setiap orang, sehingga sifatnya sangat subjektif. Hal ini diibaratkan dengan "membaca Alkitab sambil membawa gunting"!

Wahyu 20 biasanya ditolak, bersama dengan sebagian besar isi kitab Wahyu dan bagian-bagian "apokaliptik" lainnya dalam Alkitab, dan sering kali dengan komentar penghinaan.

Yang mendasari penolakan semacam ini adalah sikap skeptis rasionalistis yang lahir dari gerakan Pencerahan, yang mencemari studi teologi dan Alkitab di Jerman menjelang akhir abad 19. Gerakan itu disebut "Kritik Tinggi" terhadap Alkitab (berlawanan dengan "Kritik Rendah", yang hanya berusaha merekonstruksi teks yang paling akurat). Asumsi dasarnya adalah bahwa alam supernatural (jika memang ada) tidak dapat memengaruhi alam natural (lagi-lagi, ini dualisme ala Plato!). Dengan demikian, mukjizat dikecualikan, kecuali jika ada penjelasan "naturalistis" yang dapat ditemukan untuk mukjizat tersebut; seperti halnya nubuat, ketika memprediksi masa depan. Karena isi kitab Wahyu sebagian besar adalah prediksi tentang masa depan, kitab ini menjadi sangat dicurigai dan dianggap tidak ada dalam Alkitab.

Maka, kita tidak dapat mengkritik penafsiran eksegesis dari pandangan ini!

Namun, harus diakui bahwa sebagian kalangan injili, meski secara prinsip tidak setuju, justru dalam praktiknya setuju dengan pendekatan ini! Entah secara sadar atau tidak, mereka secara umum mengabaikan kitab-kitab "apokaliptik" dan secara khusus mengabaikan isu masa seribu tahun. Mereka tidak merasa penting untuk bergumul dengan makna Wahyu 20, karena menganggap perdebatan mengenai hal itu sebagai distraksi akademis yang tidak memiliki nilai praktis atau spiritual.

Pendapat ini, tentu saja, menuduh Gereja mula-mula telah melakukan kesalahan ketika kitab Wahyu dimasukkan ke dalam "kanon" (= aturan atau ukuran) kitab suci. Hebatnya, semua tokoh besar Reformasi Protestan (Luther, Calvin, dan Zwingli) pun memiliki pendapat yang sama!

Dampak dari pengabaian ini berbeda-beda, tergantung pada seberapa serius nilai bagian-bagian lain dalam Alkitab menurut pandangan mereka. Para pewaris gerakan Reformasi masih berpegang teguh pada fitur-fitur utama lainnya pada akhir zaman: kedatangan kembali Kristus, Hari Penghakiman, neraka dan surga. Namun, minat mereka terhadap bumi, baik yang lama maupun yang "baru", semakin berkurang.

Dengan tidak adanya pertemuan yang nyata antara kerajaan surga dan kerajaan-kerajaan di bumi dalam masa seribu tahun, kaum injili berkonsentrasi pada dunia yang pertama dan dunia yang akan datang, sementara kaum liberal berkonsentrasi pada dunia yang akan datang dan dunia ini. Maka lahirlah "injil sosial", yang menafsirkan "kerajaan" itu dengan pengertian kondisi politik dan budaya yang lebih baik di dunia ini; kerajaan yang akan dibangun oleh revolusi manusia dan bukan oleh intervensi ilahi. Konsep ini memicu motivasi yang cukup tinggi untuk orang terlibat dalam masyarakat.

Namun, hasilnya hanya perbedaan kecil saja antara harapan Kristen dan harapan manusiawi untuk masa depan. Kedatangan

Pandangan yang Berbeda-beda

Kristus yang kedua kali cenderung bergeser dari posisi pusat ke tepian ekspektasi saja. Hal ini mungkin masih merupakan suatu pokok pandangan yang dapat dipercaya, tetapi tidak lagi menjadi "pengharapan kita yang penuh bahagia" (Tit. 2:13), padahal peristiwa puncaknya adalah kembalinya satu-satunya pribadi yang memiliki kemampuan untuk memperbaiki dunia ini kembali ke kondisi yang benar.

Jadi, ada penekanan yang kuat pada kasih, ada juga penekanan pada iman, tetapi hanya ada sedikit saja penekanan pada pengharapan. Para pembaca harus segera mengenali hal ini dalam khotbah dan praktik nyata.

2. A-MILENIALISME YANG PERCAYA "MITOS"

Pandangan ini menilai Wahyu 20 dengan lebih serius, memperlakukannya sebagai bagian kitab suci yang membawa sebuah pesan. Di sisi lain, pengertian yang sederhana dan "polos" bahwa Wahyu 20 adalah prediksi tentang peristiwa-peristiwa di masa depan ditolak dengan menganggapnya teks fiksi alih-alih fakta.

Penting untuk memahami arti kata "mitos" ketika diterapkan pada kitab suci. Kata "mitos" bukan berarti "tidak benar", meski "mitos" sering diasosiasikan dengan "legenda" sehingga dapat memberikan kesan tersebut. Kata ini mendefinisikan *jenis* kebenaran yang dapat ditemukan di dalamnya. "Kisah"-nya mungkin bukan merupakan catatan peristiwa harfiah yang telah terjadi atau akan terjadi, tetapi tetap mungkin mengandung "kebenaran" moral atau spiritual yang sesuai dengan kenyataan. Yang termasuk mitos antara lain mulai dari fabel (dongeng tentang hewan) Aesop hingga perumpamaan-perumpamaan Yesus.

Salah satu karakteristik mitos-mitos tersebut adalah bahwa tidak semua ciri-cirinya signifikan terhadap kebenaran. Sebagian mitos mungkin hanya merupakan bagian dari kerangka sastra, suatu "gaya puitis" dari penulisnya, yang digunakan untuk menarik dan mempertahankan minat pembaca. "Esensi" mitos itulah yang mengandung pesannya. Detailnya sendiri tidak boleh terlalu dipaksakan. Mitos-mitos tersebut bukanlah alegori atau kiasan total, yang biasanya segala unsur di dalamnya mewakili sesuatu yang lain.

Kitab-kitab pertama yang dianggap sebagai "mitos" adalah pasal-pasal awal kitab Kejadian. Anggapan ini sebagiannya terbentuk karena "Kritik Tinggi" tidak dapat menerima kemungkinan nubuat "mundur" (wahyu ilahi tentang masa lalu yang tidak diketahui) sebagai pesan yang sama pentingnya dengan nubuat "maju" (tentang masa depan yang belum diketahui); namun, terutama disebabkan oleh penemuan-penemuan ilmiah yang bertentangan dengan kisah Alkitab. Bumi membutuhkan waktu 4,4 miliar tahun untuk mencapai keadaannya yang sekarang, bukannya enam hari (selisih yang lumayan!). Tulang rusuk yang hilang, pohon-pohon ajaib, dan ular yang dapat berbicara dianggap sebagai dongeng belaka. Namun, "mitos" tersebut diakui mengandung "kebenaran" yang penting. Detail-detail yang sulit hanyalah hiasan tambahan dalam kerangka sastra.

Begitu dimulai, penyelesaian konflik antara ilmu pengetahuan dan kitab suci ini terbukti membawa konsekuensi berbahaya. Masalahnya adalah: di titik mana mitos berakhir dan sejarah (yaitu, peristiwa-peristiwa faktual) dimulai? Segera saja, bapa-bapa leluhur seperti Abraham, Ishak, dan Yakub dicurigai sebagai tokoh fiksi; kemudian demikian pula Musa dan peristiwa Keluaran. Namun, "kisah-kisah" itu masih dihargai sebagai "nilai-nilai", yaitu gagasan ideal dan standar-standar yang mengatur kehidupan kita.

Tak pelak lagi, Perjanjian Baru pun diamati dengan ketelitian" yang sama. Selama ini, perumpamaan-perumpamaan pun telah dipahami dengan cara ini, sebagai kisah-kisah yang mengandung pesan di dalamnya, tetapi sekarang peristiwa-peristiwa yang disajikan sebagai sejarah dan sebelumnya diterima sebagai sejarah pula mulai dipertanyakan. Mukjizat-mukjizat Yesus menjadi "perumpamaan yang diperagakan" dan kemudian bahkan menjadi sekadar kisah perumpamaan. "Kisah: kelahiran Yesus dari anak dara dianggap hanyalah sebuah cara untuk memperkenalkan hubungan Yesus yang unik dengan "Bapa" surgawi-Nya (dengan anggapan ini, lalu siapa sebenarnya bapa-Nya di bumi, dan apakah Dia adalah anak hasil dari percabulan?) Pakar dari Jerman, Rudolf Bultmann, mengambil pandangan ini secara ekstrem dengan menerapkannya pada inti kepercayaan Kristen—kebangkitan Yesus secara fisik—yang sekarang dianggap sebagai dongeng apostolik yang mengabadikan kebenaran bahwa pengaruh Yesus tetap ada setelah kematian-Nya.

Tentu saja, kitab Wahyu tampaknya sudah siap sejak penulisannya untuk menghadapi pendekatan "demitologisasi" ini. Karena sangat simbolis dan penuh dengan bahasa gambar, kitab ini merupakan sasaran empuk bagi para penyebar paham mitos. Kitab Wahyu dianggap berisi wawasan tentang masa kini dan bukan pandangan ke masa depan, kebenaran eksistensial belaka tanpa kebenaran historis. Anggapan ini kemudian dikenal sebagai aliran penafsiran "idealis" (lihat Bab 5, bagian 4).

Kebenaran mitos bersifat abadi dan selalu tepat waktu; dapat diterapkan di mana saja dan kapan saja. Maka, kebenarannya tidak terkait dengan perjalanan waktu, aliran sejarah, maupun urutan peristiwa. "Penghapusan" referensi waktu dari kitab Wahyu ini membawa konsekuensi yang serius bagi penafsirannya dan penerapan pesannya, termasuk untuk pasal 20.

"Seribu tahun" jadi dianggap bukan suatu periode waktu tertentu, melainkan berarti setiap waktu atau sepanjang waktu. Kebenaran yang dikandungnya adalah bahwa Kristus dan orang-orang Kristen bersama-sama dapat mengambil alih wilayah kekuasaan Iblis (dengan asumsi bahwa Iblis itu sendiri bukanlah mitos, melainkan hanya personifikasi dari kejahatan!)

Memang, jelas hal ini benar dan kebenaran ini merupakan penyemangat yang luar biasa bagi orang-orang percaya yang berada di bawah tekanan, sesuai dengan tujuan kitab Wahyu. Namun, apakah ini adalah seluruh kebenaran yang terkandung dalam perikop ini? Membatasi pesan Wahyu 20 hanya pada satu tema ini berarti mengabaikan banyak detail spesifiknya, misalnya kebangkitan "pertama" dan kebangkitan "yang lain" serta pembebasan Iblis. Di atas segalanya, anggapan ini mengabaikan urutan peristiwa dalam rangkaian penglihatan yang ada, yang sebenarnya penglihatan Wahyu 20 merupakan hanya salah satu bagiannya.

Jadi, meskipun penafsiran ini di satu sisi "benar", penjelasannya jauh dari memadai. Anggapan ini mengesampingkan dasar yang nyata untuk memercayai bahwa Kristus suatu hari nanti akan memerintah dunia ini setelah Iblis diusir darinya. Dalam istilah teologis, dimensi "eskatologis" dari Injil (apa yang *pasti* akan terjadi pada akhirnya kelak) diubah menjadi modus "eksistensial" (apa yang *mungkin* terjadi pada masa sekarang).

"Mitos" lebih disukai daripada pandangan a-milenialisme yang "skeptis", karena memunculkan suatu nilai dari kitab Wahyu, meski tidak signifikan. Pandangan pasca-milenialisme yang "'spiritual', yang selanjutnya kita bahas, memunculkan nilai yang lebih signifikan. Keduanya tidak selalu mudah untuk dibedakan, karena perbedaannya sepertinya terletak pada tingkatnya alih-alih jenisnya. Karena itulah, sering terjadi kebingungan tentang istilah "a-milenialisme". Istilah ini harus dibatasi pada pandangan bahwa "seribu tahun" tidak mengacu pada periode waktu tertentu, sedangkan "pasca-milenialisme" menerapkan istilah ini pada zaman Gereja di antara kedatangan Kristus yang pertama dan yang kedua, baik secara keseluruhan ("spiritual") maupun secara sebagian ("politis").

3. PASCA-MILENIALISME YANG "SPIRITUAL"

Seperti yang telah kita lihat, ini adalah sudut pandang tertua kedua, yang muncul pada abad 4 dan 5, terutama melalui ajaran Agustinus.

Pandangan ini sebagiannya merupakan reaksi terhadap berbagai pemberitaan sebelumnya yang kurang bijaksana tentang ciri-ciri fisik kerajaan seribu tahun, yang melampaui hal-hal yang alkitabiah dan berbatasan dengan hal-hal yang justru sensual. Agustinus mengatakan bahwa dia terdorong untuk meninggalkan pandangan pra-milenialisme dari para "bapa" Gereja awal, karena beberapa orang telah menyelewengkan doktrin tersebut dengan gagasan-gagasan yang "kedagingan" atau "duniawi".

Namun, hal ini terutama disebabkan oleh paham "dualisme" Plato yang dianutnya sendiri, yang membedakan antara rohani dan jasmani, tetapi tidak secara jelas membedakan antara jasmani dan kejahatan ("kedagingan" mencakup keduanya). Bagi pemikiran ini, konsep tradisional tentang masa seribu tahun tampak terlalu "membumi" (di kemudian hari orang Kristen menggunakan kata "duniawi" untuk pengertian ini).

Maka, masa seribu tahun dipindahkan dari masa depan ke masa sekarang (kedatangan kedua adalah "pasca", yang berarti "setelah", bukan "pra", yang berarti "sebelum" masa seribu tahun ini) dan dilepaskan dari konteks fisik dan politiknya. Masa seribu tahun telah "dirohanikan", dengan pemahaman bahwa Kristus memerintah di surga saja tetapi hanya memerintah di bumi melalui Tubuh-Nya, yaitu Gereja.

Dalam pandangan ini, Wahyu 20 dianggap jauh lebih serius daripada penafsiran "a-milenial" yang sesungguhnya. Ada penjelasan untuk setiap elemen, tetapi inovasi utamanya adalah memperlakukan pasal ini sebagai rekapitulasi peristiwa-peristiwa yang terjadi sampai dengan pasal 19, sehingga memutus urutan penglihatan. Langkah radikal ini melibatkan penafsiran yang sangat berbeda.

"Seribu tahun" pada awalnya diartikan secara harfiah sebagai sepanjang zaman Gereja, tetapi sekarang, setelah dua ribu tahun, masa itu harus dipandang sebagai petunjuk "simbolis" untuk periode yang lebih panjang, karena ""seribu tahun" dianggap mencakup seluruh zaman di antara dua peristiwa kedatangan Kristus.

Di sisi lain, jelas bahwa Iblis masih memiliki pengaruh yang cukup besar di dunia, maka pembuangannya direduksi menjadi "diikat" atau "dibelenggu", yang hanya membatasi maknanya menjadi "Iblis dipenjara" untuk mencegah penyebaran Injil saja. "Malaikat" yang mengikatnya itu diartikan sebagai Kristus (Mat. 12:29).

Para martir memerintah bersama Kristus di surga, dimulai pada saat kematian ketika mereka pergi untuk bersama Tuhan. Kebangkitan pertama tidak dapat dipahami sebagai sebuah peristiwa jasmani; kebangkitan pertama tentulah mengacu pada kelahiran baru, yaitu pengalaman pertobatan ketika kita "dibangkitkan" bersama dengan Kristus (Ef. 2:6). Karena itu, kebangkitan pertama bukanlah peristiwa yang bersifat korporat, melainkan peristiwa yang terpisah bagi setiap individu.

"Hidup kembali" bagi "yang lain" adalah peristiwa yang bersifat korporat dan fisik, yaitu kebangkitan "umum" bagi orang benar dan orang jahat pada kedatangan kedua Kristus untuk tibanya Hari Penghakiman. Tentu, ini berarti semua orang yang mengalami kebangkitan "pertama" (yaitu pertobatan) juga akan diikutsertakan dalam kebangkitan kedua. Mereka akan "hidup kembali" dua kali. Nah, penafsiran ini tidak masuk akal tentang kelompok "yang lainnya", karena jadinya "hidup kembali" ini termasuk semua orang!

"Iblis dibebaskan" untuk terakhir kalinya akan terjadi tepat sebelum kedatangan Kristus yang kedua kali dan mengacu pada pertempuran Harmagedon. Dengan demikian, Wahyu 19:19–21 dan Wahyu 20:7–10 adalah catatan paralel tentang konflik yang sama, dengan firman Kristus (Why. 19:15) dan api dari surga (Why. 20:9) sebagai kekuatan yang membinasakan di dalamnya.

Pembaca harus menilai sendiri apakah ini merupakan penafsiran eksegesis yang asli (menggali keluar makna yang ada di dalam teks yang tertulis) atau penafsiran eisegesis yang dimanipulasi (memasukkan pemaknaan yang sebelumnya tidak ada ke dalam teks yang tertulis). Sederhananya, apakah teks tersebut ditafsirkan sesuai dengan skema praduga yang sudah dipegang sejak

Pandangan yang Berbeda-beda

sebelumnya? Apakah teks tersebut "dipaksakan" supaya sesuai dengan pola yang telah ditentukan sendiri sebelumnya?

Yang jelas, sejumlah pernyataan (misalnya "kebangkitan pertama") dipahami sebagai kiasan dan bukan secara harfiah, sehingga ada kemiripan yang dangkal dengan a-milenialisme versi "mitos". Yang lebih mencolok lagi adalah peralihan yang sewenang-wenang dari pemaknaan kiasan ke harfiah dengan frasa yang sama dalam konteks yang sama ("hidup kembali").

Meski demikian, aliran penafsiran ini telah menjadi pandangan yang paling banyak diterima di dalam Gereja selama berabad-abad. Apa dampaknya terhadap pengharapan orang Kristen?

Jawabannya: pesimisme tentang dunia ini dan optimisme tentang dunia yang akan datang. Dunia ini jadi diekspektasi akan tetap sama saja. Seiring dengan bertambahnya populasi, baik Kerajaan Tuhan maupun kerajaan Iblis akan meluas. Gandum dan lalang akan "tumbuh bersama-sama" berdampingan sampai waktu penuaian (Mat. 13:30). Memang, sebelum akhir zaman, situasinya akan menjadi lebih buruk, dengan "dilepaskannya" si penabur lalang.

Harapan bahwa seluruh dunia dibawa kembali ke bawah pemerintahan Allah ditunda sampai "bumi yang baru" muncul, yang akan terjadi segera setelah kedatangan Kristus yang kedua, yaitu ketika penghakiman dilangsungkan. Kemudian, dan tidak sebelum itu, Kerajaan itu akan benar-benar dan sepenuhnya datang "di bumi seperti di dalam surga" (meski jelas terlihat tidak ada penekanan yang layak pada "*bumi* yang baru" di kalangan pendukung pandangan ini).

Keseluruhan skema ini tampaknya menyodorkan penjelasan yang memuaskan tentang keadaan dunia saat ini, yang dipadukan dengan harapan yang menggembirakan untuk masa depan. Harapan yang menggembirakan ini pun memberikan motif yang cukup kuat untuk penginjilan, tetapi di sisi lain keyakinan bahwa dunia ini tidak akan menjadi lebih baik cenderung menghambat tindakan sosial. Dualisme ala Plato yang mendasarinya cenderung menekankan "menyelamatkan jiwa-jiwa" daripada tubuh pada tingkat individu (secara konsisten, Agustinus mengajarkan bahwa mukjizat penyembuhan tidak ada lagi setelah zaman rasul-rasul; lalu dia terpaksa merevisi pendapatnya itu menjelang akhir pelayanannya, ketika hal-hal mukjizat demikian mulai terjadi di dalam gerejanya sendiri!)

Ironisnya, versi yang jauh lebih optimis dari pasca-milenialisme juga mengklaim Agustinus sebagai sumbernya. Ada pemaknaan yang mendua dalam pemikirannya tentang dunia ini, terombang-ambing antara pesimisme dan optimisme tentang pengaruh Gereja terhadap dunia ini. Namun, sekarang kita akan mengamati versi yang lebih penuh harapan.

4. PASCA-MILENIALISME YANG "POLITIS"

Pada zaman Agustinus, terjadi dua perkembangan politik yang secara radikal memengaruhi pemikiran Kristen tentang masa depan. Di satu sisi, Kekaisaran Romawi telah menjadi bangsa "Kristen". "Pertobatan iman" Konstantinus (pada Pertempuran Jembatan Milvian di utara kota Roma, ketika dia melihat "logo" Kristus di langit dan mendengar suara yang berkata, "Dengan tanda ini, taklukkanlah") telah mengarah pada "penetapan" kekristenan sebagai agama kekaisaran dan kemudian penindasan terhadap agama-agama lain (termasuk agama Yahudi). Gereja telah menaklukkan dunia, meski orang-orang yang mengenali perbedaan justru bertanya-tanya apakah yang terjadi bukanlah hal sebaliknya, karena mereka malah melihat dunia merasuk masuk ke dalam Gereja dengan berbagai cara! Itulah kelahiran "kerajaan Kristen", yang kemudian dikenal sebagai "kerajaan Kristus" di dunia—yang memerintah melalui wakil-wakil-Nya (= delegasi) dan kemudian "vikaris-Nya", yaitu *papa* (= bapa) atau paus bagi umat-Nya. Menaklukkan Roma dalam nama Kristus tampaknya menjadi pertanda bagi "pertobatan" seluruh dunia.

Di sisi lain, kekaisaran itu sendiri sedang diserang di perbatasan wilayahnya, terutama oleh kaum "barbar" dari utara. Roma akan ditinggalkan dan Kaisar akan pindah ke timur ke ibu kota baru, Konstantinopel. Semua ini tidak menyurutkan keyakinan Agustinus bahwa Gereja akan selamat dari bencana politik seperti itu, bahwa kekaisaran yang runtuh akan digantikan dengan "Kota Tuhan". Roma mungkin akan lenyap, tetapi Gereja Roma akan menggantikannya (menarik untuk dicatat bahwa hingga saat ini para paus menggunakan gelar kekaisaran *"pontifex maximus"*, lencana jabatan, dan bahkan jubah para Kaisar terdahulu).

Maka, Gereja, atau Kerajaan Kristus, akan bangkit seperti burung feniks dari api peperangan yang mengancam semua negara politik. Gereja akan bertahan dan terus tumbuh, terlepas dari semua kemunduran yang tampak, karena Tuhan menyertainya.

Versi yang lebih percaya diri dari pemikiran Agustinus ini pun tak pelak memunculkan pertanyaan: akankah Gereja mencapai titik ketika orang-orang Kristen akan mampu mengambil alih pemerintahan seluruh dunia? Selama berabad-abad, harapan ini terus saja muncul dan hilang.

Selama zaman penjelajahan, ketika benua-benua baru ditemukan, para imam Katolik ikut berlayar bersama para penjelajah, dengan motivasi imperialisme Gereja ini. Banyak lagu-lagu pujian misionaris Protestan pada abad 19 pun mengungkapkan ambisi global yang sama (misalnya, "Yesus akan memerintah di mana pun matahari berada"). Pandangan ini selalu populer ketika Gereja sedang mengalami gelombang kemajuan.

Namun, pandangan ini mengalami kemunduran pada abad 20 (apalagi, dua "perang dunia" berpusat di Eropa, yang merupakan wilayah "Kristen", dan keduanya menjadi faktor penyebab penyebaran sekularisme setelah masing-masingnya). Selanjutnya, terjadi perkembangan yang mengejutkan akhir-akhir ini, yaitu kebangkitan optimisme pasca-milenial.

Hal ini berpusat di dunia Barat dengan gerakan "Restorasi" di Inggris dan gerakan "Rekonstruksi" di Amerika. Muncul teologi *"Dominion"* ("penguasaan"), yang mengajarkan bahwa orang-orang yang telah ditebus dipanggil untuk memerintah di bumi (Kej. 1:28 secara implisit diperluas untuk mencakup manusia dan juga hewan) dengan "Karena itu pergilah, jadikanlah semua bangsa murid-Ku" (Mat. 28:19 diartikan sebagai negara-negara politik, bukan kelompok-kelompok etnis yang berbeda). Dengan kata lain, Gereja dipanggil, bahkan diperintahkan, untuk "mengambil alih kuasa" atas dunia dan mendirikan kerajaan surga secara "politik" di bumi, sehingga dengan demikian mewujudkan "kerajaan seribu tahun". Perhatikan bahwa hal ini terjadi tanpa Yesus harus datang kembali dan karena itu terjadi sebelum Dia datang kembali; maka, kelak saat Dia datang, Kerajaan-Nya sudah siap menyambut Dia!

Bentuk pemikiran pasca-milenial yang terakhir ini jelas membawa motivasi yang sangat kuat untuk aksi sosial dan serta untuk penginjilan (karena "pengambilalihan kuasa" itu bergantung pada proporsi orang Kristen dalam populasi). Dunia dapat "dikristenkan" tanpa semua orang di dalamnya menjadi seorang Kristen. Yang penting, kuasa dan otoritas harus berada di tangan orang-orang Kristen. Gereja yang "militan" akan menjadi Gereja yang "berkemenangan", bukan hanya di surga, melainkan juga di bumi.

Bagaimana pandangan ini menanggapi Wahyu 20 (meski perikop ini bukanlah dasar utama untuk argumen pemikiran mereka)? Sebagian besar perikop ini dipahami dengan cara yang persis sama seperti yang dilakukan oleh kaum pasca-milenialis "spiritual" (lihat bagian sebelumnya), dengan dua pengecualian yang signifikan.

Pertama, "seribu tahun" diartikan secara harfiah sebagai seribu tahun terakhir dalam zaman Gereja, yaitu sepuluh abad perdamaian dan kemakmuran di bawah pemerintahan Kristen. Penting untuk diperhatikan bahwa masa ini belum dimulai.

Kedua, pemerintahan seribu tahun sepenuhnya berada di bumi dan bersifat duniawi. Sifatnya politis. Pemerintahan ini akan diakui oleh seluruh penduduk, baik orang percaya maupun orang tidak percaya.

Dalam kedua aspek ini, bentuk pasca-milenialisme ini jauh lebih dekat dengan pra-milenialisme Gereja mula-mula. Namun, perbedaan terbesarnya tetap ada: hal ini dicapai tanpa kedatangan Kristus kembali dan kehadiran-Nya secara jasmani.

Dan ada beberapa keberatan teologis yang penting terhadap skenario ini. Pertama-tama, skenario ini cenderung mengacaukan antara "Gereja" dan "kerajaan", yang tidak ada petunjuknya di dalam Perjanjian Baru. Gereja mungkin adalah sebuah komunitas, sebuah "koloni", dalam kerajaan itu, tetapi Gereja bukanlah kerajaan itu sendiri, karena kerajaan itu jauh melampaui batasan Gereja. Ketika Gereja menganggap dirinya sebagai "kerajaan", para pemimpinnya mulai berperilaku seperti raja dan membangun kerajaan kecil mereka sendiri. Alhasil, imperialisme menggantikan penginjilan.

Yang lebih serius lagi, ada kegagalan untuk mengenali konflik antara yang "sekarang" dan yang "belum" pada "kerajaan" dalam Perjanjian Baru itu. Kerajaan itu telah datang dan belum datang. Kerajaan itu telah diresmikan tetapi belum disempurnakan. Separuh dari perumpamaan Yesus membayangkan kedatangan kerajaan itu sebagai proses infiltrasi manusia secara bertahap dan separuhnya lagi sebagai krisis campur tangan ilahi yang tiba-tiba (perumpamaan tentang gandum dan lalang menggabungkan kedua konsep tersebut; Mat. 13:24–30, 36–43). Kerajaan itu dapat kita "masuki" sekarang, tetapi tidak akan "ditegakkan" secara universal sampai Sang Rajanya datang kembali.

Kegagalan ini menyebabkan pengabaian terhadap Kedatangan Kedua, yang merupakan inti dari pemberitaan para rasul. Peristiwa Kedatangan Kedua ini disebutkan lebih dari 300 kali dalam Perjanjian Baru dan pengharapannya sebagian besar merupakan penerapan praktis dari kepercayaan iman pada perilaku. Namun, dalam sudut pandang yang sedang kita bahas, kedatangan ini memudar hingga nilainya menjadi seolah tidak penting. Jelas, jika masa seribu tahun harus mendahului kedatangan Kristus kembali dan masa itu bahkan belum dimulai, "harapan akan kedatangan-

Nya" menjadi terlalu jauh untuk dapat memberi pengaruh mendalam kepada kita. Kedatangan kedua itu jadi masuk dalam masa depan yang samar dan jauh; sedangkan generasi sebelumnya mengharapkannya "segera", mudah-mudahan dalam masa hidup mereka, sehingga pengharapan itu sangat memengaruhi cara hidup mereka.

Akhirnya, ada satu masalah besar pula: apakah Gereja akan segera memerintah dunia? Setelah 2.000 tahun, apakah Gereja semakin mendekati tujuan ini? Sebagian pihak yang sinis mungkin bahkan telah memperhatikan bahwa Gereja tampaknya tidak mampu menjalankan urusannya sendiri, apalagi menangani urusan orang lain!

Apa pun itu, politik pasca-milenialisme adalah "kemenangan harapan atas pengalaman". Dapatkah pengharapan yang sedemikian tinggi dipertahankan? Alkitab mengakui bahwa "harapan yang tertunda menyedihkan hati" (Ams. 13:12), tetapi yang kita pertanyakan adalah apakah pengharapan itu benar atau salah, bukan hanya apakah pengharapan itu akan terjadi segera atau nanti. Apakah Tuhan memang telah menjanjikannya atau tidak?

Apakah Wahyu 20 akan digenapi sebelum Yesus datang kembali? Jika ya, sebagian besar orang percaya mungkin mendengar tentang hal itu di surga atau bahkan melihatnya dari sana (Ibr. 12:18–29), tetapi mereka tidak akan menjadi bagian darinya. Mereka tidak akan pernah mengalaminya sendiri. Peristiwa itu akan datang terlambat.

Jika hal ini digenapi setelah Yesus datang kembali dan setelah "kebangkitan pertama", semua orang percaya akan mendapatkan sukacita hidup di dalam dunia yang berada di bawah kendali Kristen. Nah, kini kita akan mengalihkan perhatian kita kepada pandangan "pra-milenialisme".

5. PRA-MILENIALISME YANG "KLASIK"

Pandangan ini mengambil jalan tengah antara *pesimisme* pasca-milenialisme "spiritual", yang para penganutnya percaya

Pandangan yang Berbeda-beda

bahwa dunia ini tidak akan menjadi lebih baik, dan *optimisme* pasca-milenialisme "politis", yang para pendukungnya percaya bahwa dunia ini akan "dikristenkan" oleh Gereja. Mereka dapat mengajukan klaim yang adil terhadap *realisme*, dengan percaya bahwa dunia ini hanya akan pulih seperti semula ketika Kristus kembali ke dalamnya, dan Iblis diusir dari dalamnya.

Mereka memahami Wahyu 20 dalam pengertiannya yang sederhana dan polos (jika hal ini dianggap sebagai pengertian "harfiah", ya, para pendukungnya mengaku menggunakan pengertian harfiah). Urutan penglihatan ini dapat diterima, dengan menempatkan pemerintahan seribu tahun Kristus di bumi bersama dengan orang-orang kudus-Nya, khususnya para martir, setelah kedatangan kedua-Nya dan sebelum Hari Penghakiman. Orang-orang benar akan dibangkitkan terlebih dahulu pada awal seribu tahun, lalu sisanya dibangkitkan kemudian pada akhirnya. Iblis akan benar-benar dibatasi gerak-geriknya untuk sebagian besar waktu dalam masa itu, tetapi kemudian dibebaskan untuk titik akhir kiamat. Bahkan, tanyakan saja kepada seorang penganut pra-milenialisme apa yang dia percayai, maka dia mungkin akan menjawab, "Baca saja Wahyu 19–26 tanpa mendengarkan orang lain!"

Mungkin inilah sebabnya mengapa hal ini tampaknya menjadi posisi yang disepakati oleh Gereja selama beberapa abad pertama. Mereka hanya memiliki Alkitab, tanpa dihadapkan pada berbagai macam penafsiran yang membingungkan seperti yang menyerbu kita saat ini.

"Klasik" berarti ini adalah kepercayaan yang paling awal, sekaligus satu-satunya kepercayaan untuk waktu yang cukup lama. Para bapa Gereja mula-mula percaya pada "pemerintahan Kristus secara jasmani di bumi ini" (mengutip Papias, uskup Hierapolis di Asia Kecil). Beberapa orang (misalnya, Yustinus Martir) mengaitkan hal ini dengan pemulihan kerajaan pada Israel, meski tidak semua pihak setuju akan hal ini. Banyak nama lain yang juga disebut-sebut memegang posisi "pra-milenialisme" ini; di antaranya, Barnabas, Hermas, Ignasius, Polikarpus, Irenaeus, Yustinus Martir, Tertulianus, Hippolytus, Metodius, Komodianus, dan Lactantius.

Ada bukti negatif serta bukti positif dari abad-abad awal ini. Tidak ada satu pun jejak pandangan alternatif apa pun dalam banyak dokumen yang masih ada. Michael Green, mengomentari kutipan dari Mazmur 90:4 ("di hadapan Tuhan satu hari sama seperti seribu tahun dan seribu tahun sama seperti satu hari"; 2 Ptr. 3:8), berkata, "Ayat ini, Mazmur 90:4, pada abad kedua menjadi teks bukti utama dari chiliasme, yaitu doktrin yang menyatakan bahwa Kristus akan memerintah selama seribu tahun pada saat *parousia*. Kepercayaan ini hampir-hampir menjadi sebuah pokok iman ortodoks Kristen sejak masa penulisan kitab Wahyu hingga Irenaeus," (dalam *Tyndale Commentary on 2 Peter and Jude* [Tafsiran Tyndale atas 2 Petrus dan Yudas], Inter-Varsity Press, 1968, hal. 34).

Kritik terhadap pandangan yang berlaku hanya muncul dari Clement dan Origen (secara signifikan, dalam budaya "Yunani" di Aleksandria). Tantangan langsung pertama dikaitkan dengan Eusebius, Tyconius dan Konstantinus pada abad 4 dan Agustinus pada abad 5. Pasca-milenialisme yang kemudian ini lalu menjadi ortodoksi Gereja "Katolik", yang kemudian mengutuk "chiliasme" yang lebih awal sebagai "bidah".

Namun, chiliasme awal itu tidak pernah mati. Dalam kelompok-kelompok kecil yang mempelajari Alkitab untuk pemahaman mereka sendiri, selama berabad-abad ketika sebagian besar orang menerima tradisi Gereja begitu saja, pra-milenialisme muncul kembali; misalnya, di kalangan kaum Paulian, Waldens, Lollard, dan Wycliff.

Bahkan ketika para tokoh Reformasi *"magisterial"* (artinya "yang berwenang"; disebut demikian karena mereka mengandalkan aliansi gereja-negara Konstantinopel untuk membawa perubahan) berpegang pada paham pasca-milenialisme Agustinus, pra-milenialisme ditemukan kembali oleh kelompok sayap kiri

"Anabaptis" yang radikal. Sayangnya, beberapa di antara mereka menjadi ekstremis dan berkumpul di Münster, Jerman untuk mendirikan kerajaan seribu tahun. Meski kegagalan ini sering dikutip untuk mendiskreditkan chiliasme, perlu dikemukakan bahwa dalam praktiknya, ini adalah bentuk fanatik dari paham pasca-milenialisme yang politis!

Di antara kaum pra-milenialis di zaman selanjutnya adalah tokoh ilmuwan terpandang, Sir Isaac Newton. Pada abad 19, sejumlah uskup Anglikan secara mengejutkan memegang pandangan ini (misalnya, Ryle, Westcott, dan Lightfoot), meski hanya sedikit yang masih memegang pandangan ini pada masa kini, bahkan mungkin tidak ada.

Maka, ada kesaksian yang berkelanjutan selama berabad-abad, meski setelah Agustinus, kesaksian ini sering berkurang menjadi kelompok minoritas yang kecil. Saat ini, kesaksian ini menarik minat baru sebagai alternatif dari paham "dispensasionalisme" (lihat bagian selanjutnya), yang kini mulai kehilangan kredibilitasnya. Tulisan-tulisan George Eldon Ladd dan Merrill C. Tenney telah melakukan banyak upaya untuk mendorong hal ini. Di zaman kita, tokoh-tokoh pra-milenialisme terkemuka termasuk Dr. Francis Schaeffer dan Dr. Carl Henry.

Namun, pandangan ini belum dipegang secara luas lagi, sehingga sulit untuk menilai dampak praktisnya terhadap penginjilan dan aksi sosial. Secara teori, hal ini seharusnya bermanfaat karena menawarkan harapan untuk dunia dan akhirat, sekaligus menghindari pesimisme dan optimisme yang ekstrem.

Penginjilan menjadi berharga karena masa depan yang mulia yang dibayangkan dalam visi. Para pengikut Yesus yang setia akan bersama-sama "memerintah" di bumi yang lama maupun di bumi yang baru (Why. 20:6 dan 22:5). Takdir ini tersedia bagi semua orang yang mau bertobat dari dosa-dosa mereka dan percaya kepada Juru Selamat. Alternatifnya sangat mengerikan (Why. 20:10, 15; 21:8).

Aksi sosial menjadi berharga justru karena pada akhirnya akan berhasil. Akan tiba saatnya ketika kebaikan akan mengalahkan kejahatan, keadilan akan menggantikan ketidakadilan, perdamaian akan menggantikan perang, kelimpahan akan menggantikan kemiskinan, dan kesehatan akan menggantikan penyakit. Jika seorang penganut paham komunis siap untuk mengorbankan segalanya demi terwujudnya sebuah masyarakat tanpa kelas dan tanpa kejahatan, yang mungkin tidak akan pernah dia lihat dalam masa hidupnya (dan kita tahu bahwa memang tidak ada seorang komunis pun yang akan pernah hidup untuk melihatnya!), apalagi seorang Kristen yang sangat siap untuk hidup dan beusaha demi sebuah "masa seribu tahun" yang diyakininya akan dia lihat dan yang di dalamnya dia akan ikut berperan?

Dan, ada insentif yang lebih jauh lagi secara pribadi. Jika posisi-posisi pemegang tanggung jawab akan didelegasikan berdasarkan integritas dan kesetiaan pada masa sekarang (seperti yang Yesus ajarkan dengan jelas; Mat. 25:21–23), ini sungguh suatu stimulus untuk memiliki kualitas-kualitas ini sekarang juga. Jika pengadilan berada di tangan orang-orang Kristen yang dapat menegakkan keadilan secara sungguh adil (1 Kor. 6:2), tentu para pengacara dan hakim harus memenuhi syarat itu sejak sekarang juga. Kerajaan seribu tahun ini akan membutuhkan para bankir yang jujur, anggota dewan yang peduli, dan pria dan wanita yang penuh kasih untuk memberikan pelayanan yang benar-benar berpihak pada rakyat. Dalam perspektif ini, sejumlah besar pekerjaan "sekuler" menjadi panggilan yang "sakral". Mengemudikan taksi dan mencuci pakaian sama pentingnya bagi Tuhan seperti menyelamatkan jiwa-jiwa. Penyembahan dan pekerjaan bersatu kembali.

Tentu saja, sebagian orang akan berargumen bahwa semua itu akan terjadi pada saat Kedatangan Kedua, sehingga mengapa pula kita harus repot-repot mencoba memperbaiki dunia sekarang dan melawan berbagai rintangan yang begitu berat? Selain mengabaikan fakta bahwa kemalasan dapat membuat kita kehilangan masa depan sama sekali (Mat. 25: 26–30), pemikiran seperti itu sebenarnya melewatkan esensi dari motivasi Kristen. Mereka yang benar-benar percaya pada apa yang akan terjadi pada Kedatangan Kedua akan berusaha untuk memiliki sebanyak mungkin karakteristiknya sebelum waktunya tiba. Sejalan dengan itu, mereka yang "tahu, bahwa apabila Kristus menyatakan diri-Nya, kita akan menjadi sama seperti Dia, sebab kita akan melihat Dia dalam keadaan-Nya yang sebenarnya" tentu akan berusaha "menyucikan diri sama seperti Dia yang adalah suci" (1 Yoh. 3:1–3). Mereka yang berharap untuk mewarisi harta tentu tidak akan puas untuk menunggu jika tahu bahwa mereka dapat memiliki bagian yang lumayan dari harta itu sesegera mungkin!

Dunia ini tidak dilenyapkan. Yesus akan datang kembali untuk merebutnya kembali. Semakin banyak yang dapat kita rebut kembali sekarang dalam nama-Nya, semakin baik bagi kemuliaan-Nya, bagi kebaikan orang lain, dan bahkan bagi masa depan kita sendiri. Kita dapat memberikan diri kita "sepenuhnya kepada pekerjaan Tuhan" (yang bagi orang percaya berarti pekerjaan sehari-hari saja, sama dengan "pelayanan gereja") karena kita tahu bahwa "dalam persekutuan dengan Tuhan jerih payahmu tidak sia-sia" (1 Kor. 15:58).

Namun, ada versi lain dari pra-milenialisme yang justru memiliki dampak yang berlawanan. Sayangnya, versi yang berikutnya inilah yang paling banyak dikenal oleh kebanyakan orang saat ini.

6. PRA-MILENIALISME YANG PERCAYA "DISPENSASI"

Pandangan ini adalah pendatang baru, yang tidak dapat ditemukan jejaknya sebelum tahun 1830. Pertanyaannya, jika ini adalah penafsiran yang benar, mengapa tidak ada seorang pun yang pernah melihatnya di dalam Alkitab sebelum tahun 1830 itu?

Wahyu 20 dipahami dengan cara yang hampir sama dengan penafsiran "klasik", tetapi semuanya kemudian dimasukkan ke dalam kerangka yang baru, dengan ciri-ciri utamanya sebagai berikut.

Pertama, sejarah dunia dibagi menjadi tujuh "dispensasi", yaitu era-era di mana Tuhan berhubungan dengan manusia dengan cara pendekatan yang berbeda.

Dispensasi yang terakhir adalah kerajaan seribu tahun, yaitu satu-satunya yang benar-benar layak menyandang sebutan "kerajaan", karena hanya pada masa itulah bumi diperintah secara langsung oleh Tuhan.

Kedua, "kerajaan" inilah yang Yesus tawarkan kepada orang-orang Yahudi pada kedatangan-Nya yang pertama. Karena penolakan mereka, tawaran itu ditarik kembali dan ditunda hingga kedatangan-Nya yang kedua. Karena itulah, zaman Gereja adalah semacam "tanda kurung" dalam kerangka tujuan Allah, yang berpusat pada Israel. Ajaran Yesus tentang kerajaan, termasuk Khotbah di Bukit, terutama berlaku untuk masa seribu tahun, bukan untuk Gereja.

Ketiga, takdir masa depan orang Kristen adalah di surga (mereka adalah "umat surgawi" milik Tuhan), sementara orang Yahudi akan tetap berada di bumi (mereka adalah "umat di bumi"). Selama-lamanya, keduanya tidak akan pernah bertemu!

Keempat, Gereja akan "diangkat" dari bumi sebelum "Kesengsaraan Besar" yang mendahului kedatangan kedua Kristus. Peristiwa ini disebut "pengangkatan rahasia", atau "Pengangkatan" saja (lihat bagian tentang topik ini dalam Bab 11–12). Ini adalah peristiwa berikutnya dalam kalender Tuhan dan dapat terjadi "kapan saja", tanpa peringatan. Maka, orang-orang Kristen tidak akan hadir di sana selama peristiwa-peristiwa dahsyat yang digambarkan dalam Wahyu 4–18, tetapi akan kembali ke bumi bersama Kristus dalam pasal 19. Apakah mereka akan tetap tinggal bersama-Nya setelah itu, itu masih belum jelas. Yang jelas adalah hal-hal berikut:

Kelima, selama masa seribu tahun itu, kerajaan Israel dalam Perjanjian Lama akan dipulihkan sepenuhnya. Bait Suci yang dibangun kembali itu kelak akan menyaksikan kebangkitan kembali sistem pengorbanan (meski biasanya dikualifikasikan sebagai "peringatan" akan pengorbanan Kristus di kayu salib, semacam "Ekaristi" versi Yahudi, bukan ritual penebusan dosa). Keseluruhan skema "dispensasi" ini secara signifikan mengubah pemikiran pra-milenialisme sebelumnya. Secara khusus, masa seribu tahun menjadi lebih bersifat Yahudi alih-alih Kristen. Terlepas dari kemunculannya yang masih baru, pandangan ini berkembang dengan cepat, pertama-tama di Inggris dan kemudian di Amerika, dan di Amerika pandangan ini mungkin telah menjadi pandangan mayoritas di kalangan injili.

Pandangan ini berawal dari seseorang bernama John Nelson Darby, seorang pendeta Anglikan di Dublin yang menjadi pendiri kelompok "Brethren", yang kadang-kadang dikenal sebagai "Plymouth", yang diambil dari nama salah satu lokasi pusat awal gerakan ini. Awalnya pandangan ini bertujuan untuk menyatukan orang-orang Kristen dari semua denominasi dalam penyembahan spontan dengan "pemecahan roti" dan pembelajaran yang serius terhadap kitab suci, tetapi kemudian menjadi sebuah denominasi tersendiri, yang akhirnya terpecah menjadi banyak kelompok yang saling terpisah, beberapa di antaranya sangat "terbuka" terhadap orang-orang percaya lainnya dan beberapa justru sangat "eksklusif".

Sejak awal, ada ketertarikan yang mendalam terhadap nubuat Alkitab untuk melihat apa yang akan terjadi pada Gereja dalam keadaannya yang "hancur", seperti yang digambarkan oleh Darby. Dialah yang merangkul dan mengajarkan fokus "dispensasi" pada Israel alih-alih Gereja dan "pengangkatan rahasia" orang-orang percaya sebelum "Kesengsaraan Besar". Pandangannya tidak luput dari berbagai tantangan; orang-orang seperti Benjamin Newton, S.P. Tregelles, dan George Müller (yang terkenal dengan panti asuhan di Bristol) tidak pernah menerima pandangan itu. Namun, kepribadiannya yang dominan membawanya tetap berjaya dan metodenya dalam menafsirkan Alkitab menjadi ortodoksi Brethren yang hanya ditentang oleh sedikit orang saja.

Dia menyeberangi Samudera Atlantik dan meyakinkan

seorang pengacara, Dr. C.I. Scofield, akan kebenarannya. Dia kemudian memproduksi sebuah Alkitab dengan catatan-catatan, dan di dalamnya dia memasukkan komentar-komentar tentang "dispensasi". Alkitab "Scofield" ini terjual sangat laris di kalangan injili di Amerika Serikat. Bahayanya adalah para pembaca jadi kesulitan untuk mengingatkan diri sendiri tentang perbedaan antara Firman Tuhan yang diilhami-nya dengan komentar yang berasal dari manusia, sehingga menerima komentar manusia sebagai sesuatu yang "ada di dalam Alkitab".

Saat ini pun, ada banyak seminari yang tidak mengajarkan hal lain sama sekali (yang paling terkenal, Dallas; buku-buku dari salah satu mahasiswanya, Hal Lindsay, terkenal di seluruh dunia dan telah terjual hingga jutaan eksemplar). Beberapa organisasi misionaris juga hanya akan mempertimbangkan kandidat yang berpegang pada paham dispensasi.

Pengaruh ajaran ini yang sangat besar tidak perlu dipertanyakan lagi.

Sisi positifnya, harus ditegaskan bahwa usaha terbesar ajaran ini, lebih dari apa pun yang lain, adalah untuk mengembalikan pra-milenialisme ke dalam Gereja. Jutaan orang kembali percaya bahwa Kristus akan datang kembali ke bumi untuk memerintah di bumi ini selama seribu tahun.

Namun, dampak negatifnya lebih besar daripada dampak positifnya. Kemasannya telah mencemari isinya. Kerangka teologis yang melingkupi masa seribu tahun ini memiliki kesalahan yang fatal.

Kesalahan yang paling serius berkaitan dengan "kerajaan". Sementara kaum pasca-milenialis politis terlalu menekankan dimensi "sekarang" dan memandangnya sebagian besar dalam manifestasinya yang sekarang, kaum pra-milenialis dispensasional justru terlalu menekankan dimensi "yang belum tiba" dan melihatnya secara eksklusif sebagai masa depan saja. Ini tidak adil bagi dialektika sekarang/belum tiba pada Perjanjian Baru.

Pandangan yang Berbeda-beda

Hal ini tak pelak lagi mengarah pada pemisahan yang tajam antara takdir Yahudi dan Kristen serta penekanan yang tidak seimbang pada ke-Yahudi-an masa seribu tahun. Penekanan ini pun bertentangan dengan nubuat Yesus tentang "satu kawanan dan satu gembala" (Yoh. 10:16), konsep Paulus tentang satu pohon zaitun yang kepadanya akan dicangkokkan "jumlah yang penuh dari bangsa-bangsa lain" dan "seluruh Israel akan diselamatkan" (Roma 11:17–26), serta penglihatan Yohanes tentang Yerusalem baru yang akan turun dari surga ke bumi dan menyandang nama 12 suku Israel dan 12 rasul Kristus (Why. 21:12–14).

Maka, pembagian sejarah ke dalam tujuh dispensasi sangat patut dipertanyakan. Di ujung spektrum teologis yang berlawanan, kaum Calvinis Reformasi menyatukan semuanya dalam *perjanjian anugerah* (padahal frasa ini tidak dapat ditemukan dalam Alkitab). Posisi alkitabiah ini tampaknya berurusan dengan dua perjanjian, yang lama dan yang baru, hukum dan kasih karunia, Musa dan Kristus; meskipun yang "baru" memasukkan pula perjanjian-perjanjian dengan Abraham dan Daud, sementara seluruh umat manusia mendapat manfaat dari perjanjian dengan Nuh.

Hal ini membawa kita kepada masalah lain pula. Surat Ibrani dengan susah payah menunjukkan bahwa perjanjian yang "lama" "telah menjadi tua dan usang" dan "telah dekat kepada kemusnahannya" (Ibr. 8:13). Yang dimaksud perjanjian yang lama itu termasuk seluruh sistem pengorbanan dalam Imamat, yang telah "ditiadakan" oleh pengorbanan Kristus yang agung di kayu salib. Kemunculan-Nya kembali selama masa seribu tahun ini akan menjadi sebuah anomali yang tidak cocok dengan zamannya!

Tragisnya, paham pra-milenialisme telah terikat erat dengan pemikiran dispensasional di dalam pikiran begitu banyak kalangan sehingga diasumsikan bahwa keduanya saling melengkapi dan mustahil untuk meyakini yang satu tanpa percaya yang lain. Ketika ada kesalahan-kesalahan yang ditemukan dalam kepercayaan tentang dispensasi, terutama oleh mereka yang diajar untuk memercayainya, kecenderungan yang muncul adalah membuang seluruh ajarannya sekaligus dan bukannya memilah bagian mana yang benar dan bagian mana yang salah. Masa seribu tahun ditolak sebagai salah satu dispensasi. Air mandi dibuang, tetapi bayinya juga ikut dibuang!

Banyak orang yang menganut dispensasi semacam ini tidak tahu apa yang harus ditempatkan pada posisinya dan secara samar-samar menganggap diri mereka sebagai "a-milenial" dalam arti yang sebenarnya, yaitu non-milenial. Ini bukan berarti mereka menolak Wahyu 20 secara prinsip, tetapi dalam praktiknya perikop ini tidak lagi menjadi bagian dari pemikiran atau khotbah mereka. Sebagian besar dari mereka tidak mengetahui tentang pra-milenialisme "klasik", yaitu pandangan Gereja mula-mula (seorang kepala sekolah Alkitab mengatakan kepada penulis bahwa dia belum pernah mendengarnya!) Ketika mereka mendengar tentang pemikiran ini, reaksi mereka biasanya dapat dikategorikan sebagai reaksi yang sangat melegakan: bahwa adalah mungkin untuk menjadi pra-milenialis tanpa harus percaya dispensasi.

Ada satu aspek lagi yang perlu dipertimbangkan: dampak praktis dari pra-milenialisme dispensasional. Dari semua pandangan yang ada, pandangan inilah yang mungkin menghasilkan motivasi tertinggi untuk penginjilan. Kedatangan Kristus yang semakin dekat ("Dia bisa saja datang malam ini") menjadi desakan yang genting bagi mereka yang telah diselamatkan untuk menyelamatkan orang lain serta mereka yang belum diselamatkan untuk diselamatkan. Mungkin sebagian besar misionaris injili yang diutus dari Amerika Serikat didorong oleh pemikiran seperti ini.

Namun, semangat tidak dapat membenarkan motif. Sekte-sekte sesat pun menghasilkan misionaris yang antusias (Mormon dan Saksi-Saksi Yehuwa, sebagai contoh yang sangat tepat), seperti halnya orang-orang Farisi pada zaman Yesus (Mat. 23:15). Semua motif harus diuji berdasarkan Alkitab.

Di sisi lain, jika paham dispensasi menghasilkan motivasi tertinggi untuk penginjilan, kemungkinan besar paham ini pun menghasilkan motivasi terendah untuk aksi sosial. Gabungan keyakinan akan "pengangkatan" yang dapat terjadi sewaktu-waktu kapan saja, dan masa seribu tahun "Yahudi" memunculkan keinginan untuk mencoba membuat dunia ini menjadi tempat yang lebih baik. Perhatian difokuskan pada surga, bukan pada bumi. Apa gunanya terlibat dalam perbaikan sosial jangka panjang jika Yesus dan bangsa Israel yang telah diselamatkan akan memperbaiki segalanya? Untuk menyimak studi yang menarik tentang dampak dari ajaran ini terhadap usaha politik, lihat buku berikut ini: *Living in the Shadow of the Second Coming: American Premillennialism 1875–1982* (Hidup dalam Bayang-bayang Kedatangan Kedua Kristus: Pra-milenialisme Amerika Tahun 1875-1982) karya Timothy P. Weber (Zondervan "Academic", 1983).

Meski kedua bentuk pra-milenialisme ini mendorong penginjilan, ada perbedaan yang tajam di antara keduanya dalam hal aksi sosial. Kini, ketika semakin banyak di antara kaum injili yang menemukan keseimbangan antara kedua aspek "misi" ini, sangatlah penting untuk mengalihkan perhatian pada perbedaan yang mencolok ini.

Bab Sembilan Belas

KESIMPULAN PRIBADI

Kini, studi kita tentang "pengangkatan" ini telah selesai. Semoga pembaca mendapatkan klarifikasi atas pemikirannya, bukannya menjadi makin bingung! Setidaknya, sekarang kita menyadari bahwa perdebatan memiliki tujuan yang sangat praktis dan bukan hanya kegiatan akademis. Keyakinan kita yang sesungguhnya tentang topik ini berdampak cukup mendalam pada sikap kita terhadap kehidupan.

Saya tidak menyembunyikan kesimpulan saya sendiri, yang saya dapatkan secara independen terlepas dari orang lain. Saya dibesarkan di lingkungan gereja Metodis, dan saya tidak pernah mendengar pembahasan tentang masa seribu tahun. Topik ini tidak pernah disebut-sebut, apalagi didiskusikan, meski mereka terkadang menyanyikannya (mungkin tanpa menyadarinya); salah satu lagu pujian favorit saya semasa kecil adalah: *"Sing we the King who is coming to reign ..."* ["Nyanyikanlah puji-pujian bagi Sang Raja, yang akan datang memerintah..."]. Ketika saya mulai mengajarkan Alkitab secara sistematis, sebagai seorang pendeta bagi kesatuan Angkatan Udara, saya mulai mempertimbangkan dan kemudian mempelajari pertanyaan ini. Setelah membaca sebanyak mungkin pendapat-pendapat yang sangat berbeda dan memeriksanya dengan membandingkannya dengan Alkitab, saya menjadi yakin bahwa Gereja mula-mula adalah benar lalu saya mengemukakan hal ini dalam buku pertama saya (*Truth to Tell* [Kebenaran yang Harus Diungkapkan], Hodder & Stoughton, 1977).

Kini, izinkan saya merangkum pengembaraan saya sendiri dengan mengemukakan alasan-alasan mengapa saya menyebut diri saya sebagai seorang pra-milenialis "klasik":

1. Ini adalah penafsiran yang paling "alamiah" terhadap Wahyu 20. Saya merasa bahwa banyak orang memaksakan pasal ini ke dalam kerangka pemahaman mereka sendiri, memberikan makna yang dibuat-buat, bahkan sewenang-wenang, pada aspek-aspek di dalamnya. Saya menganut prinsip dasar dalam studi Alkitab pribadi, untuk membiarkan ayat-ayat itu berbicara dari dirinya sendiri, lalu memahaminya dalam pengertian yang paling jelas dan sederhana, kecuali ada indikasi yang jelas untuk pemahaman yang sebaliknya.

2. Ini memberikan penjelasan yang paling logis untuk kedatangan Yesus yang kedua. Apa yang hanya dapat Dia lakukan dengan datang kembali ke bumi? Mengapa Yesus harus kembali ke planet Bumi? Tentu saja bukan untuk penghakiman terakhir, karena hal itu akan terjadi setelah bumi "berlalu" (Why. 20:11). Lalu, untuk apa? Dan, mengapa kita harus kembali ke dunia ini bersama Dia (1 Tes. 4:14)? Jika Yesus dan kita tidak akan "memerintah" di bumi untuk waktu yang cukup lama, sulit untuk menemukan alasan lain yang memadai untuk kembalinya Dia, atau kembalinya kita.

3. Ini memberikan penekanan yang paling berat pada Kedatangan Kedua. Hal ini terkait dengan alasan sebelumnya. Baik kaum a-milenialis maupun kaum pasca-milenialis, keduanya cenderung mengecilkan nilai Kedatangan Kedua, yang kemudian tidak mendapatkan posisi sentral seperti yang ada di dalam Perjanjian Baru. Alasannya sederhana. Jika satu-satunya keinginan kita, atau bahkan keinginan kita yang utama, akan kedatangan-Nya kembali adalah demi kita hidup bersama Dia, hal ini telah terjadi bagi orang percaya pada saat kematian (Flp. 1:21).

Kesimpulan Pribadi

4. Ini masuk akal, dengan sendirinya. Saya dapat memahami mengapa Tuhan ingin membuktikan kebenaran Anak-Nya di mata dunia dan melakukan demonstrasi terakhir tentang kondisi dunia ini seharusnya dan kondisi potensialnya jika berada di tangan yang tepat. Saya bahkan dapat melihat mengapa Dia menambahkan wahyu terakhir tentang pemberontakan orang-orang berdosa, meski telah hidup dalam lingkungan yang ideal, sebelum Hari Penghakiman. Transisi bertahap dari bumi yang lama ke bumi yang baru sesuai dengan penebusan saya sendiri, yang pertama-tama dalam tubuh saya yang lama, baru kemudian dalam tubuh yang baru.

5. Ini "membumikan" takdir masa depan kita. Mereka yang menyangkal adanya masa seribu tahun pada masa depan jarang sekali berbicara atau bahkan berpikir tentang bumi yang baru. Segala sesuatu di masa depan berpusat di surga. Namun, surga hanyalah semacam "ruang tunggu" bagi orang-orang percaya, sampai mereka kembali ke bumi ini dan kemudian beralih ke bumi yang baru, tempat Bapa dan Anak akan tinggal berdiam bersama kita. Alih-alih pergi ke surga untuk tinggal bersama mereka selamanya, Bapa dan Anak akan datang ke bumi untuk tinggal bersama kita selamanya (Why. 21:2–3), seperti pada mulanya (Kej. 3:8). Semua ini memberikan makna yang kekal pada planet kita ini.

6. Ini memunculkan aspek realisme. Pandangan ini menghindari pesimisme yang suram seperti pemahaman mereka yang berpikir bahwa dunia ini tidak akan pernah menjadi lebih baik dari sekarang atau optimisme yang naif, bahkan paham kemenangan yang "asal", seperti pemahaman mereka yang berpikir bahwa Gereja dapat menumbangkan Iblis dan menaikkan Kristus ke takhta dengan mengambil alih pemerintahan atas bangsa-bangsa. Penganut pra-milenialisme menghindari kedua titik ekstrem tersebut, dengan menerima

bahwa dunia akan menjadi lebih buruk sebelum menjadi lebih baik, tetapi yakin pula bahwa dunia akan menjadi lebih baik setelah menjadi lebih buruk.

7. Ini mengandung lebih sedikit masalah daripada pandangan-pandangan lainnya! Telah diakui secara terus terang bahwa *semua* pandangan mengandung beberapa masalah. Namun, pra-milenialisme klasik mengandung lebih sedikit masalah dibandingkan dengan pandangan-pandangan lainnya, terutama dalam penafsiran Wahyu 20. Masih ada banyak pertanyaan yang belum terjawab, tetapi saya dapat menerima pandangan pra-milenialisme. Inilah pandangan yang paling mudah untuk diberitakan dengan penuh keyakinan, karena inilah yang paling mungkin ditemukan pula oleh pembaca awam di dalam perikop yang sesuai.

8. Inilah yang dipercayai oleh Gereja mula-mula. Kebulatan suara selama beberapa abad pertama sangatlah mengesankan. Mereka tidak sempurna, tetapi mereka adalah generasi yang paling dekat dengan para rasul. Ciri tidak adanya perdebatan apa pun itu terlihat sangat mencolok, seperti halnya fakta bahwa perbedaan hanya muncul ketika doktrin Kristen dicemari oleh filsafat Yunani.

Karena alasan-alasan inilah, saya dapat mengungkapkan doa harian yang Yesus berikan kepada murid-murid-Nya dengan makna dan keinginan yang nyata: "Datanglah kerajaan-*Mu*... di bumi seperti di surga" (Mat. 6:10), sesering mungkin dan sebanyak yang dapat saya lakukan sebelum kedatangan Kristus, bahkan terus akan saya lanjutkan setelah kedatangan Kristus.

www.ingramcontent.com/pod-product-compliance
Lightning Source LLC
Chambersburg PA
CBHW052010070526
44584CB00016B/1688